James Baraz &
Michele Lilyanna

AWAKENING
JOY
für Kinder

James Baraz &
Michele Lilyanna

AWAKENING JOY

Für Kinder

Wie Kinder zu ihrer
Lebensfreude finden können

Aus dem amerikanischen Englisch übertragen
von Christine Bendner

arbor
Arbor Verlag
Freiburg im Breisgau

Die Originalausgabe erschien unter dem Titel:
Awakening Joy for Kids. A hands-on guide for grown-ups to nourish themselves and raise mindful, happy children
By arrangement with Parallax Press
P.O. Box 7355, Berkeley, California 94707
parallax.org

1. Auflage 2018

Lektorat: Richard Reschika
Druck und Bindung: Kösel, Krugzell
Hergestellt von mediengenossen.de

Dieses Buch wurde auf 100% Altpapier gedruckt und ist alterungsbeständig.
Weitere Informationen über unser Umweltengagement finden Sie unter
www.arbor-verlag.de/umwelt

www.arbor-verlag.de

ISBN 978-3-86781-171-2

Für meine Kinder Adam und Tony, meine Enkel Jordan, Sydney und Taylor und alle Kinder dieser Welt. Mögen sie glücklich sein und ihre Liebe mit anderen teilen! Und für alle Lehrer und Lehrerinnen, denen es Freude macht, das Beste in ihren Schülern hervorzubringen. Damit leistet ihr einen unschätzbar wertvollen Beitrag, um mehr Güte und Freude in diese Welt zu bringen.

JAMES BARAZ

Für meine Söhne Kieran und Jaden. Ihr bringt mein Herz zum Strahlen. Für alle Kinder: Ich danke euch für das reine Licht, das ihr seid, und dafür, dass ihr so viele Türen öffnet. Möge diese Gabe euch selbst und die Erwachsenen überall in der Welt stärken und ermutigen.

MICHELE LILYANNA

Inhalt

Kapitel 9: Mitgefühl

Kapitel 10: Einfach nur *sein*

Vorwort

„Ich muss dir unbedingt erzählen, was gerade mit Sam passiert ist!" Meine Freundin, wie ich Mutter eines Sohnes, war so aufgeregt, dass ich ihre Begeisterung buchstäblich durchs Telefon spüren konnte. Ihr elfjähriger Sohn Sam war gerade in ihr Arbeitszimmer gestürmt und hatte ausgerufen: „Ich bin nicht ausgerastet, Mama!"

Atemlos hatte er erklärt, dass seine jüngere Schwester gerade wieder einmal sein Magic-Karten-Set ruiniert habe, das er wie einen Schatz hütete, und dass er diesmal, anstatt sich zu rächen, eine andere Entscheidung getroffen habe. „Ich habe mich daran erinnert, fünf Mal lang und tief ein- und auszuatmen!", rief er triumphierend aus.

Sams Schulklasse hatte kürzlich an einem Achtsamkeitskurs teilgenommen, in dem die Kinder Grundtechniken zur Regulierung ihrer Gefühle erlernt hatten, beispielsweise innerlich ruhig und resilient auf bestimmte Situationen zu antworten und achtsam zu kommunizieren. Im Grunde hatten sie gelernt, wie man ein erfülltes Leben führen kann. Das Programm wurde über ein Projekt, genannt MINDS, angeboten, eines von vielen, die überall im Land wie Pilze aus dem Boden schossen.

Bereits seit Beginn dieses Kurses hatte Sams Mutter Veränderungen bei ihrem Sohn wahrgenommen. Sam war schon immer ein bisschen ängstlich und unsicher gewesen. Aber seit seiner Teilnahme an diesem Programm wirkte er viel entspannter, so seine Mutter. Beim Abendbrot war er jetzt ganz erpicht darauf, über die besten Momente seines Tages zu berichten.

Er ging entspannter und spielerischer mit seiner Schwester um. Und er „rastete" nicht mehr aus, wie er es früher so oft tat. „Achtsamkeit hat ihm geholfen, die Dinge leichter zu nehmen", berichtete mir seine Mutter.

Als Mutter und Lehrerin verstand ich, was eine solche Veränderung bei den Kindern, die wir lieben, bedeutet. Deshalb freue ich mich sehr über die Veröffentlichung des Buches *Awakening Joy für Kinder* von James Baraz und Michele Lilyanna, das wirklich dringend gebraucht wird. Die beiden, selbst Eltern und Lehrer, wissen, wie wichtig (und möglich) es ist, die allen Kindern innewohnende Kreativität, Einfühlsamkeit und Freude zu fördern. Die hier beschriebenen einfachen Übungen, die Kinder und Erwachsene gemeinsam machen können, unterstützen sowohl Kinder als auch Erwachsene dabei, Herz, Geist und Seele zum Aufblühen zu bringen.

Als Beraterin des MINDS-Programms habe ich viele Geschichten von Kindern, Eltern und Lehrer/innen gehört, die durch Achtsamkeitstechniken wieder zu sich selbst gefunden haben. Eltern und Lehrer/innen überall im Land bemerken die Resultate: Positive Veränderungen zeigen sich dort, wo Kinder lernen, einen inneren Ruhepunkt zu finden: wo sie ihre Gefühle erkennen und akzeptieren können, Selbstverurteilungen loslassen können, aus der inneren Präsenz heraus sprechen und zuhören können, bewusst Verantwortung für ihr Handeln übernehmen und sich in den emotionalen Zustand anderer einfühlen können. Unsere Kinder an Achtsamkeit heranzuführen ist einer der wichtigsten Beiträge, den wir in unserer Gesellschaft und unserer Welt leisten können. Jetzt macht *Awakening Joy für Kinder* diese wirkungsvollen und vergnüglichen Praktiken allen zugänglich.

Beim Lesen des Buches habe ich mich wieder an einige der kleinen Achtsamkeitsrituale erinnert, die ich zusammen mit meinem Sohn entwickelte, als er klein war. Beim Zu-Bett-Bringen und oft vor den Mahlzeiten erzählten wir uns gegenseitig, wofür wir an diesem Tag dankbar waren. Wir machten gemeinsam Yoga und schickten Heilenergie in verspannte oder schmerzende Körperteile. Wir verbrachten eine Menge Zeit im Wald oder am Meer und lernten viel über „die Gesetze der Natur".

Eine unserer Lieblingsübungen – die Narayan auch noch als Teenager Spaß machte – basiert auf einer Geschichte aus einem der Bücher von Stephen Mitchell: Ein unglücklicher Mann machte sich auf eine weite Reise, um eine weise Frau aufzusuchen, von der er gehört hatte. Er wollte sie fragen, wie er inneren Frieden finden könne. Die Frau namens Sono gab ihm ein Mantra, das er rezitieren solle, was auch immer in seinem Leben geschehe: „Danke für alles. Ich habe keinerlei Klagen." Nachdem er dies ein Jahr lang treu praktiziert hatte, suchte der Mann die weise Frau noch einmal auf, um ihr zu berichten, dass er sich immer noch schlecht fühlte. Was sollte er tun? Sono erwiderte: „Sage ‚Danke für alles, ich habe keinerlei Klagen'." Wie es in der Geschichte heißt, fand der Mann seinen inneren Frieden.

Ich brachte dieses Mantra meinem Sohn bei, weil er ein bisschen zur Nörgelei neigte. Ich hatte ihm den Spitznamen „König der Nörgler" gegeben. Das Mantra war ziemlich hilfreich, indem es den König daran erinnerte, dass in seinem Leben doch im Großen und Ganzen alles recht gut lief, und ich freute mich darüber, dass ich ihm diese schlaue kleine Technik vermitteln konnte. Dann blieben wir eines Tages auf dem Weg zu einem Zahnarzttermin im Stau stecken und es war klar, dass wir zu spät kommen würden. Ich fing an zu lamentieren, während ich immer unruhiger wurde. Da stieß mich Narayan mit dem Ellbogen in die Seite und sagte: „He, Mama! Danke für alles. Ich habe keinerlei Klagen!"

Was wir unseren Kindern beibringen, kehrt stets zu uns zurück, und wenn es eine Übung ist, die uns hilft, präsent zu sein und unser Herz zu öffnen, ziehen die positiven Auswirkungen immer weitere Kreise. Es wäre wirklich ein Segen gewesen, hätte ich ein Buch wie dieses gehabt, als Narayan klein war.

Der *Awakening-Joy*-Kurs und das Buch *Awakening-Joy* (für Erwachsene) haben das Leben unzähliger Menschen verändert. Ich war begeistert, als ich hörte, dass dieses wunderbare Programm für die Anwendung zu Hause und in Schulen adaptiert wurde. *Awakening Joy für Kinder* trifft genau den richtigen Ton: Es ist einladend und warmherzig formuliert und außerdem klar strukturiert und absolut praktisch.

Mithilfe der darin vorgestellten Übungen können Eltern, Lehrer/innen und Kinder lernen, innezuhalten – und das kann an einem Tag und in einem Leben ausschlaggebend sein. Diese Techniken und Übungen schicken uns auf eine gemeinsame Reise mit unseren Familienmitgliedern und unseren Gemeinden und tragen direkt zur Entfaltung von Qualitäten bei, die Nähe und Liebe in unserem Leben ermöglichen.

Es erfüllt mich mit Hoffnung, dass diese Generation von Kindern wie Sam zunehmend Zugang zu Methoden und Techniken hat, die ihnen helfen können, Präsenz und Mitgefühl zu entwickeln. Ich kann mir nichts Wirkungsvolleres vorstellen, um den krankmachenden Entwicklungen in unserer Gesellschaft entgegenzuwirken und zur Heilung unserer Welt beizutragen. *Awakening Joy für Kinder* ist eine starke Strömung in diesem Heilungsprozess, und meine Hoffnung ist, dass dieses Buch Sie und Ihr Familienleben auf eine tiefe und anregende Weise berührt. Es lädt dazu ein, die Freude zu entdecken, lebendig zu sein – unsere Fähigkeit zu grenzenloser Liebe, Kreativität und Weisheit. Alle guten Wünsche auf diesem Ihrem Weg!

TARA BRACH,
Autorin von *Radical Acceptance* und *True Refuge*

Einleitung: Warum Freude?

Kann man Freude kultivieren? Würden Sie Ihren Kindern gerne ein paar Übungen beibringen, mit denen sie ihr Wohlbefinden steigern und lernen können, unvermeidlichen Stresssituationen mit Präsenz, Selbstmitgefühl und Offenheit zu begegnen, anstatt ängstlich und sorgenvoll? Können Kinder und Erwachsene miteinander Schritte gehen, die zu mehr Resilienz und Mitgefühl führen? Bedeutet „Freude wecken“, dass man stets bester Laune und vor Begeisterung übersprudelnd durch die Welt geht, oder können wir in allen emotionalen Zuständen präsent sein und dennoch Kraft und Entspannung aus einer tiefen inneren Quelle schöpfen? Hätten Sie gerne das Gefühl, Ihren Kindern Geschenke mit auf den Weg zu geben, die ihnen ein Leben lang erhalten bleiben und dazu beitragen, dass sie auf völlig andere Art auf die Welt zugehen?

Falls Sie sich als Eltern, Lehrer/in oder Bezugsperson je solche Fragen gestellt haben, ist dieses Buch genau das Richtige für Sie. Wir wünschen uns, dass dieses Handbuch zu einer geschätzten, lebendigen Ressource mit vielen Eselsohren und Anmerkungen wird, die in Ihrem Zuhause und im Klassenzimmer Freude weckt.

James: Als ich in den 1970er-Jahren Lehrer einer fünften Klasse in Astoria, New York war, hätten meine Unterrichtsstunden keinen Preis für Brillanz gewinnen können. Manchmal wurde ich von meinem Rektor dafür kritisiert, dass meine Schüler nie zu denjenigen gehörten, die akkurat aufgereiht über die Flure gingen. Aber die Kinder liebten es, in meiner Klasse zu sein, und melden sich noch heute, vierzig Jahre später bei mir, um mir zu sagen, dass es etwas Besonderes für sie war.

Bei mir gab es eine Regel, die ich gleich am ersten Schultag glasklar vermittelte: Ich sagte den aufgeregten Kindern – und sie waren aufgeregt, weil sie in der Klasse des coolen, langhaarigen Lehrers waren –, dass Freundlichkeit der Schlüssel ist. Wenn wir einander mit Respekt behandelten, könnten wir ein schönes Jahr miteinander verbringen. Und das taten wir normalerweise. Als ich Michele traf und sie ihre Ideen für die Unterrichtsstunden mit mir teilte, wusste ich, dass ich einer großartigen Lehrerin begegnet war, die die Prinzipien von *Awakening Joy* verkörperte. Sie war voller Begeisterung und ihre Freude war wirklich ansteckend. Wir begannen, Ideen auszutauschen, und im Laufe der Jahre hatten wir so viele, dass wir beschlossen, gemeinsam *Awakening Joy für Kinder* zu schreiben, eine Mischung aus Hintergrundwissen und praktischen Übungen für Eltern, Lehrer/innen und Kinder.

Michele und ich waren uns darüber einig, dass in Schulklassen ein „Geist" herrschen muss, der über das bloße Vermitteln der vom Lehrplan vorgegebenen Informationen und deren Aufnahme hinausgeht. Zuerst und vor allem möchten wir erreichen, dass die Schüler/innen die Erfahrung machen, Teil eines sicheren Umfeldes zu sein, in dem sie sich entspannen, ganz sie selbst sein und das Zusammensein genießen können.

Wir sind oft so stark auf den Erfolg unserer Kinder fixiert, ob bei Schulabschlüssen oder Leistungen. Und das geht auf Kosten der Erfahrung, einfach sein zu können, wer sie sind, und ihre innere Freude durchscheinen zu lassen.

Mit diesen Gedanken im Hinterkopf haben wir das Buch *Awakening Joy für Kinder* geschrieben. Es soll ein Ratgeber und Handbuch für Eltern, Bezugspersonen und Lehrer/innen sein, um sie dabei zu unterstützen, die Lebendigkeit und Freude zu wecken, die Kinder normalerweise von Natur aus besitzen. Dabei wird kontemplatives Innehalten mit spielerischen, von Kindern getesteten Aktivitäten kombiniert. Zusammen verfügen wir über mehr als 60 Jahre Erfahrung in der Kinder- und Erwachsenenbildung aller Altersgruppen.

Im Jahre 2003 begann ich einen populären Online-Kurs mit dem Titel *Awakening Joy* anzubieten, um unsere natürliche Fähigkeit zum Wohlbefinden zu wecken. Manchmal nahmen bis zu 2000 Menschen gleichzeitig am Kurs teil. Das auf dem Kurs basierende Buch *Awakening Joy: 10 Steps to Happiness* wurde erstmals 2010 veröffentlicht. Das Buch, der Online-Kurs und die Workshops, die meine Frau Jane und ich in den USA, Kanada, Europa, Australien und Neuseeland hielten, inspirierten Tausende von Menschen in aller Welt, bewusst mehr Freude in ihr Leben zu bringen.

Stärken Sie sich und Ihre Kinder

James und Michele: Dies ist ein Buch für Erwachsene und für die Kinder, mit denen sie Zeit verbringen, ob zu Hause oder in der Schule. Jedes Thema wird mit einem Abschnitt eingeleitet, in welchem die Prinzipien und Übungen aus dem Kurs *Awakening Joy* speziell für die Erwachsenen erläutert werden. Darauf folgen Lektionen, die im Klassenzimmer oder zu Hause getestet und an die Bedürfnisse von Kindern angepasst wurden. Den Erwachsenen empfehlen wir, die positiven Auswirkungen der Übungen zunächst für sich selbst zu entdecken und sie dann ihren Kindern zu vermitteln. Ist es nicht besser, wenn ein glücklicher Erwachsener mit den Kindern sein persönliches, direktes Wissen über die Prinzipien und Praktiken des Wohlbefindens teilt? So wird die Erfahrung authentisch vermittelt. Natürlich muss der Erwachsene nicht das gesamte Material verinnerlicht haben, bevor er es an die Kinder weitergibt.

Eines der wichtigsten Prinzipien des Kurses ist, dass dies eine aufbauende Erfahrung sein sollte, ohne Druck und ohne Schuldgefühl, es „nicht richtig zu machen". Machen Sie es einfach so, wie es Ihnen Spaß macht.

Im ersten Teil jedes Kapitels finden die Erwachsenen Praktiken, die sie in ihren Alltag integrieren können, gefolgt von Übungen, die Eltern, Betreuer/innen, Großeltern und Lehrer/innen helfen, die ihnen anvertrauten Kinder anzuleiten, mitfühlendere, beziehungsfähigere und glücklichere Menschen zu werden. Als Erwachsene finden wir leichter Zugang zu Freude und Wohlbefinden, wenn wir gemeinsam mit unseren Kindern lernen. Wenn Sie mehr in Kontakt mit ihrem eigenen Wohlbefinden sind, werden Sie für die Kinder in Ihrem Umfeld zum Vorbild „in Sachen Glück". Und indem Sie mehr Freude in sich selbst und Ihren Kindern wecken, tragen Sie mehr Freude in Ihre Umgebung hinein.

Was bedeutet es, „Freude zu wecken"?

Manche Menschen haben ein Problem mit dem Wort „Freude". Es erscheint ihnen zu „aufgekratzt" und gutgelaunt. Wir benutzen dieses Wort, um jene Zustände mentaler und emotionaler Gesundheit zu beschreiben, die uns die Leichtigkeit des Wohlbefindens vermitteln: Zufriedenheit, Frieden, Glücksempfinden, innere Ruhe, Begeisterung und Offenheit, um nur einige zu nennen. Jedes Wort, das Ihrem Temperament entspricht und diese Dinge meint, ist hier in Ordnung.

Die beschriebenen Übungen sollen dazu dienen, unsere Verbindung zu uns selbst und untereinander zu stärken, so dass wir ein glücklicheres und erfolgreicheres Leben führen können. Die Lektionen fördern Selbsterkenntnis und tragen zur Entwicklung von Resilienz, Empathie, Mitgefühl, Durchhaltevermögen, Liebe und Fürsorglichkeit bei. Kinder können lernen, ihre Gedanken und Gefühle und die anderer Menschen zu verstehen und anzuerkennen. Erwachsene können Kraft schöpfen und lernen, sich zu entspannen und ihren Geist zu öffnen und auch der nächsten Generation dabei zu helfen. Die Lektionen bilden ein gesundes Fundament, um Kinder zu ermutigen, ihr Leben in die Hand zu nehmen. Jeder Lektion ist eine Liste von Lesetipps beigefügt, die jede Übung ergänzen und vertiefen.

Unsere Freude steht in direkter Verbindung mit der Gesundheit des Planeten

Wenn wir auf einer persönlichen Ebene bewusst Freude kultivieren, profitieren davon alle in unserer Umgebung. Die Welle setzt sich fort und führt zu mehr Bewusstheit und Wohlbefinden auf unserem Planeten. Unsere globale Familie verbindet und vernetzt sich immer stärker: Jede kleine Entscheidung, die wir treffen, hinterlässt einen Eindruck und zeigt Wirkungen in der Welt.

Menschen, die Kinder großziehen oder betreuen haben, einen der wichtigsten Jobs der Welt. Fragen Sie Eltern, Angehörige, Betreuer/innen, Berater/innen oder Lehrer/innen, was sie sich am meisten für die ihnen anvertrauten Kinder wünschen, und Sie werden meistens „Glück" zur Antwort bekommen. Natürlich werden auch Dinge wie Gesundheit, Wohlstand, Erfolg und eine ganze Reihe anderer Wünsche erwähnt, aber wir haben die Erfahrung gemacht, dass Glück an erster Stelle steht und am häufigsten genannt wird. Für viele scheint Glück so etwas wie ein unerreichbarer Traum zu sein, etwas, das schwer zu fassen ist und nur einigen wenigen zuteilwird, wenn alle Sterne gut stehen.

Veränderungen sind in unserem Leben unvermeidlich, ebenso wie Freude und Leid und all die Höhen und Tiefen, die das menschliche Dasein mit sich bringt. Aber die Fertigkeiten, die es braucht, um ein glückliches Leben zu führen, können vermittelt, eingeübt und praktiziert werden. So entstehen neue neuronale Verknüpfungen im Gehirn. Wir können also das Gehirn und unser emotionales Erleben neu „verdrahten" und auf das Glücklichsein ausrichten. Und indem wir das zusammen mit unseren Kindern tun, können diese mehr Resilienz angesichts einer sich ständig verändernden Welt entwickeln. Das *Greater Good Science Center* der *University of California* veröffentlichte hochaktuelle Studien über menschliches Wohlbefinden. Seine umfangreichen Forschungsarbeiten weisen darauf hin, dass erhöhte Achtsamkeit – ein Schlüsselaspekt beim Wecken von Freude – sich positiv auf alle Bereiche unseres

Lebens auswirkt, einschließlich Intelligenz, Energieniveau, Kreativität, Produktivität und Resilienz, während depressive Tendenzen und Ängste abnehmen. Darüber hinaus haben Studien gezeigt, dass ein stärkeres Glücksempfinden den Blutdruck senkt, das Immunsystem stärkt, chronische Schmerzzustände lindert, Stress- und Krankheitssymptomen entgegenwirkt und lebensverlängernd wirkt. All diese Forschungsergebnisse bestätigen etwas, dem wohl jeder von uns zustimmen kann: Wir fühlen uns gut, wenn wir glücklich sind.

Wie man dieses Buch benutzt

Die Übungen in diesem Handbuch gruppieren sich um zehn Schritte, vergleichbar mit denen, die in *Awakening Joy: 10 Steps to Happiness* von James Baraz und Shoshana Alexander beschrieben werden. Das vorliegende Buch ist in sich vollständig und kann allein oder zusammen mit *Awakening Joy* gelesen werden. Jedem Kapitel ist eine Einleitung und eine Lektion für Erwachsene vorangestellt, sodass Sie, auf einer tieferen Ebene, gleichzeitig mit Ihrem Kind praktizieren können. Für Lehrer/innen haben wir die Kinder-Lektionen Lehrplaninhalten zugeordnet, sodass Sie die beruhigende Gewissheit haben, die Lernergebnisse ihrer Schüler mit unterstützenden Lektionen verbessern zu können. Im hinteren Teil des Buches zeigen wir außerdem auf, wie Sie diese Übungen nahtlos in Ihren Unterrichtstag integrieren können, während Sie gleichzeitig Ihren aktuellen Lehrplan einhalten.

Wir hören oft von Lehrkräften, Eltern und anderen Bezugspersonen, dass sie etwas schnell und leicht Durchführbares bräuchten, das trotzdem wirkungsvoll ist. Diesen Aspekt hatten wir bei der Gestaltung aller Aktivitäten im Hinterkopf, sodass keine größeren Planungen oder Vorbereitungen für die einzelnen Lektionen nötig sind. Zu Beginn jeder Lektion werden die Stärken, die wir gerade aufbauen und entwickeln wollen, besonders hervorgehoben, sodass Sie die Möglichkeit haben, Ihre Aktivität so zu wählen, dass spezifische soziale und emotionale Kompetenzen gefördert werden.

Wir geben auch Empfehlungen für die altersgerechte Anwendung der Übungen. Allerdings kann jede Lektion so adaptiert werden, dass sie sich für ganz unterschiedliche Altersklassen eignet. Obwohl die hauptsächlichen Zielgruppen Vorschul- und Grundschulkinder sind, können Eltern sowie Lehrkräfte der Mittel- und Oberstufe die Lektionen für ihre Altersgruppen anpassen.

Am Ende jeder Lektion finden Sie eine Liste mit Lesetipps für Erwachsene und Kinder. Um Ihnen die Arbeit zu erleichtern, haben wir das Buch so gestaltet, dass sie es auf jeder beliebigen Seite aufschlagen können und sofort eine einfache, wirkungsvolle Lektion zur Verfügung haben. Wählen Sie eine pro Tag oder eine pro Woche aus. Jede Aktivität trainiert den „Herzmuskel der Freude", unterstützt Kinder bei der emotionalen Selbststeuerung und lehrt sie, den Weg zu einem glücklichen Leben zu beschreiten. Sie können dann jeden Schritt individuell anpassen oder erweitern. Hier bieten sich unzählige Möglichkeiten.

Diese Aktivitäten sollen Ihnen helfen, ein neues Gefühl für Ihren Körper zu entwickeln und sich selbst und die Kinder in Ihrem Umfeld gleichermaßen zu nähren und zu unterstützen. Sie kennen Ihren eigenen Rhythmus und den der Kinder, die Ihnen das Leben anvertraut hat, und können daher am besten beurteilen, wann welche Übungen angebracht sind. Aber welche Sie auch anbieten: Achten Sie darauf, dass Ihr Kind entspannt ist, damit es Spaß an den Übungen hat. Sie sollen sich nicht wie „Arbeit" anfühlen. Wenn sich etwas nicht gut anfühlt, sollten Sie es sein lassen oder es an einem anderen Tag oder auf eine andere Art nochmals versuchen. Vor allem: Genießen Sie es. Bei diesem Material können Sie nichts „falsch" machen. Üben und spielen Sie mit Ihrem Kind und seien Sie selbst die Veränderung.

Denken Sie daran: Eltern, Großeltern oder Lehrer/innen meinen oft zu wissen, „wie die Dinge sein sollen" und dass unsere Kinder stets widerspiegeln, ob wir „gute Eltern" oder Betreuer/innen sind. Gute Eltern hin oder her: Die Kinder bringen ihr eigenes Temperament, ihre eigene Persönlichkeit, ihre eigenen Wünsche und Herausforderungen mit. Es gibt keine Garantie für ein wunderbares Ergebnis, und es kann sein, dass manche Kinder sich stark gegen eine Teilnahme wehren.

Gehen Sie sanft mit sich selbst um, wenn Sie dieses Material anbieten. Lassen Sie alle Vorstellungen von Ergebnissen los, und denken Sie daran, dass Sie Samen des Wohlbefindens säen. Diese Samen sind ein Angebot und eine Einladung: Letztendlich ist es Sache des Kindes, zu entscheiden, ob und in welchem Maße es diese Einladung annehmen will. Unsere Erfahrung ist, dass man oft erst viel später merkt, dass die Samen der Bewusstheit aufgegangen sind. Tun Sie, was Sie können, und sorgen Sie vor allem gut für sich selbst. Indem Sie in sich selbst Freude wecken, verkörpern Sie das, was Sie in Ihrem Kind zu erwecken hoffen. So entsteht ein einladendes Energiefeld und die Wahrscheinlichkeit steigt, dass Ihr Kind sich Ihnen anschließen möchte.

Micheles Geschichte

MICHELE: In den vergangenen 25 Jahren habe ich viele dieser sozialen und emotionalen Kompetenzen im Klassenzimmer vermittelt, aber ich wusste nicht, wie viele neue wissenschaftliche Erkenntnisse es im Bereich der Neuroplastizität gab, die zeigten, auf welche Weise Veränderungen im Gehirn stattfinden. In den letzten 15 Jahren habe ich Informationen gesammelt und ausgewertet, die genau die Methoden bestätigten, die ich bereits seit Jahren praktizierte, Methoden, die dazu beitragen sollen, glücklichere Menschen hervorzubringen. Um diese Ideen zu testen, machte ich mich daran, ein Curriculum auf der Basis dieser Lektionen zu erstellen, wobei ich viele Themen aus meiner bisherigen täglichen Unterrichtspraxis einbezog. Ich wollte sehen, ob theoriebasierte Lektionen mit meinen eigenen Erfahrungen übereinstimmten.

In meinen Jahren als Lehrerin habe ich über 1000 Kinder unterrichtet. Kinder mit den unterschiedlichsten Bedürfnissen gehen in meinen Unterrichtsräumen ein und aus, und sie alle können von diesen Lektionen profitieren, die sich sogar in sehr schwierigen Situationen bewährt haben.

„Sie wirken so ausgeglichen." – „Ihr Klassenzimmer wirkt wie eine Oase der Freundlichkeit." – „Ich bin so erleichtert, dass Sie auch manchmal Schwierigkeiten haben." Solche Aussagen bekam ich mehr als einmal in meiner Laufbahn als Lehrerin zu hören.

Ich war ein ängstliches und sehr sensibles Kind. Meine erste Erinnerung ist die an den Kindergartenbesuch Ende der 1960er-Jahre. Ich war noch nie einen ganzen Tag lang von meiner Mutter getrennt gewesen. Wir hatten kein Auto und lebten in einem Vorort, sodass der Besuch eines Vorschulprogramms noch nicht einmal eine Option war. Die Vorstellung, dass meine Mama, mein sicherer Hafen, weggehen und mich zurücklassen würde, war erschreckend für mich, wie für so viele andere Kinder.

Ich weinte so herzzerreißend, als ich nach der Verabschiedung meine Mutter und meinen Bruder am Kindergartenfenster vorbeigehen sah, dass die Erzieherin, die mein heftiges Schluchzen nicht ertragen konnte, hinauseilte und die beiden wieder hereinholte. Sie erlaubte meinem jüngeren Bruder, den Vormittag über dazubleiben. Danach war ich auf mich allein gestellt. Ich musste irgendwie zurechtkommen. Das Motto lautete: „Kopf hoch und durch."

Meine Mama und die Erzieherin kannten damals keinen anderen Weg, um mir zu helfen, die Brücke von der Angst zum inneren Frieden zu überqueren – sie wussten nicht, wie sie es mit mehr Mitgefühl und Unterstützung hätten tun können. Glücklicherweise kennen wir heute solche Wege. Heute wissen wir etwas über neuronale Plastizität und über die Möglichkeiten, Gefühle auf eine Weise zu regulieren, wie man es nie für möglich gehalten hätte.

Wie diese Techniken und Übungen entwickelt wurden

Als ich vor 20 Jahren zu unterrichten begann, hielt ich mich, wie die meisten anderen Lehrer, strikt an den vorgegebenen Lehrplan. Man hatte mich gelehrt, dass Lesen lernen 20 Minuten zu dauern hatte, gefolgt von Schreiben und Rechnen. Zack, zack. Um Angelegenheiten, die mit dem Verhalten oder sozialen Miteinander zu tun hatten, kümmerte ich mich in den Pausen oder vor oder nach dem Unterricht. Auf diese Weise zu unterrichten raubte mir jegliche Energie. Ich hatte wirklich das Gefühl, nicht weitermachen zu können. Ich nahm sogar, nachdem ich ein Stipendium für „Hervorragendes Lehren" erhalten hatte, noch einmal ein Universitätsstudium auf, um mich auf einen anderen Berufsweg vorzubereiten. Mir war klar geworden, dass mein überwiegend introvertiertes, sanftes Wesen und meine Wertschätzung tiefer zwischenmenschlicher Verbindungen nicht zur Arbeit in einem Klassenzimmer mit bis zu dreißig Kindern passte, von denen viele total extrovertiert waren.

Während einer Studienberatung sagte meine Professorin zu mir: „Tun Sie, was Sie gerne tun, folgen Sie Ihrer Passion und unterrichten Sie …" Also begann ich, in Teilzeit zu unterrichten, und tauchte in den Kunstbetrieb ein. Nach der Schule lehrte ich Kunst und stellte fest, dass ich dabei eine große Freiheit hatte. Aus den Kunstklassen gingen Mädchengruppen hervor, die das Selbstbewusstsein stärken sollten. Die Mädchen waren angespannt, ängstlich und frustriert. Ich fing an, Yoga und Achtsamkeitstechniken mit ihnen zu praktizieren. Und die Mädchen liebten es.

Einmal meldeten sich alle 30 Siebtklässlerinnen für den Nachmittagskurs an. Während ich Dinge entdeckte, die wirklich funktionierten, fuhr ich mit meiner eigenen Yoga-Praxis fort und arbeitete mit Methoden der Selbsterforschung, Achtsamkeit, gewaltfreien Kommunikation und dem gehirngerechten Lernen. Und ich begann, diese Dinge ins Klassenzimmer zu bringen. Damals hatten die Leute noch Vorbehalte, wenn sie das Wort „Yoga" hörten, aber ich lebte in einer eher „alternativen" Gemeinde. Wenn also Eltern vorbeikamen und sahen, dass die Klasse gerade die Baum-Position übte, lächelten sie meistens. Im Laufe der Jahre praktizierte ich immer häufiger Yoga mit den Kindern. Sogar jetzt, 25 Jahre später, kommen noch Schüler/innen vorbei, um mir zu sagen, dass es ihr Leben verändert hat. Kürzlich hielt ich einen Workshop für einige ehemalige Schüler/innen, die nun selbst Eltern sind und die Strategien interessiert aufnahmen, um sie dann zu Hause zu praktizieren.

Der Vorteil, den ich durch die Einführung dieser Techniken zu Hause und im Klassenzimmer hatte, ging weit über das bloße Überleben als Lehrerin hinaus. Ich konnte einen ruhigen, achtsamen Moment haben und die Kinder auf eine innere Reise mitnehmen, von der sie entspannt zurückkehrten. Damals hatte ich noch keine Ahnung von der Forschung über gehirngerechtes Lernen, da diese zu jener Zeit noch nicht sehr bekannt war.

Als dann das Achtsamkeitstraining mehr im „Mainstream" ankam, war ich begeistert. Ich entdeckte gehirngerechtes Lernen, fand aber viele dieser Programme zu unflexibel. Die Kinder lieben die Lektionen, die ich heute anbiete und bei denen ich die zehn Schritte von *Awakening Joy* als Rahmen benutze. Sie sind wirklich sehr einfach und lassen eine Menge Raum für Kreativität und Autonomie innerhalb der Techniken. Ich nehme staunend wahr, wie meine Schüler/innen ihr Herz öffnen und die Übungen annehmen. Sie sind die echtesten, ehrlichsten und fürsorglichsten Menschen, die ich kenne. Sie geben mir ununterbrochen Rückmeldungen über meine Unterrichtsstunden und über das Miteinander im Klassenzimmer.

Die Erwachsenen, denen ich Achtsamkeit vermittelte, legten die Handbücher mit den Anleitungen beiseite und baten um eine schnelle, unkomplizierte Lektion. Sie wünschten sich auch Bücher mit Geschichten und andere Ressourcen als weitere Wegweiser.

Es gibt riesige Einschränkungen an meinen Unterrichtstagen. Der Lehrplan wird umfangreicher und die Anforderungen sind enorm, aber diese Momente der Achtsamkeit sind absolute Lebensretter. Im Laufe der Jahre bauen wir „Achtsamkeitsmuskeln" auf und unsere Tage werden leichter. Gibt es für mich immer noch unglaublich herausfordernde Tage, an denen ich das Klassenzimmer erschöpft und ausgelaugt verlasse? Tage, an denen ich mich frage, ob staatlicher Schulunterricht überhaupt Sinn macht?

Tage, an denen die Kinder unruhig sind und ich ungeschickt agiere? Ja, natürlich! Und gerade an solchen Tagen achte ich darauf, besonders gut für mich zu sorgen und besonders mitfühlend mit mir umzugehen: Ich plaudere mit einer Freundin, esse Schokolade und gehe am nächsten Tag wieder hin und versuche es aufs Neue. Wie mir meine eigenen Achtsamkeitslehrer/innen sagten, bauen die Lektionen diesen Muskel auf, und dann stellt sich mitfühlendes Gewahrsein ein. Für mich ist das ein Segen.

Als Mutter weiß ich auch, dass ich immer weniger Einfluss auf meine Kinder habe, je älter sie werden. Die entscheidende Zeit, diese Übungen anzubieten – obwohl es zu jeder Zeit und in jedem Lebensalter hilfreich sein kann, damit zu beginnen –, ist dann, wenn Ihr Kind noch klein ist. Als Eltern wissen wir, dass sich das Gehirn durch die Interaktion mit seinem Umfeld – beginnend mit der Empfängnis – entwickelt und verändert, und diese Entwicklung setzt sich im gesamten Erwachsenenleben fort. Die Dinge und Aktivitäten, mit denen wir uns beschäftigen, helfen bei der „Verdrahtung" der Schaltkreise im Gehirn. Da die Gehirnentwicklung in der Kindheit am rasantesten fortschreitet, haben wir in dieser Zeit das größte Potenzial, um in unserem Gehirn die Fähigkeit, Freude zu empfinden, fest zu verankern.

Es ist ganz natürlich, dass wir als Eltern und Bezugspersonen die Zukunft kontrollieren wollen, sie für unsere Kinder so rosig wie möglich machen wollen. Hat das bei Ihnen jemals funktioniert? Wahrscheinlich nicht. Aber Ihrem Kind viele Kompetenzen mitzugeben, auf die es in Krisen und bei Ängsten zurückgreifen kann, kann wirklich funktionieren. Die Übungen und Aktivitäten, die wir hier anbieten, werden ganz mühelos zu einem Teil Ihres Alltags.

Indem Sie diese Fertigkeiten früh mit Ihren Kindern praktizieren, können sie ihnen zu mehr Resilienz, emotionaler Steuerungsfähigkeit und Wohlbefinden verhelfen, noch bevor sie in die Schule kommen. Eltern und Bezugspersonen, deren Kinder bereits im Schulsystem sind, oder solche, die häuslichen Unterricht praktizieren, können enorm viel für das emotionale Wohlbefinden der Kinder tun.

Mein Wunsch

Mein größter Wunsch ist, dass Kinder sich Kompetenzen aneignen, mit deren Hilfe sie ihre Angst selbst regulieren und für sich einen Zustand des Wohlbefindens herstellen können. Diese wichtigen Fähigkeiten erwerben wir durch unsere dahingehend informierten Eltern und Familien, und zwar noch bevor wir ins Schulsystem eintreten.

Jahr für Jahr bringen Kinder und Erwachsene, die mein Klassenzimmer betreten, mehr Angstthemen zur Sprache. Die Beratungszeit ist begrenzt, und die Eltern wissen nicht, wie sie ihren Kindern, die sie so lieben, helfen sollen. Wenn Ihr Kind in die Schule kommt, möchte ich, dass seine Lehrer/innen, der oder die Rektor/in und die anderen Angestellten über die Schlüsselqualifikationen verfügen, um das Kind zu unterstützen, selbst wenn die Bedürfnisse riesig und die Ressourcen begrenzt sind. Ich wünsche mir, dass Lehrkräfte in der Lage sind, ruhige und zentrierende Übungen anzubieten, während sie eine freundliche Klassengemeinschaft aufbauen. Ich wünsche mir, dass Lehrende und Schüler/innen begreifen, was für eine Herausforderung es ist, an fünf Tagen in der Woche inmitten einer Gruppe von 25 oder mehr Leuten zu leben und deren Freuden, Schmerzen, Wachstum und Schwierigkeiten mit einem Maß an Präsenz und Warmherzigkeit zu begegnen, das jedem Einzelnen erlaubt, authentisch und lebendig zu sein. Ich wünsche mir, dass wir diese Herausforderungen so freudig und intelligent wie möglich annehmen und aus ungeschickten Verhaltensweisen und Handlungen lernen, während wir uns vergeben, wenn wir Fehler machen. Ich wünsche mir, dass Familien durch diese Achtsamkeitsübungen gestärkt werden und dass Kinder eine Energie ausstrahlen, die sie aus einem liebevollen Umfeld beziehen. Ich wünsche mir, dass die Bedürfnisse eines jeden Kindes zählen. Ich wünsche mir, dass das Wohlbefinden der Lehrenden zählt und dass sie sich am Ende des Schultages noch lebendig fühlen können. Ziemlich große Wünsche, nicht wahr? Aber ich glaube, dass es möglich ist.

Während sich einige der Kinder in den Klassen ganz selbstverständlich an den hektischen Schulbetrieb anpassen, ziehen sich andere ängstlich zurück;

manche werden aufblühen und manche werden sich psychisch angeschlagen in ein Schneckenhaus verkriechen. Ich finde es bis heute nicht einfach, 25 bis 30 Schüler/innen in einem Klassenraum zu haben. Die Introvertierten suchen sich Ecken, in die sie sich verdrücken können, und die Extrovertierten bilden Gruppen, in denen sie interagieren. Ich beobachte, unterrichte und versuche, alles unter einen Hut zu bringen. Ich versuche, einen Ort zu schaffen, an dem alle sie selbst sein können, ihre eigenen Bedürfnisse sowie die ihrer Klassenkamerad/innen anerkennen und *lernen*.

Ich habe das Glück, in einer ländlichen Gemeinde zu leben, in der man jederzeit Zugang zur großartigen Natur ringsherum hat. Wir ziehen ständig unsere Jacken an und gehen in den Wald, ans Meer oder einfach in den Garten, um uns wieder mit uns selbst zu verbinden. Drinnen gibt es stille Achtsamkeitsübungen, aber auch ausgelassene Gruppenaktivitäten. Wir versuchen, der ganzen Gruppe etwas zu geben. Was für eine Aufgabe!

Wenn die Kinder 18 werden, können sie die Schule verlassen und ihre Tage so verbringen, dass ihr wahres Wesen aufblüht. Ich möchte, dass die Kinder in ihrer zwölfjährigen Schulzeit Werkzeuge an die Hand bekommen, die es ihnen ermöglichen, sich in jeder Umgebung zu entfalten.

James’ Geschichte

JAMES: Als ich in den 1960ern und -70ern zehn Jahre lang in New Yorker Schulen unterrichtete, versuchte ich immer, Spaß ins Klassenzimmer zu bringen. Außer dem Unterrichtsstoff brachte ich meine Gitarre mit, machte mit den Schüler/innen tolle Ausflüge und versuchte, eine gute Atmosphäre zu schaffen und den Unterricht so erfreulich und angenehm wie möglich zu gestalten. Als ich anfing, Achtsamkeitstechniken zu erlernen, und sie in angepasster Form mit meinen Schulkindern teilte, stellte ich fest, dass ich selbst und die ganze Klasse beim Unterricht viel ausgeglichener waren. Es dauerte aber noch eine ganze Weile, bis ich entdeckte, was echtes inneres Wohlbefinden bedeutet. Das war ein langer

Weg, ein Prozess, der noch viele Jahre dauerte und nach meinem Ausscheiden aus dem Schulbetrieb im Jahre 1979 noch lange nicht beendet war.

1974 entdeckte ich die Achtsamkeitsmeditation und wusste unmittelbar, dass ich einen Weg zu echtem Wohlbefinden gefunden hatte. Ich war sicher, dass sie mir helfen würde, den bislang unerreichbaren inneren Frieden zu finden, nach dem ich mich so sehnte. In den folgenden zehn Jahren widmete ich mich ganz der Achtsamkeitspraxis, besonders im Rahmen von intensiven Schweige-Retreats, die oft drei Monate dauerten. Das war ein derart transformierender Prozess, dass ich mich selbst zum Achtsamkeitslehrer ausbilden ließ und das *Spirit Rock Meditation Center* in Kalifornien mitbegründete, das heute eines der angesehensten Achtsamkeits-Retreat-Zentren der Welt ist.

Allerdings fing ich im Lauf der Zeit an – das kann passieren – meine Achtsamkeitspraxis allzu ernst zu nehmen. TODERNST, mit Betonung auf Tod, so dass meine innere Freude versiegte. Als mir klar wurde, was geschehen war, wollte ich herausfinden, wie man die Lehren nicht nur auf Stille und inneren Frieden, sondern auch auf echtes Glück und wahre innere Freude ausrichten konnte. Dieser Absicht entsprangen die Grundprinzipien von *Awakening Joy*, es entstanden der Kurs und das Buch – also all das, was ich in den vergangenen Jahren vielen Menschen näherbringen durfte.

Seitdem empfinde ich es als Segen, mit anderen arbeiten und ihnen die wirkungsvollen Übungen, die ich in *Awakening Joy* beschrieben habe, vermitteln zu können. Im Laufe der Jahre habe ich die Grundprinzipien des Kurses mit Tausenden von Menschen geteilt und kann mit absoluter Überzeugung sagen, dass sie funktionieren, wenn sie mit einer klaren und positiven Haltung und mit Geduld vermittelt werden.

Freude ist unser natürlicher Seinszustand

Als Babys kommen wir mit einer natürlichen Freude auf die Welt. Ein Baby, das satt, frisch gewickelt und ausgeruht ist, quietscht oft vor Vergnügen über das Leben, wenn es ein bisschen liebevolle Aufmerksamkeit bekommt. Jede/r von uns war einmal so ein Baby. Und bei einem Erwachsenen, der frei von physischem oder mentalem Stress ist, zeigt sich im Magnetresonanztomographen ein Gehirn, das wach, ruhig, kreativ, mitfühlend und zufrieden ist. Wir müssen Wohlbefinden nicht außerhalb von uns selbst suchen. Es ist in uns und wartet darauf, erinnert und wachgerufen zu werden. Und wir können unseren Kindern helfen, in Kontakt mit dieser Freude zu kommen, indem wir ihnen einfache Übungen und Aktivitäten anbieten und sie ermutigen, immer mehr aus diesem inneren Raum heraus zu leben.

Jeder Mensch will glücklich sein. Selbst diejenigen, die meistens mürrisch und missmutig sind, verhalten sich so, weil sie meinen, es würde ihnen helfen, sich besser zu fühlen! Das Streben nach Glück entspringt der tiefsten Regung des Herzens, das sich nach größerem Wohlbefinden sehnt. Alles, was wir sagen oder tun, beruht auf einer tiefen inneren Motivation, uns Erleichterung zu verschaffen oder unseren inneren Zustand zu verbessern. Selbst unsere fehlgeleiteten Handlungen, die zu noch mehr Leiden führen, sind Ausdruck des Versuchs, unser Wohlbefinden zu steigern. Das Problem dabei ist, dass wir oft nicht erkennen, welche Dinge echte Freude bringen und welche zum Leiden führen.

Die drei Prinzipien von *Awakening Joy* – Freude wecken

Die einzelnen Schritte von *Awakening Joy* und *Awakening Joy für Kinder* beruhen auf drei Grundprinzipien. Alles, was wir tun, wird von dem Wunsch bestimmt, uns besser oder zumindest weniger schlecht zu fühlen. Die meisten von uns können der Aussage zustimmen, dass sie in Gewohnheiten gefangen sind, die ihnen nicht guttun oder sogar selbstzerstörerisch sind. Aber wir tun diese Dinge trotzdem, weil sie uns kurzfristig helfen, uns auf irgendeine Weise besser zu fühlen. Die drei Grundprinzipien sind:

1. Verstehen, wo echtes Glück zu finden ist
2. Das Gute aufnehmen
3. Übung macht den Meister

Das erste Prinzip: Verstehen, wo echtes Glück zu finden ist

Bei diesem ersten, wichtigen Prinzip geht es darum, zu verstehen, worin echtes Glück zu finden ist und welche Umstände oder Bedingungen es fördern. Denken Sie einmal an Momente, in denen Sie echtes Wohlbefinden verspüren. Ich meine nicht das kurze Vergnügen beim Essen eines gefüllten Donuts. Ich spreche von Dingen wie tanzen, mit einem Haustier kuscheln, Spaß mit den Kindern haben oder an einem wunderschönen Tag draußen in der Natur sein.

Wenn Sie solche Zustände gesunden Wohlbefindens betrachten, stellen Sie fest, dass mit ihnen ein Gefühl der Expansion einhergeht, das sowohl im Körper als auch im Geist wahrgenommen werden kann. Diese Zustände sind das Gegenteil von belastenden Zuständen wie Wut, Angst, Besorgtheit oder Traurigkeit, welche in Körper und Geist eine Kontraktion bewirken oder zu körperlicher und geistiger Unruhe führen. Uns etwas zu wünschen kann ebenfalls als positive Erfahrung erscheinen, die aber, wenn man genauer hinschaut, mit einem eigentlich unangenehmen Gefühl der Unvollständigkeit verbunden ist. Um Freude zu wecken, machen wir also Folgendes: Wir identifizieren zunächst zehn expansive Zustände, die eine wesentliche Voraussetzung für echtes Wohlbefinden sind, und kultivieren sie dann.

Das zweite Prinzip: Das Gute aufnehmen

Das zweite Grundprinzip erinnert uns daran, wahrzunehmen, dass diese Zustände echten Wohlbefindens mit einem erhebenden Gefühl oder einem Glücksempfinden einhergehen – beispielsweise Offenheit, Entspannung oder Leichtigkeit. Auch mental fühlen wir uns dann lebendig und leicht. So gut sich diese Zustände auch anfühlen, nur allzu oft entgeht uns die

Köstlichkeit dieser schönen Momente. Wir wissen vielleicht, dass wir uns gut fühlen, aber wir nehmen uns nicht die Zeit, zu spüren, wie sich „gut fühlen" wirklich anfühlt. Stattdessen verlieren wir uns in Gedanken über Vergangenes oder planen, was wir als Nächstes tun werden. Eigentlich sind wir darauf ausgerichtet, nach Gefahren und allem, was schiefgehen kann, Ausschau zu halten. „Unser Gehirn verhält sich in Bezug auf positive Erfahrungen wie Teflon und in Bezug auf negative wie Klettband", so der Neurowissenschaftler Dr. Rick Hanson.

Wenn wir uns nur einige Momente Zeit nehmen, das Gefühl des Wohlbefindens wirklich zu kosten, registriert unser Gewahrsein diese Erfahrung auf eine ganz profunde Weise. Gewahrsein ist für unser Gehirn wie ein Scheinwerfer und ein Staubsauger. Wenn wir bei der erhebenden Erfahrung präsent sind, wird sie gleichzeitig in unser Bewusstsein gehoben und tief in den Nervenbahnen unseres Gehirns verankert.

Das dritte Prinzip: Übung macht den Meister

Während wir uns darin üben, unsere Momente des Wohlbefindens wahrzunehmen und in uns aufzunehmen, findet eine tief greifende Veränderung statt: Anstatt in den alten Spurrillen unseres Geistes stecken zu bleiben, beginnen wir allmählich, „Glücksfurchen" zu bilden. Die Theorie, Wiederholung erhöhe die Wahrscheinlichkeit, dass die Nervenzellen oder Neuronen entsprechend feuern, wurde erstmals von dem Neurowissenschaftler Donald Hebb in seinem 1949 veröffentlichten Buch *The Organization of Behavior* vertreten. Siegrid Löwel fasst dies später in dem bekannten neurowissenschaftlichen Axiom „Neuronen, die zusammen feuern, verdrahten sich" zusammen. Hanson empfiehlt, sich 10 bis 15 Sekunden Zeit zu nehmen, um einen freudvollen Moment wirklich ins Bewusstsein dringen zu lassen, und zu versuchen, das sechsmal am Tag zu tun. (Können Sie 60 bis 90 Sekunden Wohlbefinden am Tag aushalten?) Wenn Sie das zwei Wochen lang praktizieren, werden Sie wahrscheinlich einen signifikanten Anstieg Ihres allgemeinen Wohlbefindens bemerken.

Das kommt daher, dass Sie nicht nur diese Gefühle des Wohlbefindens registrieren, sondern auch die Gewohnheit entwickeln, danach Ausschau zu halten. Wir stimmen das Gehirn allmählich darauf ein, nach diesen Momenten zu „fahnden“, so Dr. Dan Siegel. Dieses Phänomen wird auch mit dem Begriff Bestätigungsfehler oder Bestätigungstendenz beschrieben. Das heißt, unser Gehirn neigt dazu, Informationen so auszuwählen, zu ermitteln und zu interpretieren, dass sie unseren Erwartungen entsprechen. Warum also nicht die Erwartung haben, Freude zu erleben?

Die 10 Schritte von *Awakening Joy* – Freude wecken

Im Rahmen dieser drei Grundprinzipien gehört es zum Prozess von *Awakening Joy*, zehn verschiedene gesunde Zustände des Wohlbefindens zu kultivieren und präsent zu sein, wenn sie sich einstellen, so dass das Gehirn im Laufe der Zeit immer mehr auf Freude „gepolt“ wird. Obwohl jeder dieser Zustände für sich allein kultiviert werden kann, steckt hinter der hier präsentierten Sequenz eine gewisse Logik, die im Laufe der Zeit ersichtlich wird.

Wir beginnen zunächst mit der Intention oder Absicht, glücklich zu sein und das bedeutet, dass wir beschließen, mehr Freude in unser Leben hineinzulassen. Das ist der erste Schritt und die wichtigste Entscheidung, die wir treffen können. Sie setzt den gesamten Prozess in Gang, bei dem wir uns geistig und emotional auf echtes Wohlbefinden einstimmen. Als Nächstes erlernen wir die Kunst der Achtsamkeit, die ich als Grundvoraussetzung und wichtigstes Werkzeug für ein freudvolles Leben bezeichne. Indem wir in unserem Leben zunehmend präsent sind, entwickeln wir ganz von selbst den dritten Zustand: ein dankbares Herz.

All das Gute in unserem Leben zu würdigen und wertzuschätzen hilft uns, uns den unvermeidlichen Schwierigkeiten zu stellen, die im Leben auftauchen. Zu lernen, unseren Herausforderungen auf intelligente, geschickte Weise zu begegnen, ist der vierte Schritt in diesem Prozess. Beim fünften

Schritt geht es um die Kraft der Integrität, das Nicht-Verletzen und das Erleben der Freude, die sich einstellt, wenn wir in Einklang mit unseren höchsten Werten leben. Daraus ergibt sich ganz natürlich der sechste Schritt: die Freude, loszulassen, und zu lernen, von impulsivem Verhalten, das wir später bereuen, Abstand zu nehmen.

Wenn wir klug und freundlich handeln, können wir unsere Erfahrung mit dem siebten Schritt machen: lernen, uns selbst zu lieben. Wir wissen und tun, was gut für uns ist, weil wir das Gefühl haben, echtes Glück zu verdienen. Das unterstützt uns beim Umsetzen des achten Schritts: gesunde Beziehungen mit anderen pflegen und genießen. Und indem sich unsere Verbindungen und unsere Fürsorge für andere vertiefen, freuen wir uns am neunten Schritt: Wir drücken unser Mitgefühl aus, wenn wir sehen, dass andere in unserem Umfeld eine schwere Zeit durchmachen. Der zehnte Schritt ist schließlich die pure Freude, am Leben zu sein: Wir lernen, uns zu entspannen und anzunehmen, was jetzt geschieht, auch wenn es nicht so toll ist und keinen Spaß macht. Wir können lernen, Freude in den ganz gewöhnlichen Momenten des Lebens zu finden, und wissen, dass sie unserer Aufmerksamkeit wert sind.

Erstellen Sie Ihre „Liste der Seelennahrung"

Anstatt es einfach dem Zufall zu überlassen, wann sich Freude einstellt, ist es hilfreich, zu wissen, was in Ihnen Freude weckt. Unser Erleben von Freude wird größtenteils davon bestimmt, in welchem Maße wir unsere Seele tatsächlich nähren. Das tun wir normalerweise, indem wir uns gesunden Aktivitäten und Erfahrungen zuwenden. Wenn wir zu beschäftigt sind, um unsere Seele zu nähren, dann sind wir zu beschäftigt. Probieren Sie die folgende Übung aus. Sie wird Ihnen helfen, Ihre Liste zu erstellen (nach dem Buch *How we Choose to be Happy* von Rick Foster und Greg Hicks):

* Nehmen Sie sich vier Minuten Zeit, um alles aufzuschreiben, was Ihnen Freude bereitet. Die Liste kann die einfachsten Dinge enthalten, beispielsweise einen Sonnenuntergang beobachten oder auch etwas Exotisches wie Gleitschirmfliegen oder irgendetwas dazwischen (mit dem Hund spazieren gehen, Musik hören etc.).
* Überprüfen Sie alles, was Sie regelmäßig tun.
* Kreisen Sie nun die Dinge auf der Liste ein, die Sie realistischerweise zur Zeit in ihr Leben einbauen können.
* Beschäftigen Sie sich mindestens zweimal pro Woche mit einem dieser Punkte oder einer dieser Aktivitäten, um das Wecken von Freude zu unterstützen. Versuchen Sie, wirklich präsent zu sein, wann immer sich ein Gefühl des Wohlbefindens einstellt.

PROBIEREN SIE FOLGENDES:

Ist Freude das richtige Wort für Sie?

Nehmen Sie sich einen Moment Zeit, um zu spüren, wie Sie auf das Wort „Freude" reagieren. Haben Sie irgendwelche Widerstände gegen dieses Wort?

Gibt es, falls das Wort „Freude" eine innere Abwehr auslöst, ein anderes Wort, das für Sie stimmiger ist und authentisch ausdrückt, was Sie im Laufe dieses Kurses kultivieren möchten, wie beispielsweise Wohlbefinden, Zufriedenheit, Begeisterung, Glück, Lebendigkeit?

Benutzen Sie das entsprechende Wort als Ersatz, wann immer Sie irgendwo das Wort Freude sehen oder hören. Sie können ganz verschiedene Wörter benutzen, um diese Zustände der Offenheit zu beschreiben.

Nehmen Sie wahr, wenn Sie glücklich sind

Wollen wir unser Glücksempfinden vertiefen, besteht eine der wichtigsten Übungen darin, einen freudvollen Zustand genau dann wahrzunehmen, wenn er sich einstellt. Wenn wir uns dankbar oder glücklich oder friedvoll fühlen oder Mitgefühl empfinden, macht das einen tieferen Eindruck auf uns, wenn wir in dieser Erfahrung ganz präsent sind. Wir können diese Momente leicht verpassen, es sei denn, unser Radar ist darauf eingestellt.

Achten Sie darauf, wie sich „gut fühlen" anfühlt

Nehmen Sie interessiert wahr, wie es sich tatsächlich in Ihrem Körper und Geist anfühlt, damit Sie es unmittelbar erfahren können. Das ist ein Unterschied zu einem vagen Gefühl wie „Ich fühle mich gut". Sie erforschen stattdessen neugierig das „Terrain" des Wohlbefindens, indem Sie genauer untersuchen, wie es ist, sich gut zu fühlen.

Wenn Sie einen Moment der Freude erleben – ob beim Spazierengehen, Musikhören oder beim Beobachten eines Sonnenuntergangs –, dann verpassen Sie ihn nicht! Seien Sie in diesen erhebenden, freudevollen Augenblicken präsent.

Das ist eine kontinuierliche Praxis, um Freude zu wecken. Wir werden bei jedem Thema verschiedene gesunde Qualitäten beschreiben. Das Wesentliche dabei ist, sich selbst und Ihr Kind daran zu erinnern, der Momente des Wohlbefindens gewahr zu sein.

1 Eine Absicht formulieren

James: Übungen für Erwachsene

Bei unserem ersten Thema und unserer ersten Übung geht es um die bewusste Absicht, Glück ins eigene Leben hineinzulassen. Obwohl wir natürlich alle glücklich sein wollen, rücken viele von uns dies nicht in den Mittelpunkt. Wir denken vielleicht: „Wenn ich in Urlaub fahre, werde ich glücklich sein" oder „wenn ich mit meinem Freund zusammen bin, werde ich glücklich sein" oder „wenn ich in Rente gehe, werde ich glücklich sein". Warum das Glücklichsein verschieben? Warum es nicht genau jetzt zur Priorität machen?

Der Neurowissenschaftler Dan Siegel sagt uns, dass unser Gehirn, wenn wir in Kontakt mit unserer Intention kommen, mehr Freude und Wohlbefinden zu erleben, darauf eingestimmt wird, nach Gelegenheiten Ausschau zu halten, die dies unterstützen. So war beispielsweise Jerry, ein Teilnehmer des *Awakening-Joy*-Kurses aus Kanada ein sehr ernster, passionierter Musiker. Aber er hatte bemerkt, dass ihm allmählich die Freude abhanden gekommen war, die ihn ursprünglich dazu gebracht hatte, ein Instrument zu spielen. Er entschied, den bewussten Entschluss (Intention) zu fassen, wieder die Freude in seiner Arbeit zu entdecken. Er beschrieb, wie er Geige geübt und sehr hart an einem neuen Stück gearbeitet hatte. Nach einer Phase intensiver Konzentration hatte er sich an seine Absicht erinnert, beim Spielen Spaß zu haben. „Plötzlich tauchte der Impuls auf, zu einem einfacheren Stück zurückzukehren, das ich seit Längerem nicht mehr gespielt hatte. Ich fing beim Spielen fast an zu tanzen, als ich die Freude dabei wiederentdeckte."

Barbara, eine Mutter von zwei Kindern, die in der Nähe der San-Francisco-Bucht lebte und sich zum *Awakening-Joy*-Kurs angemeldet hatte, arbeitete an ihrer Intention, ihren Haushalt mit einer anderen Einstellung zu versorgen: mit mehr Freude – anstatt wie üblich schlecht gelaunt. Sie experimentierte damit, das Regeln ihrer finanziellen Angelegenheiten wie das Ausführen von Überweisungen oder Ähnlichem, Dinge, die ihr immer zuwider gewesen waren, mit einer anderen Haltung anzugehen. Sie sagte: „Diesmal fasste ich ganz bewusst den Entschluss, offen dafür zu sein, Freude am Erledigen der finanziellen Angelegenheiten zu haben, und ich stellte fest, dass mir einige Aspekte davon tatsächlich Spaß machten. Nachdem ich damit fertig war, fühlte ich mich großartig, ich war ganz darin aufgegangen! Diese Erfahrung war wirklich wertvoll und ich wusste sie zu schätzen."

Glücklichsein in den Mittelpunkt des Lebens rücken

Manche Leute haben ein echtes Problem damit, sich vorzustellen, ihr eigenes Wohlbefinden in den Mittelpunkt ihres Lebens zu rücken. Tatsache ist aber: Wenn Sie glücklich sind, profitieren alle in Ihrem Umfeld. Sie sind dann geduldiger, verständnisvoller und es macht anderen einfach mehr Spaß, mit Ihnen zusammen zu sein – und Sie geben ein ausgezeichnetes Vorbild für Ihre Kinder ab.

Eine Intention zu setzen bedeutet *nicht*, sich zu wünschen oder zu hoffen, etwas Bestimmtes möge geschehen. Sie richten sich geistig einfach auf eine bestimmte Vision aus. Und dann fassen Sie mit ganzem Herzen den Entschluss, zu tun, was in Ihrer Macht steht, um sie zu verwirklichen – in diesem Fall, dem natürlichen Impuls des Herzens zu folgen, mehr Wohlbefinden Realität werden zu lassen. Je klarer Ihr Entschluss und der Ihres Kindes ist, sich für Freude (oder Glück oder Wohlbefinden) zu öffnen, desto kraftvoller wird Ihre Vision.

Eine Intention ist etwas anderes als ein Ziel oder eine Erwartung. Wenn Sie eine Intention setzen, lassen Sie Zeitpläne los (oder „innere Zeugnisse", die dokumentieren, ob Sie erfolgreich waren oder versagt haben).

PROBIEREN SIE FOLGENDES:

Stellen Sie sich vor, wie es aussehen oder sich anfühlen würde, wenn Sie Ihr Wohlbefinden in den Mittelpunkt Ihres Lebens rückten.

Lassen Sie die Vorstellung zu, wie Ihr Leben sein würde, wenn Sie in den kommenden sechs Monaten innerlich mit dieser Absicht in Kontakt blieben. Wie wäre es in zwei oder drei Jahren, wenn Sie diese Haltung weiterhin kultivierten?

Falls sich das für Sie so anhört, als würden Sie sich damit etwas Gutes tun, dann beschließen Sie jetzt, in diesem Moment, Ihren Teil dazu beizutragen, um es zu verwirklichen, und lassen Sie sich dabei vom Leben unterstützen.

Nehmen Sie sich einen Augenblick Zeit, um Ihre Absicht in Worte zu fassen. Schreiben Sie sie auf, und schauen Sie Ihre Notiz regelmäßig an, um sich daran zu erinnern, was Sie erschaffen wollen.

Achten Sie darauf, ob Widerstände auftauchen. Wenn ja, verurteilen Sie sich nicht dafür. Es hilft Ihnen einfach, sich alter Denkmuster, die echtem Wohlbefinden im Wege stehen, bewusst zu werden. Denken Sie daran, dass alle in Ihrem Umfeld profitieren, wenn Sie sich für mehr Wohlbefinden öffnen.

Die Intention ausweiten

Ihre Absicht kann sogar über Ihr eigenes Glück hinausgehen. Wenn Sie Ihre Intention ausweiten, sodass auch andere von Ihrem Wohlbefinden profitieren, sind Sie noch motivierter. Denken Sie beispielsweise daran, wie gut es Ihren Kindern oder anderen geliebten Menschen tun wird, wenn Sie mehr Liebe und Freundlichkeit in Ihr eigenes Leben bringen.

- Auf welche Weise wird mein Kind (oder die Kinder in meinem Leben) profitieren, wenn ich mich innerlich für Glück und Wohlbefinden öffne? Wie wird es sich auf andere in meinem Zuhause oder in der Schule auswirken?
- Stellen Sie sich vor, wie Sie Ihr eigenes Glücksempfinden und Ihre Freude als Geschenk für alle anderen Menschen in Ihrem Umfeld gesteigert haben. Wie macht sich das in Ihren Beziehungen zu diesen Menschen bemerkbar? Wie macht es sich in deren Beziehungen zu anderen Menschen bemerkbar?

Falls sich das für Sie wie eine gute Idee anhört, dann nehmen Sie sich einen Moment Zeit, um Ihre Intention, glücklich zu sein, mit der Vorstellung in Einklang zu bringen, anderen etwas Gutes zu tun. Je weitreichender Ihre Vision vom Glück ist, desto größer ist das „Glückspotenzial".

MICHELE: Intentionen formulieren mit Kindern

Kindern wird oft gesagt, was sie tun sollen und wann sie es tun sollen. Sie denken nicht darüber nach, bewusst eine Absicht zu formulieren oder einen eigenen Weg zu gehen. Als ich mit dem Unterrichten begann, gab ich allen Schüler/innen die Richtung vor. Heute, viele Jahre später, ermutige ich sie, den ganzen Tag lang eigene Entschlüsse zu fassen. Jede/r von ihnen setzt eigene Intentionen, aber wir formulieren auch als Klasse gemeinsame Absichten. Eine Intention zu setzen, könnte man damit vergleichen, ein Boot mit einem Ruder auszustatten, sodass man es durch stürmisches Wetter navigieren kann – oder eine Landkarte mitzunehmen, wenn man eine Reise mit dem Auto antritt. Beide Hilfsmittel ermöglichen es Ihnen, die Richtung zu ändern, wenn Sie es für nötig halten, aber Sie halten Ausschau nach dem Weg, der Sie dahin führt, wo Sie hinwollen.

Es folgt die Geschichte eines kleinen Jungen aus meiner Klasse, die zeigt, wie nützlich und kraftvoll es sein kann, täglich eine Absicht festzulegen.

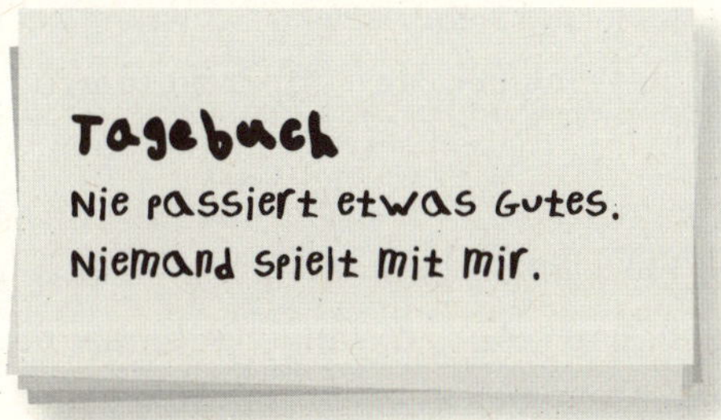

Keith, ein achtjähriger Schüler, hatte große soziale Schwierigkeiten. Jeden Tag gab es irgendein Problem auf dem Spielplatz oder eine Rauferei im Klassenzimmer. Wenn er nach Hause kam, sagte er gewöhnlich: „Nie passiert etwas Gutes – nie." Wie Sie sich sicher vorstellen können, machten sich seine Eltern große Sorgen. Sie warteten täglich auf seinen Bericht darüber, wie schlimm alles war, und wurden immer beunruhigter und sorgenvoller. Keiths Eltern suchten mich nach dem Unterricht auf, um mir ihre Frustration und ihre Sorgen mitzuteilen. Sie fragten sich, ob es nicht besser wäre, ihn aus der Schule zu nehmen und zu Hause zu unterrichten, aber da sie beide berufstätig waren, war das nicht wirklich eine Option.

Ich ermutigte Keith, (außer den anderen täglichen Achtsamkeitsübungen) jeden Tag eine Kleinigkeit in sein Tagebuch zu schreiben, die gut war oder ihm Freude gemacht hatte. Und allmählich änderte sich seine Geschichte. Er fing an, Momente der Freude anzuerkennen, die sich zu etwas Größerem summierten, über das er in seinem Tagebuch schreiben konnte. Eines Tages schrieb er eine ganze Seite voll. Ich regte ihn auch an, die Intention zu setzen, nach den guten Dingen Ausschau zu halten: beispielsweise Situationen, in denen ein anderes Kind ihn bat, mit ihm zu spielen oder bei einer Schulaktivität sein Partner zu sein. Und siehe da, wenn er darauf achtete, realisierte er, dass andere ihn einluden, ihr Partner zu sein, und dass einiges gut für ihn lief. Bei den Stuhlkreisen konnte nun auch er besondere Momente benennen und lächeln. Er brachte zum Ausdruck, dass nicht alles schlecht war und dass er gute Momente mit den Klassenkameraden erlebt hatte. Auch die anderen Kinder berichteten, dass sie mit ihm Spaß hatten. Ich beobachtete, wie sich seine Miene aufhellte, wenn dieser gemeinsamen Freude Ausdruck verliehen wurde. Am Ende des Schuljahres entschied er sich dafür, in der Schule zu bleiben, denn er hatte Freunde gefunden, mit denen er in den Pausen spielen konnte.

Ich arbeitete auch mit den Eltern und schlug ihnen vor, ihn jeden Tag nach einer Sache zu fragen, die gut gelaufen war, anstatt einen Bericht über die negativen Dinge zu erwarten. Das bestärkte ihren Sohn und half ihm, sich daran zu erinnern, dass es auch gute Momente gegeben hatte. Ich kann nicht behaupten, dass nun jeder Tag leicht für ihn war, aber er begann, gute Dinge wahrzunehmen, wenn sie geschahen, und er lernte, immer wieder die Intention zu setzen, eher nach dem Positiven als dem Negativen Ausschau zu halten.

In diesem Kapitel finden Sie eine ganze Reihe von Anregungen, für sich selbst und mit Ihrer Familie Absichten zu formulieren. Lehrer/innen können die Lektionen einfach als morgendliche Übungen im Klassenzimmer einführen. Wir laden Sie ein, sich intensiv damit auseinanderzusetzen, diese Übungen auszuprobieren und zu schauen, welchen Unterschied es täglich macht, das „Gute" zu entdecken.

Lektion 1: Intentionen formulieren

Sich auf Freude ausrichten.

Eine Absicht zu haben ist nicht dasselbe wie sich zu wünschen oder zu hoffen, etwas Bestimmtes möge geschehen. Und es ist auch nicht dasselbe wie ein Ziel oder eine Erwartung zu haben. Wenn man eine Intention setzt, lässt man seinen Zeitplan oder sein Zeugnis (den Nachweis für Erfolg oder Scheitern) innerlich los. Man richtet seinen Geist einfach auf eine bestimmte Vision aus. Dann beschließt man, aus tiefstem Herzen zu tun, was man kann, um diese Vision Wirklichkeit werden zu lassen.

JAMES

Fördert und stärkt:
- Selbstgewahrsein
- Selbstermächtigung
- Eine klare Vision
- Stimmt unser Gehirn auf die Vision ein und richtet das Nervensystem entsprechend aus

Materialien
- Stifte
- Papier

Alter
- Vorschule bis Erwachsenenalter

Bezug zum Lehrplan
- Verbaler Ausdruck
- Schreiben
- Zuhörkompetenz
- Lesen
- Soziales und emotionales Lernen

Das Setzen oder Formulieren von Intentionen ist eine meiner Lieblingsübungen. Ich tue das selbst täglich und gebe meinen Schüler/innen Gelegenheit, es jedes Mal, wenn wir zusammen sind, gemeinsam zu üben. Viele Studien unterstützen die These, dass sich bereits die Vorstellung einer Aktivität auf unsere neuronalen Strukturen auswirkt. Eine mit Musikstudenten an der *Harvard Medical School* durchgeführte Studie zeigte, dass sich das Klavierspiel von Probanden, die sich im Zeitraum einer Woche vorstellen sollten, täglich eine Fünf-Finger-Klavierübung zu absolvieren, signifikant verbesserte, was sich auch in positiven neuronalen Veränderungen in der damit assoziierten Gehirnregion widerspiegelte (*Awakening Joy*, S.9) Hanson weist darauf hin, dass man sein Gehirn darauf ausrichten kann, das Gute oder das Schlechte zu erwarten – warum sich also nicht innerlich auf Wohlbefinden ausrichten?

Die Praxis zu Hause

Wie können Sie zu Hause auf liebevolle, effektive Weise Intentionen setzen? Trinken Sie mit Ihrem Kind eine Tasse Tee, legen Sie die Füße hoch und entspannen Sie sich gemeinsam. Dafür haben Sie keine Zeit? (Dann formulieren Sie die Absichten auf dem Weg zur Schule oder zum Kindergarten).

1. Setzen Sie sich mit Ihrem Kind hin und legen Sie Ihre Hand auf Ihr Herz. Ermutigen Sie Ihr Kind, es Ihnen gleichzutun.
2. Können Sie Ihren Herzschlag spüren?
3. Fragen Sie einander: „Was fühlst du?“
4. Fragen Sie: „Was ist dein tiefster Herzenswunsch in diesem Moment?“
5. Fragen Sie: „Wenn du bestimmte Dinge tun könntest, um diesen Wunsch zu verwirklichen – was wäre das?“

(Sie könnten ein paar Kärtchen mit entsprechenden Zeichnungen vorbereiten, sodass kleinere Kinder einfach ein Kärtchen ziehen können. Diese kleinen Bildsymbole können für Liebe, Spaß, Sicherheit, Ruhe, Erfolg und Verbundenheit stehen.)

Teilen Sie diese Vorstellungen miteinander. Sie können eine Kerze anzünden, sich an einen besonderen Ort zurückziehen und das Ganze zu einer Art Ritual machen oder einfach um den Frühstückstisch herumgehen oder im Auto auf dem Weg zur Schule darüber sprechen.

Erklären Sie Ihrem Kind, dass wir nicht immer bekommen, was wir uns wünschen, und nicht auf Ergebnisse fixiert sind, sondern dass uns das Setzen einer Intention hilft, uns auf das Gute einzustellen und wahrzunehmen, wenn diese Momente auftauchen. Wir richten unser Gehirn darauf aus, zu schauen und bewusst wahrzunehmen.

Wenn ein Kind nach Hause kommt und wir es fragen, wie sein Tag war, antwortet es vielleicht manchmal: „Schlecht!“ oder „Heute ist überhaupt nichts Gutes passiert.“ Aber wenn wir unsere Sinne und unseren Geist vorab darauf ausrichten können, nach dem Guten zu schauen, wenn das Kind nach Hause kommt, dann kann es vielleicht nicht nur die Kämpfe und Schwierigkeiten sehen, sondern auch anfangen, auf Erfolgserlebnissen aufzubauen.

Wenn man sich am Abend zusammensetzt und miteinander darüber spricht, wie sich die Intentionen entwickelt haben oder was die Kinder im

Lauf des Tages wahrgenommen haben, sehen sie allmählich, dass es auch gute Momente gibt. Es können ganz einfache Dinge sein, die ihr Herz erfreuen: Wenn beispielsweise ihr Hund sie beim Nach-Hause-Kommen freudig begrüßt oder ein Freund ihnen ein freundliches „Hallo" zuruft. Unsere Aufgabe ist es, unseren inneren Kompass in diese Richtung auszurichten und diese Momente zu registrieren.

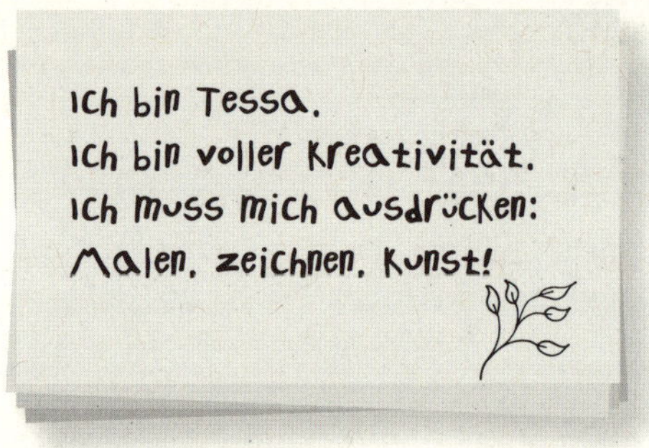

In der Schule üben

Nach einer Achtsamkeitsübung zu Beginn des Unterrichts, frage ich die Kinder, was sie gerne in ihren Tag hineinbringen würden, und bitte sie, eine Absicht im Hinblick auf etwas zu formulieren, das ihnen ein Gefühl des Wohlbefindens geben würde. Damit sie „in die Gänge kommen", lasse ich die Schüler/innen einen Kreis bilden und bitte sie, in ein oder zwei Worten mitzuteilen, wie sie sich gerade fühlen und was sie brauchen. Viele sagen dann, dass sie müde sind und sich nach Ruhe sehnen. Manche sagen, dass sie traurig sind und sich eine Auszeit für einen Tag wünschen. Natürlich sind auch einige darunter, die mitteilen, dass sie sich fantastisch fühlen und am liebsten feiern würden. Wenn die Schüler/innen ihre Bedürfnisse aussprechen, darf das ganze Spektrum menschlichen Erlebens hochkommen und gehört werden. Wenn die Kinder erkennen, dass andere genau wie sie die Höhen und Tiefen des Lebens erfahren, können sie sich entspannen und einfach mit ihren Gefühlen sein.

Nachdem die Intentionen ausgesprochen wurden, gehen die Schüler/innen zu ihren Tischen, an denen sie ihre Intention in einem Satz zusammengefasst auf einen Streifen selbstklebendes Papier schreiben. Manchmal sagt ein Schüler: „Meine Intention ist, Videospiele zu spielen." Ich versuche herauszufinden, was sich hinter dieser Bemerkung verbirgt, und frage ihn, welches Bedürfnis die Videospiele erfüllen. Vielleicht antwortet er dann: „Wettstreit" oder „Entspannung". Ich wecke in den Schülern ein Verständnis dafür, dass das Videospiel nur eine Strategie ist, um ein inneres Bedürfnis zu erfüllen, und dass es noch viele andere Möglichkeiten gibt, dieses Bedürfnis zu befriedigen. Ich lenke ihre Aufmerksamkeit immer wieder auf das Erkennen des zugrunde liegenden Bedürfnisses.*

Nachdem sie nun aufgeschrieben haben, was sie brauchen, halten sie ihren Papierstreifen vor die Stirn und gehen in die Mitte des Raumes.

Jede/r Schüler/in geht nun im Kreis herum, liest vor, was auf dem Zettel des nächsten steht und sagt: „Du bist ________________ und du lädst heute ______________ in dein Leben ein. Ich sehe dich und achte deine Intention." Der oder die Betreffende dankt ihm und sagt dasselbe über das, was auf dessen Zettel steht.

Nach dieser Runde sind die Intentionen der Schüler/innen im Bewusstsein aller und werden von der ganzen Gruppe unterstützt. Zum Schluss kleben sie ihre Zettel auf ihre Tische und achten im Laufe des Tages auf Anzeichen, die ihnen zeigen, dass ihre Intention Früchte trägt.

Miteinander den Tag gestalten

Ein beliebter Aspekt beim Setzen von Intentionen in der Klasse ist das gemeinsame Planen des Tages an der Tafel. Nachdem wir unsere Intentionen miteinander geteilt haben, schreiben wir die Bedürfnisse an die

---

* Mehr Informationen über das Kommunizieren von Bedürfnissen finden Sie in Marshall B. Rosenbergs Buch *Gewaltfreie Kommunikation: Eine Sprache des Lebens*, Junfermann 2016.

Tafel, auf deren Erfüllung wir im Laufe des Tages hoffen. Ich sage, dass wahrscheinlich nicht alle Bedürfnisse erfüllt werden, aber wir erkennen das jeweilige Bedürfnis an und tun unser Bestes, um es zu integrieren. Gewöhnlich stehen unter anderem Bedürfnisse wie spielen, ausruhen, teilen, kreative Aktivitäten und nach draußen gehen auf der Liste, die ich mühelos in die Tagesstruktur einbauen kann. Die Kinder fühlen sich gestärkt und sind glücklich, wenn ihre Bedürfnisse von der ganzen Klasse gewürdigt werden. Und ich als Lehrerin bin dankbar dafür, dass ich die Möglichkeit habe, die Klasse zu hören und ihre Bedürfnisse zu achten, anstatt ihr einen Tagesplan aufzuzwingen. Ich kann durchaus das Pensum des Unterrichtsstoffes abdecken, während ich mich gleichzeitig um das soziale und emotionale Curriculum kümmere.

Im Laufe des Tages bitte ich die Schüler/innen manchmal, in ihrem Tun innezuhalten und der Gruppe mitzuteilen, ob sich ihre Intention manifestiert. Aber es gibt in dieser Hinsicht keinen „Erfolgsdruck", sondern es geht einfach um die Anerkennung der jeweiligen Intention.

Eines Tages erwähnte ich in der Klasse, dass ich Kopfschmerzen habe und mir sehnlichst Wohlbefinden wünschte. Ich sagte den Kindern, ich würde von nun an auf die Momente achten, in denen ich mich gut fühlte, anstatt auf die, in denen mein Kopf schmerzte. Diese Intention mit der Gruppe zu teilen zeigte beachtliche Wirkung. Im Laufe des Tages läutete ich ab und zu ein Glöckchen und jede/r von uns überprüfte, wie sich seine oder ihre Intention entwickelte. Erstaunt stellte ich fest, dass es viele Momente gab, in denen ich mich gut fühlte, anstatt mich auf mein Unwohlsein zu konzentrieren. Die Kinder lächelten mich an und ich spürte die Unterstützung der ganzen Gruppe. Gleichzeitig behielt jedes Kind seine eigene Intention im Bewusstsein und teilte der Gruppe im Laufe des Tages hin und wieder mit, wie es darum stand. Dadurch entstand eine unglaubliche Nähe zwischen uns.

EINE LEHRERIN

Am Ende des Tages können die Kinder in ihre Tagebücher schreiben, auf welche Weise eines ihrer Bedürfnisse erfüllt wurde oder wie sie jemand anderem halfen, seines zu erfüllen oder Freude zu erleben. Falls ihr Bedürfnis an diesem Tag nicht in den Ablauf passte, können sie das am Ende des Tages neu bewerten und sich überlegen, wie sie es vielleicht noch am Abend einbauen können.

Das Setzen klarer Intentionen richtet unseren Geist darauf aus, nach dem Positiven Ausschau zu halten und Momente der Freude zu würdigen.

> *Intentionen begünstigen einen Zustand der inneren Ausrichtung und Klarheit, sie schalten unser Nervensystem in den Modus dieser spezifischen Intention: Wir können uns auf Empfang, auf das Wahrnehmen, auf die Fokussierung, auf ein bestimmtes Verhalten einstimmen.*
>
> DANIEL J. SIEGEL

LESETIPPS

Bücher für Erwachsene

Lapointe, Vanessa, *Discipline without Damage: How to Get Your Kids to Behave Without Messing Them Up*. Vancouver, BC: Tree Life Media, 2016.

Rosenberg, Marshall. *Gewaltfreie Kommunikation: Eine Sprache des Lebens*, Junfermann, 2016.

Shapiro, Shauna und White, Chris, *Mindful Discipline: A Loving Approach to Setting Limits and Raising an Emotionally Intelligent Child*, Oakland, CA: New Harbinger Publications, 2014.

Bücher für Kinder

Meiners, Cheri, *Dream On!: A Book about Possibilities*. Illustriert von Elizabeth Allen. Golden Valley, MN: Free Spirit Publishing, 2015.

Veilleux, Tam und Cox, Russ, *Molly Kite's Big Dream*. Rancho Mirage, CA: Enchanted Forest Press, 2011.

Lektion 2: Tropfen für Tropfen

Je stärker du von Freundlichkeit und dem Wunsch, aus der Güte deines Herzens zu handeln, motiviert wirst, desto größer ist die Möglichkeit, Freude zu wecken.

JAMES

Fördert und stärkt:

- Selbstgewahrsein
- Andere Menschen wahrnehmen
- Wohlbefinden/Ausgeglichenheit
- Vision innerhalb der Familie

Materialien

- Stift
- Papier
- Gute Absichten

Alter

- Vorschule bis Erwachsenenalter

Bezug zum Lehrplan

- Verbaler Ausdruck
- Schreiben
- Zuhörkompetenz
- Lesen
- Kunst
- Soziales und emotionales Lernen

Die Praxis zu Hause und in der Schule

Es gibt so viele Bedürfnisse, auf die wir achten müssen: Unsere eigenen und die unserer Familienmitglieder sowie die Bedürfnisse von allen, mit denen wir außerhalb unseres Heims in Kontakt kommen. Wir können uns so weit von der gegenseitigen Anerkennung und Würdigung unserer Bedürfnisse entfernen, dass die Unruhe immer größer wird. Und wenn dann alles zu viel wird, schreit plötzlich irgendjemand irgendwann: „Dir ist ganz egal, was für mich wichtig ist!"

Die simple tägliche Praxis, eine Intention zu setzen, hilft uns nicht nur, unsere eigenen Absichten und Bedürfnisse zu erkennen, sondern auch, was für unsere Lieben wichtig ist. Das ist ein zweigleisiger Prozess: Zunächst setzt jedes Familienmitglied seine eigene Sauerstoffmaske auf. Das hilft dem Betreffenden herauszufinden, was für ihn oder sie als Individuum wichtig ist.

Der zweite Teil dieses Prozesses richtet den Scheinwerfer auf das, was unseren Familienmitgliedern Freude bringt. Meinem Partner macht es beispielsweise Spaß, für sich allein ein Silbenrätsel zu lösen. Ich selbst freue mich, wenn ich Zeit zum Malen oder Zeichnen finde; mein Sohn Jaden wünscht sich Zeit, um etwas bauen zu können, während mein älterer Sohn Kieran Zeit zum Skateboard-Fahren haben möchte. Ich muss zugeben, dass es mich manchmal überrascht, was ein Familienmitglied an einem bestimmten Tag braucht, denn die Bedürfnisse ändern sich immer wieder.

Indem wir als Familie kooperieren, gibt uns diese Aktivität eine Strategie an die Hand, das Leben für uns selbst und für einander schöner zu machen.

Teil eins

Die oben stehende Abbildung zeigt meine täglichen Intentionen, die ich auf kleine Papierstreifen geschrieben habe und die sich zu Beginn der Übung auf der linken Seite befinden. Auf der rechten Seite befindet sich eine leere Tasse. Wenn ich eine meiner Intentionen anerkenne und umsetze, kann ich sie auf die rechte Seite des Blattes schieben. Das hilft mir, meine Intentionen im Laufe des Tages im Blick zu behalten.

Gehen Sie freundlich mit sich um. Vielleicht können Sie nicht alle ihre Intentionen verwirklichen oder sie ändern sich im Laufe des Tages. Es geht vor allem darum, dass Sie sich Ihre Bedürfnisse bewusst machen.

Schauen Sie, was Sie aufschreiben könnten, und folgen Sie dann der folgenden Anleitung, um Ihr „schwarzes Brett" der Intentionen zu kreieren.

Erstellen Sie Ihre eigene Liste

Beginnen Sie damit, eine Liste der gesunden, vergnüglichen und verbindenden Aktivitäten zu erstellen, die Ihnen heute wichtig sind und die Sie in Ihren Tagesablauf einbauen wollen.

Gehen Sie es gemeinsam an

Wenn Sie als Familie gemeinsam an einer umfangreichen Liste arbeiten, kann jeder alle möglichen Ideen beisteuern, die das Leben schöner machen. Sie können kleineren Kindern helfen, indem Sie sie daran erinnern, was sie gerne tun. Die Familienliste könnte etwa so aussehen:

Tasse voll Wasser	Großpapa anrufen	Den Garten wässern
Ein Puzzle legen	Spazieren gehen	Einen Samen pflanzen
Eine Geschichte erzählen	Zeichnen	Eine gute Mahlzeit
Das Bett machen	Skateboard fahren	Mama knuddeln
Recken und Strecken	Eine kurze Massage	Gemeinsam putzen
Hände halten	Meditieren	Fahrradfahren
Mir zuhören	Zwei Sachen aufräumen	In der Natur sitzen

Laut lesen	Den anderen Gutes tun	Mit mir spielen
Knetmasse herstellen	Schwimmen gehen	Den Hund füttern
Kuscheln	Gemeinsam Lesen	Zähneputzen

Schneiden Sie die Liste mit den Vorschlägen in kleine Streifen. Diese können dann einfach auf dem Intentionsblatt verschoben werden.

Hier eine etwas ausgefallenere Variante

Falls Sie Ihr „schwarzes Brett" eher permanent gestalten wollen, könnten Sie die Ideen mit Markern auf Steine oder Eisstiele schreiben, auf deren Rückseiten sie kleine Magnete kleben. Die Ideen oder Vorschläge können dann auf einer Kühlschranktür oder einem Magnetbrett verschoben werden. Es macht den Kindern Freude, die Magnete oder Papierstreifen von einer Seite auf die andere zu schieben. Und sie werden es Ihnen sagen, wenn bestimmte Intentionen keine Aufmerksamkeit bekommen haben! Wenn Sie täglich feststellen, dass Sie sehr wenige Papierstreifen auf die andere Seite geschoben haben, um die Tasse zu füllen, sollten Sie vielleicht einmal überprüfen, wie Sie Ihre Zeit verbringen. Wäre es möglich, morgens ein bisschen früher aufzustehen, um einen Spaziergang zu machen oder in der Natur sitzen zu können?

Abendliches Treffen

Vielleicht möchten Sie abends im Familienkreis zusammenkommen und gemeinsam schauen, ob es Ihnen möglich war, einige Ihrer Intentionen auf die andere Seite des „schwarzen Bretts" zu schieben. Teilen Sie den anderen mit, wie es sich angefühlt hat, als Sie diese aufbauenden Aktivitäten in Ihren Tag einbauen konnten. Sprechen Sie auch darüber, wenn es Ihnen nicht gelungen ist, Ihre Intentionen umzusetzen, und wie sich das angefühlt hat. Das alles ist Teil des Prozesses. Es gibt keine Selbstkritik für Tun oder Unterlassen. Die Übung soll ja Freude machen und nicht als To-do-Liste betrachtet werden.

Sich von einem Familienmitglied etwas wünschen

Sie können auch eine Bitte auf dem Blatt eines Familienmitgliedes platzieren. Einer meiner Lehrer, Marshall B. Rosenberg, sagt:

> *Es ist sehr wichtig, sich daran zu erinnern, dass das Erfüllen der Bitte ein Geschenk ist. Es sind keine Verpflichtungen oder Forderungen damit verbunden. Die Person, die die Bitte äußert, kann damit zeigen, über was sie sich freuen würde, und das andere Familienmitglied bekommt Gelegenheit, die Person zu beschenken, falls sich das schön und freudig anfühlt.*

Um also diesen zusätzlichen Schritt des Beschenkens in die Praxis einzubauen, könnten Sie den anderen Familienmitgliedern vorschlagen, ihre Anliegen, für die sie sich Aufmerksamkeit wünschen, auf dem Brett zu platzieren.

Schatz, ich brauche ein bisschen Liebe

> *Mein Mann wünschte sich, mit mir zu kuscheln und Händchen zu halten, mein Sohn wollte mit mir ein Puzzle legen und wünschte sich, dass ich ihm fünf Minuten lang zuhöre, ohne etwas zu sagen. Sie schoben ihre kleinen Papierstreifen auf mein Blatt. Nun wusste ich also, was ihnen an dem betreffenden Tag zusätzlich Freude machen würde. Ich konnte es nicht immer einhalten, aber ich setzte meine Intention, sie zu beschenken, wenn ich genügend Zeit und Raum hatte. Es machte mich glücklich, ihre Wünsche zu erfüllen, wenn sie nicht als Forderungen an mich herangetragen wurden. Hier braucht es ein bisschen Übung, denn viele unserer Bitten sind in Wirklichkeit Forderungen.*
>
> EINE MUTTER

Bedürfnisse schätzen lernen

Nehmen Sie wahr, wie beim Füllen der Tasse eines anderen Wunder geschehen und wie befriedigend es ist, für Ihr eigenes wunderbares Selbst zu sorgen.

Was gewinnen Sie durch diese Praxis?

- ❑ Diese Praxis hilft uns, zu erkennen und zu spüren, was für unser eigenes Wohlbefinden nötig ist.
- ❑ Sie dient als Indikator dafür, dass wir aus dem Gleichgewicht geraten sind.
- ❑ Sie hilft uns, Einblick in die Bedürfnisse und Intentionen unserer Familienmitglieder zu gewinnen.
- ❑ Sie macht es unseren Kindern leichter, uns darum zu bitten, ihnen Zeit zu schenken, und uns, sie zu bitten, uns Zeit zu schenken.
- ❑ Sie zeigt uns, dass wir einander wertschätzen und dass die Bedürfnisse aller zählen.

LESETIPPS

Bücher für Erwachsene

Hart, Sura und Kindle Hodson, Victoria, *Respektvoll miteinander leben: 7 Schlüssel zur Konfliktlösung.* Paderborn: Junfermann Verlag, 2010.

Hart, Sura und Kindle Hodson, Victoria, *Empathie im Klassenzimmer: ein Lehren und Lernen, das zwischenmenschliche Beziehungen in den Mittelpunkt stellt; gewaltfreie Kommunikation im Unterricht.* Paderborn: Junfermann Verlag, 2006.

Kashtan, Inbal, *Von Herzen Eltern sein: Die Geschenke des Mitgefühls, der Verbindung und der Wahlfreiheit. GFK: Die Ideen und ihre Anwendung.* Paderborn: Junfermann Verlag, 2005.

Rosenberg, Marshall. *Gewaltfreie Kommunikation: Eine Sprache des Lebens*, Junfermann, 2016.

Bücher für Kinder

Allen, J. und Winters, Marci, *Giraffe Juice: The Magic of Making Life Wonderful.* Illustriert von Tamara Laporte. Charleston, SC: CreateSpace Independent Publishing Platform, 2010.

Mayer, Mercer, *I Was So Mad (Little Critter) (Look-Look).* New York, NY: Random House Books for Young Readers, 2000.

Morrison, Jean und King, Christine, *Kids GROK* (Gefühls- und Bedürfnis-Karten), Selbstverlag, 2011.

Willems, Mo, *The Pigeon Has Feelings, Too!* New York: Disney-Hyperion, 2005.

Lektion 3: Der Schredder – Sich vom Negativen zum Positiven bewegen

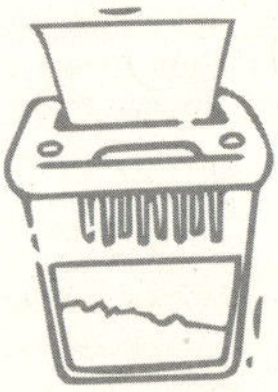

Sind Sie bereit, mehr Freude in Ihr Leben zu bringen? Wenn ja, dann nehmen Sie sich jetzt so viel Zeit, wie Sie brauchen, um diese Entscheidung aus vollem Herzen treffen zu können. Seien Sie bereit, sich dafür zu öffnen und die Gefühle des Wohlbefindens zuzulassen, die Sie damit in Ihr Leben einladen.

JAMES

Fördert und stärkt:

- Selbstgewahrsein
- Die Fähigkeit, Schwierigkeiten anzuerkennen und loszulassen
- Das bewusste Setzen von Intentionen

Alter

- Vorschule bis Erwachsenenalter

Materialien

- Papier
- Stift
- Schere
- Schredder, falls vorhanden

Bezug zum Lehrplan

- Verbaler Ausdruck
- Schreiben
- Zuhörkompetenz
- Lesen
- Motorische Fähigkeiten
- Soziales und emotionales Lernen

Die Praxis zu Hause und in der Schule

Intentionen zu setzen erfordert Übung. Diese Übung erlaubt den Kindern, sich genau anzuschauen, was sie im Laufe des Tages stört oder ihnen Sorgen bereitet, und hilft ihnen, sich klar darüber zu werden, welche Qualitäten sie täglich ins Bewusstsein rufen wollen. Eltern und Lehrer/innen können das gemeinsam mit den Kindern tun, denn viele haben für sich selbst tiefe Einsichten gewonnen, wenn sie sich auf diese Übung eingelassen haben.

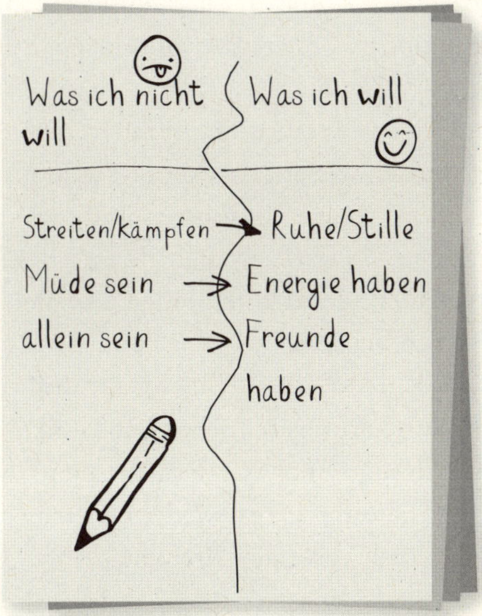

Wenn wir mit dem Negativen oder mit dem, was wir nicht in unserem Leben haben wollen, beginnen, hilft das den Kindern, Zugang zum Positiven zu bekommen, denn bei vielen Kindern (und Erwachsenen) existieren negative Gedanken und Gefühle an der Peripherie und blockieren diesen Zugang.

Start

Beginnen Sie mit einer fünfminütigen achtsamen Atemübung, um sich und Ihr Kind in Kontakt mit dem Körper zu bringen und den Geist zur Ruhe kommen zu lassen.

Bei dieser Übung bitten Sie Ihr Kind, ein leeres Blatt Papier einmal längs in der Mitte zu falten. Auf die linke Seite soll es schreiben „Was ich nicht in meinem Leben haben will" und auf die rechte „Was ich will". Für kleine Kinder können Sie das Schreiben übernehmen, während diese ihre Wünsche äußern. Die Kinder können dazu auch kleine Zeichnungen anfertigen.

Diese Übung können Sie also gemeinsam mit Ihren Kindern machen und danach Ihre eigene Erfahrung mit ihnen teilen.

Die Kinder müssen wissen, dass sie alles mitteilen können, und auch wenn Sie nicht alles in Ordnung bringen und nicht alles ändern können, können Sie zuhören, ohne zu urteilen. Je mehr es Ihnen gelingt, dieses Vertrauen aufzubauen, desto bereitwilliger werden die Kinder offenbaren, was sie wirklich belastet.

Wenn ich mit Kindern arbeite, teile ich mit ihnen bei dieser Übung einiges von dem, was ich aufgeschrieben habe und nicht in meinem Leben haben möchte. Sich so mit den Kindern auszutauschen und verletzlich zu zeigen öffnet eine Tür, die es ihnen wiederum leichter macht, offen zu sein.

Ich könnte beispielsweise aufschreiben:

Ich will nicht:

* Niedergeschlagenheit
* Verurteilt werden
* Magendrücken
* Zu viel essen

Dann bitte ich die Kinder, auf die „Will-nicht-Seite" so viele Dinge zu schreiben, wie sie wollen. Sehr viele Kinder schreiben auf, dass sie zu Hause keine Streitereien haben wollen, keine schlechten Noten bekommen wollen und nicht zu viele Aktivitäten aufgebürdet bekommen wollen.

Wenn schließlich alle damit fertig sind – manche schreiben viel auf, andere weniger –, bitte ich sie, Linien zu ziehen, um jedes „Ich will nicht" mit jedem „Ich will" zu verbinden. Ich schreibe vielleicht ein Beispiel an die Tafel, das etwa so aussieht:

Vom „Ich will nicht" zum „Ich will":

Ich will keine Niedergeschlagenheit → Ich will Freude und Leichtigkeit
Ich will kein Magendrücken → Ich will Entspannung und Angenommensein
Ich will nicht verurteilt werden → Ich will akzeptiert werden
Ich will mich nicht überessen → Ich will achtsam essen

Dann bitte ich sie, mir Beispiele zu nennen, bei denen sie stecken geblieben sind. Diese Frage stelle ich aus zwei Gründen. Erstens zeigt sie den Kindern, wie sie das Negative, das wir nicht wollen, in das überführen können, was wir wollen. Das ist eine Fähigkeit, auf die ich immer wieder zurückkomme. Zweitens lässt sie in der Gruppe ein Gefühl von Verletzlichkeit entstehen und zeigt den anderen, dass wir uns alle so fühlen können und dass das in Ordnung ist.

Zum Schluss fordere ich sie auf, ihre Blätter in der Mitte durchzuschneiden. Die „Ich-will-Seite" werden sie an einem ganz besonderen Ort aufbewahren. Ich bitte die Kinder, sich die Liste so oft wie möglich anzuschauen.

Feierlich teile ich ihnen nun mit, dass ich etwas habe, dass die „Ich-will-nicht-Hälften“ verschwinden lassen kann … das sie buchstäblich „frisst“. Dann gehe ich ins Büro und hole den Aktenvernichter. Jede/r Schüler/in geht nun zum Schredder und sagt laut: „Ich lasse diese Dinge, die ich nicht in meinem Leben haben will, los und öffne mich für das, was ich will.“ Es ist eine große Erleichterung, die Listen tatsächlich zu schreddern.

Früher, als es noch erlaubt war, auf dem Schulgelände ein Feuer zu machen, habe ich die Papierstreifen aus dem Aktenvernichter genommen und der Klasse erlaubt, sich im Kreis um das Feuer zu stellen, diese Überreste zu verbrennen und sie so ans Universum zu übergeben. Falls Sie keinen Zugang zu einer Feuerstelle haben, können Sie mit den Kindern nach draußen gehen, wo sie tanzen, toben und schreien können, um die Dinge der „Will-nicht-Liste“ physisch loszulassen.

LESETIPPS

Bücher für Erwachsene

Baraz, James und Alexander, Shoshana, *Freude*. Mit einem Geleitwort von Jack Kornfield. München: Nymphenburger Verlag, 2011 (auch als: *Freude: erfüllt und glücklich leben*. Freiburg: Herder Verlag, 2013).

Hanson, Rick, *Das Gehirn eines Budhha: Die angewandte Neurowissenschaft von Glück, Liebe und Weisheit.* Freiburg: Arbor Verlag, 2010.

Bücher für Kinder

Haughton, Chris, *Psst! Wir haben einen Vogel.* Frankfurt a. M.: Fischer Sauerländer, 2015.

Meiners, Cheri, *When I Feel Afraid.* Golden Valley, MN: Free Spirit Publishing, 2003.

Meiners, Cheri und Allen, Elizabeth, *Bounce back! A Book about Resilience.* Golden Valley, MN: Free Spirit Publishing, 2003.

Piper, Watty, *Die kleine blaue Lokomotive.* Carlsen Verlag, Hamburg, 1988.

2

Achtsamkeit zählt

James: Übungen für Erwachsene

Achtsamkeit ist das Fundament für alle anderen Übungen in diesem Buch. Wir befinden uns gerade inmitten einer „Achtsamkeitsrevolution“. Achtsamkeit erscheint auf dem Titel des Time-Magazins, ist Thema in Bestsellern und wird in Schulen, Unternehmen, Kliniken, Gefängnissen und Seniorenzentren gelehrt.

Als Vater, Großvater und ehemaliger Lehrer kann ich die positiven Wirkungen von Achtsamkeit nur bestätigen. Achtsamkeit bedeutet einfach, dessen gewahr zu sein, was im gegenwärtigen Moment geschieht, ohne sich zu wünschen, es möge anders sein – das Schöne zu genießen, ohne daran festzuhalten, wenn es sich ändert (was auf jeden Fall passieren wird), und mit dem Unangenehmen zu sein, ohne zu befürchten, dass es immer so bleiben wird (was auf keinen Fall passieren wird). Wenn wir achtsamer sind, reagieren wir weniger automatisch, interessieren uns mehr dafür, was wirklich in dem jungen Menschen vorgeht und können uns besser einfühlen. Ein Kind, das sich verstanden fühlt, kann Vertrauen fassen und sich in unserer Gegenwart sicher fühlen.

Obwohl mit dem Begriff „Achtsamkeit“ manchmal die Vorstellung verbunden ist, man müsse still in Meditationshaltung dasitzen, ist das nur ein Methode, um Achtsamkeit zu entwickeln. Es gibt unzählige Gelegenheiten, achtsam zu sein, denn wir bringen dabei einfach nur freundliches, interessiertes Gewahrsein in alles hinein, womit wir beschäftigt sind. Michele hat ein paar einfache und effektive Übungen fürs Klassenzimmer und für zu Hause entwickelt, die mit großem Erfolg angewendet wurden. Ich bin überzeugt, dass Ihr Kind oder Ihre Kinder Spaß daran haben und davon profitieren werden.

Achtsamkeit als Praxis der Wertschätzung

Achtsamkeit ist im Grunde die Kunst, einfach den Moment so wertzuschätzen, wie er ist. Sie warten nicht erst auf angenehme Gefühle und Stimmungen, um sich für Wohlbefinden zu öffnen. Sie können bei allem, was geschieht, präsent sein. Anstatt den Blick auf die Zukunft zu richten oder auf die Vergangenheit zurückzuschauen oder sich in Fantasien über Dinge zu verlieren, die Sie sich wünschen oder fürchten, werden Sie, wenn Sie achtsam sind, in die Unmittelbarkeit des gegenwärtigen Moments versetzt. Sie können jede Erfahrung, welcher Art auch immer, als heiligen Moment des Lebens schätzen, der Ihrer Aufmerksamkeit wert ist.

Indem Sie Achtsamkeit einen hohen Stellenwert einräumen, stärken Sie einfach die natürliche Fähigkeit Ihres Kindes zum Staunen. Und dabei werden Sie nach und nach innerlich so ruhig, dass Sie die Welt mit den Augen eines Kindes sehen können, weil Sie in Ihrem Leben mehr präsent sind. Wenn Sie das Leben in seiner Fülle genießen wollen, ist das Entwickeln einer inneren Haltung achtsamer Wertschätzung eine Voraussetzung dafür. Mit Achtsamkeit gehen wir über unseren üblichen Tunnelblick hinaus und nehmen wahr, was in unserem Umfeld gut oder interessant ist. Anstatt uns darüber zu sorgen, was schiefgehen kann, können wir den Blick auf das richten, was uns jetzt und hier aufbauen und bereichern kann. Eine Achtsamkeitsübung der Würdigung des Augenblicks:

* Nehmen Sie in den nächsten zwei Minuten alles in Ihrem unmittelbaren Erleben wahr, um diesen Moment zu würdigen, beispielsweise: „Ich kann Geräusche hören“ oder „Mein Körper atmet und hält mich am Leben.“

* Nehmen Sie bewusst wahr, wie es sich anfühlt, Ihre Aufmerksamkeit darauf zu richten, alles, was in diesem Augenblick in Ihrem (Er-)Leben geschieht, zu würdigen.

Ob als Kind oder Erwachsener: Achtsamkeit ist aus zwei Gründen eine wesentliche Voraussetzung für das Wecken von Freude. Erstens bereitet sie den Boden für viele andere gesunde Geisteszustände wie Großzügigkeit, Freundlichkeit und Klarheit, während sie schmerzhafte innere Zustände wie Wut, Habgier und Verwirrung abschwächt.

Zweitens verstärkt Achtsamkeit ganz konkret Zustände inneren Wohlbefindens. Wenn Sie ein Hochgefühl erleben und sich wohlfühlen, ist das mit einem Empfinden von Freude verbunden. Wirklich präsent zu sein, wenn man diese Herzensfreude oder innere Weite erfährt, ist eines der Grundprinzipien des Kurses. Indem man diesem Gefühl unmittelbare, achtsame Aufmerksamkeit schenkt, wird die Freude intensiviert. Achtsamkeit ist also das Werkzeug, das wir nutzen, um diese Zustände wahrzunehmen und ihre Wirkung zu verstärken.

Vier Merkmale der Achtsamkeit

Die vier charakteristischen Merkmale von Achtsamkeit sind:

1. Wir erkennen unsere aktuelle Erfahrung an. Wenn wir traurig sind, sind wir traurig. Wenn wir müde sind, ist es in Ordnung, müde zu sein. Wenn wir inneren Frieden empfinden, empfinden wir inneren Frieden. Achtsamkeit nennt die Dinge beim Namen, ohne unsere Erfahrung auszuschmücken, zu dramatisieren oder vorzugeben, sie sei nicht so problematisch, wie sie ist. Wir sind in Bezug auf das, was geschieht, absolut ehrlich zu uns selbst.

2. Achtsamkeit bedeutet, im gegenwärtigen Moment zu sein, anstatt in der Zukunft oder der Vergangenheit oder uns, wie so oft, in Fantasien zu verlieren.
3. Wenn wir Acht geben, erkennen wir allmählich selbst, dass sich der gegenwärtige Moment ständig ändert. Wie schlimm unsere Erfahrung jetzt auch ist, sie wird sich verändern. Und wie gut sie auch sein mag – sie wird sich ebenfalls verändern. Weil wir wissen, dass sich die Dinge auch wieder ändern, finden wir im Lauf der Zeit in schwierigen Situationen eher den Mut, mit solchen Erfahrungen zu sein und daraus zu lernen. Und wenn großartige Dinge passieren, sind wir nicht überrascht oder schockiert, wenn sie vorbeigehen. Mit einiger Übung können wir lernen, die Achterbahnfahrt des Lebens zu genießen, anstatt zu denken, wir würden irgendwann an einem vorgegebenen Ziel ankommen.
4. Letztendlich werden wir uns mit achtsamer Präsenz nicht in Vorstellungen darüber verlieren, wie unsere Erfahrung sein sollte. Sie müssen aus Ihrem Leben keine Prüfung machen, die Sie bestehen oder bei der Sie durchfallen können. Wenn das Denken von Urteilen und Erwartungen beherrscht wird, führt das oft zu erheblichem Leiden. Die Dinge sind, wie sie sind. Wenn Sie nichts tun können, um die Tatsachen zu ändern, können Sie sich entweder wünschen, sie seien anders, und frustriert sein oder Ihre Situation akzeptieren und so klug wie möglich darauf antworten.

Das Gelassenheitsgebet beschreibt, wie viel Stärke darin liegt, sich nicht in Urteilen zu verlieren: „Gott, gib mir die Gelassenheit, die Dinge zu akzeptieren, die ich nicht ändern kann, den Mut, die Dinge zu ändern, die ich ändern kann, und die Weisheit, das eine vom anderen zu unterscheiden." Achtsamkeit hilft uns, sowohl die Gelassenheit zu entwickeln, mit den Dingen zu sein, wie sie sind, als auch die Weisheit, die Dinge klar zu sehen. Stören Sie sich nicht an urteilenden Gedanken, und versuchen Sie nicht, sie loszuwerden. Die Urteile werden wahrscheinlich immer noch da sein, aber die Kunst besteht darin, sich nicht dafür zu verurteilen, dass man sie hat.

Negatives Denken unterbrechen

Unser Geist will sich einen Reim auf die Dinge machen, will die Welt verstehen, um sich sicher zu fühlen oder unsere Bedürfnisse zu befriedigen. Aber oft entsteht Verwirrung, wenn wir versuchen, mit einer Sache klarzukommen: „Was, wenn es nicht klappt? Was, wenn das Schlimmste eintritt? Was muss ich tun, um eine Katastrophe zu verhindern? Freude ist nirgendwo zu finden, wenn wir uns in Sorgen und Verwirrung verlieren. Achtsamkeit unterbricht verwirrtes und negatives Denken, indem sie unsere Aufmerksamkeit wieder auf das lenkt, was tatsächlich jetzt, in diesem Moment, geschieht. In den gegenwärtigen Moment zurückzukehren bietet uns Zuflucht vor negativem Denken. Eine Teilnehmerin des *Awakening-Joy*-Kurses schrieb:

> Als ich merkte, dass ich dabei war, im Kaninchenbau der Gedanken über etwas Vergangenes zu verschwinden, und mich sehr schlecht in Bezug auf mich selbst fühlte, realisierte ich, dass ich, wenn ich mich auf den gegenwärtigen Moment in meinem Leben fokussiere (auf einem wunderschönen Spaziergang), tatsächlich ziemlich glücklich bin.

Sie haben die Wahl, worauf Sie Ihre Aufmerksamkeit richten wollen. Mit etwas Übung können Sie sich daran erinnern, sich mithilfe des Atems oder Ihres Körpers zu erden und damit das negative Muster zu durchbrechen. Richten Sie Ihre Aufmerksamkeit jetzt, während Sie dies lesen, auf die Tatsache, dass Sie hier sitzen und atmen. Atmen Sie ein paar Mal achtsam ein und aus. Nehmen Sie wahr, wie leicht Sie wieder zu sich selbst zurückkehren und sich im gegenwärtigen Moment entspannen können.

Die Neurowissenschaft der Achtsamkeit

Der Neurowissenschaftler Rick Hanson konnte den beeindruckenden Nachweis erbringen, dass sich Achtsamkeit auf unser Gehirn auswirkt. Die Hirnforschung bestätigt, dass Achtsamkeit das Potenzial hat, unser

Wohlbefinden und Glücksempfinden positiv zu beeinflussen. Achtsamkeit aktiviert positive neuronale Verbindungen und unterstützt deren Verschaltung im gesamten Gehirn, insbesondere im linken Temporallappen, wodurch zahlreiche positive Effekte ausgelöst werden.

Achtsamkeit triggert Gehirnwellenmuster, die mit entspannter Wachheit assoziiert werden. Sie trägt zur Anhebung des Serotoninspiegels bei, was wiederum positive Emotionen wachruft. Sie fördert das Gewahrsein unseres inneren Zustands und somit die Fähigkeit zur Empathie. Sie wirkt dem Kampf-oder-Flucht-Modus entgegen, hilft uns, uns zu entspannen, stärkt das Immunsystem, wirkt sich positiv auf das Herz- Kreislauf-System aus und lindert chronische Schmerzen.

Ein paar Achtsamkeitsübungen für den Alltag

Es gibt viele Möglichkeiten, Achtsamkeit in den Alltag zu bringen, unabhängig davon, ob der jeweilige Moment angenehm ist oder nicht. Machen Sie ein Spiel daraus. Versuchen Sie, bei ganz gewöhnlichen Aktivitäten wie den folgenden achtsam zu sein:

1. Nutzen Sie das Klingeln des Telefons als Gedächtnisstütze, und atmen Sie ein paar Mal achtsam ein und aus, bevor Sie den Hörer abnehmen.
2. Tun Sie dasselbe, während Ihr Computer hochfährt.
3. Müssen Sie in einem Geschäft oder vor dem Kino in einer Warteschlange stehen oder stecken Sie im Stau, nutzen Sie diese Zeit als Mini-Achtsamkeitstraining. Erinnern Sie sich daran, dass Sie lebendig sind, seien Sie der Empfindungen in Ihrem Körper gewahr und atmen Sie achtsam ein paar Mal tief ein und aus.
4. Bei den Mahlzeiten: Halten Sie kurz inne, bevor Sie zu essen anfangen, und denken Sie darüber nach, wie das Essen auf Ihren Teller kam. Das kann Ihnen helfen, sich mit dem Netzwerk des Lebens zu verbinden. Danken Sie für das Essen und nehmen Sie den Geschmack des ersten Bissens achtsam wahr.

5. Machen Sie eine alltägliche Arbeit oder Routineaufgabe – Geschirr spülen, Betten machen, Müll entsorgen – zur Achtsamkeitsübung. Machen Sie es wieder zu einem Spiel, zu sehen, wie achtsam Sie sein können. (Ich habe jahrelang das Rasieren dazu genutzt.)
6. Können Sie einen achtsamen Spaziergang durch Ihr Wohnviertel machen? Sie müssen nichts Besonderes tun. Gehen Sie einfach und seien Sie dabei bewusst. Nehmen Sie bei jedem Schritt den Kontakt mit dem Boden wahr.
7. Halten Sie inne, wann immer Sie daran denken, atmen Sie dreimal tief ein und aus und nehmen Sie Ihre Empfindungen im Körper wahr. Sie könnten die Erinnerungsfunktion Ihres Computers oder Ihre Armbanduhr so einstellen, dass Sie jede halbe oder volle Stunde daran erinnert werden.
8. Das ist vielleicht revolutionär: Probieren Sie *Unitasking* anstelle von Multitasking. Das heißt, versuchen Sie eins nach dem anderen zu erledigen. Es ist dann viel einfacher, präsent zu sein.

Achtsamkeitsmeditation praktizieren

Sich täglich 5 bis 15 Minuten (oder länger) Zeit für das Praktizieren der Achtsamkeitsmeditation zu nehmen, ist eine der besten Methoden, sich Achtsamkeit anzugewöhnen. Das erhöht die Wahrscheinlichkeit, dass wir auch im Laufe des Tages immer wieder Momente der Achtsamkeit erleben. Es ist, als würden wir Samen des Gewahrseins säen, die zu ihrer Zeit aufgehen. Falls Ihnen formale Meditation nicht liegt, können Sie einfach in Ruhe eine Tasse Tee trinken und so bewusst wie möglich Ihrer eigenen Existenz gewahr sein. Im Folgenden geben wir ein paar einfache Empfehlungen, die Sie vielleicht hilfreich finden werden. Wenn Ihr Kind neugierig ist, können Sie sie vielleicht ein wenig anpassen und mit ihm das „Gewahrseinsspiel spielen".

1. Nehmen Sie eine Sitzhaltung ein, in der Sie bequem und relativ still sitzen können, ohne einzuschlafen. Sie wollen sowohl wach als auch entspannt sein. Die Achtsamkeitsmeditation beginnt typischerweise mit der Fokussierung auf den Atem, doch dann lenkt man die Aufmerksamkeit auf das, was sonst noch in Körper und Geist vorgeht.
2. Richten Sie nun Ihre Aufmerksamkeit auf den Atem. Wie nehmen Sie wahr, dass Sie atmen? In welchem Bereich des Körpers nehmen Sie die Atmung am stärksten wahr? Vielleicht spüren Sie das Ein- und Ausströmen der Atemluft an den Nasenlöchern. Vielleicht nehmen Sie auch stärker das Heben und Senken der Bauchdecke wahr. Oder Sie sind einfach des gesamten Körpers gewahr, während Sie dasitzen und atmen. Jedes Mal, wenn Sie bemerken, dass Sie gedanklich abschweifen, kehren Sie mit der Aufmerksamkeit sanft zum Atem zurück. Auf den Atem zu achten hilft Ihnen, sich zu zentrieren und den Geist zur Ruhe zu bringen, sodass es Ihnen leichter fällt, im gegenwärtigen Moment präsent zu bleiben.
3. Neben dem Atem können Sie auch andere innere Erfahrungen – unterschiedliche Körperempfindungen, Stimmungen, Gedanken – achtsam wahrnehmen, wenn diese sich bemerkbar machen und kommen und gehen. In einem Moment nehmen Sie vielleicht einen Atemzug wahr, im nächsten vielleicht einen Juckreiz im Rücken oder im Arm, dann ein Geräusch, dann einen Gedanken und dann wieder einen Atemzug. Der Schlüssel zur Achtsamkeit liegt darin, jeder dieser Erfahrungen gewahr zu sein, während sie auftaucht, ohne sich in der „Story" oder in damit assoziierten Gedankengängen zu verlieren.

Die meisten Leute stellen fest, dass sie sich schon bald, nachdem sie begonnen haben, auf ihren Atem oder eine Körperempfindung zu achten, ohne es wirklich zu merken, in Gedanken verlieren. Das ist nicht schlimm. So ist es eben. Das Auge sieht. Das Ohr hört. Der Geist denkt. Gedanken sind nicht der Feind und den Geist kann man trainieren.

Wie wir reagieren, wenn wir bemerken, dass der Geist abgedriftet ist, ist ganz entscheidend für den Prozess, bei dem wir Achtsamkeit entwickeln. Wenn Sie sich in einem Gedankengang verlieren, bringen Sie Ihre Aufmerksamkeit geduldig zurück in den gegenwärtigen Moment und erinnern sich, dass sie hier sitzen und atmen. Es ist wichtig, das auf eine freundliche Art und Weise zu tun, denn wenn Sie frustriert oder ärgerlich reagieren, werden diese Gefühle nur verstärkt. Sie sind dabei, ihren Geist zu trainieren, und wie beim Training eines Welpen funktioniert auch hier geduldige Wiederholung besser als Bestrafung. Anstatt verärgert darüber zu sein, dass Sie sich in Ihren Gedankengängen verloren haben, können Sie sich darüber freuen, dass Sie aus dem Traum aufgewacht sind.

Jedes Mal, wenn Sie geduldig und freundlich mit Ihrer Aufmerksamkeit in den Moment zurückkehren, stärken Sie diese Qualitäten und Ihre Fähigkeit, präsent zu bleiben. Im Laufe der Zeit werden Sie erleben, wie sich negative Muster auflösen und gesunde Einstellungen zunehmen.

Es ist wichtig, zu verstehen, dass Achtsamkeit viel Geduld erfordert. Der Geist gleitet schnell in Gedanken über die Vergangenheit oder Zukunft ab. Verurteilen Sie sich bitte nicht, wenn das passiert. Freuen Sie sich über jeden Augenblick, in dem Sie während der Meditation oder zu anderen Zeiten präsent sind.

Michele: Achtsamkeitsübung mit Kindern

Vor vier Jahren nahm ich an einem Wochenendseminar an der *University of British Columbia* teil, das von James und seiner Frau Jane geleitet wurde. Während dieses Wochenendes fand ich einen Zugang zur Achtsamkeit, der meine verspielte Seite ansprach. Bereits seit Jahren meditierte ich hin und wieder, aber James 10 Schritte zum „Wecken von Freude" – *Awakening Joy* – ließen mich darüber nachdenken, wie ich die Praxis besser in meinem Leben und meinem Klassenzimmer umsetzen könnte. Bis dahin war ich der Meinung gewesen, eine solche Praxis müsse eine ernste Angelegenheit sein. Aber indem ich Freude hineinbrachte, fing ich an, es zu genießen, täglich in irgendeiner Form Achtsamkeit zu praktizieren, und erlebe eine neue Qualität von Präsenz in meinem Leben.

Heute gehe ich viel mitfühlender mit mir um, während ich mich freundlich in den gegenwärtigen Moment geleite.

Davor hatte ich über 20 Jahre verschiedene Achtsamkeitsübungen im Klassenzimmer vermittelt und im Laufe der Zeit festgestellt, dass sogar noch die einfachsten Atem- und Entspannungsübungen tief greifende Wirkungen entfalten können. Meine inzwischen erwachsenen Söhne haben mitbekommen, wie ich meine eigene Praxis über Jahrzehnte kultiviert habe, und hatten Anteil daran. Sie rollen immer noch manchmal mit den Augen, aber die Übungen, die ihnen früher zunächst etwas „sonderbar" vorkamen, sind heute Teil des täglichen Lebens. Jeden Abend am Esstisch nehmen wir uns die Zeit, uns an den Händen zu halten und unsere Dankbarkeit für die besten Momente dieses Tages miteinander zu teilen. Ich kann Ihnen versichern, dass Sie die in diesem Buch vorgestellten Übungen spielerisch und nahtlos in Ihren ganz normalen Alltag integrieren können. Sie werden Ihre Kinder nicht zum Meditationskissen zerren, um sie stundenlang dort sitzen zu lassen, während Sie Ihren Atem beobachten! Als Mutter und Lehrerin möchte ich in meinem Handeln achtsames Gewahrsein kultivieren und meinen Kindern beibringen, wie sie diese Qualitäten ebenfalls verkörpern können.

Achtsame Elternschaft, wie sie von Jon Kabat-Zinn, dem Begründer der Achtsamkeitsbasierten Stressreduktion definiert wird, bedeutet, „deinem Kind und deiner Art, als Mutter oder Vater mit ihm umzugehen, auf besondere Weise Aufmerksamkeit zu geben: bewusst, hier und jetzt und nicht-urteilend".

Achtsamkeit kann zu mehr Wohlbefinden beitragen, kann Sorgen, Ängste, Stress und Reaktivität reduzieren und die Wahlmöglichkeiten in Bezug auf das eigene Verhalten erweitern. Sie kann auch bei Schlafstörungen helfen, das Selbstwertgefühl verbessern, innere Ruhe, Empathie, Entspannung, Selbstregulation und Gewahrsein fördern.

Eine der einfachsten Definitionen von Achtsamkeit

Achtsamkeit bedeutet nicht mehr und nicht weniger, als seinem Leben hier und jetzt interessiert und freundlich Aufmerksamkeit zu schenken. Es gibt viele Wege dorthin. Machen Sie einen ersten Schritt.

Sie können Kinder lehren, wahrzunehmen oder zu beobachten, was ihnen in den Sinn kommt, und dann ihr Gewahrsein wieder im Atem und im Körper zu verankern. Alles, was uns in den gegenwärtigen Moment zurückbringt, kann ein Anker sein. Ich liebe die Übung „Welpen-Atmung" in diesem Kapitel, weil Kinder sich stark mit der Liebe und Präsenz eines Haustiers verbinden.

Achtsamkeit ins eigene Zuhause einladen

Wenn Sie sich die Erlaubnis geben, damit zu experimentieren, mehr Achtsamkeit in Ihr Zuhause zu bringen, kann sich der Versuch, eine einzelne Handlung achtsam auszuführen oder einen Moment der Achtsamkeit zu erleben, auf die Vorstellung ausdehnen, den ganzen Tag über achtsam zu leben.

Dieses Kapitel gibt Ihnen Werkzeuge an die Hand, mit denen Sie zu Hause eine einfache Praxis etablieren können, und bietet Übungen an, die mein Familienleben und meine Lehrtätigkeit auf beeindruckende Weise verändert haben. Ich arbeite Teilzeit als Lehrerin, und an meinen freien Tagen unterrichte ich manchmal in Vertretung Schüler, die früher in meiner Klasse waren.

Jedes Mal, wenn ich das Klassenzimmer betrete, bitten sie mich als Erstes, mit ihnen eine progressive Muskelentspannung oder eine Fantasiereise zu machen. Wir schieben dann schnell die Tische und Stühle beiseite und machen uns bereit für die Entspannung. Die Schüler und Schülerinnen sagen, dies seien die stillsten und berührendsten Momente, die sie je mit sich selbst hatten. Kinder, die ich in der Grundschule unterrichtet habe und die jetzt große Siebtklässler sind, wollen sich immer noch für eine Entspannungsübung auf den Boden legen.

Es gibt viele solcher Übungen, die Sie gemeinsam mit Ihrem Kind machen können. Es wäre allerdings auch sehr schwierig, Ihren Kindern oder Schüler/innen Achtsamkeit zu vermitteln, wenn Sie sie nicht selbst praktizierten. Sie würden Ihrem Kind doch auch nicht von jemandem Tanzunterricht geben lassen, der oder die keine Ahnung vom Tanzen hat. Man muss sich aber auch nicht in eine Höhle oder ein Retreat zurückziehen oder eine langjährige Meditationspraxis haben. Ich spreche hier von Aktivitäten, die Spaß bringen und die Sie gemeinsam mit Ihrem Kind oder Ihren Kindern machen können. Ich hoffe, dass Sie dabei auch Ihre eigene Praxis weiterentwickeln können!

Kinder können bereits mit zwei oder drei Jahren damit anfangen, ihrem Atem, ihren Gedanken, Gefühlen und Sinneswahrnehmungen Aufmerksamkeit zu geben. Es gibt viele Strategien und Techniken, die Ihre Familienrituale ergänzen können. Kindern einfach beizubringen, innezuhalten und zu atmen, kann schon genügen, und es kann eine tief greifende Wirkung auf ihr Wohlbefinden haben. Die folgende Geschichte zeigt, wie ein Kind, das Achtsamkeit erlernt hat, sich noch viele Monate später an die Übungen erinnert und durch sie inneren Frieden findet. Auch wenn es zunächst so scheinen mag, als würde sich gar nichts tun, während Sie das Fundament für Ihre Praxis legen – haben Sie Vertrauen. Wir alle fühlen uns manchmal entmutigt, aber ich kann Ihnen versichern: Diese Übungen werden etwas verändern.

MIKE

Ein zwölfjähriger Junge namens Mike, ein charismatischer Anführer der Klasse, wurde von Albträumen geplagt. Er hatte noch niemandem von diesen schrecklichen Ängsten erzählt, bis er sich mir eines Tages bei einer Unterhaltung in der Bibliothek anvertraute. An diesem Tag hatte ich Vertretung in der siebten Klasse. Er kam also zur Schule und erzählte mir, dass er kaum geschlafen hatte. Er hatte glasige Augen und war kreidebleich. Ich fragte ihn, ob er zusammen mit der Klasse eine Entspannungsübung machen wolle, und er willigte sofort ein. Nachdem alle auf ihren Matten lagen, führte ich die Schüler/innen durch die verschiedenen Körperteile, die sie einen nach dem anderen tief entspannen sollten. Wir arbeiteten uns vom Kopf bis zu den Füßen vor, entspannten auf diesem Weg jedes Organ, jeden Knochen und Muskel und dankten jedem Körperteil dafür, dass er uns diente. Es gehörte auch zur Übung, sich einen sicheren Ort vorzustellen und sich dort zu entspannen. Das konnte auf einer Wiese oder am Meer sein oder beim Kuscheln mit einem Haustier. Man könnte meinen, dass dabei in einer Klasse mit 30 Siebtklässlern ein Chaos ausbrechen würde, aber es wurde ganz still. Man hätte eine Nadel fallen hören können. Obwohl einige Schüler/innen die Augen offen ließen, waren sie entspannt und ruhig, während andere leise schnarchten und ins Niemandsland abgedriftet waren. Nach der Sitzung zog mich Mike beiseite und erzählte mir, er habe sich seit über einem Jahr nicht mehr so entspannt gefühlt. Er hatte nun das Gefühl, einen Ort in seinem Inneren zu haben, den er aufsuchen konnte, wenn er Angst hatte. Er bedankte sich sogar bei mir und fragte, wann ich wieder Vertretung hätte. Ich erklärte ihm, er könne die Techniken selbst anwenden, aber auch jederzeit auf mich zukommen, wenn er das Bedürfnis hatte, mit jemandem zu sprechen. Ich sah ihn noch oft in jenem Jahr und fragte ihn manchmal, wie es ihm ginge. Er sagte, die Entspannungstechnik habe ihm sehr geholfen und er würde sie regelmäßig anwenden.

Diese Entspannung trat innerhalb von 45 Minuten ein. Wenn das für ein Kind bereits in einer so kurzen Zeitspanne passieren kann, dann stellen Sie sich einmal vor, was für ein Geschenk Sie Ihrem Kind mit einer kontinuierlichen Praxis machen. Ich möchte Sie einladen, die Lektionen durchzuschauen und eine Übung auszusuchen, die in Ihren (vielleicht stressigen) Alltag passt. Wie heißt es doch so schön: Wenn Sie das Gefühl haben, keine 10 Minuten Zeit zum Praktizieren zu haben, müssen Sie wahrscheinlich 30 Minuten lang praktizieren! Genießen Sie Achtsamkeit täglich.

Lektion 1: Eine Atemübung

Ohne Stress beginnen

Achtsamkeit bedeutet einfach, dessen gewahr zu sein, was jetzt, in diesem Moment, geschieht, ohne sich zu wünschen, es möge anders sein: Das Schöne genießen, ohne daran festzuhalten, wenn es sich ändert (was auf jeden Fall geschieht) und mit dem Unangenehmen sein, ohne zu befürchten, dass es immer so bleiben wird (was auf keinen Fall geschieht).

JAMES

Fördert und stärkt

- Achtsamkeit
- Durchhaltevermögen
- Kontakt zum Selbst
- Wohlbefinden
- Geistiges Training

Materialien

- Keine

Bezug zum Lehrplan

- Verbaler Ausdruck
- Schreiben
- Zuhörkompetenz
- Körperliches Training
- Kunst
- Soziales und emotionales Lernen

Die Praxis zu Hause und in der Schule

Mit Kindern beginnen

Es hat viele Vorteile, in jungen Jahren mit einer Achtsamkeitspraxis zu beginnen. So können die Kinder ihre Konzentrationsfähigkeit und ihr Selbstgewahrsein entwickeln. Die Anfälligkeit für Ängste und Angstzustände wird herabgesetzt und die Kinder können sich schneller von unangenehmen Situationen erholen. Da das Achtsamkeitstraining die Entwicklung jener Gehirnregion (des präfrontalen Kortex) fördert, die für wichtige Fähigkeiten wie Impulskontrolle, abstraktes Denken, langfristiges Planen und das Arbeitsgedächtnis (Erinnerungsvermögen) zuständig ist, kann es den Kindern außerdem helfen, Zugang zu ihrem inneren Ruhepunkt zu finden.

Eine Einladung

Dennoch muss die Praxis mit einer Einladung beginnen. Vom Kind zu fordern, es möge mit Ihnen (oder allein) still sitzen, erzeugt nur Widerstände. Bei dieser Arbeit geht es um ein Anregen und Hinführen, nicht um Forderungen oder Autorität.

Einfache Wege

Es folgen ein paar einfache Möglichkeiten, Ihr Kind einzuladen, in die Praxis der Achtsamkeit einzusteigen.

Durch eigenes Tun führen: Das Kind ahmt nach

Wiederholen, wiederholen, wiederholen

Hier eine Minute, da eine Minute und dann die Übungszeiten ausdehnen. Geben Sie ein Beispiel, indem Sie die Übungen selbst machen. Wenn Sie dann das Gefühl haben, dass ein guter Zeitpunkt gekommen ist, laden Sie Ihr Kind ein, mitzumachen oder bitten Sie es, Ihnen zu sagen, wann es Lust hat, die Übung(en) auszuprobieren. Wenn die Kinder immer öfter üben, kommen sie (nach meiner Erfahrung) von sich aus auf einen zu und sagen, dass sie ein bisschen Zeit brauchen, um zur Ruhe zu kommen und zu entspannen.

Den Raum schaffen: Eine Ruheecke oder einen Achtsamkeitsraum herrichten

Schaffen Sie einen schönen Platz. Eine besondere Ecke in einem Zimmer oder ein kleiner Tisch genügen schon, um uns ans Stillsitzen zu erinnern. Sie können den Platz auch mit Dingen aus der Natur schmücken. Arrangieren Sie Blätter, Blumen und Steine auf dem Tisch, legen Sie ein paar Kissen auf den Boden oder stellen Sie ein paar Stühle in diese „Achtsamkeitsecke“. Es muss nichts Großartiges sein. Meinen Kindern hat es immer viel Freude gemacht, die Achtsamkeitsecke zu dekorieren. Sie waren ständig auf der Suche nach Gaben der Natur, die sie zum Altar bringen können.

Wir hatten dort auch eine kleine Kerze stehen, die wir immer zusammen angezündet und nach der Sitzung ausgeblasen haben. Dabei haben wir dann unsere guten Wünsche mit dem Rauch in die Welt hinausgeschickt.

Die Zeit festsetzen

Ich benutze immer irgendeinen Zeitmesser und eine kleine Glocke, um den Beginn und das Ende einer Sitzung anzukündigen. Die Kinder lieben es, das Glöckchen zu läuten. Wir benutzen es nur für die Achtsamkeitssitzungen und nicht als Spielzeug, so bleibt es etwas Besonderes.

Wie sitzen wir?

Die Kinder können anfangs auf Ihrem Schoß sitzen oder auch allein. Als meine Kinder etwa zwei Jahre alt waren, kamen sie oft zu mir und setzten sich auf meinen Schoß, während ich meditierte. Sie wussten, dass das Mamis besondere Zeit ist und dass ich für sie nicht so zugänglich sein würde wie sonst. Rückblickend sehe ich, dass es eine sehr gesunde Art und Weise war, Grenzen zu setzen und meine Jungs wissen zu lassen, dass auch ich Bedürfnisse habe. Ich muss zugeben, dass sie mir nicht immer Ruhe gönnten und den notwendigen Raum ließen, aber irgendwann begannen sie zu verstehen, dass Mami das jeden Tag macht und dass es wichtig für sie ist. Wenn Sie sich eine stille Zeit verschaffen wollen, können Sie den Kindern eine Kiste mit Spielsachen hinstellen (natürlich solche, die keinen Lärm machen), mit denen sie sich beschäftigen können, während Sie meditieren. Wenn ich mehr Zeit auf dem Kissen nötig hatte, gab es auch Gelegenheiten zum Meditieren und Entspannen, während die Jungs schliefen.

Als die Kinder älter wurden, kamen sie zu mir, um neben mir zu sitzen und zu atmen oder sich einfach in meiner Nähe zu entspannen. Sie mochten es, Absichten zu benennen, während sie meine Hand hielten und mir tief in die Augen schauten, und so taten wir das, bevor wir uns nach jeder Sitzung wieder unserem Alltag zuwandten.

Worauf sitzen wir?

Sie können alle Arten von bequemen Kissen, Hockern oder Stühlen verwenden. Falls Sie gerne nähen: Es macht großen Spaß, gemeinsam ein Kissen zu nähen. Sie können einen besonderen Stoff aussuchen und mit Baumwolle oder Buchweizenschalen füllen. Aber Achtung: Ein Buchweizenkissen ist ein viel anspruchsvolleres Projekt, als ich mir je vorgestellt hatte. Bei uns lagen die Buchweizenschalen überall im Haus herum! Siehe auch: www.youtube.com/watch?v=AZsSg7zUo9c

Am Ende der Sitzung

Laden Sie Ihre Kinder ein, ein paar Worte darüber zu sagen, wie die Sitzung für sie war, und anerkennen Sie das, was die Kinder mitteilen, indem

Sie einfach präsent sind. Sie können auch Ihre eigene Erfahrung mit den Kindern teilen. Achten Sie darauf, die Sitzung nicht als gut oder schlecht oder erfolgreich zu bewerten. Schauen und hören Sie einfach, was sich zeigt, und teilen Sie Ihre Erfahrung nur, wenn Sie das wirklich möchten.

Tagebücher und Zeichnungen

Sie könnten auch Tagebücher und Malutensilien bereitlegen, sodass die Kinder Gelegenheit haben, alles aufzuschreiben oder in Bildern auszudrücken, was sie auf diese Weise mitteilen möchten. Ich stelle auch gerne eine Kiste mit alten Zeitschriften bereit, aus denen die Kinder Material für eine Kollage ausschneiden können. Aber auch das soll natürlich keine Pflichtübung sein. Die Materialien liegen einfach nur für den Fall bereit, dass sie benötigt werden.

Eine gemeinsame geführte Achtsamkeitsübung

Im Internet findet man viele geführte Achtsamkeitsübungen. Sie können eine abspielen, während sie gemeinsam sitzen. Ich stelle in diesem Kapitel eine Visualisierungsübung mit dem Titel „Magische Höhle“ vor, die Sie vorlesen können. Sie können sie einfach vom Blatt ablesen, bis Sie sich zutrauen, Ihre eigene Entspannungsübung zu kreieren. Wenn Sie dann mit den geführten Meditationen etwas vertrauter geworden sind, bekommen Sie vielleicht Lust, selbst ein paar zu entwickeln – mit Figuren und Geschichten, von denen Sie sich inspiriert fühlen. Viele Eltern haben mir erzählt, ihre Kinder (manche erst sechs Jahre alt) seien nach einer Achtsamkeitsübung in der Schule nach Hause gekommen und hätten die Eltern durch eine Übung führen wollen. Einige Kinder sagen, ihre Eltern hätten das sehr, sehr nötig, und fragen: „Kann Mrs. Lilyanna auch mit meiner Mama und meinem Papa Achtsamkeit üben?“

Ein paar spielerische Übungen

Badewannenatmung: Wasser ist ein natürliches Relaxans. Gibt man ätherische Öle von Lavendel oder Kamille ins warme Badewasser, entsteht ein angenehm duftender, einhüllender Dampf. Das ist eine gute Ausgangssituation für achtsames Atmen. Füllen Sie die Wanne, sodass das Wasser bis zum Bauch des Kindes reicht, wenn es liegt. Wenn das Kind einatmet, kann es beobachten, wie sich das Wasser zurückzieht, sodass die Bauchdecke von der Luft gestreichelt wird, und wie das Wasser beim Ausatmen seinen Bauch wieder bedeckt. Sie können leise die Atemzüge zählen, während sich Ihr Kind in der Wanne tief entspannt. Einatmen … 1,2,3,4, kurz pausieren; Ausatmen … 1,2,3,4 und 5. Entspannen … und wiederholen. Ich garantiere Ihnen, dass Sie beide nach einer solchen Badewannensitzung viel entspannter sind.

Ältere Kinder können das allein machen. Meine Jungs zündeten im Bad Kerzen an, stellten ihre Lieblingsöle für die Aromatherapie bereit und tauchten eine Stunde später entspannt, schrumplig und „bettfertig“ wieder auf.

Stofftier-Atmung: Diese Übung verbindet das Kind auf eine ganz einfache Weise mit seinem Atem. Das Kind legt sich hin, mit seinem Lieblingsstofftier auf dem Bauch. Nun kann es beobachten, wie sich sein kleiner Kamerad mit dem Atem auf und ab bewegt. Es ist nicht nötig, das Atmen zu forcieren. Die Kinder können allmählich immer subtilere Bewegungen des Bauches wahrnehmen.

Körperwetter: Fragen Sie Ihr Kind: Wenn du jetzt in diesem Augenblick das Wetter wärst: Was wärst du? Wolken, Regen, Regenbogen und Sonnenschein – oder zieht ein Sturm am Horizont auf?

Lassen Sie Ihr Kind seine innere Wetterlage beschreiben.

Wenn man oft mit dem Körper Kontakt aufnimmt, verbinden sich Herz und Kopf auf positive Weise. Die Kinder lernen, dass Gefühle kommen und gehen, so wie sich das Wetter immer wieder ändert. Für Eltern kann das ein „Fenster“ zum emotionalen Zustand ihres Kindes sein, insbesondere dann, wenn kleinen Kindern noch die Worte fehlen, um ausführlich zu beschreiben, was in ihrem Innern vor sich geht. Lassen Sie es einfach sein „Körperwetter“ wahrnehmen, und nehmen Sie zur Kenntnis, dass sich das Kind jetzt so fühlt, ohne zu versuchen, etwas daran zu ändern.

Herz- Kopf- und Körper-Check: Fragen Sie Ihr Kind: Was sagt dein Kopf? Was sagt dein Herz? Was sagt dein Körper? Versuche das genau jetzt herauszufinden, und verbinde dich mit deinem Innern.

Gefühle, die frei, ohne Wertung oder Anhaftung erlebt und ausgedrückt werden, sind normalerweise im Fluss. Emotional gesunde Menschen sind ihrer Gedanken, Gefühle und Verhaltensweisen gewahr. Ihr Kind erkennt, indem es sich nach innen wendet, allmählich seine Gefühle und beginnt zu verstehen, warum es diese Gefühle hat. Die Gründe für Traurigkeit, Stress und Angst zu klären kann dazu beitragen, emotional gesund zu bleiben. Ihr Kind wird sich gestärkt fühlen, weil es allmählich versteht, wodurch bestimmte emotionale Zustände ausgelöst werden und wie es dann die Werkzeuge von *Awakening Joy* anwenden kann, um mit seinen Gefühlen zurechtzukommen.

Andere Möglichkeiten, Achtsamkeit in den Tagesablauf einzubauen

Können Sie sich an Lieblingsmomente Ihrer Kindheit erinnern?

Viele Leute erinnern sich an besondere Momente, wenn sie tief entspannt sind und „dem Treiben der Welt zuschauen“. Kinder beschreiben dieses Gefühl als weit, friedvoll, sanft, erholsam und leicht. Wir werden in Kapitel 10 noch näher darauf eingehen.

In unserer modernen, hoch technisierten, hektischen Welt haben Eltern und Kinder oft kaum Gelegenheit, einfach einmal „herunterzukommen“. Als Lehrerin und Mutter habe ich das Gefühl, eine ganze Menge in meinen Tag hineinpressen zu müssen, um die Dinge im Griff zu behalten.

Ich erinnere mich daran, einen Gang herunterzuschalten, wenn ich höre, wie die Kinder Montagmorgens die „besten Momente“ des Wochenendes miteinander teilen. Unsere Kinder genießen wirklich die Zeiten des Müßiggangs, die sie am Wochenende und nach der Schule haben.

In der Schule sitzen wir jeden Montag im Kreis und feiern unsere großartigsten Momente des Wochenendes. Die Kinder werden daran erinnert, sich in dieser Runde nicht über Fernsehprogramme oder Computerspiele auszutauschen.

Sie teilen Dinge mit wie:

* Ich habe mich auf dem Rücken liegend im Meer treiben lassen
* Ich habe den ganzen Tag über ein Buch gelesen
* Ich liebe es, zu kuscheln
* Ich habe einfach herumgehangen
* Ich habe ein paar Stunden lang gezeichnet
* Ich habe eine Wolke beobachtet
* Ich habe mit meinem Lego-Spielzeug gespielt
* Ich habe mit meiner Katze gespielt
* Mein Bruder und ich haben im Wald gespielt
* Ich bin von einer Klippe gesprungen
* Ich bin mit dem Fahrrad zum Laden gefahren
* Ich habe mit meinem Vater ein Spiel gespielt

Nachdem sie sich auf diese Weise ausgetauscht haben, rege ich dazu an, sich für das Wohlgefühl im Körper zu öffnen. Ich wünsche mir, dass sich bei ihnen positive neuronale Verknüpfungen bilden. Wie Dr. Rick Hanson sagt: „Lass' die Erinnerungen tief in dich einsinken und neuronale Verknüpfungen im Gehirn bilden."

Setzen Sie sich also mit Ihrem Kind oder Ihren Schüler/innen hin und machen Sie gemeinsam etwas Entspannendes, Ungeplantes, Erholsames. Genießen Sie diese freudvollen Momente und erinnern Sie sich oft daran. So bauen Sie neuronale Verbindungen auf, um Freude zu wecken.

Innehalten und lauschen

Wann haben Sie das letzte Mal wirklich innegehalten und den Geräuschen und Klängen um Sie herum gelauscht? Kinder lieben achtsame Hörübungen. Das klingt vielleicht einfach, aber es erfordert Konzentration. Versuchen Sie, mit allem aufzuhören, was Sie gerade tun, sich auf Ihre Ohren zu konzentrieren und die Aufmerksamkeit auf das Hören der Umgebungsgeräusche zu richten. Die Geräusche werden an- und abschwellen, wie die Instrumente bei einem Orchester.

Versuchen Sie, die Geräusche nicht zu benennen und nicht daran „hängenzubleiben". Lassen Sie sie einfach vorbeiziehen. Sie können sich einen Wecker stellen und versuchen, sich fünf Minuten lang zu konzentrieren.

Vor ein paar Tagen hatte ich 60 Kinder in einem Klassenzimmer sitzen. Es war sehr laut und hektisch. Ich forderte sie auf, still zu werden und sich auf das Geräusch der tickenden Uhr zu konzentrieren. Das ist ein Geräusch, das wir im Laufe des Tages kaum hören. Alle wurden ruhiger und die Uhr wurde richtig laut. Manchmal drangen andere Geräusche vom Flur herein und dann konzentrierten sich alle wieder auf das Ticken der Uhr. Hier ein paar Kommentare von Schüler/innen zu dieser Übung:

„Meine Ohren haben sich riesig angefühlt. Es war, als ob sich alles genau hier abspielte."

„Ich wusste nicht einmal, dass die Uhr tickt. Heute habe ich sie zum ersten Mal gehört."

„Bei mir hat es stark gekribbelt, so als würde ich extrem stark hören. Ich habe Dinge gehört, die ich nie zuvor gehört habe."

„Mir gefällt das. Ich habe mich entspannt, aber danach wurde ich wirklich müde."

Es könnte seltsam aussehen

Es mag für andere seltsam aussehen, aber halten Sie bitte an Ihrer Absicht, zu praktizieren, fest.

Eines Tages lagen alle Schüler/innen meiner Klasse in der Nähe des Haupteingangs der Schule auf dem Rücken und machten eine Hörmeditation. Ich dachte, wir wären ziemlich allein, bis plötzlich ein Kleintransporter voller Handwerker vorfuhr. Ich spürte eine gewisse Spannung in der Magengegend und stellte mir vor, was diese Männer wohl dachten, als sie über den Schulzaun blickten und sahen, dass eine Lehrerin und ihre 25 Grundschüler/innen mit geschlossenen Augen minutenlang auf dem Rücken lagen und meditierten. Schlief die Lehrerin oder entspannte sie sich bloß? Was war nur aus der Schule geworden?

Das Erstaunlichste aber war, dass die Geräusche des Transporters, der Werkzeuge und der Arbeitslärm Teil unserer Meditation wurden. Die Kinder meditierten inmitten des Durcheinanders weiter. Später sagten sie, es sei wirklich „cool" gewesen, diese Sinfonie der Klänge zu hören. Im Lehrerzimmer fragte mich dann einer der Handwerker, was wir denn da gemacht hätten, und meinte, da hätte er gerne mitgemacht!

Die in diesem Buch angebotenen Übungen sind Methoden und Techniken, die die Kinder kultivieren können, mit denen sie wachsen können und die ihnen helfen können, ihre innere und äußere Welt in Einklang zu bringen, während sie Gewohnheiten entwickeln, von denen sie ein Leben lang profitieren werden. Sie geben ihnen einen Geschmack von Frieden und Wohlbefinden, den sie nicht vergessen werden.

Lektion 2: Achtsamkeit mit den Augen eines Kindes

Zulassen, dass das Kind von natürlichen Neugier geleitet wird

Mit achtsamer Präsenz fällen wir keine Urteile über unsere Erfahrung, darüber, wie sie unserer Meinung nach sein sollte. Sie müssen das Leben nicht zu einem Test machen, den Sie bestehen können – oder auch nicht. Die Dinge sind, wie sie sind. Wenn Sie nichts tun können, um die Fakten zu ändern, können Sie sich entweder wünschen, die Dinge wären anders, und sich frustriert fühlen oder Sie können die Situation akzeptieren und so klug wie möglich darauf antworten.

Zehn kleine Übungen, um Achtsamkeit zu fördern

Sie können diese Lektion mit den zehn kleinen Übungen kopieren und in die Tasche stecken oder neben Ihr Bett legen. So haben Sie sie immer zur Hand, um in jedem Moment Achtsamkeit zu kultivieren.

Fördert und stärkt:

- Achtsamkeit
- Durchhaltevermögen
- Kameradschaft
- Verbundenheit
- Soziales und emotionales Wohlbefinden
- Geistiges Training zur Steigerung des Wohlbefindens

Materialien

- Geistige Offenheit
- Zeit

Alter:

- Vorschule bis Erwachsenenalter

Bezug zum Lehrplan/Schulstoff

- Verbaler Ausdruck
- Schreiben
- Zuhörkompetenz
- Gemeinschaftskunde
- Naturwissenschaften
- Körperliches Training
- Kunst
- Soziales und emotionales Lernen

Die Möglichkeit, Freude in die ganz gewöhnlichen Dinge des Alltags zu bringen, war für mich eine großartige Entdeckung. Früher betrachtete ich mein Leben als ziemlich langweilig und ereignislos. Manchmal fiel es mir sogar schwer, mich daran zu erinnern, was im Laufe des Tages geschehen war, weil es eigentlich von vornherein „unwichtig" war. Aber heute denke ich, dass es mehr eine Sache der Wahrnehmung und weniger der Fakten ist. Eher das Wunder in dem zu sehen, was ist, anstatt nach etwas Wunderbarem Ausschau zu halten und den Rest zu ignorieren, ist eine wunderbare Entwicklung.

Teilnehmerin eines *Awakening-Joy*-Kurses

Die Praxis zu Hause und in der Schule

James erinnert Erwachsene daran, sich als Achtsamkeitspraxis Zeit zu nehmen, um innezuwerden, was um sie herum in der Welt vorgeht und existiert. Kinder tun das ganz von selbst, bis sie irgendwann so beschäftigt sind, dass sie damit aufhören. Eltern und Lehrer, die oft in Eile sind, um von A nach B zu kommen, vergessen, ab und zu innezuhalten und wirklich zu schauen!

Nach einer Weile hören Kinder auf, uns zu bitten, genauer hinzuschauen, und vergessen es auch selbst. Diese natürliche Neugier kann versiegen.

Im Folgenden möchte ich mit Ihnen 10 kleine Achtsamkeitsübungen teilen. Können Sie sich an einige dieser spielerischen Aktivitäten erinnern? Können Sie sie wieder in Ihren Alltag einbauen – einfach so zum Spaß?

Um diese Übungen noch ein wenig zu intensivieren und ein Bewusstsein dafür zu schaffen, wie es sich anfühlt, wenn Körper und Geist ruhig und empfänglich sind, können Sie Ihr Kind bitten, einen Moment auf seinen Atem zu achten. Bitten Sie es auch, zu beschreiben, was es während dieser entspannenden Aktivitäten spürt. Stellen Sie solche Fragen aber eher beiläufig. Sie verfolgen kein Ziel. Es geht einfach nur darum, die veränderlichen körperlichen und geistigen Zustände wahrzunehmen.

Bonus

Wir alle freuen uns über einen kleinen Bonus. Deshalb habe ich ein paar Charakterstärken hervorgehoben, die man bei jeder Aktivität entdecken und besprechen kann.

Ameisenstraßen

Haben Sie je beobachtet, wie eine Ameise sich fortbewegt und eine Last trägt? Diese Tierchen sind eine unglaubliche Inspiration: Sie setzen stets unbeirrt ihren Weg fort. Kinder lieben es, auf dem Bauch zu liegen und dieses Durchhaltevermögen zu beobachten, das Ameisen bei ihren Aufgaben an den Tag legen.

Legen Sie sich neben Ihrem Kind auf den Boden und entspannen Sie sich beim Beobachten der Ameisenstraßen. Es ist so faszinierend. Sprechen Sie über Stärken wie *Ausdauer* und *Zusammenarbeit* in der Gruppe, um gemeinsam etwas zu schaffen.

Wolken

Was könnte schöner sein, als nebeneinander auf dem Rücken zu liegen und die am Himmel vorüberziehenden Wolken zu beobachten? Die Aufmerksamkeit wird von dieser Bewegung völlig absorbiert. Sprechen Sie über Stärken wie Veränderungsbereitschaft und Anpassungsfähigkeit. Alle Dinge verändern sich von einem Moment auf den anderen. Wenn ich mit den Kindern darüber spreche, vergleiche ich den menschlichen Geist oft mit einem klaren blauen Himmel, wenn wir tief in die Wolken der vorbeidriftenden Gedanken und Emotionen eintauchen. Nehmen Sie die wandernden Wolken wahr und tauchen Sie ins Blaue ein.

Wasser, das bergab fließt

Kinder werden von Wasser und Erde wie magisch angezogen. Nutzen Sie diese natürliche Neugier und Verspieltheit, indem Sie mit ihnen kleine Dämme und Kanäle bauen. Während man still beobachtet, wie das Wasser bergab fließt und neue Furchen zieht, um das Muster zu verändern, kann man darüber sprechen, dass wir die *Wahl* haben, wie wir mit *Hindernissen* umgehen. Das Wasser wird immer fließen: Wir können mit dem Fluss gehen oder gegen Blockaden ankämpfen.

Käfer, Insekten und andere Kleintiere im Garten

Meine Kleinen lieben es, Käfer und anderes Getier zu beobachten. Oft kommen sie in die Klasse und ziehen an meiner Hand, um mich zu einer winzigen Kreatur im Schulgarten zu führen. Nehmen Sie sich die Zeit, um einen Käfer oder Schmetterling zu beobachten. Lassen Sie sich auf die unmittelbare Erfahrung ein, *präsent* für das Leben zu sein, von dem Sie umgeben sind. Mein Sohn Kieran hatte tagelang eine Nacktschnecke zu seinem Haustier erkoren. Wir beobachteten endlos ihre langsamen Bewegungen und Schleimspuren.

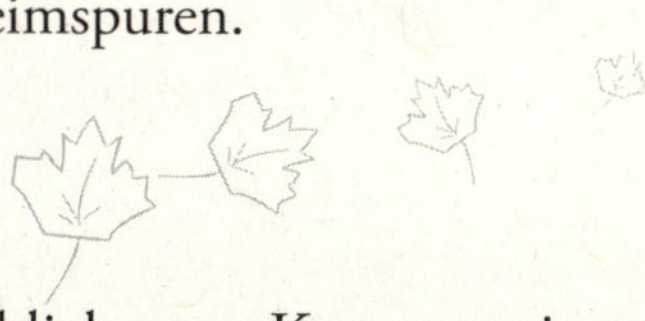

Die Farben der Blätter

Blätter sind ein unglaublich gutes Konzentrationsobjekt. Das Beobachten von Blättern – nicht nur ihre sich stets verändernden herrlichen Farben, sondern auch die Bewegungen dieser Kleinode im Wind – ist eine besonders schöne Achtsamkeitspraxis. Eines der schönsten Bücher über Blätter ist *The Fall of Freddy the Leaf* von Leo Buscaglia. Kinder lieben dieses Buch und Erwachsene Weinen beim Lesen. Während Freddy die unterschiedlichen Jahreszeiten gemeinsam mit seinen Blätterkameraden erlebt, lernt er etwas über das Gleichgewicht zwischen Leben und Tod. Nachdem ich meinen Drittklässlern das Buch vorgelesen hatte, stürmten sie hinaus und rannten um den Ahornbaum, um Freddy, das Blatt aufzufangen, ins Klassenzimmer zu bringen und noch einmal mit ihm zu sprechen!

Regen an der Fensterscheibe

Da, wo ich lebe, regnet es ungefähr sechs Monate im Jahr. Die Kinder sind oft im Haus und wünschen sich sehnlichst, wieder draußen spielen zu können. Rinnsale zu beobachten, die außen am Fenster herunterlaufen, ist eine stille *Achtsamkeitsübung* an einem verregneten Tag. Ein Regentropfen trifft auf die Fensterscheibe und fließt dann für fünf bis zehn Sekunden nach unten. Versuchen Sie, den Kopf frei zu bekommen und einfach den Verlauf der Rinnsale bewusst wahrzunehmen.

Schnee, der auf schwarzes Papier fällt

Auf das Fallen einer Schneeflocke zu warten und sie auf einem schwarzen Blatt Papier aufzufangen ist ebenfalls eine stille Achtsamkeitsübung. Wenn Sie kein Papier zur Hand haben, strecken Sie die Zunge heraus und spüren Sie, wie die Eiskristalle schmelzen, wenn sie mit der Wärme in Berührung kommen. Diese Übung schärft Ihre Wahrnehmung von *Berührung und Geschmack*.

Ein winziger Ausschnitt der Welt

Konzentrieren Sie sich auf einen winzigen Ausschnitt des Planeten, indem Sie vier Strohhalme oder Essstäbchen mit Klebeband so verbinden, dass ein Quadrat entsteht und es auf den Boden legen. Sie können mit einer Lupe oder einfach mit bloßem Auge betrachten, was sich innerhalb des Quadrates befindet. Je länger Sie schauen, desto mehr entdecken Sie. Sie können diese Mini-Welt auch auf ein Blatt Papier zeichnen, sodass sich der Ausschnitt Stück für Stück offenbart.

Eine Farbe suchen 

Das ist ein großartiges Spiel für einen Spaziergang im Park, und man kann es sogar im Wohnzimmer spielen. Bringen Sie Ihren Geist dazu, sich auf eine einzige, einfache Sache zu fokussieren. Dadurch wird die *Konzentrationsfähigkeit* gestärkt. Wählen Sie eine Farbe aus, und schauen Sie, wie sie sich Ihnen offenbart. Ich habe Farbkärtchen ausgeteilt und die Schüler draußen nach dem jeweiligen Farbton suchen lassen. Es ist erstaunlich, was sie alles finden.

Ich spähe mit meinem kleinen Auge 

Ich spähe macht viel Spaß während langer Autofahrten. Sie können ganz unterschiedliche Suchobjekte benutzen – von Farben bis hin zu Dingen, die mit einem bestimmten Buchstaben anfangen. Dieses Spiel fördert die achtsame Konzentration.

Wenn Ihre Kinder im Laufe der Zeit immer öfter solche Übungen machen, sind sie vielleicht eher geneigt, von sich aus mit einer fünf- oder zehnminütigen Atemübung zu beginnen. Wie James sagt, erfordert Achtsamkeit Übung und wir müssen unserem Geist allmählich beibringen, fokussierter zu werden, mehr „da“ zu sein. Die oben beschriebenen Aktivitäten laden Sie und Ihr(e) Kind(er) in einen Entspannungszustand ein, der eine Atemübung einschließen kann – oder auch nicht.

Schule

Lehrer/innen können diese kurzen Übungen in den Pausen anbieten, entweder um die Aufmerksamkeit der Schüler/innen zu bekommen oder einfach um den eigenen Geist und den der Schüler/innen zur Ruhe zu bringen. Sie werden vielleicht erstaunt feststellen, welche großartigen Werkzeuge für gutes Klassenzimmer-Management Ihnen damit zur Verfügung stehen. Ihre Schüler/innen werden ruhiger, konzentrierter und eher zum

Lernen bereit sein. Sie könnten verschiedene Übungen an die Tafel schreiben, sodass die Kinder sich eine aussuchen können, wenn es soweit ist.

Vielleicht kommen sie sogar auf Sie zu und sagen, „Ich glaube, wir müssen eine Übung machen." Meine Schüler tun das laufend, und dann wählen wir eine Übung aus der Liste aus oder erfinden eine neue. An mich werden beispielsweise Bitten herangetragen wie: „Mrs. L., hier ist es mir viel zu laut. Ich brauche es, dass die anderen zur Ruhe kommen." – „Ich glaube, einige Kinder sind heute ziemlich überdreht. Können wir bitte eine Übung machen?" – „Ich hatte Stress am Wochenende. Können wir heute mit einer Fantasiereise anfangen?" – „Ich glaube nicht, dass der neue Junge etwas über Achtsamkeit weiß. Er ist ganz unruhig. Können wir ihm helfen?"

Sie könnten den Kindern auch eine Liste dieser Aktivitäten mit nach Hause geben. So können Sie die Achtsamkeitspraxis auch bei den Kindern zu Hause vorstellen, aufbauen und fördern. Was könnte besser sein?

LESETIPPS

Bücher für Erwachsene

Brannen, Barbara, *The Gift of Play: Why Adult Women Stop Playing and How To Start Again*. Bloomington, IN: iUniverse, 2004.

Nhat Han, Thich, *Planting Seeds: Practicing Mindfulness with Children,* Illustrated by Wietske Vriezen. Berkeley, CA: Parallax Press, 2011.

Siegel, Daniel und Payne Bryson, Tina, *Achtsame Kommunikation mit Kindern. 12 revolutionäre Strategien aus der Hirnforschung für die gesunde Entwicklung Ihres Kindes.* Freiburg: Arbor Verlag, 2016.

Wright, Judy, *Playful Parenting – Fun Games & Activities For Families (77 Ways to Parent).* Missoula, MT: Artichoke Press, 2012.

Bücher für Kinder

Lionni, Leo, *Spielen!* Weinheim: Verlag Beltz & Gelberg, 2011.

Roegiers, Maud, *Take the Time: Mindfulness for Kids*. Washington, DC: Magination Press, 2010.

Stewart, Whitney, *Meditation Is an Open Sky: Mindfulness for Kids*. Illustriert von Sally Rippi. Park Ridge, IL: Albert Whitman & Company, 2015.

Willems, Mo, *Can I Play Too?* (An Elephant and Piggy Book). New York: Disney-Hyperion, 2010.

Lektion 3: Welpentraining

Sie können die Glücksspuren in Ihrem Gehirn vertiefen. Wenn Sie sich gut fühlen, wenn Sie etwas tun, das Ihnen Spaß macht, wenn Sie gerade freundlich zu anderen sind oder Güte erfahren, keine negativen Gefühle haben oder das Gute in Ihrem Leben sehen, dann achten Sie darauf, wie sich das in Ihrem Körper und Ihrer Psyche anfühlt. VERPASSEN SIE ES NICHT!

JAMES

Fördert und stärkt:

- Achtsame Konzentration
- Soziales und emotionales Wohlbefinden
- Empathie
- Liebende Güte
- Selbstregulation

Materialien

- Geistige Offenheit
- Zeit

Alter

- Vorschule bis Erwachsenenalter

Bezug zum Lehrplan/Schulstoff

- Verbaler Ausdruck
- Zuhörkompetenz
- Soziales und emotionales Lernen

Die Praxis zu Hause und in der Schule

Mein kleiner Hund Teddy hatte in den vergangenen zwei Jahren schon viele „Gastauftritte“ in meinen Klassenzimmern. Anfangs brachte ich ihn aus reiner Verzweiflung und Notwendigkeit mit. Wir hatten ihn samstags von einem Züchter bekommen und am Montag begann die Schule. Meine Schüler/innen sprangen bereitwillig ein und bastelten ihm eine provisorische Hundehütte aus Karton und Klebeband. Ich dachte, wir würden sie für ein paar Wochen benutzen, bis sich in unserer Familie die Zeiten für die Hundebetreuung eingespielt hätten. Nun, aus den Wochen wurden Monate und aus den Monaten Jahre, und Teddy gibt weiterhin viele Gastspiele im Klassenzimmer. Er wurde zur Quelle für mehr Empathie, Liebe und Wohlbefinden, als Sie sich vorstellen können.

Teddy ist hypoallergen und sehr gut sozialisiert. Seine Besuche sind etwas Besonderes, und wenn er mitkommt, darf er sich frei im Klassenzimmer bewegen. Die Kinder akzeptieren ihn als wichtiges Mitglied der Klassengemeinschaft. Es kommt öfter vor, dass ein Kind, das sich verletzt oder traurig fühlt, um „Teddy-Zeit“ bittet. Kinder, die sehr ängstlich sind, oder andere, die extreme Gefühlsausbrüche haben, beruhigen sich, wenn Teddy nah bei ihnen sitzt. Wenn Schüler/innen einen Text vorlesen müssen, lesen sie ihn Teddy vor, weil er eine liebevolle Präsenz darstellt, die nicht über ihre Versprecher oder ihre Schwierigkeiten, die sie vielleicht mit dem Text haben, urteilt.

Wie ich eine Welpen-Achtsamkeitsübung einführte

Vor diesem Hintergrund wollte ich eine „ruhige Welpen-Übung“ einführen (nachdem ich mit James an einer Welpen-Meditation teilgenommen hatte, die auf Jack Kornfield zurückgeht). Ich hatte das Gefühl, dass sie genau das Richtige für meine Schüler/innen sein könnte, wenn ich sie ein wenig anpasste. Was diese Achtsamkeitsübung so wirkungsvoll macht, ist die Tatsache, dass Kinder normalerweise ihre Haustiere lieben und sie schon sehr oft genau beobachtet haben. Sie können stundenlang daliegen und ihrer Katze oder ihrem Hund beim Atmen zuschauen. Das Nervensystem eines Kindes kommt zur Ruhe, wenn es einem geliebten Haustier nahe ist, und sein Körper wird sich dann ebenfalls entspannen.

In seinem Buch *Geh den Weg des Herzens* schreibt Jack Kornfield:

> *In diesem Sinne ist Meditation einem Welpentraining sehr ähnlich. Du setzt den Welpen hin und sagst: „Bleib." Hört der Welpe? Er steht auf und rennt weg. Du nimmst ihn auf und setzt ihn wieder hin. „Bleib". Und der Welpe läuft immer wieder davon. Manchmal springt er auf, rennt im Kreis herum, pinkelt dann in eine Ecke oder verursacht ein anderes Durcheinander. Unser Geist erinnert in dieser Hinsicht ziemlich stark an einen Welpen, abgesehen davon, dass er oft noch größeres Durcheinander anrichtet. Beim Training des Geistes oder des Welpen müssen wir immer wieder von vorne anfangen.*
>
> *Wenn Sie mit einer spirituellen Disziplin beginnen, liegt Frustration in der Natur der Sache. Nichts in unserer Kultur oder Ausbildung hat uns gelehrt, unsere Aufmerksamkeit still zu fokussieren. Ein Psychologe hat uns einmal als „Aufmerksamkeitsspastiker" bezeichnet. Weil es ihnen schwerfällt, sich zu konzentrieren, versuchen viele Leute, Ihre Aufmerksamkeit zu zwingen, sich auf den Atem oder ein Mantra oder Gebet zu fokussieren, was oft mit Anspannung, Ärger, Selbstverurteilung oder Schlimmerem einhergeht. Würden Sie einen Welpen so trainieren? Hilft es wirklich, ihn zu schlagen? Konzentration kann niemals eine Sache des Zwangs oder der Nötigung sein. Sie heben den Welpen einfach wieder auf und verbinden sich wieder mit dem Hier und Jetzt.*

Im Klassenzimmer getestet – zu Hause ein Gewinn

Für die Achtsamkeitssitzungen bitte ich die Kinder, sich im Klassenzimmer auf den Boden zu legen. (Sie dürfen sich hinlegen, wo sie möchten.)

Dann leite ich sie an, sich allmählich zu entspannen und sich auf ihren Atem einzustimmen.

Nun sollen Sie sich vorstellen, dass Teddy oder ein Haustier in den Raum kommt.

Ich erinnere sie daran, dass, wenn sie sehr unruhig und hektisch sind, Teddy ebenfalls ganz wild wird.

Ich bitte sie einfach, sich soweit zu entspannen, dass Teddy auf ihren Schoß kommen würde.

Sie stellen sich die weichen Haare in seinem Nacken vor und die sanften Bewegungen seines Bauches beim Atmen, wenn er ruhiger wird.

Ich sage ihnen, dass Teddy, wie ihre eigenen Gedanken, gelegentlich umherspringen wird. Sobald sie bemerken, dass der fiktive Teddy nicht mehr auf ihrem Schoß sitzt, sollen sie sich vorstellen, dass sie ihn sanft und liebevoll zurückbringen.

Zum Schluss sage ich ihnen, dass Teddy sich in ihrer Vorstellung in ein Haustier verwandeln kann, das sie kennen, oder in ihr Lieblingstier oder ein Waldtier, und ich ermutige sie, sich mit liebevollem Interesse auf dieses Tier zu konzentrieren, während sie seine Atmung beobachten.

> *Ich liebe Welpen-Achtsamkeit. Ich vermisse meine Tiere wenn ich in der Schule bin. Vor meinem inneren Auge kann ich Teddys Nackenhaare sehen und werde ruhiger.*
>
> EIN SCHÜLER

Und dazu noch ein bisschen liebende Güte

Eine kleine Übung in „liebender Güte“ möchte ich auch noch hinzufügen. Ich lade meine Kinder ein, sich selbst einfach dafür zu lieben, dass sie diese Übung machen, und dieses Gefühl ganz tief zu spüren. Danach können sie ihr Herz für ihr Haustier öffnen und in dieses Liebesgefühl hineinatmen.

Einmal bat ich die Kinder, nachdem wir das ein paar Atemzüge lang gemacht hatten, an einen Menschen in ihrem Bekanntenkreis zu denken, für den sie weder im positiven noch im negativen Sinn viel empfinden, und dieser Person gute Wünsche zu senden.

Gegen Ende dieser Achtsamkeitssitzung wusste ich – weil wir schon seit vielen Monaten praktizierten –, dass sie bereit waren, an jemanden zu denken, dem gegenüber sie sich innerlich verschlossen hatten oder den zu mögen ihnen schwerfiel. Ich bat sie, sich diese Person entspannt und glücklich vorzustellen und zu schauen, ob es ihnen möglich wäre, ihr gute Wünsche zu schicken.

Das Ganze dauerte nur 15 Minuten. Und das waren die Ergebnisse nach 15 Minuten:

Wenn Sie lesen, was ich aus dem Munde von Siebenjährigen hörte, werden Sie verstehen, wie bedeutsam diese Momente für die Kinder sind:

* „Ich habe gespürt, wie mein Herz größer wurde."
* „Es hat sich angefühlt, als könnte ich Teddy wirklich spüren; er fühlte sich ganz weich an. Es war ein Gefühl, als würde er mein Gesicht lecken. Ich war auf einmal ganz entspannt und alle meine Sorgen waren wie weggeblasen. Ich dachte an meinen Hund, den wir weggegeben haben, und in meiner Vorstellung hat sich mein Hund mit Teddy angefreundet. Ich dachte auch an meine Katze Dollar und konnte sie richtig spüren. Das hat mich sehr glücklich gemacht. Ich konnte ihr weiches Fell und die steifen Barthaare fühlen."
* „Ich habe mich gefühlt, als würde ich schweben."
* Heute wollte ich mich einfach nur entspannen. Ich wollte einfach einschlafen. Ich habe Teddy auf meinem Schoß gespürt. Ich glaube, das

war die beste Achtsamkeitssitzung überhaupt. Ich mag Achtsamkeit sehr – wenn alle im Raum entspannt sind. Ich habe meinen Hund vor mir gesehen, so als ob er hier wäre. Ich hoffe, dass ich heute einen richtig guten Tag habe. Mein Körper hat sich richtig gut angefühlt. Ich denke, dass ich heute wirklich eine Achtsamkeitsübung gebraucht habe. Es war ganz toll."

* Ein Junge, der erst vor Kurzem in unsere Klasse gekommen war und seine erste Achtsamkeitssitzung mitgemacht hatte, erzählte: „Ich habe mich nach der Welpen-Achtsamkeit entspannter gefühlt, richtig gut. Ich hatte auf einmal das Gefühl, dass ich mehr Energie habe und dass ich mit meinen Freunden Spaß haben könnte. Am Anfang war es ein bisschen schwierig aber dann habe ich mich einfach entspannt. Ich konnte Teddys kleine Pfoten spüren und fühlen, wie sein Herz schlägt. Ich hatte das Gefühl, dass er etwas Essbares aufstöbern wollte, aber ich habe mich daran erinnert, ihn zurückzuholen, und sobald ich selbst wieder da war, kam er auch zurück und schaute mich lieb an. Ich habe meinem Großvater und meiner Großmutter, meiner Urgroßmutter und meinen Tanten und Onkeln und allen in meiner Familie Liebe geschickt. Danach habe ich mich richtig gut gefühlt. Vielen Dank, dass Sie das mit uns machen, Mrs. L."
* „Ich war ganz entspannt. Es hat geprickelt wie Brausepulver."
* „Als ich anfing, mich zu entspannen, wurde ich ganz ruhig. Und als Teddy zu mir kam, hatte ich das Gefühl, dass er überhaupt nicht mehr weg wollte, er war so ruhig. Er hat so viel mit mir gekuschelt, dass es sich danach anfühlte, als ob er immer noch da wäre. Es war, als ob über mir kleine Fünkchen sprühen würden."

Ich bin absolut überwältigt von der Wirkung dieser einfachen und doch so tief gehenden Übungen.

LESETIPPS

Bücher für Erwachsene

Brach, Tara, *Mindfulness Meditation: Nine Guided Practices to Awaken Presence and Open Your Heart* (Audio CD). Louisville, CO: Sounds True, 2012.

Goldstein, Joseph, *Achtsamkeit: Ein praktischer Leitfaden zum Erwachen*. Burgrain: KOHA-Verlag, 2017.

Kaiser Greenland, Susan, *Wache Kinder: Wie wir unseren Kindern helfen, mit Stress umzugehen und Glück, Freude und Mitgefühl zu erleben*. Freiburg: Arbor Verlag, 2011.

Nhat Han, Thich, *Friede mit jedem Atemzug: Ein Übungsbuch*. München: Goldmann Verlag, 2012.

Hanson, Rick, *Meditationen, um das Gehirn zu verändern – Wie wir unsere Nervenbahnen neu verdrahten*. Oberstdorf: Windpferd Verlag, 2010.

Bücher für Kinder

Berger, Barbara, *Großvater Dämmerlicht*. Hildesheim: Gerstenberg Verlag, 1984.

Deak, JoAnn, *Your Fantastic Elastic Brain*. Illustriert von Sarah Ackerley. San Francisco: Little Pickle Press, 2010.

DiOrio, Rana, *What does It Mean To Be Present?* Illustriert von Eliza Wheeler. San Francisco: Little Pickle Press, 2010.

Lemniscates, *Silence*. Washinton, DC: Magination Press, 2012.

MacLean, Kerry, *Moody Cow Meditates*. Somerville, MA: Wisdom Publications, 2009.

Lektion 4: Die magische Höhle – Zugang zur inneren Weisheit finden

Die Höhlenmeditation

Die Hirnforschung bestätigt den positiven Einfluss von Achtsamkeit auf unser Wohlbefinden. Achtsamkeit triggert Gehirnwellenmuster, die mit entspannter Wachheit assoziiert werden, setzt positive Emotionen frei, macht empathischer und vieles mehr. Aber am wichtigsten: Sie steigert unser Glücksempfinden.

Fördert und stärkt:

- Achtsame Konzentration
- Soziales und emotionales Wohlbefinden
- Entspannung
- Liebende Güte
- Zuhören
- Selbstregulation

Materialien

- Einen aufgeschlossenen Geist
- Zeit

Alter

- Vorschule bis Erwachsenenalter

Bezug zum Lehrplan/Schulstoff

- Verbaler Ausdruck
- Schreiben
- Naturwissenschaften
- Zuhörkompetenz
- Soziales und emotionales Lernen
- Kunst

Die Praxis zu Hause und in der Schule

Seit ich Achtsamkeit in Schulen unterrichte, war die Fantasiereise in all den Jahren die beliebteste Achtsamkeitsübung. Wenn ich für eine Stunde oder einen ganzen Schultag als Vertretungslehrerin in einer Klasse bin und die Schüler/innen frage, was sie gerne tun würden, höre ich stets: „Bitte nimm uns auf eine Fantasiereise mit." Oft geht jemand an meinem abgedunkelten Klassenzimmer vorbei und denkt, wir hätten die Schule verlassen, nur um verblüfft festzustellen, dass sich die Kinder auf dem Boden liegend und tief atmend auf einer inneren Reise befinden. Meine eigenen Kinder baten mich fast jeden Abend um eine Fantasiereise, um sich vor dem Einschlafen zu entspannen. Sie können die folgende Fantasiereise zu einer magischen Höhle als Vorlage (zum Vorlesen) benutzen, bis Sie sich zutrauen, Ihre eigenen Abenteuerreisen zu kreieren. Viel Spaß!

Die magische Höhle ist bei weitem die beliebteste Fantasiereise, die ich mit Schülern mache. Sie bringt die Kinder von einem sicheren Ort zu einer magischen Höhle, wobei sie von einem Tier geführt werden. Ich bin jedes Mal total erstaunt darüber, was die Kinder in der Höhle sehen. (Diesen Part gebe ich nicht vor, aber Jahr für Jahr treffen meine Schüler/innen dort immer wieder auf Haustiere oder Großeltern, die bereits verstorben sind.) Es ist so ein schöner, erhebender Moment, wenn sie über diese inneren Bilder reflektieren. Kürzlich machte ich mit ihnen folgende Fantasiereise, bei der sie von einem magischen Einhorn auf einen Hügel geführt werden.

Macht es euch bequem – Es geht los!

Ich erlaube den Kindern, sich hinzulegen, wo sie möchten. Sie können ihre Jacken unter den Kopf legen und es sich bequem machen. Glücklicherweise haben wir Yoga-Matten in der Schule, sodass die Kinder eine warme Unterlage haben. Zu Hause kann das Kind es sich im Bett oder einem Sessel für diese Fantasiereise gemütlich machen.

Sprechen Sie langsam folgende Worte, während die Kinder die inneren Bilder wachrufen:

„Schließe deine Augen und stell' dir vor, dass du dich auf einer wunderschönen Wiese befindest. Es ist ein lieblicher Sommertag. Um dich herum ist alles voller Wiesenblumen. Du fühlst dich vollkommen sicher und glücklich, wie du daliegst. Ein wunderschöner Schmetterling kommt in dein Blickfeld; seine Flügel leuchten im Sonnenlicht. Er ist anders als alle Schmetterlinge, die du bisher gesehen hast. Seine golden schimmernden, irisierenden Farben fangen das Licht ein. Der Schmetterling fordert dich auf, ihm zu folgen. Du stehst auf und gehst langsam bergab. Am Fuße des Hügels ist ein See, an dessen Ufer du ein kleines, blaues Ruderboot erblickst. Du siehst, dass dein Name darauf steht und weißt, dass es in Ordnung ist, es zu benutzen. Das Boot ist mit schönen, weichen Kissen ausgelegt. Du kuschelst dich hinein und machst das Seil los, mit dem es am Ufer festgemacht war. Das Boot gleitet nun sanft über den See. Der Schmetterling fliegt in geringer Entfernung vor dir her und geleitet das Boot zur anderen Seite des Sees. Als es dort ankommt, spürst du den Ruck, mit dem es auf dem Sand anlandet. Du spähst über den Rand des Bootes und siehst, dass das Ufer mit rundgeschliffenen, glänzenden Halbedelsteinen übersät ist. Du bindest das Boot fest und siehst einen Pfad, der einen Hügel hinaufführt. Der Schmetterling fliegt vor dir her und du folgst ihm den Pfad hinauf. Auf halbem Weg stehst du auf einmal vor einem Tor. Es ist mit einem Schloss gesichert. Irgendwie weißt du, wie man das Schloss öffnet. Öffne nun das Tor und geh' hindurch. Während du weiter bergauf gehst, hörst du ein leises Rascheln im Gebüsch am Wegesrand. Du weißt, dass du sicher bist, weil der Schmetterling keine Angst zeigt. Aus dem Gebüsch tritt ein wunderschönes Einhorn hervor. Es hat unglaublich schöne Augen. Und es schaut dich voller Liebe an. Das Einhorn geht mit den Vorderbeinen auf die Knie und du steigst auf seinen Rücken. Es beginnt den Hügel hinauf zu galoppieren und der Schmetterling sitzt auf deiner Schulter. Du kuschelst dich in die Mähne des Einhorns. Auf dem Gipfel des Hügels siehst du den Eingang zu einer Höhle. Drinnen gibt es riesige Stalaktiten und Stalagmiten. Überall an den Wänden schimmern Kristalle. Das Einhorn hält am Eingang der Höhle an, und du entdeckst ein Licht, das im hinteren Teil der Höhle leuchtet. Als du näher kommst, siehst du, dass es ein Feuer ist. Du kuschelst dich eng an das Einhorn und entspannst dich. Du kannst den Herzschlag des Einhorns spüren. In dieser Höhle kannst du eine Frage stellen. Vielleicht bekommst du die Antwort nicht heute, aber sie wird kommen. Du kannst deine Sorge nun loslassen. Spüre, wie sich dein Körper entspannt. Wenn du dich in der Höhle umschaust, siehst du vielleicht etwas oder jemanden. Vielleicht ein Haustier oder einfach einen Farbwirbel. Alles ist in Ordnung. Es ist da, weil es eine Botschaft für dich hat. Schau', ob du sie wahrnehmen kannst.

Nun ist es Zeit zu gehen. Danke der Höhle für alles, was du erfahren und gelernt hast. Du kannst jederzeit wiederkommen. Steige wieder auf den Rücken des Einhorns und reite der Hügel hinab bis zum Tor, bei dem das Einhorn wieder im Gebüsch verschwinden wird. Schau ihm noch einmal tief in die Augen, und wisse, dass alles gut ist. Du gehst hinunter zum See und kuschelst dich wieder in das Boot. Schau', bevor du es abstößt, ob du dich noch an die Botschaft erinnern kannst, die du in der Höhle bekommen hast. Der Schmetterling geleitet dich wieder zum anderen Ufer und du kehrst zurück zur Wiese. Kuschle dich ein ...

Nun komm wieder zurück ins Hier und Jetzt. Umarme dich selbst, und sei dir bewusst, dass du immer mit diesem Einen zusammen sein wirst. Schätze dieses Wesen, das du umarmst."

* An diesem Punkt setzen wir uns still in einen Kreis und lassen die Schüler/innen entweder zeichnen, aufschreiben oder erzählen, was sie gesehen haben. Sie können auch die Botschaften, die sie erhalten haben, miteinander teilen. Wenn Sie die Fantasiereise zu Hause machen, kann Ihr Kind einfach einschlafen.

LESETIPPS

Bücher für Erwachsene

Brach, Tara, *Mindfulness Meditation: Nine Guided Practices to Awaken Presence and Open Your Heart* (Audio CD). Louisville, CO: Sounds True, 2012.

Nhat Hanh, Thich, *Und ich blühe wie die Blume ...: geführte Meditationen und Lieder.* Braunschweig: Aurum Verlag, 1995.

Kabat-Zinn, Jon und Vesper-Grossmann, Ulrike, *Die heilende Kraft der Achtsamkeit.* Freiamt: Arbor Verlag, 2004 (2: 2009).

Jack Kornfield. *Guided Meditation: Six Essential Practices to Cultivate Love, Awareness and Wisdom* (CD-Audiobuch). Louisville, CO: Sounds True, 2007.

Bücher für Kinder

Alderfer, Lauren und MacLean, Kerry, *Mindful Monkey, Happy Panda*. Somerville, MA: Wisdom Publications, 2011.

Nhat Hanh, Thich, *A Handful of Quiet: Happiness in Four Pebbles*. Illustriert von Wietske Vriezen. Berkeley, CA: Plum Blossom Books, 2012.

Nhat Hanh, Thich, *Achtsamkeit mit Kindern*. München: Nymphenburger Verlag, 2012.

MacLean, Kerry, *Peaceful Piggy Meditation*. Park Ridge, IL: Albert Whitman Prairie Books, 2004.

Lektion 5: Das Gute einweben

Wenn wir achtsam sind, wünschen wir uns nicht, unsere Erfahrung der Dinge möge anders sein. Achtsame Präsenz hilft uns, soweit zu entspannen, dass die natürliche Neugier, mit der wir alle zur Welt kommen, wieder geweckt wird – das ehrfürchtige Staunen und Entzücken der Kinder. Überall um uns herum ist Magie, wenn wir uns die Zeit nehmen, den Zauber der Welt wahrzunehmen.

Fördert und stärkt:

- Achtsame Konzentration
- Soziales und emotionales Wohlbefinden
- Liebende Güte
- Selbstregulation
- Selbstmitgefühl
- Fürsorge für den Planeten

Materialien – Tellerweben

- Pappteller
- Klebeband
- Schere
- Ein oder zwei Knäuel altes Garn (Wolle)
- Upcycling (Aufwertung gebrauchter Produkte und Materialien)

Alter

- Fünf Jahre bis Erwachsenenalter (die Kleinen brauchen Hilfe, ihren Teller zu richten)

Bezug zum Lehrplan

- Verbaler Ausdruck
- Zuhörkompetenz
- Soziales Lernen
- Körperwahrnehmung/-training
- Kunst
- Soziales und emotionales Lernen

Die Praxis zu Hause und in der Schule

Erinnern Sie sich an eine Person aus Ihrem Verwandten- oder Bekanntenkreis, die gewebt oder gestrickt hat? An die sich unablässig wiederholende Bewegung ihrer Hände beim Stricken eines Schals oder Pullovers? Ich hörte oft das Klicken von Mutters Stricknadeln aus dem Nebenzimmer, in dem sie stundenlang glücklich dasaß und einen Pullover für uns Kinder strickte. Heute beherrschen viel weniger Leute die Kunst des Strickens, Webens oder Häkelns, aber es ist nicht alles verloren gegangen. Wir können diese wunderschönen Künste wieder zum Leben erwecken – im kleineren oder größeren Rahmen – und dabei gleichzeitig etwas für unser emotionales und körperliches Wohlbefinden tun! Aber Sie müssen noch nicht einmal stricken.

Sich wiederholende Bewegungen sind Teil unseres Alltags: Wir schaukeln die Baby-Wiege hin und her oder sitzen im Schaukelstuhl, weil diese wiegende Bewegung sehr beruhigend wirkt. Dr. Herbert Benson, Gründer des *Benson-Henry Institute for Mind-Body-Medicine* in Harvard, empfiehlt die Wiederholung von Wörtern, Klängen, Sätzen und Muskelbewegungen, um die Entspannungsreaktion des Körpers auszulösen, die wiederum die Herzfrequenz und den Blutdruck senkt und die Muskelspannung herabsetzt.

Das Wiederholen optimistischer Sätze beim Weben ist Gold wert für das Wecken von Freude.

Kunsthandwerkliche Aktivität: Flickenteppich, Wollschalen

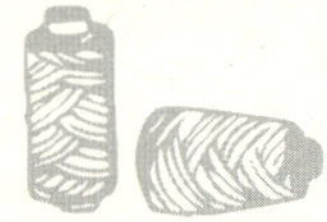

Sammeln Sie zunächst Wollreste, alte T-Shirts und Stoffreste. Nun können Sie damit beginnen, das Gute „einzuweben". In dieser Aktivität verbinden sich Achtsamkeit, neurowissenschaftliche Erkenntnisse und Kunsthandwerk. Sie kann leicht an die Gegebenheiten im Klassenzimmer oder zu Hause angepasst werden. In meiner Klasse hat das Weben den Schüler/innen wochenlang Freude gemacht, nachdem ich diese Idee eingebracht hatte. Ich muss zugeben, dass diese Übung für einige Schüler/innen, die Probleme mit der Feinmotorik haben, zu einer Quelle der Frustration hätte werden können, aber mit der Hilfe ihrer Klassenkamerad/innen hatten alle Kinder am Ende der Woche ihren kleinen Teppich fertig.

Sie können das Mini-Projekt, wie unten beschrieben, machen oder ein größeres Projekt in Angriff nehmen und so einen verwendbaren Teppich erhalten, in den gute Absichten und glückliche Erinnerungen eingewoben sind.

Das Projekt kann einen Nachmittag oder eine Woche in Anspruch nehmen, je nachdem, was Sie herstellen möchten und wie stark Sie die Selbstregulation fördern möchten. Diese Schätze können Ihnen noch jahrelang Freude machen, denn in ihnen steckt die Energie, die beim „Einweben des Guten" entstand.

In den *Awakening-Joy*-Kursen hat James immer wieder betont, dass wir mehr Erfüllung im Leben finden, wenn wir bei dem, was wir tun, mit allen Sinnen präsent sein können. Seien Sie also beim Zusammensuchen Ihrer Materialien ganz bei der Sache und verbringen Sie eine wunderschöne Zeit mit Ihrem Kind.

Mini-Projekt Teller

Oh, es ist ganz leicht! Die Anleitung mag auf den ersten Blick ein wenig kompliziert erscheinen, aber wenn Sie dann anfangen, werden Sie feststellen, dass es wirklich einfach ist!

Schritt 1: Schneiden Sie den Rand eines Papptellers rundherum ein. Achten Sie darauf, dass es eine ungerade Zahl an Einschnitten ist, weil die Sache sonst nicht richtig funktioniert.

Schritt 2: Nehmen Sie ein Stück Garn, und winden Sie es um den Pappteller, so dass es sich auf der Vorderseite des Tellers kreuzt und auf der Hinterseite parallel ist. Verknoten Sie das Garn auf der Vorderseite des Tellers (siehe Abbildung).

Schritt 3: Nehmen Sie nun ein Stück Garn derselben Farbe und binden Sie es an einem der Fäden auf der Vorderseite (in der Mitte) des Tellers fest. So haben Sie eine ungerade Zahl an Schussfäden oder Speichen.

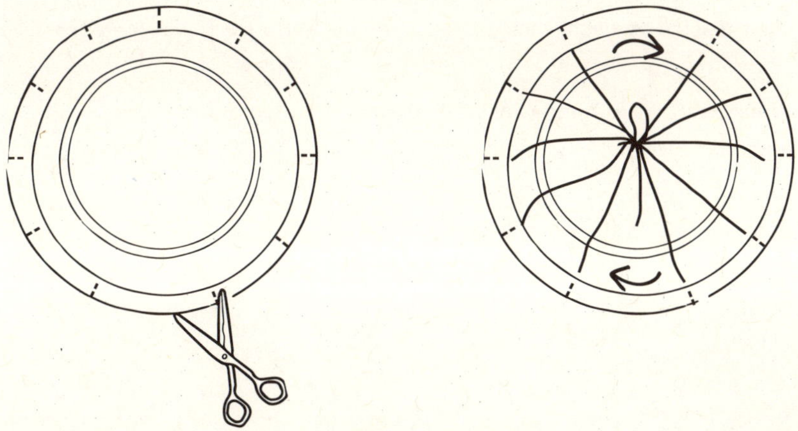

Schritt 4: Beginnen Sie an dem Punkt, an dem das Garn zusammengebunden ist und ziehen Sie den Faden nun im Kreis abwechselnd über und unter die Speichen. Drüber und drunter. Nachdem Sie so mehrere Kreise gewebt haben, ziehen Sie den Faden fest. Fahren Sie auf diese Weise fort.

Was das mit Neurowissenschaft zu tun hat

Beim Weben wird die Fähigkeit Ihres Kindes zu achtsamer Konzentration gestärkt. Haben Sie Geduld. Hier erlernt das Kind zwei neue Fertigkeiten auf einmal: die Kunst des Webens und die des achtsamen Gewahrseins. Bitten Sie Ihr/e Kind/er, beim Weben auf positive Erfahrungen zu achten. „Spüre, wie es sich im Körper anfühlt, erinnere dich daran, wie sich deine Haut und dein ‚Kopf' angefühlt haben. Nimm' deine Atmung wahr, und bleib' so aufmerksam wie möglich, während du die Wolle durch die Schussfäden ziehst." Chanten Sie Sprechgesänge beim Weben. Anstatt „drunter und drüber" zu sagen, während die Kinder weben, können Sie beispielsweise singen: „Einatmen, ausatmen" oder „ich liebe dich, ich liebe mich" oder „ich lasse los, ich lasse herein."

Meena Srinivasan, eine Achtsamkeitslehrerin für Kinder, verwendet ein Lied, das auf einer Übung von Thich Nhat Hanh basiert und das die Kinder beim Weben singen können:

Beim Einatmen bin ich eine Blume, eine menschliche Blume.

Beim Ausatmen bin ich wunderschön, so wie ich bin, und fühle mich ganz frisch.

Beim Einatmen bin ich ein Berg.

Beim Ausatmen bin ich ganz stabil, nichts kann mich wegschieben oder ablenken.

Beim Einatmen: Berg.

Beim Ausatmen: Stabil.

Ein größeres Projekt: Ein Teppich aus T-Shirts

Dieses Projekt war eine der größten und chaotischsten Gemeinschaftsaktivitäten des Jahres. Aus allen Bereichen der Schule kamen immer wieder Leute vorbei, um zu schauen, wie es mit dem runden Teppich voranging. Den ganzen Tag über reichten kleine Hände T-Shirts als Spenden herein. Später kamen die Kinder wieder und versuchten, ihr T-Shirt zu entdecken, das in den Teppich eingewebt worden war. Die Kinder teilten ihre Freude und ihre Lernerfahrungen miteinander.

- „Es hat wirklich Spaß gemacht, die T-Shirts zu zerschneiden. Ich meine, wir durften einfach unsere Kleidung zerschneiden und etwas Neues daraus machen!“
- „Es hat lange gedauert, und manchmal war es schwer, weil wir mit dem Muster durcheinanderkamen. Aber am Ende ist etwas wirklich Tolles dabei herausgekommen.“
- „Es war super entspannend und ein wirklich großes Projekt. Ich liebe es, bei großen Projekten mitzumachen.“
- „Herrlich! Nachdem der Teppich fertig war, behielten wir ihn im Klassenzimmer und durften uns draufsetzen. Ich konnte mein Shirt im Muster entdecken. Wusstet ihr, dass man früher Teppiche auf diese Weise hergestellt hat?“

Schon vorher Freude wecken!

Ein altes T-Shirt, mit dem viele glückliche Erinnerungen verbunden sind, heraussuchen und mitbringen. Jedes T-Shirt wird in unseren Gemeinschaftsteppich eingewebt.

Helfen Sie Ihrem Kind, angenehme Erfahrungen so intensiv wie möglich im Körper wahrzunehmen. Machen Sie mit Ihrem Kind/Ihren Kindern eine Visualisierungsübung, wobei Sie sie mindestens 15 Sekunden lang glücklichen Erinnerungen nachspüren lassen. Dr. Rick Hanson sagt: „Wenn die Intensität einer Erfahrung zunimmt, steigt auch der Spiegel des Neurotransmitters Norepinephrin an, was wiederum die Bildung neuer Synapsen anregt. Je stärker eine Erfahrung also die Bildung neuer Synapsen fördert, desto stärker wird sie im Gehirn verankert. Und wenn eine Erfahrung angenehmer wird – besonders dann, wenn sie bereichernder war als Ihr Gehirn ursprünglich erwartet hat, weil Sie sie bewusst verstärkt und sich dafür geöffnet haben, indem Sie das Gute in sich aufnahmen –, steigt auch der Dopaminspiegel, was ebenfalls die Bildung neuer Synapsen anregt."

Lassen Sie jedes Kind vor dem Zerschneiden seines T-Shirts erzählen, warum dieses Shirt so besonders ist. Das kann den oben beschriebenen Schritt unterstützen und den Kindern helfen, tatsächlich in die glückliche Erinnerung einzutauchen.

Ein kleiner Junge namens Raven war so begeistert, dass er darum bat, einen Hula-Hoop-Reifen mit nach Hause nehmen zu dürfen, wo er dann das ganze Wochenende über webte, um für seine Katze ein hübsches Plätzchen zu schaffen.

Glücksteppiche

Wir stellten Teppiche auf der Basis von Hula-Hoop-Reifen als „Glücksteppiche" her. Wenn jemand auf einem solchen Teppich saß, wurde er oder sie von guten Gedanken und Erinnerungen inspiriert. Die Kinder sagten mir, man würde sich einfach schon beim Draufsetzen besser fühlen. Alle bekamen Gelegenheit, sich auf dem Teppich niederzulassen. Jetzt liegt er an einem besonderen Platz, und wann immer sich irgendjemand gut fühlen will, geht er zum Teppich und setzt sich drauf.

Wie man einen Hula-Hoop-Teppich herstellt

Materialien

- Hula-Hoop
- Schere
- Alte T-Shirts (etwa acht bis zehn für einen kleinen Teppich)
- Lachen, Geduld, Erinnerungen und eine Prise Achtsamkeit

Alter

- Acht Jahre bis Erwachsenenalter (aber auch Jüngere können es mit Hilfestellung)

Anleitung:

Schneiden Sie die T-Shirts quer in ungefähr 2,5 cm breite Streifen, sodass Sie Stoffschlaufen erhalten. Das ergibt pro Shirt etwa acht bis sechzehn Schlaufen, je nach Größe des T-Shirts. Nehmen Sie vier Schlaufen von einem T-Shirt eines Erwachsenen und bespannen Sie den Reifen wie abgebildet. Nun haben Sie acht Speichen. Befestigen Sie jetzt noch einen halben Streifen in der Mitte, sodass Sie neun Speichen erhalten. Ganz gleich, wie groß Ihr Teppich werden soll, Sie brauchen immer eine ungerade Zahl an Speichen.

Schneiden Sie nun eine Menge 2,5 cm breite T-Shirt-Schlaufen zu und verketten Sie sie zu einem langen Stoffstreifen (so wie man zwei Gummiringe miteinander verbindet). Sie können Sie aber auch zusammennähen oder verknoten. (Im Internet finden Sie noch weitere Anleitungen zum Verbinden der Stoffschlaufen.)

Beginnen Sie nun mit dem Weben, indem Sie den ersten Webstreifen in der Mitte des Reifens festbinden und dann im Uhrzeigersinn abwechselnd über und unter die Speichen führen. Wenn der Teppich ungefähr 20 cm im Durchmesser misst, können Sie die Speichen auseinanderziehen, sodass Sie nun die doppelte Anzahl an Schussfäden haben (es sind nun 18).

Weben Sie nun weiter zum Rand des Reifens hin.

Wenn Sie etwa 10 cm vom Rand entfernt sind, schneiden Sie die Schussfäden (Speichen) durch und verknoten die Enden. Nehmen Sie den Teppich aus dem Rahmen: Sie haben nun einen benutzbaren „Glückliche-Erinnerungen-Achtsamkeits-Teppich".

Um etwas Gemeinschaftskunde in diese Übung einzubauen, sprechen Sie mit den Kindern über die Ursprünge des Webens und Flechtens und über Kulturen, in denen das Weben als Kunstform ausgeübt wird. Sie können mit den Kindern auch über Nachhaltigkeit und Upcycling sprechen und darüber, wie man die Ressourcen des Planeten bewahren kann.

LESETIPPS

Bücher für Erwachsene

Hanson, Rick, *Selbstgesteuerte Neuroplastizität: Der achtsame Weg, das Gehirn zu verändern.* Gesprochen von Lienhard Valentin. Freiburg: Arbor Verlag, 2014.

Holmes, Sarah. *Crochet Toothbrush Rag Rug Pattern Collection* (Charleston, SC:CreateSpace Indepenent Publishing Platform, 2000).

Swett, Sarah, *Kids Weaving: Projects for Kids of All Ages*. Illustriert von Lena Corwin, fotografiert von Chris Hartlove. New York: Steward, Tabori and Chang, 2005.

Bücher für Kinder

Blood, Charles und Link, Martin, *The Goat in the Rug*. Illustriert von Nancy Winslow Parker. New York, NY: Aladin Press, 1990.

Castaneda, Omar, *Abuela's Weave*. Illustriert von Enrique O. Sanchez. New York, NY: Lee & Low Books, 1995.

Churchill, Ginger, *Wild Rose's Weaving*. Illustriert von Nicole Wong. Terre Haute, IN: Tanglewood Press, 2011.

Monaghan, Kathleen und Joyner, Hermon, *You Can Weave! Projects for Young Weavers*. Worchester, MA: Davis, 2001.

3

Dankbarkeit wächst

James: Übungen für Erwachsene

Dankbarkeit ist ein besonders starker Verbündeter beim Wecken von Freude, denn sie hilft uns, Geist und Herz zu weiten. Mit einem dankbaren Herzen haben wir ein Gefäß und den Raum, in dem wir die Schwierigkeiten halten können, denen wir im Leben begegnen. Dankbarkeit ist eine Art, „Ja" zum Leben zu sagen, zu sehen, was gut ist, und mit den Dingen umzugehen, die unsere Aufmerksamkeit fordern.

Sie müssen nicht auf Momente warten, in denen Sie Dankbarkeit überkommt, sondern können sie bewusst kultivieren. Für manche Menschen ist Dankbarkeit der bedeutsamste Wendepunkt im Hinblick auf das Wecken von Freude. Einer der wichtigsten Effekte beim bewussten Praktizieren von Dankbarkeit ist, dass unser „Dankbarkeitsradar" viel öfter eingeschaltet ist und wir zu sehen anfangen, was gut in unserem Leben ist.

Während ich an meinem Buch *Awakening Joy* schrieb, besuchte ich meine damals 89jährige Mama in Los Angeles. Zufällig arbeitete ich gerade am Kapitel über Dankbarkeit. Ich hatte eine Menge Forschungsmaterial über die positiven Auswirkungen dieser wunderbaren Herzensqualität bei mir und ließ sie daran teilhaben. Ich muss zugeben, dass ich dabei einen bestimmten Hintergedanken hatte, denn meine Mama gehörte, wie sie selbst einräumte, zu den Menschen, die dazu neigen, sich zu beklagen.

Nachdem ich ihr ein paar Studienergebnisse vorgelesen hatte, fragte ich sie, wie sie darüber denke. Sie zeigte sich beeindruckt, und ich begann, laut darüber nachzudenken, wie es wohl wäre, mit einer Dankbarkeitspraxis zu beginnen. Sie hob die Augenbrauen und erwiderte: „James, mein Lieber, ich weiß, dass ich sehr gesegnet bin, aber ich habe mein Leben lang das Glas als halb leer betrachtet und ich glaube nicht, dass ich das jetzt ändern werde."

Ich insistierte: „Mama, würdest du es ändern, wenn du könntest?"

Sie antwortete: „Ich denke, wenn ich es ändern könnte, würde ich es tun, aber erwarte nicht zu viel. Ich glaube nicht, dass es passieren wird." Darauf schlug ich ihr vor, mit mir ein Spiel zu spielen, um zu schauen, ob es möglich sei, zu einer guten Angewohnheit zu wechseln – einfach nur zum Spaß. Dann sagte ich, da sie ja wisse, dass ihr Leben gesegnet sei, könnte ich jedes Mal, wenn sie sich beklagte mit dem Wort „und …" fortfahren, worauf sie dann den Satz mit „und ich weiß, dass mein Leben sehr gesegnet ist" beenden müsse. Glücklicherweise war sie im Grunde ein spielfreudiger Mensch, und so willigte sie ein. Was für ein Aha-Erlebnis das für sie war! Während die unterschiedlichsten Klagen aus ihrem Munde kamen, fing ich jede Einzelne mit einem spielerischen „und …" ein, worauf sie ihre Antwort wie vereinbart gab. Wir verbrachten eine unglaubliche Woche miteinander und lachten oft über ihre unaufhörliche Angewohnheit, sich auf das Negative zu fokussieren! Aber das Beste war: Wenn sie laut aussprach, was für ein gesegnetes Leben sie hatte, begann sie, es tatsächlich so zu empfinden. In den Wochen nach meinem Besuch spielte ich das Spiel noch bei vielen Telefonaten mit ihr und mit einer ihrer Freundinnen aus Los Angeles, die auch daran teilnehmen wollte. Das Bemerkenswerteste an der Sache war, dass sie sich wirklich zu verändern begann. Sie ist inzwischen ein YouTube-Star und teilt ihre

Erfahrung in einem sehr witzigen Video mit dem Titel „Bekenntnisse einer jüdischen Mutter: Wie mein Sohn mein Leben ruinierte"*, das sich rasant verbreitete.

Natürlich gingen ihr die Klagen nicht völlig aus. Aber sich daran zu erinnern, wie gesegnet ihr Leben war, wurde in den letzten fünf Jahren zu ihrem Mantra. Jedes Gespräch wurde mit dieser Erinnerung gewürzt. Sie erlebte tatsächlich einen inneren Wandel, der eine erstaunliche Wirkung auf sie und alle Menschen in ihrem Umfeld hatte. In meinem Buch *Awakening Joy* teilte ich mit den Leser/innen ein Gedicht, das sie mir sieben Monate nach dem Beginn unseres Spiels zu meinem Geburtstag geschrieben hatte. Obwohl sie allmählich ihr Augenlicht verlor, hinderte sie das nicht daran, eine wunderbare Veränderung ihrer Sichtweise zu erleben.

Neunzig, das ist wunderbar, ich renne nicht mehr hin,
wo alle Welt hinrennt, um meinen exklusiven Job zu halten.
Ich bade in Zufriedenheit und weiß, dass ich gesegnet bin.
Erwache nun zur Lebensfreude, im allerbesten Sinn.
Bin heute glücklicher denn je und meine jedes Wort.
Gedanken, die mir Sorgen brachten, scheinen heute so absurd.
Auch wenn mein Sehvermögen schwand, ich sehe klarer als zuvor,
das Glas ist nicht halb leer – es fließt über, das ist wahr.

Wenn meine Mama sich ändern konnte, kann sich jede/r ändern! Sogar in den letzten Tagen ihres Lebens, als sie den Kampf gegen den Krebs verlor (glücklicherweise mit sehr wenig Schmerzen), hielt die Dankbarkeit sie im Fluss. Ein paar Wochen vor ihrem Tod kam ich morgens in ihr Zimmer und beobachtete einen fast heiteren, gelassenen Ausdruck auf ihrem Gesicht. Ich fragte sie, woran sie gerade gedacht hatte, und sie

---

* Sie können das Video unter https://www.youtube.com/watch?v=FRbL.46mWx9w anschauen.

erwiderte: „Eigentlich war mein Geist gerade völlig frei von allen Gedanken außer diesem: „Danke, Gott. Danke, Gott." Ich fragte sie, ob ich sie damit zitieren dürfe, und sie antwortete mit ihrem üblichen Mutterwitz: „Bekomme ich dann auch eine Provision?"

Als ich sie später fragte, ob ich ein paar Worte von ihr bei ihrer Trauerfeier vorlesen solle, sagte sie „Ja". Sie erklärte mir, das Leben sei ihr nichts schuldig. Sie hatte ein unglaubliches Leben gehabt, bereute nichts und war bereit, zu gehen. Sie wusste nicht, womit sie es verdient hatte, so gesegnet zu sein. Und dann sagte sie: „Gesegnet. Es ist so ein kleines Wort und bedeutet alles."

Den Sender wechseln

Wenn Sie bemerken, dss sie in einer negativen Schiene hängen geblieben sind oder sich einfach gelangweilt fühlen, dann schauen Sie sich einmal um. Schauen Sie, ob es in Ihrer Umgebung nicht etwas gibt, für das Sie dankbar sein können. Werden Sie gewahr, welche Sinnespforte verschlossen war. Schauen Sie, was jetzt, in diesem Augenblick da ist, das schätzenswert ist und das Sie nicht wahrgenommen hatten. Indem Sie ihren Fokus verschieben, können Sie aus dem Albtraum aufwachen, den Ihr Geist erschafft. Wenn wir innehalten und wirklich wahrnehmen, was wir normalerweise als selbstverständlich betrachten, eröffnet sich eine Welt voller neuer Möglichkeiten. Es ist, als hätten wir den Sender gewechselt, anstatt in unserem kleinen „Drama-Kanal" hängen zu bleiben. Sie können natürlich auch, wie meine Mutter, von Zeit zu Zeit an all die guten Dinge in Ihrem Leben denken.Eine meiner Lieblingsweisheiten über Dankbarkeit stammt von M.J.Ryan, Autor von Attitutes *of Gratitute*: „Dankbarkeit ist wie eine Taschenlampe. Sie taucht ins Licht, was schon da ist. Man hat nicht unbedingt mehr und nichts anderes, aber plötzlich kann man wirklich sehen, was ist. Und weil man es sehen kann, betrachtet man es nicht mehr als selbstverständlich."

PROBIEREN SIE DAS

Grundübung für achtsame Dankbarkeit, um Freude zu wecken. Eine der besten Möglichkeiten, die Auswirkung der Dankbarkeit auf uns zu verstärken, besteht darin, dieser Erfahrung ganz gewahr zu sein, wenn sie da ist, das heißt, sich die Zeit zu nehmen, sie im Körper und Geist zu spüren. Wie wissen Sie, dass Sie Dankbarkeit empfinden? Wie fühlt sie sich tatsächlich an? Sie müssen sich nicht lange Zeit nehmen. Ein paar Sekunden, in denen Sie sie im Körper deutlich wahrnehmen, genügen. Wenn Sie erst einmal mit Ihrer „Körperlandschaft" vertraut sind, werden Sie Dankbarkeit leicht und natürlich auf diese Weise spüren. Hier eine einfache Dankbarkeitsübung:

1. Setzen Sie sich still und entspannt hin. Konzentrieren Sie sich auf Ihr Herzzentrum. Beim Einatmen stellen Sie sich vor, dass Sie Güte einatmen. Mit jedem Ausatmen lassen Sie Negativität los.
2. Denken Sie an etwas Gutes in Ihrem Leben: eine Person oder eine Sache, für die Sie dankbar sind.
3. Lassen Sie ein inneres Bild von dieser Person oder Situation entstehen. Nehmen Sie sich einen Moment Zeit, um still einen dankbaren Gedanken an diesen Menschen oder an das Leben für diese Situation zu senden: ein schlichtes, aufrichtiges „Danke".
4. Seien Sie dieser Empfindung der Dankbarkeit vollkommen gewahr, nehmen Sie sich Zeit, körperlich die Energie dieses Segens in Ihrem Leben zu fühlen.

Andere Dankbarkeitsübungen

1. Tägliche Dankbarkeitspraxis per E-Mail mit einem Freund/einer Freundin. Senden Sie sich täglich gegenseitig eine kurze E-Mail, in der Sie ausdrücken, wofür Sie an diesem Tag dankbar sind. Diese Übung mit einem Partner zu machen ist eine sehr effektive Methode, die Praxis aufrechtzuerhalten.

2. Schreiben Sie einen Dankesbrief. Martin Seligmann, der Vater der Positiven Psychologie, fand heraus, dass dies eine der effektivsten Übungen zum Wecken unseres Glücksempfindens ist. Wählen Sie jemanden aus, dem gegenüber Sie große Dankbarkeit empfinden – eine/n Angehörige/n, einen Freund oder eine Freundin, einen Mentor –, und schreiben Sie einen Brief, in welchem Sie Ihre Dankbarkeit dafür ausdrücken, wie dieser Mensch Ihr Leben bereichert hat. Dann schicken Sie ihn ab oder, noch besser, lesen ihn dem oder der Betreffenden persönlich oder am Telefon oder per Skype vor. Michele hat in diesem Kapitel die positive Wirkung eines Dankesbriefes, den sie an ihre Lehrerin aus der sechsten Klasse geschrieben hat, in der Lektion „Schneckenpost" beschrieben.
3. Schreiben Sie eine Dankbarkeitsliste. Schreiben Sie fünf Minuten lang alles auf, wofür Sie dankbar sind, oder notieren Sie die Namen von Menschen, denen Sie dankbar sind (schreiben Sie alles auf, was Ihnen einfällt).
4. Dankbarkeitstagebuch: Eine Alternative zum regelmäßigen E-Mail-Austausch mit einem Freund ist das Führen eines Dankbarkeitstagebuchs. Schreiben Sie regelmäßig hinein, wofür Sie an jenem Tag dankbar sind.
5. Drücken Sie Ihre Dankbarkeit direkt im jeweiligen Moment aus: Wenn wir anderen unsere Dankbarkeit unmittelbar mitteilen, nimmt Sie noch zu. Das ist deshalb so, weil ein Gedanke, der in Worte gefasst oder durch eine Handlung ausgedrückt wird, einen noch stärkeren Eindruck hinterlässt. Die andere Person kann sich darüber freuen, dass Sie Ihre Dankbarkeit kommunizieren, und Sie selbst vertiefen dadurch Ihre Dankbarkeitspraxis. Üben Sie in den nächsten zwei Wochen, es unmittelbar auszudrücken, wenn Sie etwas entdecken, das Sie an anderen schätzen. Schließen Sie auch sich selbst in Ihre Praxis der Dankbarkeit ein. Anerkennen Sie, dass Sie Dankbarkeit praktizieren und Ihre Absicht, Freude zu wecken, aufrechterhalten.

Michele: In Kindern Dankbarkeit wecken

Als ich mich letztes Jahr mit James in Berkeley traf, hatte ich noch nie zuvor das lokale Transportsystem BART genutzt. Ich kam an der Richmont Station an und lief auf den Bahnsteig, ganz stolz auf mich selbst, weil ich herausgefunden hatte, welchen Bus ich zum BART nehmen musste, und es mir gelungen war, den BART-Linienplan zu entschlüsseln. Erleichtert stand ich am Gleis, bis ich feststellte, dass ich eigentlich auf dem gegenüberliegenden Bahnsteig sein müsste. Ich hatte keine Ahnung, wie man dorthin gelangte, und mein Zug sollte in drei Minuten abfahren. Auf meiner Seite saß nur ein einzelner Mann auf einer der Bänke. Er war sehr groß, hatte Kopfhörer auf, war von oben bis unten tätowiert, trug eine Baseballkappe verkehrt herum und war mit einer Menge Schmuck behangen. Er blickte starr gerade aus. Natürlich war das der perfekte Ansprechpartner. Ich schilderte ihm mein Problem und fragte ihn, wie ich auf die andere Seite gelangen könnte. Er stand auf und sagte: „Ich werde Ihnen helfen." Er schnappte sich meinen Koffer und rannte los. Ich folgte ihm mit halsbrecherischer Geschwindigkeit. Wir rannten den ganzen Weg bis auf den anderen Bahnsteig, und er erklärte mir, dass ich hier einsteigen könne. Ich drehte mich zu ihm um, dankte ihm und sagte, dass ich auf dem Weg zu einem Treffen mit einem Mann sei, mit dem ich gerade ein Buch darüber schrieb, wie man Freude wecken kann. Und dann erklärte ich ihm, dass ich ihn in diesem Buch erwähnen würde, weil er so freundlich zu mir gewesen war. Auf seinem Gesicht erschien ein breites Lächeln. „Vielen Dank, dass Sie das tun", erwiderte er.

Ich muss wohl nicht besonders erwähnen, wie unglaublich dankbar ich war. Ich erwischte den Zug, hatte meinen Koffer und wurde von der anderen Seite des Bahnsteigs von diesem *tough* aussehenden jungen Mann mit einem strahlenden Lächeln und freundlichen Winken verabschiedet. Nachdem ich zurückgewinkt hatte, wusste ich, dass das Treffen mit James sehr fruchtbar werden würde. Dankbarkeit ist ein „Tun-Wort". Eine Praxis des Augenblicks.

Im Kreis der Dankbarkeit

Eine Mutter stand zum ersten Mal in einem Dankbarkeitskreis und wischte sich die Tränen aus den Augen. Die Kinder hatten einen Kreis gebildet und berührten nacheinander einen besonderen Stein, während sie mitteilten, wofür sie in ihrem Leben dankbar waren. Es waren Dinge zu hören wie „dafür, dass meine Mama Mittagessen kocht", „dafür, dass ich eine Katze habe, mit der ich kuscheln kann", „dafür, dass ich in der besten aller Klassen bin" oder „dafür, dass ich auf dem Planeten Erde wohne". Nachdem 25 kleine schwitzende Hände den Stein berührt und die Kinder den anderen mitgeteilt hatten, wofür sie dankbar waren, sagte diese Mutter, sie habe noch nie zuvor einen derart tiefen und aufrichtigen Ausdruck von Dankbarkeit erlebt. Sie hatte nicht gewusst, dass so etwas in einer Schule stattfinden konnte. Und sie flüsterte mir zu, sie hätte sich als Kind sicher nicht so einsam gefühlt, wäre das schon damals Teil ihres Lebens gewesen.

Warum Dankbarkeit? Dankbarkeit ...

... stärkt das Immunsystem
... senkt den Blutdruck
... verbessert die Schlafqualität
... löst mehr positive Gefühle aus
... macht uns freudiger und optimistischer
... trägt dazu bei, dass wir uns weniger einsam fühlen
... macht uns großzügiger und freundlicher

Funktioniert es?

Eli war in meiner sechsten Klasse, als ich noch eine junge Lehrerin war. Sie ist inzwischen selbst Mutter und ihr Kind besucht unsere Schule. Es ist mir fast ein bisschen unangenehm, das zu erzählen – nicht wegen Eli, sie ist ein wunderbarer Mensch –, aber weil ich nicht weiß, wann die Zeit geblieben ist. Wie ist es möglich, dass ich eine Schülerin hatte, die nun wieder durch die Klassenzimmertür hereinkommt, weil sie selbst Mutter ist? Ihre folgenden Worte zeigen nicht nur, wie wichtig eine Dankbarkeitspraxis ist, sondern auch, wie sich eine solche Praxis noch viele Jahre später auf die betreffende Person auswirken kann. Wir säen die Samen, lassen los – und sie wachsen.

> *Ich war vor über 20 Jahren Micheles Schülerin. Jetzt habe ich selbst zwei Kinder und wende noch heute bestimmte Strategien und äußerst wirkungsvolle Achtsamkeitsübungen an, die ich vor so vielen Jahren von ihr gelernt habe. Mein Mann und ich haben ihre Eltern-Kurse besucht und können ihre Lektionen nur wärmstens empfehlen. Für mich sind sie sehr wichtig! Wir halten nun jeden Abend einen Dankbarkeitskreis am Esstisch ab, und ich erinnere mich noch sehr gut daran, wie sie uns aufforderte, einander jedes Mal beim „Hallo"- oder „Auf-Wiedersehen"-Sagen in die Augen zu schauen.*
>
> ELI

Schneckenpost und die Nähmaschine

In den Lektionen dieses Kapitels beschäftigen wir uns unter anderem mit Basteln und der Kunst des Briefeschreibens. Es macht Spaß, zu Hause Dinge für unsere Dankbarkeitspraxis herzustellen. Wir benötigen dafür nicht viel Material und nur wenig Vorbereitungszeit. Sie können einfach Nadel und Faden benutzen oder die alte Nähmaschine hervorholen. Es könnte sich sogar lohnen, den Großeltern einen Besuch abzustatten und deren Nähmaschine auszuborgen, um den wunderbaren Dankbarkeitsmuskel zu trainieren. Sie können aus den Basteleien auch größere, aufwändigere Projekte machen, wenn Sie das möchten.

Während das Basteln den Kindern hilft, ihre feinmotorischen Fähigkeiten zu entwickeln und mit Zahlenmustern zu arbeiten, bauen die Übungen im Briefeschreiben auf diesen Fertigkeiten auf und schulen die

Lese- und Schreibkompetenz. Am Morgen der ersten Schneckenpost-Lektion war ich traurig wegen einer Katastrophe, von der ich in den Nachrichten gehört hatte. Ich ging an diesem Montag zur Schule und dachte über die Dinge nach, die wir denjenigen, mit denen wir in unserem Leben auf eine besondere Weise verbunden sind, normalerweise nicht sagen.

Wenn ich daran zurückdenke, bin ich froh, dass wir an diesem Tag in der Klasse Dankesbriefe an unsere Lieben verfassten.

Für mich persönlich ist die Lektion über das Briefeschreiben in diesem Kapitel eine absolute Lieblingsübung. Haben Sie jemals einen Brief erhalten, der mit duftender Tinte oder auf Duftbriefpapier geschrieben wurde? In dieser Lektion werden viele schöne, meist vergessene Dinge wiederbelebt: Ein Herz aufs Papier malen, die richtigen Worte suchen und finden, das Adressieren und Ablecken des Umschlags, der Gang zum Briefkasten, während man die ganze Zeit an den Empfänger denkt. Weit entfernt lebende Großeltern, Tanten, Onkel und andere Erwachsene werden sich sehr über einen echten Brief freuen. Damit schenkt man dem anderen Zeit. Es verbindet Herzen.

Lektion 1: Die Samen der Dankbarkeit schnell und einfach säen

Eine Dankbarkeitspraxis entwickeln

Dankbarkeit erzeugt eine positive Rückkopplungsschleife. Wenn wir unser Herz öffnen und unsere Dankbarkeit anderen gegenüber ausdrücken, bekommen diese Menschen unsere Freundlichkeit ganz konkret zu spüren. Sie entspannen sich und fühlen sich wohler in unserer Gesellschaft.

Fördert und stärkt:

- Dankbarkeit
- Fürsorglichkeit
- Austausch, Teilen
- Familienzusammenhalt und Dankbarkeit in Bezug auf die Familie

Materialien

- Tagebuch
- Bastelmaterial
- Samen
- Einfache Gartenutensilien

Alter

- Vorschule bis Erwachsenenalter

Bezug zum Lehrplan

- Verbaler Ausdruck
- Schreiben
- Zuhörkompetenz
- Lesen
- Naturwissenschaften
- Kunst
- Soziales und emotionales Lernen

Ein Beispiel geben

Drücken Sie gegenüber Ihren Kindern und anderen Ihre Dankbarkeit für das, was sie tun, aus. Nehmen Sie sich die Zeit, das wirklich zu vermitteln, indem Sie eine kleine Notiz schreiben oder der Person in die Augen schauen, wenn Sie ihr danken. Sagen Sie ihr, was sie getan hat, was für Gefühle das bei Ihnen ausgelöst und wie es sich auf Ihr Leben ausgewirkt hat. Zum Beispiel: „Danke, dass du deine Schuhe ausgezogen hast, bevor du ins Haus gekommen bist. Es freut mich sehr, dass du daran gedacht hast, wie wichtig Sauberkeit für mich ist. Und deshalb habe ich jetzt Zeit, ein Puzzle mit dir zu legen, anstatt den Boden zu wischen." Diese kleinen Dinge, die Ihre Kinder tun, tragen, wenn sie anerkannt werden, viel zu einem friedlicheren Miteinander in der Familie bei.

Sagen Sie es

Beginnen Sie Ihren Tag, indem Sie im Beisein Ihrer Lieben Ihre Dankbarkeit für die einfachen Dinge des Lebens ausdrücken. „Ich freue mich, wenn ich sehe, dass die Sonne scheint." – „Ich bin unglaublich dankbar dafür, dass wir hier wohnen können." – „Toll! Annie hat heute Morgen ‚hallo' gesagt und das hat meinen Tag aufgeheitert. Ich bin so glücklich, sie zu sehen." (Diese Praxis vermittelt Kindern das Vokabular und ein Beispiel dafür, wie man seine Dankbarkeit ausdrücken kann).

Schreiben Sie es auf

Es ist gut, zu Hause ein Dankbarkeitstagbuch zu haben, in das alle hineinschreiben können. Falls Ihre Kinder noch nicht schreiben können, kann jemand anders für sie aufschreiben, was sie ausdrücken wollen. Schreiben Sie jeden Tag oder immer dann, wenn Sie daran denken, etwas auf, für das Sie dankbar sind und schauen Sie, wie das Tagebuch zu einem Familienschatz wird, in dem man später immer wieder lesen kann. Sie können auch Fotos, Zeitschriften und verschiedene Bastelutensilien bereitlegen, sodass die Kinder das Tagebuch mit Collagen verschönern können.

Spüren Sie es

Halten Sie sich abends am Esstisch bei den Händen. Alle können nun nacheinander aussprechen, wofür sie an diesem Tag dankbar sind. Kinder müssen erleben, dass auch ihre Eltern dies praktizieren und teilen. Das war die stärkste und berührendste Praxis, die meine Familie mehr als 20 Jahre lang aufrechterhalten hat. Wer auch immer mit am Tisch sitzt: Jeden Abend sind alle eingeladen, etwas mitzuteilen, für das sie dankbar sind. Viele unserer Besucher haben mir erzählt, dass dieses Ritual sie nicht nur stark berührt hat, sondern dass sie es inzwischen auch bei sich zu Hause eingeführt haben.

Säen Sie es

Diese Übungen pflanzen nicht nur Samen der Dankbarkeit in die Herzen unserer Kinder, sondern auch in unsere eigenen. Sie lassen uns innerlich ruhig werden und die kleinen Dinge sehen – die nicht-materiellen Dinge. Wenn ich in meinen eigenen Dankbarkeitstagebüchern lese, die ich im Laufe der Jahre geschrieben habe, erkenne ich ein bestimmtes Muster der Dankbarkeit: Ich bin vor allem dankbar für die Schönheit der Natur und die Liebe meiner Freund/innen und Angehörigen. Das hat dazu geführt, dass mir absolut bewusst ist, was wirklich für mein tägliches Wohlbefinden wichtig ist. Versuchen Sie, selbst ein Dankbarkeitstagebuch zu führen, und schauen Sie, was für ein Muster sich dabei ergibt. Dankbarkeit erinnert uns an unsere Verbundenheit mit allem Leben auf diesem Planeten.

LESETIPPS

Bücher für Erwachsene

Flor Rotne, Nikolaj und Flor Rotne, Didde, *Everybody Present: Mindfulness in Education.* Berkeley, CA: Parallax Press, 2013.

Nhat Hanh, Thich, *Achtsam sprechen – achtsam Zuhören. Die Kunst der bewussten Kommunikation.* München: O.W. Barth Verlag, 2014.

Bücher für Kinder

Nhat Hanh, Thich, *Mindful Movements: Ten Exercises for Well-Being.* Berkeley, CA: Parallax Press, 2008.

Silver, Gail, *Steps and Stones.* Illustriert von Christiane Krömer. Berkeley, CA: Plum Blossom Books, 2011.

Lektion 2: Auf der Matte/Liebespfeile

Unsere Fürsorge und Dankbarkeit anderen gegenüber auf vergnügliche, körperliche Art und Weise ausdrücken

Ist es nicht interessant, dass wir unsere Dankbarkeit oft nicht ausdrücken, obwohl wir wissen, dass sie Freude schenkt? Es braucht Übung, sich das anzugewöhnen.

Fördert und stärkt:

- Körperliches Wohlbefinden
- Soziales und emotionales Lernen
- Reflexion/Achtsamkeit
- Familienbande
- Mitgefühl und Dankbarkeit

Materialien

- Yoga-Matte oder Badetuch

Alter

- Drei Jahre bis Erwachsenenalter

Bezug zum Lehrplan

- Verbaler Ausdruck
- Zuhörkompetenz
- Körperliches Training
- Soziales und emotionales Lernen

Die Praxis zu Hause und in der Schule

Alle Kinder betteln immer um eine Yoga-Sitzung. „Bitte, bitte, können wir heute Yoga machen?" Meine eigenen Kinder haben sich mir von klein auf angeschlossen, wenn ich meine Yoga-Matte ausrollte. Da Kinder stark körperlich orientiert sind, habe ich mir eine Übung ausgedacht, bei der Yoga und Dankbarkeit auf spielerische Weise miteinander verknüpft werden. Falls Sie bereits Yoga praktizieren, kann diese Übung eine frische Brise in Ihren Tag (und den Ihrer Kinder) bringen. Es ist aber kein Problem, wenn Sie noch nie Yoga gemacht haben. Denken Sie an einen „Liebeskrieger", der Pfeil und Bogen hält. Ja, das ist es! In den Lesetipps am Ende dieser Lektion sind auch Yoga-Bücher aufgeführt, die Ihnen helfen können, Ihre Praxis zu verfeinern. Die folgende Yoga-Stellung wird „der Krieger" genannt.

Dieses Jahr haben wir in der Schule einen Extra-Raum und eine Yoga-Matte für jedes Kind. Sie stellen ihre kleinen Schuhe vor dem Raum ordentlich in eine Reihe. Es ist rührend, all diese kleinen Stiefel und Schuhe zu sehen, und die bunten Socken, die manchmal nicht zusammen passen. Auf der Matte atmen wir, „kommen herunter" und „gehen in den Körper". Der Krieger ist eine der Lieblingsstellungen der Kinder. Ich leite sie an, ihre Arme zurückzuziehen, einen „Liebespfeil" in ihren „Bogen" zu legen und sich eine Person oder ein Haustier vorzustellen, die oder das heute etwas Liebe braucht. Dann schießen sie ihre imaginären Liebespfeile ab, die ihre Ziele mit einem strahlenden Lichtschweif erreichen und dem Empfänger eine kleine Liebesdusche bescheren. Die Kinder lieben das sehr. Zum Schluss liegen alle in der Entspannungsphase auf ihren Matten, und ich leite sie an, an jemanden (oder etwas) zu denken, dem (oder wofür) sie dankbar sind.

Ich fordere sie auf, das Gefühl in ihren Körper einsinken zu lassen. Wie Dr. Rick Hanson sagt: „Warum das gute Zeug verschwenden? Lass dein Gehirn das Gute einfangen und die Neuronen feuern. Neuronen, die zusammen feuern, verschalten sich."

Danach setzen wir uns im Kreis zusammen und tauschen uns darüber aus, wofür wir dankbar sind. Wir teilen vielleicht auch mit, welche Person, die wir kennen, heute eine kleine Extraportion Liebe braucht. Es erstaunt mich immer wieder, dass die Kinder dabei auch Dinge, die ihnen große Sorgen machen, spontan mit den anderen teilen. Viele dieser Befürchtungen und Sorgen wurden noch nie zuvor ausgesprochen. Eines Tages erzählte ein Junge, seine Mutter sei in der Vorwoche in einen Autounfall verwickelt gewesen und nun funktioniere ihr Gehirn nicht mehr richtig. Er war ungeheuer besorgt. Niemand hatte von diesem Unfall gewusst, weil sich der Junge in jener Woche bei seinem Vater aufgehalten und die Schule nichts darüber erfahren hatte. Die Kinder waren in der Lage, sich dem Jungen sehr einfühlsam zuzuwenden und ihre guten Wünsche für seine Mutter ausdrücken. Es war ein besonderer Moment. Wir alle drückten unsere Dankbarkeit für unseren Körper und für die unglaublichen Selbstheilungskräfte des Körpers aus. Diese Gelegenheit, sich mitzuteilen, zu trauern und zu danken, tröstete den Jungen ungemein.

Wissen Sie, was ein „Freude-Buddy" ist?

Der Experte für Dankbarkeit, Robert Emmons, weist darauf hin, wie wichtig eine Dankbarkeitspraxis für die Steigerung des allgemeinen Wohlbefindens ist. „Wir haben den wissenschaftlichen Nachweis erbracht, dass Menschen, die sich regelmäßig und systematisch darin üben, ihre Dankbarkeit auszudrücken, in den Genuss einer ganzen Reihe messbarer, positiver Auswirkungen kommen, und zwar sowohl auf der psychischen als auch auf der physischen und zwischenmenschlichen Ebene. Im Hinblick auf Dankbarkeit widersprechen die Forschungsergebnisse der in weiten Kreisen vorherrschenden Ansicht, alle Menschen hätten einen bestimmten Level des Glücksempfindens, der durch keine bekannten Maßnahmen verändert werden könne: In manchen Fällen berichteten Menschen, Dankbarkeit habe bei ihnen zu transformierenden Lebensveränderungen beigetragen. (Robert Emmons, *Vom Glück, dankbar zu sein. Eine Anleitung für den Alltag*, Campus Verlag, Frankfurt a. M. 2008).

James hat jedenfalls herausgefunden, dass das stimmt, als er in seinem Kurs die Rolle des „Freude-Buddys" einführte. Die Idee dahinter ist, dass man einmal am Tag oder einmal pro Woche einem „Gefährten" persönlich, telefonisch oder schriftlich mitteilt, wie viel Freude man im eigenen Leben erlebt. Diese kontinuierliche Praxis trainiert und stärkt den „Dankbarkeitsmuskel", und wenn ein Zeuge von Ihrer Freude hört oder liest, verstärkt sich das Gefühl noch einmal enorm. Und das Erstaunliche dabei ist: Man muss den Freude-Buddy noch nicht einmal besonders gut kennen. Im Laufe der Zeit werden Sie feststellen, dass diese Nähe mit jedem vertrauensvollen Austausch, bei dem man sich verletzlich zeigt, wächst.

Ich hatte über zwei Jahre lang eine Freude-Gefährtin, mit der ich davor nur 15 Minuten lang bei einem Wochenend-Retreat Kontakt gehabt hatte. Nach zwei Jahren hatte ich das Gefühl, ihre Freuden und Leiden besser zu kennen als die Gefühle der Menschen, denen ich jeden Tag an meinem Arbeitsplatz begegne. Inzwischen habe ich einen anderen „Buddy", eine Frau, die im Ausland lebt. Irgendwann im Laufe eines jeden Tages bekomme ich eine Textnachricht, in der sie einen Moment der Freude mit mir teilt, und ich schicke ihr auch eine. Einfach nur von ihrer Freude zu hören macht mich glücklich, und so komme ich täglich in den doppelten Genuss.

Sie müssen nur jemanden finden, der oder die bereit ist, diese Praxis mit Ihnen zu teilen.

Was für eine großartige Gelegenheit für Sie als Erwachsene, Ihr verletzliches Herz auf der langen Reise der Elternschaft zu öffnen!

LESETIPPS

Bücher für Erwachsene

Chryssicas, Mary, *Breathe: Yoga for Teens*. New York: DK Children, 2007.

Iyengar, Bellur, *Yoga: Der Weg zu Gesundheit und Harmonie*. DK-Verlag, München, 2014.

Bücher für Kinder

Guber, Tara und Kalish, Leah, *Yoga für Kinder: 50 entspannende Übungen für die ganze Familie*. Illustriert von Sophie Fatus. Kempen: Moses Verlag, 2017.

Power, Teresa, *ABCs of Yoga for Kids*. Pacific Palisades, CA: Stafford House, 2009.

Lektion 3: Dankbarkeitsfahnen

Den Dankbarkeitsmuskel Stich für Stich trainieren

Das Geheimnis zum Vertiefen Ihrer Glücksspuren besteht darin, jedes Mal innezuhalten, wenn Sie dieses wunderbare Gefühl echter Dankbarkeit verspüren, und bewusst wahrzunehmen, was tatsächlich in Ihnen vorgeht. Es dauert nur ein paar Sekunden, die Empfindungen Ihres Körpers oder Gemüts in Ihr Gewahrsein dringen zu lassen. Je vertrauter Sie mit der Welt der Dankbarkeit werden, desto natürlicher finden Sie in Zukunft Zugang dazu.

Fördert und Stärkt:

- Dankbarkeit
- Fürsorglichkeit
- Teilen
- Familienzusammenhalt und Dankbarkeit für die Familie

Alter

- Vorschule bis Erwachsenenalter

Materialien

- Stoffmuster oder -reste
- Schere
- Textmarker oder Acrylfarben
- Nadel und Faden oder Nähmaschine
- Bänder
- Verzierungen wie Pailletten, Knöpfe, Perlen und Quasten

Bezug zum Lehrplan

- Verbaler Ausdruck
- Schreiben
- Zuhörkompetenz
- Lesen
- Kunst
- Soziales und emotionales Lernen

Viele Eltern wünschten, ihre Kinder wären weniger anspruchsvoll und mehr mit dem zufrieden, was sie in ihrem Leben haben. Sie wollen ihren Kindern ein schönes Leben bereiten, aber sie möchten auch, dass ihre Kinder nicht nur anerkennen, was sie haben, sondern auch die Schönheit wahrnehmen, die überall um sie herum existiert. Die folgende Aktivität, kann tage- oder wochenlang durchgeführt werden und einen bleibenden Eindruck der Dankbarkeit hinterlassen. Das Dankbarkeitsfahnen-Projekt ist nicht nur für Ihr Kind da, sondern für alle, die Gelegenheit haben, dieses Kunstwerk zu betrachten: Es wird das Gefühl der Dankbarkeit vertiefen. Die Fahnen können uns helfen, uns an die Dinge zu erinnern, die wir lieben und oft als selbstverständlich betrachten. Sie können das Projekt so einfach oder aufwändig gestalten, wie Sie möchten.

Zu Hause

Unsere Familien-Dankbarkeitsfahnen wehen nun seit vielen Jahren auf unserem Grundstück. Ich sehe sie jeden Morgen, wenn ich nach draußen gehe. Immer wenn ich sie lese, überkommt mich ein tiefes Gefühl der Liebe und mir wird warm ums Herz. Ich habe gehört, dass, wenn tibetische Gebetsfahnen mit der Zeit zerfasern, ihre winzigen Fäden als Gebete der Liebe und Güte in die Welt hinauswehen. Wenn Ihre Fahnen also von Schnee, Regen, Wind, Sonne und Hagel zerfleddert werden, stellen Sie sich vor, dass all diese dankbaren Gedanken in die Welt hinausfliegen.

Beginnen

Nehmen Sie ein kleines Stück Stoff und schneiden Sie es zu einem Rechteck oder Quadrat zu. Es kann jede beliebige Größe haben. Ich bevorzuge normalerweise eine Größe von ca. 20 cm auf 25 cm. Daraus werden Ihre Gebetsfahnen. Ihre Kinder können nun mit einem Textmarker darauf etwas malen oder zeichnen, für das sie dankbar sind.

Ich bitte die Kinder, an die Natur und die Menschen in ihrem Leben zu denken, nicht unbedingt an Video-Spiele oder Fernsehsendungen. Sie entscheiden, worauf Sie den Schwerpunkt legen möchten. Falls die Kinder alt genug sind, um in Druckschrift zu schreiben, können sie einen Satz oder ein Wort aufschreiben, um ihre Zeichnung oder ihr Bild zu beschreiben. Wenn Sie eine Nähmaschine haben, schlagen Sie nun die Stoffkante an einer Seite der Fahne um und nähen einen Saum, durch den ein Band gezogen werden kann. Besitzen Sie keine Nähmaschine, heften Sie die Stoffkante Stich für Stich mit der Hand um. Ziehen Sie die Fahne nun auf ein langes Band (ca. 1,80 bis 2 Meter lang) auf und fügen Sie jeden Tag eine weitere Fahne hinzu (oder eine von jedem Familienmitglied), bis das Band voll ist. Hängen Sie das Band mit den Fahnen nun im Freien auf, damit der Wind Ihre Wünsche in alle Welt schicken kann.

In der Schule

Wenn ich ein solches Projekt in der Schule initiiere, stellt jedes Kind seine eigene Fahne her. Wir fädeln die fertigen Fahnen auf ein bis zu sechs Meter langes Band auf, bilden dann einen großen Kreis und lesen vor, wofür wir dankbar sind. Dann tragen wir das Band gemeinsam zu einem zuvor ausgewählten Platz auf dem Schulhof und binden es dort fest, so dass unsere Fahnen im Wind wehen können. Die Eltern lieben es, wenn ihnen die Dankbarkeitsfahnen morgens winken, und die Kinder erzählen ihnen stolz, welche Fahne sie gestaltet haben. Dadurch, dass sie die Fahne jeden Tag sehen, wird die Dankbarkeit im Gehirn verankert und im Herzen genährt.

Erweiterung: James schlägt vor, alles, wofür wir dankbar sind, in einem Tagebuch aufzuschreiben, um unsere „Glücksspuren“ im Gehirn zu vertiefen. Indem wir uns die Zeit nehmen, jeden Tag an drei oder vier Dinge zu denken, für die wir dankbar sind, erkennen wir allmählich, was in unserem Leben wirklich zählt. Jedes Kind in meiner Klasse besitzt ein

Dankbarkeitstagebuch. Wir nehmen uns täglich zwischendurch 15 Minuten Zeit, um spontan aufzuschreiben, wofür wir im Moment dankbar sind. Wenn einigen Kindern gerade nichts einfällt, erinnere ich sie daran, dass Sie den Luxus haben, ein Bett zu besitzen, ein Frühstück zu bekommen und eine Schule zu besuchen, in der sie lernen können. Ich sage das nicht herablassend, sondern um einfach daran zu erinnern, dass auch die kleinen Dinge viel bedeuten. Wir können zutiefst dankbar dafür sein und jedes einzelne würdigen. Um das noch einen Schritt weiterzuführen, können Sie die Kinder bitten, sich über eines oder mehrere Dinge, für die sie dankbar sind, mit der Gruppe oder einem Freund/einer Freundin auszutauschen. Das Verbalisieren ihrer Dankbarkeit trägt ebenfalls dazu bei, ihr Glücksempfinden zu steigern und Freude zu wecken.

LESETIPPS

Bücher für Erwachsene

Ban Breathnach, Sarah, *Ein guter Tag – 365 Schritte zum erfüllten Leben.* München: Arkana Verlag, 1998.

Rechtschaffen, Daniel, *Die achtsame Schule: Achtsamkeit als Weg zu mehr Wohlbefinden für Lehrer und Schüler.* Freiburg: Arbor Verlag, 2016.

Bücher für Kinder

Bunting, Eve, *The Memory String.* Illustriert von Ted Rand. Boston, MA: Houghton Mifflin Harcourt Books for Young Readers, 2015.

Bunting, Eve *Fly Away Home.* Illustriert von Ronald Himler. Boston, MA: Houghton Mifflin Harcourt Books for Young Readers, 1993.

Gilman, Phoebe, *Something From Nothing.* New York: Scholastic Press, 1993.

Johnston, Tony, *The Quilt Story.* London: Puffin Books, 1996.

Polacco, Patricia, *The Keeping Quilt.* Riverside, NY: Simon & Schuster, 2001.

Lektion 4: 38 Jahre später – Schneckenpost

Wenn wir innerlich so ruhig werden, dass sich unser Geist entspannt, lassen wir uns von den einfachsten Dingen berühren: vom Lachen eines Kindes oder der Schönheit einer Blume. Das ist einer der Vorteile, wenn wir aus unserer geistigen Tretmühle aussteigen und tatsächlich *präsent sind*. Wenn wir dankbar für das sind, was jetzt hier ist, können wir uns vom Leben überraschen lassen.

Fördert und stärkt:
- Fürsorglichkeit
- Wohlbefinden
- Güte
- Verbundenheit

Materialien
- Stift
- Papier
- Umschlag
- Briefmarken
- Zeit

Alter
- Fünf Jahre bis Erwachsenenalter

Bezug zum Lehrplan
- Verbaler Ausdruck
- Schreiben
- Zuhörkompetenz
- Lesen
- Kunst
- Soziales und emotionales Lernen

Die Praxis zu Hause und in der Schule

Als die Post noch mit dem Schiff unterwegs war

Als ich ein kleines Mädchen war, ließen unsere Eltern uns Briefe an unsere Großeltern schreiben, die in Australien und England lebten. Ich höre noch das Klappern der Schreibmaschine, auf der meine Mutter jede Woche die besten (ausgewählten) Neuigkeiten tippte. Das Schreiben erzeugte einen lebendigen Energiefluss zwischen den jeweiligen Ländern.

Als Kind fügte ich etwa einmal im Monat einen kleinen Brief bei. Die Briefe waren eine Möglichkeit, sich mit unseren Lieben zu verbinden, die wir sehr selten, wenn überhaupt, sahen. Ich erinnere mich noch daran, wie aufgeregt ich war, als ich meinen ersten eigenen Brief erhielt. Als meine Großmutter starb, fand ich heraus, dass sie über einen Zeitraum von 30 Jahren jeden einzelnen Brief aufgehoben hatte, den wir in Kanada geschrieben hatten. Diese Briefe erzählten die Geschichte einer jungen Frau, meiner Mutter, die in den 1950er-Jahren nach Kanada ausgewandert war, dort einen Engländer geheiratet und mit ihm eine Familie gegründet hatte. Ich kann mir vorstellen, wie dankbar meine Großmutter war, als sie und mein Großvater durch die Post erfuhren, dass es ihrer Tochter in dem fremden Land sehr gut ging.

Heute

Mit E-Mail, Facebook, Textnachrichten und Anrufen nehmen wir uns heute selten die Zeit, uns still hinzusetzen und einen Brief zu schreiben. Diese verlorene Kunst des Schreibens in Verbindung mit Dankbarkeit wieder zu entdecken ist unsere Lektion des Tages.

Stift, Papier und ein offenes Herz

Ich höre Erwachsene oft über einen Lehrer oder eine Person sprechen, der oder die ihr Leben verändert hat. Und dann frage ich sie, ob sie das dieser Person jemals gesagt haben. Meistens lautet die Antwort „Nein". Als Lehrerin habe ich mich manchmal gefragt, ob meine eigenen Schüler/innen jemanden hatten, der oder die ihr Leben stark beeinflusst hat. Mit diesem Gedanken im Hinterkopf betrat ich eine Klasse von 28 elfjährigen Kindern.

Um diese Klassen-Übung ein bisschen zu vereinfachen, schränkte ich die Kategorie von „Irgendjemand, der dein Leben verändert hat" in „ein Lehrer/eine Lehrerin, der oder die dein Leben berührt hat" ein.

Die Kinder überlegten und stellten ein Liste aller Lehrer und Lehrerinnen auf, die in ihrem Leben eine wichtige Rolle gespielt hatten. Sie erzählten einander ganz aufgeregt, warum diese eine Person so besonders für sie war. Das Erstellen der Liste dauerte wesentlich länger, als ich es für möglich gehalten hätte. Die Tafel war voll von Namen und Dankesbekundungen.

Zwei kleine Jungs hatten beim Erzählen Tränen in den Augen. Die Lehrerin, die sie am meisten gemocht hatten, war an Krebs gestorben. Sie wollten wissen, wie sie ihr danken und sie würdigen könnten. Ein anderes Kind, das in ihrer Nähe saß, schlug vor, dem Ehemann der Lehrerin zu schreiben, der noch lebte. Sie machten sich eifrig an die Arbeit. Nachdem wir alle Namen an die Tafel geschrieben hatten, machten wir eine Achtsamkeitsübung. Wir richteten die Aufmerksamkeit auf die Person, die unser Leben verändert hat, und würdigten ihren Einfluss auf unser Leben. Ich ließ im Hintergrund ruhige Musik laufen und die Kinder schrieben etwa eine halbe Stunde lang ihre Gedanken auf. Ich hatte einen kurzen Entwurf für einen Brief an die Tafel geschrieben, sodass sie eine Vorlage hatten, auf der sie aufbauen konnten.

Danach erzählte ich den Schüler/innen, dass meine Lieblingslehrerin Miss Mallow gewesen war. Als wir in der sechsten Klasse waren, hatte sie mir und einer Schulfreundin erlaubt, die Hausaufgaben draußen auf dem Rasen zu machen, und gab jeder von uns ein Zeichentagebuch. Das Gefühl der Freiheit, das sie vermittelte, und ihr Respekt vor individuellen Entscheidungen sind noch heute Kernelemente meiner Tätigkeit als Lehrerin. Als wir Stifte und Papier wegräumten, fragte ich mich, ob ich sie jemals wiedersehen würde.

Das Schöne an den neuen Technologien

Als die Kinder das Gefühl hatten, ihre Briefe seien vollständig, brachten sie sie zu mir und wir „googelten“ die Adressen. Dann lernten wir, wie man einen Briefumschlag adressiert, an welchen Stellen man die Briefmarken und den Absender anbringt. Die Briefe wurden in den letzten Schulwochen abgeschickt. Viele Schüler/innen kamen zu mir und baten, mehrere Briefe schreiben zu dürfen, weil es ihnen schwerfiel, nur eine Person auszuwählen.

Übrigens

Es gelang mir, Miss Mallow ausfindig zu machen, und sie teilte mir mit, wie sehr es sie berührt hatte, nach so vielen Jahren einen Brief von mir zu bekommen. Sie wohnte tatsächlich nur wenige Stunden Fahrzeit von unserem Zuhause entfernt. Mein Partner und ich machten in diesem Sommer einen Ausflug, um sie und ihren Mann zu besuchen. Letzte Woche erhielt ich einen Brief von ihr, in welchem sie mir schrieb, sie habe nach dem Erhalt meines Briefes selbst Kontakt mit einem ihrer ehemaligen Lehrer aufgenommen und sich bei ihm bedankt.

Einige der Lehrer/innen, die solche Briefe erhalten hatten, kontaktierten mich und teilten mir mit, es habe sie sehr glücklich gemacht und ihnen das Gefühl gegeben, dass Lehren tatsächlich eine lohnende Tätigkeit sei. Es hatte sie tief berührt, einen richtigen Brief in der Post vorzufinden, und sie bewahrten ihn an einem besonderen Platz in ihrer Wohnung auf, an dem sie ihn stets sehen und sich daran erinnern konnten, welchen positiven Einfluss sie auf junge Menschen gehabt hatten.

Erweiterung

Nachdem der Dankesbrief geschrieben wurde, können Sie Ihrem Kind oder Ihren Schüler/innen auch vorschlagen, ihn der Person, die sie würdigen möchten, persönlich oder am Telefon vorzulesen.

Sie könnten sogar eine Dankesanzeige im Lokalblatt schalten.

Sie können die positive Kraft der Dankbarkeit mit den Menschen teilen, mit denen Sie täglich in Kontakt kommen, indem Sie Ihren Dank aussprechen.

LESETIPPS

Bücher für Erwachsene

Shepherd, Margaret und Hogan, Sharon, *The Art of the Personal Letter: A Guide to Connecting Through the Written Word.* New York: Broadway Books, 2008.

Sperandeo, Carol und Zimmermann, Bill *Lunch Box Letters: Writing Notes of Love an Encouragement to Your Children.* Richmond Hill, ON: Firefly Books, 2007.

Bücher für Kinder

Ahlberg, Allan, *The Jolly Postman.* Illustriert von Janet Ahlberg. New York: LB Kids, 2001.

Amelchenko, Paul, *Children's Letters to Dog.* Minocqua, WI: Willow Creek Press, 2009.

Loewen, Nancy, *Sincerely Yours: Writing Your Own Letter.* Illustriert von Christopher Lyles. Mankato, MN: Picture Window Books, 2009.

Polacco, Patricia, *My Rotten Readheaded Older Brother.* New York: Simon & Schuster, 1998.

Freude in schwierigen Zeiten 4

James: Übungen für Erwachsene

Als meine Frau Jane anfing, in Berkeley erwachsenen Immigranten und Flüchtlingen Englischunterricht zu geben, beschloss sie, an einem Sprachimmersionskurs in Costa Rica teilzunehmen, um eine neue Methode des Unterrichtens zu erlernen. Die Vorstellung, drei Wochen lang ihre Spanischkenntnisse im Regenwaldparadies eines sicheren, freundlichen Landes aufzufrischen, begeisterte sie. Das Programm umfasste einen täglichen, mehrstündigen Spanischunterricht in einer Sprachenschule und das Zusammenleben mit einer Familie auf dem Land, deren Mitglieder kein Englisch sprachen. In ihrer Begeisterung machte sie sich keine Vorstellungen von den Herausforderungen, die auf sie zukommen würden.

Ein paar Wochen vor der seit Monaten geplanten Reise ereignete sich am 11. September der Terroranschlag auf das *World Trade Center*. Nachdenklich, aber dennoch entschlossen, entschied sie sich dafür, auf jeden Fall zu fliegen. Am Flughafen, an dem sich nur wenige Menschen aufhielten, war die allgemeine Nervosität mit Händen zu greifen und das Flugzeug war gespenstisch leer, abgesehen von einer Handvoll Passagiere und einigen Beamten der Transportsicherheitsbehörde. All das verstärkte ihre innere Anspannung noch, die für die kommenden Wochen den Ton angeben sollte.

Schon bald wurde ihr klar, dass ihr Spanisch mehr als „eingerostet" war. Mit ihrer Gastfamilie konnte sie sich nur in sehr einfachen Sätzen verständigen. Es war ihr nicht möglich, ihre komplexe Gefühlslage in einer fremden Sprache auszudrücken. Als sie über die fortwährende Bedrohungslage in der Bay Area (einschließlich eines geplanten Anschlags auf die Golden Gate Bridge) las und an die Probleme dachte, die ihr Sohn kürzlich als Neuling an der High-School gehabt hatte, war sie besorgt und fühlte sich niedergeschlagen und einsam. Sie vermisste ihre Freunde und Familie. Die Klassenkamerad/innen in Costa Rica waren in ihren Zwanzigern und Jane wurde bald bewusst, dass ihr Gehirn 30 Jahre mehr „auf dem Tacho" hatte und in akademischer Hinsicht nicht mehr in Topform war. Ein einschneidender Vorfall ereignete sich, als sie an einem sehr schwülen Tag versuchte, Geld an einem Geldautomaten abzuheben. Nachdem sie geraume Zeit in einer langen Schlange angestanden hatte, konnte sie die Anleitung am Automaten nicht verstehen. Ihre Anspannung wuchs nach mehreren vergeblichen Versuchen, denn ihr wurde bewusst, wie viele Einheimische hinter ihr im Regen standen und darauf warteten, dass diese ungeschickt herumfummelnde *Gringa* endlich zu Potte kam. Sie geriet derart aus der Fassung, dass sie sich nach einer Weile wieder am Ende der Schlange anstellte, in der Hoffnung, beim nächsten Mal ruhig genug zu bleiben und mit dem Automaten klarzukommen. Ihr Costa-Rica-Abenteuer wurde zu einem jammervollen dreiwöchigen Aufenthalt. Bestürzt begriff sie, dass die Sache eine Nummer zu groß für sie war, was sie ziemlich demütig werden ließ. Damals wusste sie noch nicht, dass sich diese Erfahrung im Nachhinein als großes Geschenk entpuppen und äußerst positiv auf ihre Lehrtätigkeit für Einwanderer und Flüchtlinge aus aller Welt auswirken würde.

Sie konnte nun den Kulturschock und die Einsamkeit ihrer Schüler/innen in Berkeley verstehen, die aus ihrer Umwelt herausgerissen und völlig entwurzelt waren. Es waren gut ausgebildete Fachkräfte darunter, die bereit waren, wieder ganz unten anzufangen, um ihren Kindern bessere Startchancen zu geben, sowie traumatisierte politische Flüchtlinge und Neuankömmlinge, die ihre Familien unterstützen und Geld in die Heimat schicken mussten. Alle versuchten in der schnelllebigen, hoch technisierten Gesellschaft zurechtzukommen – ausgestattet mit minimalen Kompetenzen für die einfachsten Aufgaben. Es machte ihr Freude, diesen Menschen eine Gemeinschaft zu bieten, in der sie sich sicher und respektiert fühlen und lernen konnten. Dafür wurde sie von den Schüler/innen mit Dankbarkeit überschüttet, die oft ihre Klasse gar nicht verlassen wollten, wenn sie aufgrund ihrer Lernfortschritte in die nächsthöhere Klasse wechseln sollten.

Im Rückblick betrachtet Jane diese Reise als transformierende Erfahrung, welche ihr eine innere Stärke offenbart hatte, die ihr zuvor nicht bewusst gewesen war. Und – noch wichtiger – sie erkannte, dass Geduld, Mitgefühl, Unterstützung und Gemeinschaft genauso wichtig waren wie die vielen Sprachunterrichtsstunden, die sie mit Begeisterung hielt.

Die transformierende Kraft des Leidens

Sich für das Leiden zu öffnen ist ein wichtiger Aspekt unserer Praxis beim Wecken von Freude. Je besser wir das Leiden verstehen und je mehr wir bereit sind, uns damit auseinanderzusetzen, desto größer ist die Chance, einen Geist zu entwickeln, der keine Angst vor den harten Brocken hat, wenn sie auf uns zukommen.

Indem wir lernen, unser Herz für alles zu öffnen, einschließlich der schweren und schwierigen Dinge, entdecken wir, dass hinter dem Schmerz Weisheit, Mitgefühl und Liebe existieren. Und wir finden zu einem Mut, von dem wir nicht wussten, dass er in uns steckt. Schauen Sie einmal auf Ihre eigenen Begegnungen mit dem Leiden zurück. Trifft das oben Gesagte auf Sie zu? Haben Ihre harten Lebenslektionen Sie innerlich weiter werden lassen, haben sie Ihnen geholfen, zu einer inneren Stärke und Weisheit zu finden, deren Existenz Ihnen gar nicht bewusst war? Haben sie zu mehr Mitgefühl geführt?

Freude wecken bedeutet nicht, in einem Zustand der Verleugnung zu leben. Obwohl ich ein Buch mit dem Titel *Awakening Joy* (Freude wecken) – geschrieben habe, empfinde ich manchmal eine tiefe Traurigkeit über den Zustand der Welt. Abgesehen von natürlichen Katastrophen wie Tsunamis, Tornados und Erdbeben, ist es sehr schmerzhaft, das Ausmaß an menschlichem Leid zu sehen, das durch Gier, Hass oder Angst verursacht wird. Wenn wir diesen Kummer verleugnen, leben wir in einer Traumwelt. Aber in Hoffnungslosigkeit und Verzweiflung zu versinken kann auch nicht die Antwort darauf sein. Unser Glücksempfinden und unser Leiden hängen nicht so sehr von dem ab, was geschieht, sondern von unserem Verhältnis zu dem, was geschieht.

Sie müssen nicht so tun, als sei alles in bester Ordnung, wenn es nicht so ist. Erlauben Sie sich, genau dort zu sein, wo Sie sind. In schweren Zeiten können wir nicht einfach ein fröhliches Gesicht aufsetzen und denken, wir müssten darüber hinwegkommen. Aber wir können unser Leid mitfühlend auf eine Weise umarmen, die unseren Schmerz nicht noch vergrößert. Wenn wir beispielsweise mit einem großen Verlust umgehen müssen, brauchen wir Zeit, um den Trauerprozess zu durchleben. Es ist gesund und wichtig, den Verlust eines geliebten Wesens oder einen tiefen Einschnitt in unseren Lebensumständen zu betrauern.

Ihre Bereitschaft, schwierige Situationen zu nutzen, um bewusster zu werden, wird Ihnen helfen, zu einem tieferen Verständnis des menschlichen Daseins und Erlebens zu gelangen. Was Sie lernen, ist nicht nur für Sie selbst von Wert, sondern erlaubt Ihnen auch, für andere da zu sein, die Ähnliches durchmachen.

Beim Umgang mit einer schmerzlichen Situation besteht der erste Schritt darin, die eigenen Gefühle anzuerkennen und zu würdigen. Achtsames Gewahrsein kann Ihnen helfen, sich Ihrer Erfahrung unmittelbar zu öffnen. Indem Sie sich Ihrem Leid ehrlich in „handhabbaren" Dosen stellen und präsent sind, können Sie lernen, es tatsächlich zu fühlen, ohne davon überwältigt zu werden. So kann der innere Verarbeitungsprozess ganz natürlich vonstattengehen, in Ihrem eigenen Tempo, ohne dass Sie versuchen müssten, ihn zu beschleunigen (was das Leiden nur abkapseln würde).

Wenn Sie schwere Zeiten durchmachen, ist es wichtig, sich daran zu erinnern, dass Ihr Schmerz und Kummer nichts Permanentes sind. Sie werden wahrscheinlich wieder lachen und Glücksmomente erleben. In der Gegenwart zu bleiben und sich mit den Dingen Moment für Moment auseinanderzusetzen macht den Umgang mit der Situation viel leichter. Alles ändert sich. Sich daran zu erinnern, verleiht uns den Mut, mit dem Leben zu sein, wenn es hart ist. Vergänglichkeit zeigt uns auch, dass das Leiden nicht so durchgängig ist, wie es scheint. Zwischen den schwierigen Momenten gibt es Momente des Wohlbefindens. Je stärker sie diese wahrnehmen können, desto weniger undurchdringlich wird Ihnen Ihr Leiden vorkommen. Und desto weniger werden Sie leiden.

Wenn Sie dieses Thema für sich selbst oder mit Ihren Kindern erforschen, dann vergessen Sie nicht, dass es dabei nicht darum geht, nach Schwierigkeiten in Ihrem Leben Ausschau zu halten. Arbeiten Sie weiterhin mit Intentionen, praktizieren Sie Achtsamkeit und Dankbarkeit, um Zustände des Wohlbefindens herzustellen, und nehmen Sie sie wahr, wenn sie sich einstellen. Es geht um nichts anderes als das Zulassen aller Erfahrungen und darum, sich, wenn das Leben hart ist, darin zu üben, immer wieder auf eine kluge, widerstandslose Art darauf zu antworten. Ich hoffe, dass die Lektionen, die Michele in diesem Buch anbietet, Ihren Kindern verstehen helfen, dass wir, auch wenn das Leben manchmal hart sein kann, durch Schwierigkeiten wachsen und unsere Fähigkeit erweitern können, selbst mit größten Herausforderungen zu sein.

Drei Methoden, mit dem Leiden zu arbeiten

In *Awakening Joy* stellen wir drei unterschiedliche Strategien vor, die Ihnen helfen können, mit leidvollen Situationen umzugehen. Schauen Sie, ob eine oder gleich mehrere für Sie funktionieren.

PROBIEREN SIE DAS

Aus der Vergangenheit lernen

Schwierige Zeiten können, wie im Fall von Jane, zu echtem Glück hinführen. Unsere Herausforderungen katapultieren uns aus unserer Selbstzufriedenheit heraus und bringen uns dazu, nach einem tieferen Sinn im Leben zu suchen. Er verbindet uns mit der menschlichen Erfahrung von Verlust, Schmerz und Leid und bringt unser Mitgefühl für andere zum Vorschein. Hat Ihr eigenes Leiden Sie dazu gebracht, nach sinnvollen Antworten zu suchen?

1. Denken Sie an eine schwierige Situation oder Zeit, die Sie durchgemacht haben.
2. Welche Lektionen haben Sie durch diese Erfahrung gelernt? Wie hat Ihnen das zu wachsen geholfen?

Mit den gegenwärtigen Herausforderungen arbeiten

1. Denken Sie an eine schwierige Situation, mit der Sie zur Zeit konfrontiert sind.
2. Welche Gefühle sind damit verbunden? Haben Sie sich erlaubt, all diese Gefühle zu fühlen?
3. Welche Lektionen lernen Sie aus dieser Situation? Wie können Sie einen Sinn entdecken, während Sie diese Schwierigkeiten durchmachen?

Methode eins: RAIN

Die erste Methode bringt Achtsamkeit in die unmittelbare Erfahrung Ihrer momentanen Gefühle – so wie sie sind. Der Schlüssel ist hier, sich nicht in der mit dieser Situation verbundenen „Story" zu verlieren. Was es auch ist – Traurigkeit, Wut, Verlangen, Angst –, gehen Sie direkt in das körperliche Empfinden oder die Energie der Emotion hinein. Das Akronym RAIN kann Ihnen helfen, sich daran zu erinnern, sich direkt für schwierige Gefühle zu öffnen und intelligent mit ihnen zu arbeiten:

Registrieren: Erkennen und benennen Sie, was Sie fühlen. (Was fühle ich tatsächlich in diesem Moment? Traurigkeit? Wut? Angst?)

Akzeptieren, da sein lassen. Lassen Sie jeglichen Wunsch los, es möge sich ändern, lassen Sie einfach für ein paar Momente zu, dass alles so ist, wie es ist.

Interessiert untersuchen, wie es sich auf einer energetischen Ebene in Ihrem Körper anfühlt, ohne sich in die „Story" hineinziehen zu lassen oder zu versuchen, das Gefühl loszuwerden. (Gehen Sie einfach mit Neugier oder Interesse daran, die „Landschaft" der Emotion zu erforschen, ohne irgendetwas herausfinden zu wollen.)

Nicht-Identifikation. (Eine besondere Art, zu umschreiben, dass man es nicht persönlich nimmt.) Sehen Sie diese Erfahrung, die Sie gerade machen, nicht als das, was Sie sind. („Ich bin so ein zorniger Mensch,") Das passiert nicht nur Ihnen. Es ist einfach eine Energie, die Ihnen einen Besuch abgestattet hat. Sie definiert Sie nicht. Ihre Erfahrung der Wut oder Traurigkeit unterscheidet sich nicht so sehr von meiner Wut oder Traurigkeit. Sie öffnen sich dem Menschsein.

Erforschen Sie den Zustand nach und nach. Wenn es Ihnen sehr schwerfällt, länger als ein paar Augenblicke achtsam dabeizubleiben, richten Sie Ihre Aufmerksamkeit einfach wieder auf den Atem oder auf den Körper oder machen Sie eine Dankbarkeitsübung oder Liebende-Güte-Praxis, indem Sie an jemanden denken, der oder die Ihnen am Herzen liegt, und wünschen Sie der Person alles Gute. Wenden Sie sich wieder der Erforschung des Schmerzes zu, wenn Sie Ihr inneres Gleichgewicht wieder gefunden haben.

Methode zwei: Den Schmerz freundlich und mitfühlend umarmen

Manchmal ist eine schwierige Erfahrung zu Furcht erregend, um achtsam und gelassen dabeibleiben zu können. Wir bekommen Angst, wenn wir das Gefühl haben, der Herausforderung allein nicht gewachsen zu sein. In schweren Zeiten ist es vielleicht am wichtigsten, mitfühlend und liebevoll mit sich selbst umzugehen. Achtsames Selbstmitgefühl, ein Ansatz, der von Dr. Kristin Neff und Dr. Christopher Germer entwickelt wurde, bietet einige sehr wirkungsvolle Instrumente an. Im Folgenden beschreibe ich die „achtsame Mitgefühlspause". Sie können der Anleitung folgen oder es auf Ihre eigene Art tun – jedes Mal, wenn Sie eine schwierige Zeit durchmachen.

1. Legen Sie Ihre Hand auf Ihr Herz (das ist eine beruhigende Geste, bei der das Wohlfühl-Hormon Oxytocin ausgeschüttet wird.)

2. Sagen Sie zu sich: „Das ist ein leidvoller Moment" (oder etwas anderes, was für Sie stimmt, beispielsweise: „Das ist wirklich sehr hart").

3. Sagen Sie dann: „Leiden gehört zum Leben." (Vielleicht hilft es Ihnen, an all die Menschen zu denken, die in diesem Moment dasselbe durchmachen wie Sie).

4. Sagen Sie dann: „Möge ich mein Leiden freundlich und mitfühlend im Gewahrsein halten." Spüren Sie die Verletzlichkeit Ihres Herzens durch Ihre Hand, während Sie sich selbst halten. Sie können sich gleichzeitig mit dem verletzlichen Selbst verbinden, das diese Fürsorge empfängt, und mit dem weisen, liebevollen Selbst, das diese Fürsorge durch Ihre Hand weitergibt. Beide sind Teil dessen, was Sie ausmacht. Das hilft Ihnen, in die Ganzheit zu kommen.

Methode drei: Sich mit einem Feld wohlwollender Energie umgeben

Manchmal haben wir zu viel Angst, um in einer schwierigen Erfahrung achtsam und gelassen zu bleiben. Es ängstigt uns, wenn wir das Gefühl haben, der Herausforderung allein nicht gewachsen zu sein. Eine Möglichkeit, die Unterstützung und Liebe zu bekommen, die Sie brauchen, besteht darin, eine wohlwollende Kraft anzurufen und zu bitten, Ihnen zu helfen, ob Sie dabei nun an Gott oder eine höhere Macht oder den Dharma oder die universelle Lebenskraft oder an einen Geistführer denken. Es mildert das Gefühl, ganz allein zu sein.

1. Bitten Sie die wohlwollende Kraft des Lebens – welche Vorstellung Sie davon auch haben –, Sie zu unterstützen. Bitten Sie ein Feld gütiger Energie, Sie einzuhüllen. Wenn dieses Energiefeld eine Farbe hätte, welche wäre das?

2. Lassen Sie sich von diesem wohlwollenden, schützenden Energiefeld halten. Es verbindet Sie mit etwas, das größer ist als Sie selbst. Entspannen Sie den Körper. Vertrauen Sie darauf. Nehmen Sie das Gehalten-Sein durch dieses Feld wahr.

3. Machen Sie sich bewusst, dass es immer für Sie da ist, wenn Sie darum bitten.

Den Fokus ändern

Wenn Sie Ihr Leiden klar erkannt haben, heißt das nun allerdings nicht, dass automatisch alles gut ist. Auch wenn der Geist die Dinge aus einer anderen Perspektive sieht und besser versteht, kann die Energie der inneren Erschütterung noch im Körper nachwirken. Sich den schwierigen Gefühlen weise und besonnen zu öffnen bedeutet auch zu wissen, wann man einen Punkt erreicht hat, an dem man innerlich nicht mehr im Gleichgewicht ist. Vertrauen Sie darauf, dass Ihre Intuition Ihnen sagt, wann Sie sich Ihrem Schmerz ruhig und ausgeglichen öffnen können.

Wenn Sie mit sich kämpfen oder sich überfordert fühlen, müssen Sie sich zurückziehen. Sonst kann es sein, dass sich Herz und Geist verschließen.

Falls Sie sich überwältigt fühlen oder in einem inneren Drama verloren haben, das nicht gut für Sie ist, versuchen Sie, irgendetwas in Ihrer Umgebung wahrzunehmen, für das Sie in diesem Moment dankbar sein können. Werden Sie einer Sinnespforte gewahr, die verschlossen war. Schauen Sie, was jetzt hier ist, für das Sie dankbar sein können, das Sie aber nicht wahrgenommen haben. Indem Sie Ihren Fokus ändern, können Sie aus dem bösen Traum aufwachen, den Ihr Geist erschafft. Sich eine Pause zu gönnen gibt Ihnen Gelegenheit, die Dinge aus einer neuen Perspektive zu sehen und sich mit mehr Klarheit dem zuzuwenden, was angeschaut werden muss, wenn Sie bereit sind.

Eine Möglichkeit, die Perspektive zu ändern, besteht darin, etwas zu tun, das Ihnen hilft, die negative Energie zu entladen. Machen Sie Sport oder Yoga, gehen Sie in der Natur spazieren, sprechen Sie mit einem Freund/einer Freundin oder lassen Sie sich einfach genügend Zeit, um die Angelegenheit in Ihrem eigenen Rhythmus zu verarbeiten. Eine Freundin wendet folgende Strategie an, wenn sie sich blockiert und hilflos fühlt: Sie macht sich eine Tasse Tee, setzt sich auf ihre Terrasse und spielt für eine Weile „beleidigter Buddha". Nach 20 oder 30 Minuten scheint sich die Energie einfach dadurch zu verändern, dass sie ihr diesen Raum gegeben hat.

Michele: Kindern helfen, schwierige Zeiten durchzustehen

Wenn du sie wie Treibhauspflanzen behandelst, werden sie die unvermeidlichen Erschütterungen des Lebens nicht verkraften. Dann können sie nur im Treibhaus gedeihen. Wenn du sie irgendwo anders hinbringst als in ein kontrolliertes Umfeld, werden sie eingehen.

Eine liebe Freundin und Mutter dreier Kinder vermittelte mir diese Treibhaus-Weisheit, als ich mein erstes Kind bekam. Als frischgebackene Mutter, las ich jedes New-Age-Buch über gute Elternschaft und reagierte auf jede Forderung und jedes Tönchen, das mein Kleiner von sich gab. Ich wollte die Bedürfnisse meines Sohnes erfüllen, bevor er selbst wusste, dass er sie hatte. Ich rackerte mich wirklich ab. Klug, nicht wahr? Liebevoll, nicht wahr?

Nicht unbedingt. Ich züchtete eine Treibhauspflanze heran. Völlig erschöpft erkannte ich bald, dass ich meinen Sohn Kieran nicht vor allen Höhen und Tiefen des Lebens schützen konnte und sollte. Wie sollte er Widerstandskraft entwickeln? Wie konnte er sich wieder aufrappeln, wenn er hinfiel, und wissen, dass er es allein schaffen würde? Ich hatte bereits zehn Jahre als Lehrerin gearbeitet, als ich Kieran bekam, und hatte die Auswirkungen von Überbehütung oft beobachten können. Dennoch tat ich Dinge, von denen ich wusste, dass sie nicht gut waren. Ich wurde zur „Helikopter-Mutter", bevor er aus den Windeln war.

Als Lehrerin treffe ich auf immer mehr Helikopter-Eltern. Diese Eltern flattern um ihren Nachwuchs herum und versuchen, sicherzustellen, dass ihre Kinder nie ein schwieriges Gespräch haben, nicht für einen Augenblick mit einem Konflikt konfrontiert sind. Am Ende sprechen sie oft für ihr Kind, während sich dieses mit großen Augen still zusammenkauert. Diese Eltern übernehmen die Verantwortung für den Erfolg und das Scheitern ihres Kindes.

Dient das dem Kind? Nach meiner Erfahrung und der aller Lehrkräfte, mit denen ich gesprochen habe, eben nicht. Diese überbehüteten Kinder sind oft ängstlicher als ihre Altersgenossen und haben das Gefühl, sich mit ihren Eltern verständigen zu müssen, bevor sie irgendeine Entscheidung treffen können. Es mangelt ihnen an Selbstvertrauen und innerem Wissen. Sie schauen auf ihre Eltern oder andere, bevor sie eine Frage beantworten, und haben kaum Bewältigungsstrategien zur Verfügung.

Wenn Kinder keine Aufgaben gestellt bekommen, die sie herausfordern, scheitern sie an schwierigeren Aufgaben. Wenn sie ihre Schuhe nicht binden und ihre Kleidung nicht selbst heraussuchen können, wie sollen sie dann in der Lage sein, wichtige Entscheidungen zu treffen?

Wie man Resilienz entwickelt

Praktizieren wir unsere Übungen, wenn in unserem Leben alles gut läuft, können wir in schwierigeren Zeiten fokussiert mit ihnen arbeiten. Ich benutze oft das Bild vom Aufladen einer Batterie als Metapher für die tägliche Praxis. Wenn wir Tag für Tag praktizieren und langsam unsere Akkus aufladen, haben wir einen guten Ladestatus, wenn wir in konfliktreichen Zeiten auf unsere Reserven zurückgreifen müssen. Wir sind dann gut geerdet und haben ein stabiles Fundament.

Das bedeutet nicht, dass wir unsere Trauer, unsere Wut, unsere Ängste oder Schmerzen verleugnen, sondern dass wir sie zulassen und ihnen erlauben, durch uns hindurchzufließen, anstatt davor wegzulaufen. Wir vermitteln auch unseren Kindern, ihre Emotionen auf eine gesunde Weise auszudrücken, anstatt sie zu unterdrücken und dann irgendwann zu explodieren. Wir lehren Sie, ihr Augenmerk auf das Positive zu richten und die guten Momente zu verinnerlichen. Wir vermitteln ihnen, sich in andere einzufühlen, Mitgefühl zu zeigen. Wenn wir das tun, fühlen wir uns weniger allein und in unserem Schmerz gefangen. Diese Praktiken können uns helfen, uns schneller von negativen Ereignissen und Situationen zu erholen.

Mir gefällt, wie Paulo Coelho in seinem Buch *Der Alchimist* Resilienz beschreibt: „Das Geheimnis des Lebens besteht jedoch darin, sieben Mal hinzufallen und acht Mal wieder aufzustehen." Es ermutigt mich, zuzulassen, dass meine Kinder hinfallen, lernen, Resilienz entwickeln und stärker wieder aufstehen.

Dieses Kapitel gibt Ihnen Werkzeuge an die Hand, mit denen Sie Ihrem Kind helfen können, seinen emotionalen Zustand zu regulieren, sich gute Zeiten ins Gedächtnis zu rufen und sein Augenmerk auf das

Positive zu richten. Aufgrund unserer biologischen Überlebensmechanismen ist unser Gehirn von Natur aus so „verdrahtet", dass wir negativen Ereignissen mehr Aufmerksamkeit schenken als positiven. Ein Schlüssel zur Veränderung unseres Blickes auf die Welt ist, den positiven Ereignissen Aufmerksamkeit zu schenken. Bringen Sie Ihren Kindern bei, wie sie fallen können, ihre Kleidung abklopfen und es erneut versuchen können. Zeigen Sie ihnen durch Ihr eigenes Verhalten, wie sie sich in kleinen Schritten jenen Dingen nähern können, vor denen sie Angst haben, anstatt davor wegzulaufen. Vermitteln Sie ihnen, dass das Leben eine Straße mit Schlaglöchern ist und dass sie genug Widerstandskraft haben können, um aufzublühen und zu überleben.

Lektion 1: Die „Muskeln" der Selbstregulation und Disziplin trainieren

Je mehr Sie von dem Wunsch motiviert werden, aus der Güte Ihres Herzens heraus zu handeln, desto größer ist Ihr Potenzial, Freude zu wecken. Wenn wir täglich unsere „Disziplin-Muskeln" trainieren, stehen sie uns in leichten und schweren Zeiten zur Verfügung – beide sind Teil des menschlichen Daseins.

Fördert und stärkt:

- Resilienz
- Durchhaltevermögen
- Selbstliebe
- Selbstregulation
- Emotionale Intelligenz
- Wohlbefinden

Materialien

- Keine

Alter

- Zwei Jahre bis Erwachsenenalter

Bezug zum Lehrplan

- Verbaler Ausdruck
- Zuhörkompetenz
- Lesen
- Körperliches Training
- Soziales und emotionales Lernen

Die Praxis zu Hause und in der Schule

Disziplin ist kein Schimpfwort

Als Eltern und Lehrer wissen wir, dass wiederholtes Üben notwendig ist, damit Kinder sich neue Angewohnheiten aneignen können. Manchmal haben wir das Gefühl, dass es zum Verrücktwerden ist, immer wieder dieselben Anweisungen wiederholen zu müssen. Als Grundschullehrerin vermittele ich Anleitungen visuell, mündlich und kinästhetisch. Aber es braucht trotzdem wiederholtes Üben. Gerade wenn ich über dem Versuch, meinen Schüler/innen eine gewisse Ordnung beizubringen, den Verstand zu verlieren meine, kommen die Winterferien und die Kinder beginnen, sich wie von Zauberhand geführt ordentlich aufzustellen, ihre Sachen in ihre Fächer zu räumen und ihre Terminkalender auf den Tischen bereitzulegen. Ich muss zugeben, dass das nicht vorhält, wenn wir sie nicht immer wieder daran erinnern, aber es ist viel leichter, eine Angewohnheit wieder zu reaktivieren, wenn sie erst einmal verankert ist. Manche Menschen „machen dicht", wenn sie das Wort „Disziplin" hören, aber wir gebrauchen es hier nicht strafend, sondern als Möglichkeit, das Selbst durch das Entwickeln positiver Gewohnheiten zu stärken.

In *Raising Happiness* schreibt Christine Carter: „Selbstregulation, wie Psychologen es nennen, ist wie ein Muskel. Je mehr man ihn benutzt, desto stärker wird er. Eines der effektivsten Dinge, die Sie tun können, um eine neue Angewohnheit zu entwickeln, ist, in einem bestimmten Lebensbereich Ihre Willenskraft oder Selbstkontrolle zu trainieren, selbst wenn dieser Bereich vielleicht nicht in direktem Bezug zur neuen Angewohnheit steht."

Wem ist schon klar, dass Selbstdisziplin bei solchen Dingen wie dem täglichen Zähneputzen oder Bettenmachen auf andere Bereiche des Lebens übertragbar ist?

Was für eine großartige Möglichkeit, unsere Kinder und uns selbst dabei zu unterstützen, diese „Muskeln" aufzubauen. Wenn die Kinder älter werden, stellen sie dann vielleicht fest, dass es ihnen viel leichter fällt, eine tägliche Achtsamkeitspraxis aufrechtzuerhalten, als anderen, die sich noch nie in irgendeiner Form von Disziplin geübt haben. Was für ein Geschenk!

Wie entwickeln wir diese Angewohnheiten?

Auf welche Weise könnten wir also unter anderem diese Gewohnheiten der Selbstdisziplin entwickeln? Obwohl man mir an unserer Schule nachsagt, ich sei eine der Lehrerinnen, die am meisten „im Fluss" sind, versuche ich, ein Gleichgewicht zwischen dem Fließen und der Struktur herzustellen. Ich möchte, dass die Kinder Freiheit haben, aber auch einen Rahmen der Selbstdisziplin, auf dem sie aufbauen und wachsen können. Die folgenden Praktiken eignen sich für zu Hause und die Schule. Ich stelle immer wieder fest, dass Kinder sich nach einer Weile Struktur wünschen. „Frau L., Sie haben heute die Tagebuch-Arbeit vergessen! Die Tagebücher liegen nicht auf den Tischen, also können wir nicht anfangen!"

Versuchen Sie es mit diesen Gewohnheiten

Einfach dadurch, dass Sie Ihrem Kind Gelegenheit geben, Verantwortung dafür zu übernehmen, dass täglich sein Bett gemacht ist, seine Zähne geputzt sind und sein Schulrucksack gepackt ist, können Sie ihm sehr helfen, seinen „Muskel" der Selbstdisziplin zu trainieren. Nach meiner Erfahrung haben Kinder, denen alles abgenommen wird, große Schwierigkeiten, sich in der Schule zu organisieren und den Überblick über ihre Aufgaben und andere Dinge zu behalten. Sie mussten es nie tun, also wissen sie nicht, wie es geht. Ich kenne Eltern von Sechstklässlern, die ins Klassenzimmer kommen und verzweifelt den Tisch ihres Kindes aufräumen, in der Hoffnung, eine „verschwundene" Hausaufgabe zu finden.

Geben Sie Ihrem Kind eine kleine Checkliste, die Sie zusammen mit einer kurzen Liste täglicher Praktiken/Übungen erstellen. Dadurch gewöhnt es sich die Grundlagen der Disziplin an. Die Kinder lieben es, die einzelnen Aufgaben abzuhaken und am Ende des Tages das gute Gefühl zu haben, etwas erreicht zu haben. Auf der Liste könnte beispielsweise stehen: Haare bürsten, Zähne putzen, ein Instrument üben, nach dem Abendessen den Tisch abräumen.

Ganz wichtig ist es, Anleitungen folgen zu können. Es kommen Kinder in die Klasse, die nicht in der Lage sind, drei kurzen Anweisungen hintereinander zu folgen. Ich stelle fest, dass es viel bringt, wenn man die Kinder die Anleitungen wiederholen lässt und sie auffordert, sich bildlich vorzustellen, wie sie die Aufgabe erledigen. Dadurch entsteht ein Niveau der Achtsamkeit, das sehr dazu beiträgt, die Aufgabe in ihrem Geist zu verankern. Einige sehr gute Möglichkeiten, das Befolgen von Anleitungen zu trainieren, sind:

* Spiele mit Händeklatschen
* Gemeinsam einfache Puzzles legen
* Beim Auffädeln von Perlen den Mustern von Farbe oder Form folgen
* Lego-Figuren oder Modelle zusammenzubauen, bei denen Schritt-für-Schritt-Anleitungen nötig sind
* Ein einfaches Muster nähen
* Schritt-für-Schritt-Zeichnungen anfertigen
* Etwas nach Rezept kochen
* Etwas aus Holz anfertigen
* Malen nach Zahlen
* Wiederholen, was gesagt wurde

Einfache Spiele, bei denen Anleitungen befolgt werden müssen, wie zum Beispiel „Alle Vögel fliegen hoch“, lassen die Kinder mehr auf das gesprochene Wort achten.

Lassen Sie sie warten, damit sie Durchhaltevermögen und Resilienz entwickeln und das Gefühl bekommen, etwas „geschafft" zu haben

„Cameron hat von seinen Eltern gerade ein Auto geschenkt bekommen, Mama. Sie übernehmen sogar die Autoversicherung und bezahlen das Benzin!" – „Alle anderen haben ein neues iPhone. Ihre Eltern haben es ihnen einfach geschenkt." – „Mama, ich möchte unbedingt das neue Spielzeug haben. Biiitte, biiitte, kann ich es jetzt bekommen und dir das Geld in ein oder zwei Monaten zurückzahlen?" Diese Sprüche und noch viel mehr habe ich von meinen eigenen Jungs zu hören bekommen.

Kinder haben sich daran gewöhnt, zu bekommen, was sie wollen, wann sie es wollen. Es gelingt Eltern immer weniger, den Kindern Qualitäten wie Willensstärke und Selbstkontrolle zu vermitteln und sie vom Belohnungsaufschub zu überzeugen. Geben Sie Ihrem Kind Gelegenheit, auf Belohnungen zu warten.

Ich muss zugeben, dass es auch mir keineswegs leichtfiel, meine Kinder warten zu lassen. Oft wäre es viel einfacher gewesen, meinen Jungs etwas zu geben, das sie unbedingt haben wollten. Wenn ich in dieser Hinsicht in Versuchung geriet, versuchte ich, mich jedes Mal an die Weisheit zu erinnern, dass Kinder innerlich wachsen, wenn sie warten (können) und ein Ziel Schritt für Schritt anstreben. Indem sie sich auf diese Weise in Selbstkontrolle üben, lernen die Kinder, zu denken, bevor sie handeln, und werden zu Problemlösern. Außerdem stärkt es ihre Selbstachtung. Ich habe meine Jungs also ermutigt, zu sparen, zu planen und zu warten, bis sie das, was sie haben wollten – was immer es war – wirklich haben konnten. Kelly McGonigal schreibt in ihrem Buch *Bergauf mit Rückenwind – Willenskraft effizient einsetzen*: „Unsere Willenskraft folgt wie ein Muskel dem Prinzip ‚Benutze ihn oder verliere ihn'. Wenn wir versuchen, es uns leicht zu machen, indem wir zu einer willensschwachen *Couchpotato* werden, verlieren wir die Kraft, die in uns steckt. Absolvieren wir andererseits täglich ein Willenskraftmarathon, riskieren wir, irgendwann zusammenzubrechen. Unsere Herausforderung besteht darin, wie ein intelligenter Sportler zu trainieren, das heißt, unsere Grenzen zu erweitern und uns dennoch zu zügeln." Mit anderen Worten: Tägliche kleine Schritte der Willenskraft tragen dazu bei, Durchhaltevermögen und Disziplin zu entwickeln.

LESETIPPS

Bücher für Erwachsene

McGonigal, Kelly, *Bergauf mit Rückenwind – Willenskraft effizient einsetzen*. München: Goldmann Verlag, 2012.

Kohn, Alfie, *Liebe und Eigenständigkeit: Die Kunst bedingungsloser Elternschaft, jenseits von Belohnung und Bestrafung*. Freiburg: Arbor Verlag, 2010.

Siegel, Daniel und Payne Bryson, Tina, *Disziplin ohne Drama. Achtsame Kommunikation mit Kindern*. Freiburg: Arbor Verlag, 2016.

Bücher für Kinder

Berenstain, Stan und Berenstain, Jan, *The Berenstain Bears Get the Gimmies*. New York, NY: Random House Books for Young Readers, 1988.

Regan, Lisa, *Wait Your Turn, Tilly*. London: Wayland (Publishers) Ltd., 2013.

Stein, David, *Interrupting Chicken*. Somerville, MA: Candlewick, 2010.

Willems, Mo, *Waiting is not easy!* (An Elephant and Piggie Book). New York, NY: Disney-Hyperion, 2014.

Lektion 2: Scheinwerfer auf das Positive

Falls Sie sich gerade in einer entspannten Lebensphase befinden, die relativ wenige Herausforderungen bereithält, können Sie sich einfach weiter auf Wohlbefinden ausrichten und für die schönen Momente präsent bleiben, wann immer sie sich ergeben.

Fördert und stärkt
- Resilienz
- Wohlbefinden
- Selbstachtung
- Neuroplastizität

Materialien
- Taschenlampe
- Papier und Stifte

Alter
- Fünf Jahre bis Erwachsenenalter

Bezug zum Lehrplan
- Verbaler Ausdruck
- Schreiben
- Zuhörkompetenz
- Lesen
- Naturwissenschaften
- Soziales und emotionales Lernen

Die Praxis zu Hause und in der Schule

Wie die Erwachsenen kommen auch Kinder oft mit einem Kopf voller negativer Gedanken daher. Ich erinnere mich, dass man mir in der Kindheit Dinge gesagt hat wie: „Bilde dir bloß nicht zu viel ein", was in meiner Familie etwa bedeutete, dass ich nur ja nicht zu positiv über mich selbst denken sollte. Inzwischen hat die Neurowissenschaft bewiesen: „Neuronen, die zusammen feuern, verschalten sich". Das bedeutet, dass unsere Gedanken Nervenbahnen entstehen lassen. Und ich wünsche mir für meine Schüler/innen, dass in ihren Gehirnen positive Verknüpfungen entstehen.

Verdrahte sie

Bei einem Wochenendseminar mit Dr. Rick Hanson lernte ich: Unser Gehirn ist so „programmiert", dass wir nach dem Negativen Ausschau halten. Das erzählte ich meinen Schüler/innen. Negatives zu erwarten war eine evolutionäre Überlebensstrategie. Halte Ausschau nach Gefahren, oder werde von einem Raubtier gefressen, das auf der Suche nach Nahrung ist. Heutzutage, wo wir nicht mehr Teil der Nahrungskette sind, ist es an uns, unser Denken vom Negativen ins Positive zu verschieben. Schon das Wahrnehmen unserer negativen Gedanken ist ein riesiger Schritt hin zur „Neuverdrahtung" unseres Gehirns.

Unkraut-Gedanken

Es ist wichtig, den eigenen Gedankengarten zu pflegen. Um das Prinzip des negativen Denkens zu verdeutlichen, schreibe ich die vielen negativen, dunklen oder „Unkraut"-Gedanken an die Tafel, die ich an diesem Morgen hatte. Ich bin dabei so ehrlich wie möglich. Die Kinder sitzen fasziniert da und hören, dass ihre Lehrerin ebenfalls negative Selbstgespräche führt.

Ich schreibe Dinge auf wie: „Mein Kleid passt mir nicht mehr so gut wie früher." – „Wann werde ich es je schaffen, früh genug aufzustehen, um morgens entspannt losfahren zu können?" – „In letzter Zeit kann ich mir anscheinend kaum noch etwas merken. Was ist los mit mir?"

Ich erzähle meinen Schüler/innen auch, dass meine Mutter früher immer oben auf dem Treppenabsatz zu stehen pflegte, wenn ich später als vereinbart nach Hause kam, und jedes Mal sagte: „Ich dachte, du wärst tot"! Und dann erzählte sie mir all die schrecklichen Dinge, die sie sich ausgemalt hatte. Dazu muss ich sagen, dass meine Mutter Krankenschwester war und natürlich viele Unfälle und Tragödien gesehen hat. Diese inneren Bilder in Kombination mit ihrer Ängstlichkeit brachten meinem Vater viele schlaflose Nächte ein. Ich erkläre den Schüler/innen, dass im Gehirn meiner Mutter durch die ständige Besorgtheit ein Schaltkreis entstanden war, aufgrund dessen sie mich stets in akuter Gefahr wähnte. Dann frage ich die Kinder, wie viele von ihnen Eltern haben, die sich Sorgen machen. Alle lachen über diese Frage und viele Kinder fangen an zu erzählen.

Sie öffnen sich allmählich und ihre sorgenvollen Gedanken sprudeln aus ihnen heraus.

Hier ein paar Beispiele solcher Gedanken von Sechstklässlern: „Ich werde nie gut in Mathe sein." – „Ich bin so sonderbar." – „In meiner Familie gibt es ständig Streit, und ich weiß nicht, was ich machen soll." – „Ich bin dumm." – „Mein Haar sieht heute schrecklich aus."

Negatives in Positives umwandeln

Ich gebe jedem Kind ein Blatt Papier, das in zwei Hälften unterteilt wird. Auf der einen Seite notieren sie einen oder mehrere ihrer negativen Gedanken – solche, die ihnen ständig im Kopf herumgehen. Dann greifen wir einen dieser Gedanken heraus und richten einen Scheinwerfer darauf, der ihn in einen positiven Gedanken verwandelt. Das ist der Moment, in dem ich meinen magischen „Gedankenwandler" – meine Taschenlampe – herausholе und ihre Blätter damit anstrahle. Wir sprechen darüber, dass wir etwas Dunkles, Furchterregendes oder nicht Hilfreiches ans Licht holen. Die Kinder lieben es, nacheinander mit der Taschenlampe auf ihre „Unkräuter" oder negativen Gedanken zu leuchten.

Dann richten wir unsere Aufmerksamkeit auf die andere Seite des Blattes. Hier notieren wir Gegensätze zu oder Heilmittel für den negativen Gedanken. Wenn wir die Taschenlampe beispielsweise auf den Satz „Ich bin ein Versager in der Schule" richten, wird daraus „Ich tue jeden Tag mein Bestes, und auch wenn es schwierig ist, fallen mir die Dinge doch allmählich etwas leichter". Aus „Ich werde nie gut in Mathe sein" könnte werden: „Ich finde Mathe schwierig aber ich nehme die Herausforderung Schritt für Schritt an. Es ist in Ordnung, dass ich nicht jede Aufgabe richtig löse, weil ich noch lerne." Aus „In meiner Familie gibt es ständig Streit und ich weiß nicht, was ich tun soll" wird „Auch wenn wir harte Zeiten durchmachen, schaffe ich mir einen sicheren Raum und bitte in der Schule um Hilfe, wenn es in meiner Familie Streitigkeiten gibt". Aus „Ich bin dumm" könnte werden, „Rechtschreibung fällt mir zwar schwer, aber in Musik bin ich sehr gut. Ich nehme die Herausforderung eines Rechtschreibtests an, und selbst wenn ich ihn nicht bestehe, habe ich mein Bestes getan".

Ich bitte die Kinder, jedes Mal darauf zu achten, wenn ihnen am nächsten Tag oder in der folgenden Woche diese Heilmittel in den Sinn kommen. Mit Hilfe des Overheadprojektors zeige ich ihnen viele Bilder von solchen „Scheinwerfer-Gedanken", sodass sie aus diesen Beispielen auswählen können.

Die Schüler/innen lieben diese Übung, und viele fragen mich, ob sie oben auf ihre Blätter „Absolut privat" schreiben dürfen. Oft sind sie überzeugt, dass niemand außer ihnen negative Gedanken hegt oder Sorgen hat. Ich anerkenne ihren diesbezüglichen Entwicklungsprozess. In den folgenden Tagen, Wochen und Monaten komme ich immer wieder auf die Scheinwerfer-Übung zurück, bis ihnen dieses Umwandeln negativer Gedanken in positive durch das Beleuchten hoffentlich in Fleisch und Blut übergegangen ist. Die Kinder sprechen sehr gerne über Gehirnforschung, und mir gefällt es, dass wir Mut und Resilienz fördern. James erinnert uns: „Wenn wir schwere Zeiten durchmachen, entwickeln wir Mut und Stärke. Indem wir uns für unseren Schmerz öffnen, anstatt ihn einfach nur zu ertragen, gelangen wir zu einem tieferen Verständnis und bekommen Zugang zu unseren besten Qualitäten."

LESETIPPS

Bücher für Erwachsene

Nhat Hanh, Thich, *Du bist ein Geschenk für die Welt: Achtsam leben jeden Tag – ein Begleiter für alle Wochen des Jahres*. München: Kösel Verlag, 2010.

Kornfield, Jack, *Das innere Licht entdecken: Heilende Meditationen für schwierige Lebensphasen*. München: Kösel Verlag, 2. Aufl. 2012.

Rubin, Gretchen, *Das Happiness-Projekt*. Frankfurt a. M.: Fischer Taschenbuch, 5. Aufl. 2011.

Shapiro, Lawrence und Sprague, Robin, *The Relaxation and Stress Reduction Workbook for Kids: Help for Children to Cope with Stress, Anxiety, and Transitions*. Oakland, CA: New Harbinger, 2009.

Bücher für Kinder

Achor, Shawn und Blankson, Amy, *Ripple's Effect*. San Francisco, CA: Little Pickle Press, 2012.

Nhat Hanh, Thich, *A Handful of Qiet: Happiness in Four Pebbles*. Illustriert von Wietske Vriezen, Berkeley, CA: Plum Blossom Books, 2012.

McCloud, Carol, *Have You Filled a Bucket Today? A Guide to Daily Happiness for Kids*. Illustriert von David Messing. Northville, MI: Nelson Publishing & Marketing, 2006.

McCloud, Carol, *Growing Up with a Bucket Full of Happiness: Three Rules for a Happier Life*. Northville, MI: Ferne Press, 2010.

Meiners, Cheri (Hrsg.), *Be Positive!* Illustriert von Elizabeth Allen. Golden Valley, MN: Free Spirit Publishing, 2013.

Piper, Watty, *Die kleine blaue Lokomotive*, Carlsen Verlag, Hamburg, 1988.

Lektion 3: Mitfühlende Kommunikation fördern

„Gerade der Prozess, sich für das Leiden zu öffnen, ist ein wesentlicher Teil unserer Praxis, Freude zu wecken. Wir stoßen oft auf einen Mut und eine innere Stärke, von denen wir überhaupt nicht wussten, dass wir sie haben. Und indem wir lernen, uns unserem Schmerz zu stellen, vertiefen wir unser Mitgefühl und können für andere da sein." *James*

Fördert und stärkt:

- Selbstgewahrsein
- Resilienz
- Selbstmitgefühl
- Wohlbefinden
- Zugang zu inneren Ressourcen

Materialien

- Keine

Alter

- Vorschule bis Erwachsenenalter

Bezug zum Lehrplan

- Verbaler Ausdruck
- Schreiben
- Zuhörkompetenz
- Lesen
- Soziales und emotionales Lernen

Die Praxis in der Schule

Einmal saß ich im September am ersten Schultag nach den Ferien mit meinen Schüler/innen vom Vorjahr im Kreis. An meiner Schule ist es üblich, dass unsere ehemalige Klasse noch einmal für eine Woche ihr früheres Klassenzimmer besucht, bis die Organisation der neuen Klassenzusammensetzung abgeschlossen ist. Indem sie zurückkommen und an einem vertrauten Ort auf ihre Klassenkameraden des Vorjahres treffen, fühlen sie sich sicher und können noch einmal Kontakt aufnehmen, bevor sie sich in ihre neuen Klassenzimmer begeben.

Unsere Verletzlichkeit miteinander teilen

Ich war ein bisschen nervös, weil meine Schüler/innen nun in neue Klassen wechselten, und sagte ihnen, dass ich gerne noch einmal mit ihnen zusammensitzen und reden würde. Wir erzählten uns, worauf wir uns freuten und wovor wir Angst hatten.

Weil wir uns schon bei vielen Gelegenheiten freimütig ausgetauscht hatten, waren die Kinder bereit, sich verletzlich zu zeigen und offen mitzuteilen, was in ihnen vorging. Wir beschlossen, nach Art der „Popcorn-Methode" zu kommunizieren. Bei der Popcorn-Methode legt man einen kleinen Redestab in die Mitte und derjenige, der nach dem Stöckchen greift, spricht spontan. Alle bekommen dabei Gelegenheit, sich auszudrücken, und alle sind einverstanden, der Person, die gerade das Stöckchen in der Hand hält, aufmerksam zuzuhören. Als das Stöckchen im Kreis herumging und ich an der Reihe war, erzählte ich den Schüler/innen von meinem Sommer und dem Moment, in dem ich beinahe meinen Hund Teddy verloren hätte, weil er giftige Beeren gefressen hatte. Ich schilderte ihnen, wo im Körper ich diesen Schmerz gefühlt hatte und wie er sich selbst jetzt beim Erinnern noch anfühlte. Ich hatte Tränen in den Augen und wusste, dass die Kinder tief berührt waren, weil Teddy das ganze Jahr über ein aktives Klassenmitglied gewesen war.

Auf's Herz hören

Dann brach es aus einem kleinen Jungen heraus, der rechts neben mir saß: „Mrs. L., ich bin froh, dass meine Mama letzte Woche nicht gestorben ist." Ich fragte ihn, was er meine, und er sprach jetzt zum ersten Mal darüber, dass seine Mutter einen schrecklichen Unfall gehabt hatte. Er beschrieb den anderen alle Schnittwunden und Knochenbrüche, die sie erlitten hatte, und dass sie mit dem Hubschrauber in ein Krankenhaus in der Innenstadt gebracht worden war. Ich fand es unglaublich, was er zu tragen hatte. Nachdem er gesprochen hatte, berichteten mindestens zehn weitere Kinder von jemandem, der im Laufe des Sommers einen Unfall gehabt hatte oder gestorben war. Großeltern, Katzen, Väter, Mütter, Brüder, Schwestern und Vögel wurden in der Runde erwähnt. Ein kleiner Junge berichtete, seine Mutter habe ihm ein Haus gezeigt, das sie vielleicht kaufen müssten. Sie hatte ihm erzählt, dass ein Auto in das Haus gekracht sei, dass es in einem furchtbaren Zustand sei und dass sie es sich eigentlich trotzdem nicht leisten könnten. Er machte sich große Sorgen über den Zustand des Ortes, an dem sie vielleicht würden leben müssen. Er war in Tränen aufgelöst…

Als ich auf die Uhr schaute, stellte ich fest, dass schon eine ganze Stunde vergangen war und noch keines der Kinder ein anderes unterbrochen hatte, über Langeweile geklagt oder den Kreis unter irgendeinem Vorwand verlassen hatte. Und diese Kinder waren erst sieben und acht Jahre alt!

Aktiv werden

Ich dachte eine Weile nach und fragte dann, ob irgendjemand dem ersten Jungen, dessen Mutter verunglückt war, gerne helfen würde, eine Karte für seine Mama zu gestalten. Er lächelte und rief vier Klassenkameraden zu sich, die ihre gesamte Pause opferten, um mit ihm Karten mit Genesungswünschen zu kreieren. Zum Schluss verstaute er die Karten in seinem Schulrucksack, um sie mit nach Hause zu nehmen. Dann fragte ich den anderen Jungen, ob er sich ein Haus irgendwo auf der Welt vorstellen könne, das ihm gefallen würde, und wie dieses Haus ausgestattet sein müsste. Er fing an, sein Traumhaus zu beschreiben, und alle Kinder brachten Ideen ein, beispielsweise Rutschbahnen, Süßigkeiten-Automaten und einen Teich. Seine Schultern entspannten sich, und ich fragte ihn, wie es sich für ihn anfühle, sich ein anderes Haus vorzustellen. Er erwiderte, dass er es gerne malen würde, also holte ich mein bestes Malpapier heraus und zwei Kinder leisteten ihm die ganze Zeit Gesellschaft und malten mit ihm das schönste Haus aller Zeiten. Er nahm das Bild mit nach Hause, um es in sein Zimmer zu hängen. Für ihn war es eine schöne und tröstende Vision. Er sagte, auch wenn er nicht in so einem Haus wohne, wie es die Kinder gemalt hatten, habe es ihm doch viel Spaß gemacht, mit ihnen daran zu arbeiten. Und es hatte ihm ein bisschen Hoffnung gegeben.

Der Unterricht war an diesem Morgen unglaublich intensiv, und ich genoss die letzten gemeinsamen Momente mit diesen Kindern, bevor sie weiterzogen. Ich war erschüttert, als mir klar wurde, was Kinder zu tragen haben, und erstaunt darüber, wie offen und verletzlich sie sich vor den anderen zeigten.

Die Praxis zu Hause

Etwas, das Sie tun können, um heute diese Stärke zu fördern

Bitten Sie Ihr Kind, an ein Tier oder eine Person zu denken, das oder die vielleicht gerade eine schwere Zeit durchmacht. Das kann auch jemand sein, den es nicht so gut kennt, beispielsweise ein Schulkamerad, der gestürzt ist und sich verletzt hat.

Wenn Ihr Kind jemanden im Sinn hat, gilt es, aktiv zu werden. James spricht davon, kleine Schritte zu machen und daran zu denken, dass alles vergänglich ist. Ein solcher kleiner Schritt könnte beispielsweise darin bestehen, einen Brief an die Großeltern zu schreiben, in welchem man ihnen mitteilt, dass man ihnen von ganzem Herzen Gesundheit und Wohlbefinden wünscht. Die Kinder könnten den Freund anrufen, der auf dem Schulweg gestürzt ist und sich erkundigen, wie es ihm geht. Sie könnten ihr Haustier umarmen, weil es den ganzen Tag allein zu Hause bleiben musste, während alle auf der Arbeit oder in der Schule waren. Was auch immer die Aufgabe ist, nehmen Sie sie wahr, und beschränken Sie sich auf eine Aktion, um jemanden zu würdigen und ihm oder ihr in einer schweren Zeit eine Freude zu machen.

Wenn es Ihnen oder Ihrem Kind schwerfällt, sich jemanden vorzustellen, der Hilfe braucht, gehen Sie mit ihm nach draußen und fragen Sie es: „Kannst du dir eine Sache vorstellen, die die Erde jetzt brauchen könnte?" Dann kommt vielleicht eine ganz naheliegende, einfache Antwort wie: „Der Gemüsegarten braucht Wasser." Versuchen Sie, die Idee im Rahmen des Machbaren zu halten.

Wenn Ihr Kind sagt, die Erde bräuchte es, dass alle Leute Elektroautos benutzten, dann lenken Sie seine Aufmerksamkeit auf einen machbaren Schritt, den es selbst tun könnte.

Kinder, die allmählich verstehen, dass wir alle manchmal schwere Zeiten durchmachen und dass das zum Leben gehört, werden weniger Angst haben, wenn einmal eine solche schwierige Zeit kommt. Sie wissen, dass diese Phase vorübergeht und dass wir sie mit innerer Stärke, Widerstandskraft, Liebe und Kameradschaft überstehen können. Die Kinder haben dann den Mut, sich unangenehmen Gefühlen zu stellen und sie anzunehmen. Ich lese oft das folgende Gedicht von Rumi vor und spreche mit den Kindern darüber, dass wir uns, indem wir alle Teile von uns selbst zulassen, entspannen und dem menschlichen Dasein insgesamt vertrauen können. Dieses Gedicht inspiriert Kinder auch zu außergewöhnlichen Kunstwerken. Ich bitte die Schüler/innen, ihr eigenes Gasthaus zu malen oder zu zeichnen und zu schauen, wer sich da zeigt! Oft müssen wir schallend lachen, wenn wir all die Typen erkennen, die sich in unserem Kopf tummeln.

DAS GASTHAUS

Ein Gasthaus ist dieses menschliche Dasein,
Jeden Tag eine Neuankunft.
Eine Freude, ein Kummer, eine Gemeinheit,
ein kurzes Achtsamsein,
kommt als unerwarteter Gast.
Heiße alle willkommen und mach's allen schön!
Auch wenn sie ein Haufen Leiden sind,
die dir brutal alle Möbel rausfegen.
Egal. Behandle jeden Gast mit Respekt.
Vielleicht schafft gerade er in dir Platz
für ganz neue Wonnen.
Den dunklen Gedanken, der Scham, der Boshaftigkeit –
öffne allen mit Lachen die Tür
und lade sie ein, deine Gäste zu sein.
Sei dankbar für jeden, der kommt,
denn jeder wurde als Führer von oben geschickt.

(nach: Rumi: *Die Musik, die wir sind.* © Freiamt: Arbor Verlag, 2009)

LESETIPPS

Bücher für Erwachsene

Rosenberg, Marshall, *Gewaltfreie Kommunikation: Eine Sprache des Lebens*, Paderborn: Junfermann Verlag, 2016.

Rosenberg, Marshall, *Kinder einfühlend ins Leben begleiten: Elternschaft im Licht der GFK*, Paderborn: Junfermann Verlag, 4. Auflage, 2015.

Siegel, Daniel und Hartzell, Mary, *Gemeinsam leben, gemeinsam wachsen: Wie wir uns selbst besser verstehen und unsere Kinder einfühlsam ins Leben begleiten können*. Freiburg: Arbor Verlag, 2004.

Bücher für Kinder

Cook, Julia, *A Bad Case of Tattle Tongue*. Illustriert von Anita DuFalla. Chattanooga, TN: National Center for Youth Issues, 2008.

Cook, Julia, *My Mouth Is a Volcano!* Illustriert von Carrie Hartman. Chattanooga, TN: National Center for Youth Issues, 2008.

Cook, Julia und DuFalla, Anita. *Decibella and Her 6-Inch Voice*. Boys Town, NE: Boys Town Press, 2014.

Dismondy, Maria, *Spaghetti in A Hot Dog Bun: Having The Courage to Be Who You Are*. Illustriert von Kimberly Shaw, Chicago, IL: Cardinal Rule Press, 2008.

Ferry, Beth, *Stick and Stone*. Illustriert von Tom Lichtenheld. Boston, MA: Houghton Mifflin Harcourt Books for Young Readers, 2015.

Ludwig, Trudy, *Ole Unsichtbar*. Illustriert von Patrice Barton. Münster: Coppenrath Verlag, 2014.

Lektion 4: Die Kunst als Mittel, die guten Zeiten zu erinnern

Fördert und stärkt:

- Dankbarkeit
- Fürsorglichkeit
- Teilen
- Familienzusammenhalt und Anerkennung
- Glückliche Erinnerungen

Materialien

- Handy, Kamera oder ein Aufnahmegerät
- Papier, Collagematerial für Erinnerungsbuch
- Deine Tanzschuhe!
- Fröhliche Musik

Alter

- Vorschule bis Erwachsenenalter

Bezug um Lehrplan

- Verbaler Ausdruck
- Lesen
- Körperliches Training
- Schreiben
- Zuhörkompetenz
- Kunst
- Soziales und emotionales Lernen

Wussten Sie, dass die Erinnerung an glückliche Zeiten tatsächlich Ihre Stimmung unmittelbar heben kann? Studien haben gezeigt, dass es bereits genügt, sich an eine glückliche Zeit zu erinnern und in dieser Erinnerung zu schwelgen, um eine neuronale Aktivität im Gehirn in Gang zu setzen, die Glücksgefühle auslöst! Toll! Eine großartige Vorstellung, die wir uns bei unseren Aktivitäten zu Nutze machen können. In der Schule habe ich mit den Kindern viele geführte Meditationen zum Erinnern glücklicher Zeiten gemacht. Nach einer solchen Übung blickt man rundum in lächelnde Gesichter und die Kinder sagen, dass sie sich großartig fühlen. Wenn Sie und Ihr Kind also an einem tristen, langweiligen Tag nicht in die Gänge kommen, können Sie Folgendes ausprobieren.

Die Praxis zu Hause und in der Schule

Ein Erinnerungsbuch oder Glücksvideo

Bei dieser Lektion geht es darum, sich innerlich mit Erinnerungen zu verbinden und dadurch neue neuronale Schaltkreise zu bilden. Schauen Sie die Fotos auf Ihrem Computer durch, und speichern Sie diejenigen, die Sie glücklich stimmen, in einer Datei.

Oft machen wir uns gar nicht die Mühe, unsere Fotos auszudrucken, und schauen die Hunderte oder Tausende von Bildern kaum noch einmal an.

Wenn Sie Ihre „Glücksfotos" in einer Datei abgelegt haben, können Sie einige davon für Ihr Erinnerungsbuch ausdrucken.

Nehmen Sie sich beim Betrachten jedes einzelnen Bildes Zeit, um das freudige Gefühl wachzurufen, das Sie damals empfunden haben und jetzt wieder körperlich spüren können. Verpassen Sie diese Erfahrung nicht. Denken Sie daran: Neuronen, die zusammen feuern, verschalten sich. Nehmen Sie sich pro Bild 10 bis 20 Sekunden Zeit und schwelgen Sie wirklich in der Erinnerung. Das führt dazu, dass mehr Neuronen feuern, wodurch laut Dr. Rick Hanson dieser flüchtige geistige Zustand zu einem dauerhaften positiven neuronalen Merkmal wird.

Gestalten Sie gemeinsam mit Ihrem Kind ein kleines Fotoalbum. Meine Söhne bewahrten ihre Alben neben ihren Betten auf und holten sie abends gerne hervor, um über die Familie zu sprechen. Wir klebten Fotos vom engsten Familienkreis, von der erweiterten Familie und von ihren Freunden und Freundinnen hinein. Bei dieser Gelegenheit wünschten wir allen „alles Gute“, bevor die Jungs einschliefen.

Falls Sie technisch versiert sind, können Sie ein iMovie oder ein anderes Video mit Aufnahmen zusammenstellen, die Sie im Laufe des Jahres gemacht haben.

Ältere Kinder möchten vielleicht mithilfe ihrer Smartphones oder Kameras gemeinsam mit ihren Freunden Videos produzieren, die sie zum Lachen bringen und ihnen gute Laune machen. Sie können die Filme mit Musik unterlegen und jedes Mal beim Anschauen ihren Körper ein wenig mit „Glück fluten“.

Musik

Musik ist das beste Medium, um Erinnerungen wachzurufen.

Wir hören ein Lied im Radio oder in einem Geschäft und werden unmittelbar in eine bestimmte Zeit oder Situation zurückversetzt: Wir erinnern uns daran, was wir gemacht haben, mit wem wir zusammen waren und wie wir uns gefühlt haben, als wir dieses Lied zum ersten Mal hörten. Warum diese erstaunliche Region unseres Gehirns nicht nutzen, um Glücksgefühle zu wecken?

Zu Hause und in der Schule

Kinder mögen diese Übung sehr. In der Schule lasse ich sie eine Liste oder CD mit Liedern zusammenstellen, die sie glücklich machen. Da sie sowieso die ganze Zeit über Musik hören, ist das eine Aufgabe, die sie begeistert übernehmen. Sie können es zu zweit oder für sich allein machen. Schüler, die jede Gelegenheit nutzen, um sich ihre Kopfhörer ins Ohr zu stecken, stürzen buchstäblich aus dem Klassenzimmer, um diesen musikalischen Job zu erledigen. Ich bitte sie, nur solche Stücke auszuwählen, die sie auch vor einem Kindergartenkind, ihren Großmüttern (und natürlich mir) abspielen könnten. Die Großmütter mancher Kinder sind allerdings wesentlich liberaler in Bezug auf derbe Sprache als ich, also ermöglichen es die von mir vorgegebenen Rahmenbedingungen allen Kindern und Lehrer/innen, in einer sicheren, respektvollen Atmosphäre teilzuhaben.

Der große Tag

Wenn der große Tag kommt, an dem die von den Schüler/innen ausgesuchten Musikstücke vorgestellt werden, wählen wir nach dem Zufallsprinzip irgendeine CD aus und legen sie auf. Die Schüler/innen sprechen über ihren Musikgeschmack und beschreiben, welche Gefühle die Lieder in ihnen wachrufen. Einige Kinder sagen, die Musik ginge ihnen unter die Haut und würde sie zum Tanzen und Singen anregen. Andere sagen, ihre Musik erinnere sie an eine schöne Zeit und trage dazu bei, dass sie sich besser fühlen. Was auch geteilt wird, wir erfahren es als Gruppe. Diese Aktivität zeigt mir, wie vielfältig der Musikgeschmack der Kinder ist. Ich muss allerdings zugeben, dass ich die meisten Songs nie zuvor gehört habe.

Zum Schluss veranstalten wir eine Tanzparty. Discokugeln sind nicht teuer und es gibt inzwischen auch mobile! Alle Kinder, die tanzen mögen, stehen auf und bewegen sich. Und bis zur Pause wackelt das ganze Klassenzimmer.

LESETIPPS

Bücher für Erwachsene

Chronicle Books, *My Quotable Kid. A Parents' Journal of Unforgettable Quotes*. San Francisco, Chronicle Books, 2009.

Gaither, Gloria und Dobson, Shirley, *Creating Family Traditions: Making Memories in Festive Seasons*. Illustriert von Carrie Hartman. Colorado Springs, CO: Multnomah Books, 2004.

Hanson, Rick, *Meditationen für ein glückliches Gehirn: Wie Sie durch die Veränderung Ihres Gehirns Zufriedenheit und Frieden finden*. Freiburg: Arbor Verlag, 2015.

Bücher für Kinder

dePaola, Tomie, *Nana Upstairs and Nana Downstairs*. New York, NY: Putnam Juvenile, 2000.

Fleming, Candace und Dressen-McQueen, Stacey, *Boxes for Katje*. New York, NY: Farrat, Straus and Giroux (BYR), 2003.

Schotter, Roni, *Mama, I'll Give You the World*. Illustriert von S. Saelig Gallagher, New York, NY: Dragonfly Books, 2013.

Spaulding, Norma, *Molly's Memory Jar*. Frenchs Forest, AU: New Frontier Publishing, 2010.

Integrität

5

James: Praktiken für Erwachsene

Wenn ich heute zurückblicke, kann ich kaum glauben, wie unbewusst und egoistisch ich mich als junger Mensch manchmal verhalten habe. Mein ganzer Körper krampft sich zusammen, wenn ich mich an einige der Dinge erinnere, die ich getan habe. Diese Erinnerungen kehren zurück und verfolgen mich, wenn ich mir ins Gedächtnis rufe, wie ich aufgrund meines eigenen Schmerzes und meiner Unsicherheit grausame Dinge gesagt oder wegen meines Mangels an Gewahrsein andere verletzt habe.

„Was habe ich damals gedacht? Wie konnte ich so verwirrt sein?"

Integrität – das Handeln in Übereinstimmung mit unseren Werten – ist einer der effektivsten Wege, um die Voraussetzungen für Freude zu schaffen. Wir Menschen sind wirklich auf eine besondere Weise „programmiert". Wir haben einen inneren moralischen Kompass, der uns entweder zu Schuld und Scham oder zu innerem Frieden führen kann. Man nennt ihn auch „Gewissen". Ob Erwachsener oder Kind: „Lass' dich immer von deinem Gewissen leiten", wie Jimmy Cricket zu Pinocchio sagte. Wenn wir mehr Freude und inneren Frieden in unser Leben bringen wollen, müssen wir nur lernen, auf diesen inneren Kompass zu achten.

Auf anständige, ethische Art und Weise zu handeln – zu praktizieren, was man predigt –, ist wahrscheinlich das wichtigste Beispiel, das wir als Erwachsene unseren Kindern geben können. Wenn wir Integrität verkörpern, wissen unsere Kinder, dass wir vertrauenswürdig sind, und fühlen sich in unserer Gegenwart sicher. Setzen Sie sich jetzt aber nicht unter Druck, indem Sie versuchen, ein „Heiliger" zu werden! Einfach indem Sie echt sind und einräumen, wenn Sie einen Fehler gemacht haben, zeigen Sie, dass es in Ordnung ist, menschlich zu sein. Als mein Sohn Adam klein war, war eines meiner Lieblingslieder aus der Sesamstraße „Jeder macht mal Fehler, oh ja …". Wir hatten oft Gelegenheit, einander dieses Lied vorzusingen, wenn ich ihm zeigte, dass ich auch nur ein Mensch bin, oder ihm seine Fehler verzieh. Ich singe es immer noch manchmal liebevoll für mich, wenn ich etwas vermassele!

Der positive Effekt des Belohnungsaufschubs

Der inneren Weisheit zu folgen ist, wie die meisten von uns wissen, leichter gesagt als getan. Wie oft müssen wir erleben, dass auf das momentane Vergnügen, in dessen Genuss wir kommen, wenn wir impulsiv handeln, viele Momente der Reue und des Bedauerns folgen? Es ist doch recht erstaunlich, wie oft die Aussicht auf eine kurzfristige Belohnung die Aussicht auf langanhaltende Reue übertönt. Wir können auf den „Senden"-Button klicken, um eine wütende E-Mail abzuschicken, weil wir sicher sind, im Recht zu sein, ohne den ganzen Kummer und Schmerz in Betracht zu ziehen, die darauf folgen werden.

Zu lernen, wie stark es ist, Belohnungen aufzuschieben, ist im Hinblick auf Integrität also ein Schlüssel zu echtem Wohlbefinden: Man sieht das Gesamtbild und entscheidet sich für das höhere Glück. Indem wir unser impulsives Handeln zurückstellen und in Übereinstimmung mit unseren höchsten Werten leben, können wir nicht nur unnötiges Leiden vermeiden, sondern tatsächlich viele Momente des inneren Friedens und der Freude schaffen. In Momenten, in denen ich mit der Entscheidung konfrontiert bin, entweder den bequemen, weniger achtsamen oder den höheren Weg zu wählen, stelle ich mir oft die Frage, wie sich die Sache in einer Woche, einem Monat oder in sechs Monaten anfühlen wird. Und jedes Mal, wenn ich das tue, wird klar, dass ich mir mit dem Aufschieben meiner Belohnung nicht wirklich etwas vorenthalte – sondern mich tatsächlich für ein tragfähigeres Fundament echten Wohlbefindens entscheide.

Hier ein paar kluge Worte, die ein Jugendlicher am Ende seines ersten Achtsamkeitsmeditations-Retreats aufschrieb:

> *Mit diesen Zeilen gebe ich wieder, was sich mir über das Geheimnis langfristigen Glücks offenbart hat. Also: Das eigentliche Geheimnis hinter langfristigem Glück ist zu wissen, dass die eigenen Handlungen absolut in Einklang mit der Wahrheit sind. Wenn ein tiefes inneres Wissen da ist, dass du wirklich dein Bestes tust, um großzügig und mitfühlend zu handeln und keinem anderen Wesen Schaden zuzufügen – das ist es! Dann gibt es nichts, wofür du dir die Schuld geben kannst, und es gibt auch nichts, wofür dir jemand anders die Schuld geben kann. Plötzlich wird dir ein unglaubliches Gewicht von den Schultern genommen. Im Grunde bist du nicht mehr in Berührung mit dem Kreislauf des Leidens.*

Vergebung und Heilung der Vergangenheit

Bewusster zu werden hat einen Preis: Wir können uns nicht mehr selbst belügen und zum Narren halten. Vielleicht winden wir uns vor Peinlichkeit, wenn wir auf unsere früheren armseligen Entscheidungen zurückblicken. Doch wie schmerzhaft es auch sein mag: Dass uns Dinge peinlich sind, ist gar nicht so schlecht. Es bedeutet nämlich, dass wir nicht mehr dieselbe Person sind und diese Dinge heute nicht mehr tun könnten. Wir haben uns verändert, sind gewachsen.

Die gute Nachricht ist, dass es nie zu spät ist, sich zu verändern. Die wichtigste Zutat ist hierbei der Entschluss, nach dem echten Glück zu suchen und mehr Gewahrsein in unsere unheilsamen Verhaltensmuster zu bringen. Vielleicht ertappen wir uns sogar dabei, dass wir etwas tun, von dem wir wissen, dass wir es später bereuen werden. Aber wie seltsam es auch scheinen mag und wie demütigend es sein mag, sich selbst dabei zuzusehen – für unser Wohlbefinden ist das letztendlich besser als unbewusst zu handeln. Wenn Sie völlig unbewusst wären, würden Sie dasselbe Verhalten höchstwahrscheinlich in Zukunft wiederholen, wüssten nicht, wie das wieder passieren konnte, und würden noch mehr unter Scham- und Schuldgefühlen leiden. Aber wenn Sie den Schmerz fühlen können, der mit der Handlung einhergeht, sind sie wahrscheinlich eher motiviert, etwas zu ändern. Das heißt, wenn Sie damit aufhören, auf sich herumzuhacken und sich Schuldgefühle zu machen.

Als jemand, der in gewisser Hinsicht Experte für Schuldgefühle ist, kann ich Ihnen versichern, dass diese absolut unnütz sind. Sie verselbständigen sich. Sie fühlen sich miserabel und bestrafen sich, indem Sie auf dem Geschehenen herumreiten und sich selbst geißeln oder indem Sie wieder unheilsam handeln und sich dadurch bestätigen, was für ein mieser, verkommener Mensch Sie doch sind. Der einzige Weg, der aus diesem Teufelskreis herausführt, ist Selbstvergebung und der Entschluss, aus Ihren Fehlern zu lernen.

Wie können wir uns selbst vergeben, wenn wir erkennen, dass wir unheilsam gehandelt haben? Was machen wir mit den Schuldgefühlen? Anstatt darin zu versinken, können wir etwas praktizieren, das „einsichtige Reue" genannt wird. Wenn Sie realisieren, dass Sie etwas getan haben, das Sie bereuen, können Sie sich, anstatt in Schuldgefühlen unterzugehen, fragen: „Kann ich aus der Erfahrung etwas lernen, das mir hilft, mich daran zu erinnern, heilsamer zu handeln, wenn wieder eine ähnliche Situation auftritt?" Auf diese Weise können Sie das schmerzhafte Ereignis als Sprungbrett für heilsameres Handeln in der Zukunft benutzen. Und falls es eine Gelegenheit gibt, für vergangenes unheilsames Handeln Wiedergutmachung zu leisten, kann das zu echter Heilung führen. Das ist ein fortwährender Lernprozess, der Geduld erfordert.

Fünf Angewohnheiten fürs Glücklichsein

In der östlichen Philosophie gibt es traditionell fünf Grundsätze oder Prinzipien für integres Handeln. Beim wichtigsten Grundprinzip geht es darum zu vermeiden, für andere und sich selbst Leiden zu verursachen. Das sind keine Gebote, sondern eher Leitlinien, die uns helfen sollen, bewusster zu werden und weisere Entscheidungen zu treffen. Wenn wir diese Prinzipien im Sinn behalten, wirken sie wie Bremsen, die die Verursachung von Leiden für uns selbst und andere minimieren. Wenn wir nach ihnen leben, reduzieren sie unser Leiden nicht nur auf ein Minimum, sondern fördern auch ein Gefühl der Ganzheit.

1. Wertschätze und achte alles Leben. Mit dem ersten Prinzip – nicht töten – ist gemeint, dass man Respekt und Achtung für alles Leben entwickelt. Wenn wir uns bewusst entscheiden, anderen Lebewesen nicht absichtlich Leid zuzufügen, erfahren wir die Freude, die unserem Geschenk der Gewaltlosigkeit entspringt.

2. Teile deine Zeit und Ressourcen mit anderen. Das zweite Prinzip – nicht stehlen – kann eine Praxis der Genügsamkeit und Fülle sein. Wir vermeiden Leiden nicht nur dadurch, dass wir anderen nichts wegnehmen, sondern können auch Freude erleben, indem wir unserer Großzügigkeit Ausdruck verleihen.

3. Gehe verantwortungsvoll mit der sexuellen Energie um, indem du Grenzen respektierst und Sicherheit bietest. Die sexuelle Energie kann eine Quelle großer Freude oder großen Schmerzes sein. Anstatt zu schauen, wie wir unser eigenes Vergnügen maximieren können, können wir eine Haltung einnehmen, bei der wir fragen: „Wie kann ich einem/einer Partner/in Freude bereiten oder anderen Sicherheit bieten?“ Wenn andere sich respektiert fühlen und wissen, dass wir gesunde Grenzen haben und achten, können sie sich entspannen und frei fühlen. Sie spüren dann, dass wir uns von ihnen eigentlich nichts anderes wünschen als ihre Freude. Und wir fühlen uns dabei ebenfalls innerlich wohl.

4. Rede freundlich. Dieser Grundsatz wird normalerweise als „Vermeiden von Leiden durch rechte Rede“ übersetzt. Es geht darum, das, was wahr und hilfreich ist, auf freundliche Weise zu vermitteln. Das ist nicht nur eine effektivere Art der Kommunikation, sondern erhöht auch die Wahrscheinlichkeit, dass wir gehört werden. Und es macht uns froh, weil wir uns so mit einer gütigen inneren Haltung verbinden. Es ist wichtig, dass wir auch uns selbst in das Prinzip der rechten Rede einbeziehen und freundlich zu uns selbst sprechen. Warum sollten Sie sich selbst nicht genauso gut behandeln wie jeden anderen Menschen?

5. Strebe nach einem klaren Geist und einem gesunden Körper. Indem wir auf den Missbrauch von Substanzen wie Alkohol und Drogen verzichten, sind wir wahrscheinlich eher in der Lage, ohne zu wanken, nach den anderen Prinzipien zu handeln, und vermeiden damit Leid, das durch unsere Unklarheit und Verwirrung entstehen könnte. Außerdem machen wir uns mit einem klaren Geist und gesunden Körper selbst das Geschenk geistiger Wachheit und physischer Lebendigkeit – und das sind die wichtigsten Voraussetzungen, um Freude zu wecken.

Möge Ihre Integrität eine Quelle der Freude für Sie selbst und ein inspirierendes Beispiel für Ihre Kinder sein.

Michele: Mit Kindern Integrität praktizieren

Mit sieben Jahren griff ich heimlich ins Portemonnaie meiner Mutter und nahm Kleingeld heraus, um mir Süßigkeiten zu kaufen. Mit zwölf stahl ich Make-up in einem Geschäft. Ich war 13, als ich meiner Mutter erzählte, ich würde eine Freundin besuchen, und später von der Polizei heimgebracht wurde, weil ich stattdessen in einem Park mit einer Gruppe Jungs herumgelungert hatte. Die Liste ließe sich fortsetzen. Bei jeder dieser Gelegenheiten war ich krank vor Angst und

Anspannung wegen meines Verhaltens, aber die aufregende Aussicht auf die jeweilige Belohnung war mir wichtiger, als das Richtige zu tun. Diese Dinge sind Jahrzehnte her und viele Leute würden sie wohl als relativ belanglos betrachten. Aber für mich waren es im Körper gespeicherte, unangenehme Erinnerungen daran, dass ich in mir selbst Grenzen verletzt hatte. Bis heute erinnere ich mich nicht nur gedanklich oder bildlich an diese Ereignisse, sondern nehme das damit verbundene Unbehagen im ganzen Körper wahr. Mein moralischer Kompass war durcheinandergeraten.

Mit Anfang 20 reiste ich für mehrere Monate nach Asien und fing an, Karma ernst zu nehmen. Damals schwor ich mir, so gut ich nur konnte meinem Bauchgefühl zu folgen und das Richtige zu tun. Anfangs tat ich es aus Angst vor „schlechtem Karma". Später wählte ich es, weil es sich gut anfühlte, Dinge zu tun, die mit meiner Integrität in Einklang waren.

PROBIEREN SIE DAS

Integritätsübung A: Sich für Angewohnheiten entscheiden, die Freude wecken

1. Wählen Sie eine der oben erwähnten *Fünf Angewohnheiten* aus, die Sie gerne kultivieren möchten, um mehr Freude und Wohlbefinden in Ihr Leben zu bringen, und arbeiten Sie eine Woche lang damit. Vielleicht möchten Sie eine aussuchen, die für Sie eine besondere Herausforderung darstellt. Wenn Sie beispielsweise dazu neigen, in scharfem Ton mit Ihrem Kind zu sprechen, könnten Sie beschließen, mit dem Prinzip „rede freundlich" zu arbeiten. Falls sich das heilsam anfühlt, üben Sie es eine weitere Woche, bis es zu einer festen freudvollen Angewohnheit geworden ist. Aber Sie können natürlich auch eine andere Angewohnheit auswählen und kultivieren.

2. Denken Sie sich Möglichkeiten aus, im Einklang mit dieser neuen Angewohnheit zu handeln. Schreiben Sie sie auf ein Blatt Papier, bringen Sie dieses an einer Stelle an, an der Sie es täglich sehen, und treffen Sie die bewusste Entscheidung, diese Dinge in Ihr Leben hineinzubringen. Es kann sein, dass Ihre alten Gewohnheiten rebellieren und versuchen, wieder die Oberhand zu gewinnen. Dann atmen Sie in solchen Situationen jedes Mal tief ein und aus, denken Sie an die Entscheidung, die Sie getroffen haben, und wählen Sie Integrität.

3. Wenn wir heilsam handeln, säen wir die Samen des Glücks und der Freude in uns selbst und in den Reaktionen anderer. Und wir fühlen uns gut, wenn wir uns in Erinnerung rufen, wie wir gehandelt haben. Achten Sie jedes Mal, wenn Sie bewusst eine solche Wahl getroffen haben (beispielsweise sogar dann freundlich mit Ihrem Kind zu sprechen, wenn Sie ungeduldig sind), darauf, ob Sie sich glücklicher fühlen a) in dem Augenblick, in dem Sie heilsam handeln b) mit der Rückmeldung, die Sie vom anderen bekommen und c) später, wenn Sie sich Ihr Handeln in Erinnerung rufen.

4. Betrachten Sie jeden Tag einzeln. Schauen Sie, ob es Ihnen zunehmend leichter fällt, positive Entscheidungen zu treffen. Achten Sie am Ende der Woche darauf, ob sich Ihr Wohlbefinden und Ihre Freude gesteigert haben.

Integritätsübung B: Die Vergangenheit heilen

1. Denken Sie an einen Vorfall, den Sie immer noch bedauern oder aufgrund dessen Sie sich noch immer schuldig fühlen. Während Sie sich die Situation ins Gedächtnis rufen, fragen Sie sich, ob Ihr Handeln oder Ihre Worte von Angst oder Verwirrung motiviert waren.

2. Stellen Sie sich vor, eine andere Person hätte Sie auf dieselbe Weise verletzt, ihr Bedauern darüber ausgedrückt und um Vergebung gebeten. Könnten Sie dieser Person verzeihen?

3. Stellen Sie sich selbst nun als ein weises, freundliches Wesen vor, das versteht, wie Verwirrung und Angst zu Ihrem Handeln geführt haben, und vergeben Sie sich selbst.

4. Wenn es Ihnen möglich ist, sich aufrichtig zu entschuldigen und jemanden, den Sie vielleicht verletzt haben, direkt um Vergebung zu bitten, dann tun Sie es, ohne eine bestimmte Reaktion zu erwarten.

5. Denken Sie darüber nach, was Sie aus dieser Situation gelernt haben. Wie könnten Sie in ähnlichen Situationen in Zukunft anders handeln? Entscheiden Sie sich bewusst dafür, so zu handeln.

Unsere Kinder beobachten genau

Unsere Kinder beobachten alles, was wir tun. Sie bekommen selbst die subtilsten Kleinigkeiten mit. Das unten stehende Beispiel eines Lehrers ist nicht so subtil.

Eines Tages war ich mit meiner Klasse gerade von einem Tagesausflug in die Stadt zurückgekehrt. Die Eltern holten ihre müden Kinder am Fähranleger ab, als mein Blick auf einmal auf eine Gruppe meiner Schüler/innen fiel, die sich um einen Süßigkeiten-Automaten drängten. Eines der Kinder kam zu mir herübergerannt, um mir zu berichten, dass der Automat kaputt sei und die Süßigkeiten einfach herausfielen. Was sollten wir tun? Nun, 15 Kinder und ein Süßigkeiten-Automat können für jedes Niveau an Integrität eine maximale

Herausforderung sein. Wir beschlossen, es den zuständigen Leuten in der Zentrale zu melden. Ich war völlig perplex, als ein Junge ins Auto seines Vaters sprang, der aus der Parkbucht fuhr, ein paar Runden auf dem Parkplatz drehte und sich dann zusammen mit seinem Sohn, der ihm von dem Süßigkeiten-Automaten erzählt haben musste, die Hände mit Süßigkeiten füllte.

LEHRER, 7. KLASSE

Ich will den Kindern Raum geben, ihr eigenes Gefühl für Integrität zu entwickeln. Deshalb erzähle ich ihnen von Zeiten und Situationen in meinem Leben, in denen ich selbst nicht integer gehandelt habe. (Nein, nicht am Süßigkeiten-Automat!) Oft sind sie schockiert, aber auch erleichtert, dass ihr Vater oder ihre Lehrerin möglicherweise „nicht das Richtige getan hat". Das hilft Ihnen, Selbstmitgefühl zu entwickeln und Selbstkritik loszulassen, während ihr Herz den Weg zur Wahrheit findet.

Vielleicht fragt Ihr Kind: „Wie sieht das denn aus, wenn man integer ist?"

Es bedeutet, auch dann das Richtige zu tun, wenn niemand zuschaut. Integrität bedeutet, das Richtige nicht deshalb zu tun, weil man sich Aufmerksamkeit, Applaus oder Belohnungen erhofft, sondern einfach, weil es richtig ist, so zu handeln.

Zu Beginn jedes Schuljahres wird diese Qualität auf den Prüfstand gestellt. Die Lehrerin verlässt den Raum. Die Kinder linsen aus der Tür des Klassenzimmers in den Flur und schreien: „Sie kommt, sie kommt." Chaos bricht aus und Schüler/innen, die das Richtige tun wollen, brechen in Tränen aus. In den kommenden Wochen und Monaten versuchen wir, die Bedeutung von Integrität tiefer zu erfassen: Wir geben Beispiele, machen Rollenspiele und sprechen darüber, wie es sich anfühlt, diese Qualität zu besitzen. Wir spielen bestimmte Situationen nach, die sich oft in der Klasse ereignet haben, und die Schüler/innen, die die Szenen nachspielen, haben nun die Möglichkeit, bei diesem Spiel gute Entscheidungen zu treffen. Es können Situationen sein, in denen jemand Schulmaterialien von einem anderen genommen hat, ohne zu fragen, oder am Ende des Schultages einen Stuhl an den Tisch eines anderen Schülers gestellt hat, sodass dieser ihn dann wegräumen musste. Die Kinder kommen mit langen Listen an, auf denen sie notiert haben, was sich „falsch" anfühlt. Das Beste an diesen Gesprächen ist, dass sie zu einer Einigung darüber führen, was wir uns in unserer Klasse an Freundlichkeit und gegenseitiger Wertschätzung grundsätzlich wünschen. Wir schaffen wieder einen Raum, in dem wir uns gemeinsam wohlfühlen können. Kinder realisieren oft nicht, wie das, was sie tun – oder nicht tun – auf andere wirkt. Wenn Empathie die Richtschnur ist, mit der wir diese schwierigen Situationen meistern, macht das den ganzen Unterschied aus.

Um ein Gefühl für Integrität zu vermitteln, setze ich mich oft mit Schülern hin, deute auf ihr Herz und frage:

- Was würde dir dein Herz raten?
- Stehst du zu deinem Wort?
- Wenn du sagst, dass du etwas tun wirst, wirst du es auch tun?
- Kannst du dein Gegenüber respektieren, indem du in freundlichem Ton sprichst?
- Kannst du Verantwortung für dein Handeln übernehmen?
- Kannst du Mitgefühl mit dir haben, wenn du es vergisst oder auf eine Weise handelst, die du bereust?
- Kannst du mir sagen, was du nächstes Mal tun würdest?

Als Elternteil oder Lehrer/in frage dich:

- Kannst du zu deinem Wort stehen?
- Wenn du sagst, du würdest mit deinem Kind in den Park gehen, tust du es dann auch?
- Kannst du über Zeiten sprechen, in denen du Dinge getan hast, die du bereust?
- Kannst du sagen, wie du heute versuchst, mit Herausforderungen in Bezug auf deine Integrität umzugehen?
- Kannst Du besprechen, was dich zu diesen Momenten hinführte?

Wenn ich Dinge getan oder mich auf eine Weise verhalten habe, die ich später bereute, dann geschah das oft, weil ich unter Zeitdruck stand oder völlig erschöpft war. Auch habe ich meine Integrität oft aufgegeben, wenn ich wütend war oder mich von jemandem überrumpelt fühlte – eine gedankenlose Reaktion.

Die folgende Lektion möchte ich mit einer Geschichte über die Kraft bedingungsloser Liebe einleiten, einer Geschichte, die das Leben derjenigen veränderte, die die Situation miterlebt haben. Das Kapitel gibt Ihrem Kind Strategien an die Hand, um wahrgenommene Fehler loszulassen und einen Neuanfang zu machen. Die Übungen helfen Kindern, ihren eigenen moralischen Kompass zu entwickeln. Dieser Kompass besteht nicht aus einer Liste von Geboten oder Vorschriften auf der Basis religiöser oder äußerer Moral oder von Regeln, die andere aufgestellt haben. Er ist etwas, über das man sprechen muss, das man erfahren und im Laufe der Zeit entwickeln muss. Ich habe auch eine Familien-Atemübung hinzugefügt, die helfen kann, Familienbande zu festigen, und indem wir sie festigen, fällt es uns vielleicht leichter, uns im Umgang mit unseren Lieben integer zu verhalten. Vergessen Sie nicht: Es ist nie zu spät, falsche Verhaltensweisen aufzugeben und innerlich frei zu werden.

Lektion 1: Zwischen den Schleiern: Ein Geschenk

Tief in die Erfahrung von Liebe und Zugehörigkeit hineinspüren

Denken Sie an eine Zeit oder Situation, in der Sie liebevoll mit jemandem umgegangen sind. Rufen Sie sich in Erinnerung, wie gut Sie sich emotional und körperlich gefühlt haben, als Sie sahen, wie glücklich diese Person darüber war. Verinnerlichen Sie diese positiven Gefühle und lassen Sie sich davon weiterhin zu heilsamem Handeln motivieren.

Fördert und stärkt:

- Verbundenheit
- Fürsorglichkeit
- Neue Perspektive
- Präsenz

Materialien

- Ein offenes Herz, Verletzlichkeit

Alter

- Neugeboren bis Erwachsenenalter

Bezug zum Lehrplan

- Verbaler Ausdruck
- Zuhörkompetenz
- Soziales und emotionales Lernen

Die Praxis zu Hause und in der Schule

Wir laden Sie ein, diese Geschichte zu lesen und im Klassenzimmer oder zu Hause Liebe weiterzugeben. Es war einen Tag vor den Weihnachtsferien und für einen meiner Schüler war es der letzte Tag in unserer Klasse. Seine Familie war in den vergangenen Jahren oft umgezogen, und er wurde nun wieder einmal aus seinem Umfeld herausgerissen, um in einer neuen Stadt zu leben. „Tom" war ein stiller Junge, der sich in den wenigen Monaten, in denen er in unserer Klasse gewesen war, meistens von anderen ferngehalten hatte. Aber jedes Mal, wenn ich meinen kleinen Hund für einen Besuch ins Klassenzimmer mitbrachte, hellte sich seine Miene auf und er kam aus seinem Schneckenhaus heraus. Er war normalerweise sehr früh da, weil seine Mutter berufstätig war und ihn lange vor dem Eintreffen der anderen bei der Schule absetzen musste.

An diesem letzten Morgen des Schuljahres, an dem die Kinder wegen Weihnachten schon ganz aufgeregt waren, setzten wir uns im Kreis zusammen und begannen mit achtsamem Atmen. Die Kinder zur Ruhe bringen zu wollen, wenn es nicht nur der letzte Schultag ist, sondern auch noch eine Schulfeier bevorsteht, ähnelt dem Versuch, einen Korken in eine offene Champagnerflasche zurückzustopfen. Da die Schüler/innen aber gewohnt waren, fast täglich Achtsamkeitsübungen zu machen, versammelten sie sich auf dem Teppich, um mit der Atemübung zu beginnen. Bei ausgeschaltetem Licht begannen wir an diesem Dezembermorgen mit einem gemeinsamen tiefen Atemzug. Oft beenden wir die Achtsamkeitsübung, indem wir jemandem Liebe senden, der oder die uns am Herzen liegt, und ganz zum Schluss hüllen wir uns selbst in Liebe ein.

Die Macht der Erinnerung

Ich fragte die Kinder, ob sie bereit seien, „Tom" einmal still anzuschauen und dabei an einen besonderen Moment zu denken, den sie mit ihm geteilt hatten. Und ich fragte ihn, ob es für ihn in Ordnung sei, diese guten Gedanken in Stille von den anderen Schüler/innen im Klassenzimmer zu empfangen. Er nickte schüchtern. Ich erinnerte mich an etwas, das Jack Kornfield einmal sagte, als ich das Glück hatte, an einem seiner Kurse teilnehmen zu können: „Schau' diesen Menschen so an, als ob du ihn vielleicht zum letzten Mal sehen würdest. Wünsche ihm alles Gute."

Diese Klasse von 22 Achtjährigen war eine besondere Herausforderung gewesen. Ihre Gruppendynamik hatte bei vielen Gelegenheiten für Chaos in der Schule gesorgt. Die Kinder hatten in all den Jahren, in denen sie in unserer Schule waren, sowohl im sozial-emotionalen als auch im akademischen Bereich enorme Defizite aufzuholen. Ich hatte ihnen ganz bewusst Tag für Tag Lektionen über die Wertschätzung allen Lebens, über Freundlichkeit und integres Handeln vermittelt. Doch an vielen Tagen, insbesondere an Freitagen, wenn sie müde waren und sich auf das Wochenende vorbereiteten, schienen sie diese guten Gewohnheiten über Bord zu werfen, und es war kaum möglich, sie dazu zu bringen, aufzupassen, geschweige denn freundlich zu sein oder sich mit ihrem inneren Wissen zu verbinden! Aber an diesem letzten Schultag erfüllte eine wunderbare Schwingung den Raum und etwas sehr Schönes geschah. Es war, als ob die Zeit stehen geblieben und die Luft elektrisch geladen sei.

Verletzlichkeit, Sicherheit und Liebe

Die Kinder schauten Tom nacheinander an und sandten ihm Liebe. Ich fragte ihn, ob er bereit sei, sein Herz zu öffnen und jedem Kind in die Augen zu schauen und er nickte wieder. Ich bat ihn zuzulassen, dass dieses Gefühl sein ganzes Sein erfüllte, hineinzuatmen, es in jeder Zelle zu fühlen und jenseits aller Zweifel zu WISSEN, dass Verbundenheit und Liebe für ihn da waren. Ich sagte ihm, er könne diesen Moment überall hin mitnehmen und sich in glücklichen und schwierigen Zeiten an ihn erinnern.

Das erste Kind der Klasse, das Tom sein Geschenk der Liebe entgegenbrachte, litt an einer Autismus-Spektrum-Störung. Der Junge wandte sich Tom zu und umarmte ihn. Es war so ein schöner Moment. NIEMAND sagte ein Wort – ein sehr seltener Augenblick in unserer Klasse –, als 22 Kinder Tom nacheinander Liebe schenkten. Mann konnte die Staubpartikel in den Sonnenstrahlen im Raum zu Boden fallen sehen. Es war so still und doch so energiegeladen. Totale Präsenz. Diese Achtsamkeitssitzung dauerte fast 20 Minuten. Sie war ganz besonders.

An diesem Tag waren zwei Hilfslehrerinnen mit im Raum, die später zu mir sagten, sie hätten „einen heiligen Moment miterlebt". Sie hatten Tränen in den Augen.

Zum Schluss fragte ich Tom, wie es sich anfühlte. Sein Gesicht hellte sich auf, er lächelte auf seine stille Art von einem Ohr zum anderen und sagte: „Oh, sehr gut."

Ich werde diesen Moment nie vergessen. Er war so unerwartet, weil es ein so schwieriges Jahr mit dieser wilden Horde gewesen war. Und er gab mir Hoffnung – die Hoffnung, dass das, was wir täglich bei unserer Achtsamkeitspraxis tun, letztendlich doch etwas bewirkt. Tropfen für Tropfen. Dass es nie zu spät ist, ein Geschenk zu geben oder zu empfangen, selbst wenn es sehr herausfordernde Zeiten gab und wir aufgeben wollen. Er gab mir die Hoffnung, dass wir Zugang zu unserem wahren Wesen finden können, einfach indem wir einen Atemzug nehmen und uns wirklich einstimmen.

Auch als Erwachsene können wir verletzlich sein

Einer der beeindruckendsten Momente meines Lebens ähnelte dem oben beschriebenen auf gewisse Weise, als ich einmal dasaß und still, mit ganzem Herzen, völlig ungeschützt die totale Liebe einer Gruppe von Menschen empfing. Wir sollten an einer Reihe Retreat-Teilnehmer/innen entlanggehen, uns Zeit nehmen, einander in die Augen zu schauen, und dann zum nächsten und nächsten und nächsten weitergehen und uns mit Liebe volltanken. Während ich jedem/jeder Teilnehmer/in in die Augen schaute, sah ich, wie sein oder ihr „Kindselbst" zum Vorschein kam. 50-jährige Männer blickten mit den Augen eines Kleinkindes in die Welt. Als kleine Kinder sind wir so stolz, verletzlich und offen und die Welt schaut uns voller Liebe an. Mit großen Augen empfangen wir sie und lächeln zurück. Ich vermute, dass diese Erfahrung der ähnelte, die Tom an jenem Dezembermorgen gemacht hat.

Verletzlich und offen Liebe zu empfangen kann tatsächlich eine beängstigende Erfahrung sein. An jenem Tag nahm ich in meiner Klasse jedoch die Belohnung einer tief empfundenen Freude und Liebe wahr, die im Raum zurückblieb. Es gab an diesem Morgen kein Gerangel und Geschubse, es wurden keine Schimpfwörter gerufen – es blieb nichts als Liebe übrig.

Ich frage mich, wie mein Leben verlaufen wäre, hätte ich diese Erfahrung als Drittklässlerin gemacht. In den Zeiten, da ich mich danach sehnte, gesehen und geliebt zu werden. Wie werden sich diese 20 Minuten langfristig auf dieses Kind auswirken – und auf alle Kinder, die diesen Moment miterlebten?

Das war für mich das bewegendste Erlebnis jenes Schuljahres. Damals erwachte etwas in mir und gab mir die Hoffnung und das Vertrauen, dass Liebe immer aufersteht und dass es meine Aufgabe war, dazu beizutragen, einen stillen, andachtsvollen Raum für die Kinder zu schaffen, freudvolle Gewohnheiten zu kultivieren und immer weiter präsent zu sein und zu lieben.

LESETIPPS

Bücher für Erwachsene

Kabat-Zinn, Jon und Kabat-Zinn, Myla, *Mit Kindern wachsen: Die Praxis der Achtsamkeit in der Familie*. Freiburg: Arbor Verlag, 2015.

Kohn, Alfie, *Liebe und Eigenständigkeit: Die Kunst bedingungsloser Elternschaft jenseits von Belohnung und Bestrafung*. Freiburg: Arbor Verlag, 2010.

Rosenberg, Marshall, *Erziehung, die das Leben bereichert: GFK im Schulalltag*. Paderborn: Junfermann Verlag, 2011.

Bücher für Kinder

Joosse, Barbara, *Mama, hast du mich lieb?* Illustriert von Barbara Laallee. München: Ars Edition, 1998.

Kilodavis, Cheryl, *My Princess Boy.* Illustriert von Suzanne DeSimone. New York, NY: Aladdin Press, 2010.

Munsch, Robert, *Ich lieb dich für immer…* Illustriert von Sheila McGraw. Hamburg: Lappan Verlag, 2006.

Schmidt-Mendez, Marta, *The Dog with the Crooked Tail: A Story About Diversity and Unconditional Love*. Charleston, SC: CreateSpace Independent Publishing Platform, 2014.

Tillman, Nancy, *Wherever You Are: My Love Will Find You*, New York, NY: Feiwel & Friends, 2010.

Lektion 2: Die Fesseln, die uns binden

Im Einklang mit dem eigenen Gewissen

Wenn wir Dinge tun, von denen wir wissen, dass sie nicht in Ordnung sind, bekommen wir ein unangenehmes Gefühl. Das nennen wir Gewissen. Wenn wir genau Acht geben und mit diesen Gefühlen vertraut werden, geben wir uns selbst die Möglichkeit, mehr Frieden und Leichtigkeit in unser Leben zu bringen.

Fördert und stärkt:

- Resilienz
- Selbstfürsorge
- Integrität
- Tapferkeit
- Fürsorge für andere
- Verbindung zu anderen

Materialien

- Papier
- Stift
- Schere
- Faden oder Wolle (15 cm lang)
- Papierkorb oder Recyclingbehälter
- Bereitschaft

Alter

- Zehn Jahre bis Erwachsenenalter

Bezug zum Lehrplan

- Verbaler Ausdruck
- Schreiben
- Zuhörkompetenz
- Soziales und emotionales Lernen

Die Praxis in der Schule

Die Bürde eines Kindes

Haben Sie je beim Betreten des Klassenzimmers bemerkt, dass die Schüler/innen erschöpft und genervt wirkten? Fühlte sich die Energie im Raum jemals schwer oder chaotisch an? Lehrer/innen wissen, dass es unmöglich ist, Unterrichtsstoff zu vermitteln, wenn unter der Oberfläche Emotionen brodeln. Ich wollte also ein sinnvolles Ritual kreieren, in der Hoffnung, dass es den Kindern helfen würde, einige der Belastungen loszulassen, die sie von zu Hause mit in die Schule bringen.

Im Laufe der Jahre habe ich besonders nach den Schulferien immer wieder beobachtet, dass manche Kinder eine emotionale Last auf ihren Schultern tragen, die sich auch in ihren Gesichtern widerspiegelt. Wenn ich sie darauf ansprach, sagten sie vielleicht, dass sie etwas getan haben, das sie inzwischen bereuen, oder dass es in den Ferien Unstimmigkeiten und Unruhe in ihrer Familie gab. Bei anderen Kindern war vielleicht ein Konflikt, den sie in der Schule oder auf dem Spielplatz hatten, die Ursache für ihre Unruhe.

Wie man den Kindern helfen kann

Erster Teil der Lektion

Eines Tages bat ich die Kinder, sich während einer zehnminütigen Achtsamkeitsübung tief zu entspannen, und forderte sie dann auf, an eine Sache zu denken, die ihnen Sorgen bereitete – vielleicht an etwas, das sie bereuten oder eine Situation, in der sie nicht auf ihr Gewissen gehört hatten. Wir sprachen darüber, was Integrität bedeutet, und schrieben Beispiele an die Tafel. Ich schlug vor, sich ein Ereignis in Erinnerung zu rufen, das entweder vor langer Zeit oder auch erst heute geschehen war. Vielleicht war die Situation mit Scham- und Schuldgefühlen verbunden oder mit dem Gefühl, etwas Unrechtes getan zu haben.

Lassen Sie sie wissen, dass Sie auch nur ein Mensch sind

Ich gab ihnen dann ein Beispiel aus meinem eigenen Leben. Dadurch entstand eine Atmosphäre der Offenheit und Verletzlichkeit, und die Bereitschaft, sich mitzuteilen, nahm zu. Ich erzählte ihnen also, dass ich als Kind, ohne zu fragen, Geld aus dem Portemonnaie meiner Mutter genommen hatte und dass ich damals, obwohl es eine sehr kleine Summe gewesen war, das Gefühl gehabt hatte, sehr unredlich gehandelt zu haben.

Zweiter Teil – Licht dimmen und Utensilien bereithalten

Ich dimmte das Licht sehr stark, sodass die Kinder nur ihr eigenes Blatt Papier vor sich sahen.

Sie schrieben etwas auf, das sie bedauerten oder bereuten, oder schilderten eine Situation, in der sie nicht in Einklang mit ihrem Gewissen gewesen waren. Dann rollten alle ihr Blatt zusammen und umwickelten die Rolle mit den 15 cm langen Fäden, die ich vorher für sie zugeschnitten hatte.

Ein Mädchen fragte mich, ob sie auch über etwas schreiben könne, das ihr jemand angetan hatte und das sie innerlich loslassen wollte. Ich sagte natürlich, dass alles, was sie noch belastete oder hochkam, genau das Richtige wäre, um sich darauf zu fokussieren.

Ich erinnerte die Kinder daran, dass das Fehlverhalten nicht unbedingt eine große Sache gewesen sein musste. (Weil es nur eine kurze Sitzung war, konnten sie mit etwas Geringfügigem beginnen.) Und ich sagte ihnen, dass es, falls etwas Schwerwiegenderes hochkommen sollte, vielleicht besser sei, sich ein andermal tiefer damit auseinanderzusetzen. Ich erwähnte das, weil ich wollte, dass sie sich sicher fühlten und das Gefühl hatten, die Übung zu meistern – ohne an etwas zu rühren, das wir in einer Klasse mit 22 Kindern in dieser begrenzten Zeit vielleicht nicht hätten bearbeiten können.

Anmerkung: Wir haben einen „Kummerkasten" in der Schule, in den die Kinder einen Zettel mit der Bitte um ein Gespräch mit einem Vertrauenslehrer werfen können. Ich sagte den Kindern, dass das eine gute Idee sein könnte, wenn sie sich eine bestimmte Sache oder ein Problem genauer anschauen wollten.

Die Fesseln zerschneiden, die uns binden

Dann stellten sich jeweils ein Kind und sein/e Nachbar/in mit der kleinen Papierrolle in der Hand in die Mitte unseres Kreises neben den Papierkorb, den ich dort aufgestellt hatte. Sie gingen zusammen zum Papierkorb und sagten: „Ich zerschneide die Fessel der Dinge, die dich binden. Möge es dir gut gehen!" Dann zerschnitt das Kind sein Blatt Papier in kleine Schnipsel und ließ sie in den Papierkorb fallen.

Das Spannendste an der ganzen Übung war, dass ich die Kinder kurz vor dem Zerschneiden der Schnur bat, ein Ende dieser Schnur an den Körperteil zu halten, in dem sie die Blockade spürten oder das Problem festhielten. Bis auf eines konnten alle Kinder die Stelle identifizieren.

Und raten Sie einmal, an welche Stelle das Schnur-Ende am häufigsten gehalten wurde? An den Solar Plexus! Als alle Schüler/innen ihre Schnüre durchgeschnitten hatten, erklärte ich, der Papierkorb sei nun so unglaublich schwer, dass ihn wohl niemand hochheben könne. Alle meldeten sich und wollten versuchen, den ganzen Kummer hochzuheben! Danach überlegten wir gemeinsam, wie wir uns dabei unterstützen könnten, Sorgen loszulassen.

Nachbereitung

Am Ende des Schultages fragte ich die Kinder, was ihnen an diesem Tag am besten gefallen habe. Wir hatten einen „vollgepackten" Tag, also war ich neugierig, ob sich noch jemand an das Ritual erinnern würde. Über 50 % sagten, dieses Ritual sei für sie das Wichtigste gewesen. Falls Sie diese Lektion ausprobieren, sollten Sie die Kinder später – vielleicht nach einer Woche – noch einmal fragen, ob ihre Last leichter wurde. Erinnern Sie sie daran, dass sie das Loslassen von belastenden Dingen viele Male üben müssen, bis sie sich wirklich frei fühlen.

Die Praxis zu Hause

Welche Fesseln würden Sie durchschneiden? Nehmen Sie sich Zeit.

Sie müssen nicht wissen, was Ihr Kind aufgeschrieben hat. Bei dieser Übung ist Privatsphäre sehr wichtig. Sie können Ihr Kind einladen, mit Ihnen über jeden Aspekt des Rituals zu sprechen, und ihm Anregungen geben, um es, falls nötig, zu unterstützen. Die ganze Familie kann Belastungen loslassen und ein bisschen leichter werden. In seinem Buch *Die achtsame Schule: Achtsamkeit als Weg für mehr Wohlbefinden für Lehrer und Schüler* führt Daniel Rechtschaffen aus: „Zu versuchen, Gedanken los zu werden ist, als wollte man die Wellen des Meeres aufhalten; sie kommen einfach unaufhörlich. Wenn wir Emotionen bis zu ihrem Ursprung zurückverfolgen, können wir sie in unserem Körper fühlen und konstruktiv mit ihnen arbeiten." Gehen Sie also beim Durchschneiden der Fesseln, die Sie binden, sanft und mitfühlend mit sich und Ihrem Kind um.

LESETIPPS

Bücher für Erwachsene

Biegel, Gina, *The Stress Reduction Workbook for Teens: Mindfulness Skills to Help us Deal with Stress*. Oakland, CA: New Harbinger Publications, 2009.

Kabat-Zinn, Jon, *Zur Besinnung kommen: Die Weisheit der Sinne und der Sinn der Achtsamkeit in einer aus den Fugen geratenen Welt.* Freiburg: Arbor Verlag, 2005.

Rechtschaffen, Daniel, *Die achtsame Schule: Achtsamkeit als Weg für mehr Wohlbefinden für Lehrer und Schüler.* Freiburg: Arbor Verlag, 2016.

Shapiro, Shauna und White, Chris, *Mindful Discipline: A Loving Approach to Setting Limits and Raising an Emotionally Intelligent Child.* Oakland, CA: New Harbinger Publications, 2014.

Bücher für Kinder

Aliki, *Gefühle sind wie Farben.* Weinheim: Beltz & Gelberg, 2016.

Cain, Janan, *The Way I Feel.* Seattle, WA: Parenting Press, 2000.

Evans, Lezlie, *Sometimes I Feel Like a Storm Cloud.* Illustriert von Marsha Gray Carrington. New York, NY: Mondo Publishing, 1999.

Miranda, Anne *Glad Monster, Sad Monster.* Illustriert von Ed Emberly, New York, LB Kids, 1997.

Spelman, Cornelia und Cote, Nancy, *When I Feel Angry.* Park Ridge, IL: Albert Whitman & Company, 2000.

Lektion 3: Familien-Atemtechniken, um Körper und Geist zur Ruhe zu bringen

Fördert und stärkt

- Selbstfürsorge
- Achtsamkeit
- Wohlbefinden
- Resilienz
- Familienbande

Alter

- Vorschule bis Erwachsenenalter

Materialien

- Kissen
- Warme Decken

Bezug zum Lehrplan

- Verbaler Ausdruck
- Zuhörkompetenz
- Naturwissenschaften
- Körperliches Training
- Soziales und emotionales Lernen

Die Praxis zu Hause und in der Schule

Oft geben wir Menschen, die gestresst sind, den Rat, tief durchzuatmen. Sie schnappen dann ein oder zwei Mal nach Luft und hoffen auf Besserung. Entspannung erreicht man nicht, indem man zweimal kurz ein- und ausatmet. (Obwohl selbst zwei achtsame Atemzüge hilfreich sein können!) Es ist eine kontinuierliche Praxis – eine, die wir täglich neu beleben müssen. Wenn Ihr Kind zur Ruhe kommen soll (und Sie selbst ebenfalls), können Sie einige der unten stehenden Atemtechniken ausprobieren. Sie machen nicht nur Spaß und wirken verbindend, sondern haben durch die körperliche Berührung einen zusätzlichen positiven Effekt. Bei angenehmen Berührungen wird das Bindungshormon Oxytocin freigesetzt.

Über die vielfältigen positiven Auswirkungen dieser Atemarbeit können Sie am Ende dieses Abschnitts lesen – aber jetzt kuscheln Sie sich einfach aneinander und fangen zu atmen an! Das Schöne an diesen Praktiken ist, dass Sie sie in der Privatheit Ihres Zuhauses oder in abgewandelter Form auch im öffentlichen Raum, beispielsweise im Bus, im Park (während Sie auf dem Rücken liegen und die Bäume anschauen) oder im Wartezimmer Ihres Arztes anwenden können. Die Übungen sind eine wunderbare Möglichkeit für Eltern und Kinder, zur Ruhe zu kommen und Stress abzubauen.

Probieren Sie sie aus und sehen Sie selbst!

Mama-Bär, Papa-Bär und Baby-Bär atmen

Laden Sie Ihr Kind ein, sich neben Sie zu legen, sodass es mit dem Rücken an Ihrem Bauch liegt. Sie können ihm Bilder von Tieren zeigen, auf denen sich die Kleinen an den Körper der Mutter kuscheln und sicher sind. Bringen Sie allmählich Ihren Atem mit dem des Kindes in Einklang. Spüren Sie, wie sich der Bauch des anderen auf und ab bewegt. Spüren Sie den Atem sanft ein- und ausströmen. Richten Sie Ihre Aufmerksamkeit auf die Empfindungen, die das Atmen in Ihrem Bauch auslöst. Nehmen Sie wahr, wie sich Ihr Bauch bei jedem Einatmen hebt und bei jedem Ausatmen senkt. Bitten Sie Ihr Kind, auf Ihren Atemrhythmus zu achten und ihn zu spüren, während es sich mit dem Rücken an Ihren Körper kuschelt. Entspannen Sie sich bewusst, um „herunterzukommen". Seufzen Sie ein paar Mal. Machen Sie das volle fünf Minuten lang, und Sie werden feststellen, dass Sie beide ruhiger geworden sind. Immer wenn Sie feststellen, dass Sie in Gedanken abgeschweift sind, bringen Sie Ihre Aufmerksamkeit sanft zu den mit dem Atmen verbundenen Empfindungen zurück: Sie richten Ihre Aufmerksamkeit wieder auf den Atem.

Die meisten Eltern und Kinder schlafen bei dieser Atemübung gemeinsam ein.

Atme in meine Hände

Es kann so heilsam sein, wenn ein anderer Mensch zusammen mit Ihnen atmet.

An der Bushaltestelle, im Bett liegend (oder eigentlich überall) ist dies meine Lieblingsübung, um den Körper zur Ruhe zu bringen. Die Übung mit einem Partner zu machen hilft uns, mit der Aufmerksamkeit beim Körper zu bleiben und den Geist zu „ankern". Wie es geht?

Eine Person ist der „Anker" und die andere der „Atmer". Der Anker beginnt, indem er oder sie die Hände aneinander reibt, um sie anzuwärmen, und dann die Intention setzt, sich mit dem Atmer zu verbinden.

Dann legt der Anker seine oder ihre Hände sanft auf den Hinterkopf des Atmers. Dort bleiben sie warm und in Kontakt, bis der Atmer drei Atemzüge gemacht hat.

Danach legt der Anker seine Hände für die nächsten drei Atemzüge auf die Schultern des Atmers, dann auf den mittleren Rücken und zum Schluss den unteren Rücken. Falls Sie sich in einer Position befinden, in der Sie die Füße des anderen berühren können, können Sie bis dorthin fortfahren. An jeder Stelle lässt der Anker seine Hände für die Dauer von drei Atemzügen sanft auf dem Körper des Atmers ruhen.

Abschließend streicht der Anker einmal leicht und sanft vom Kopf bis zu den Füßen über die Rückseite des Atmers.

Lassen Sie ihm genügend Zeit zum Aufstehen, während Sie Ihre Hände ausschütteln oder waschen. Dann können Sie die Positionen wechseln.

Ein Tipp: Wenn der Anker seinen Atem mit dem des Atmers synchronisieren kann, kann er sein eigenes Nervensystem zur Ruhe bringen und ebenfalls entspannen.

Kinder reflektieren über diese Atempraxis:

„Zuerst hat es sich seltsam angefühlt, jemanden zu berühren, aber als ich mich nach einer Weile umschaute und sah, dass es alle machen, hat es sich okay angefühlt. Als ich an der Reihe war, mich hinzulegen, habe ich mich wirklich entspannt gefühlt."

„Ich liebe das. Es fühlt sich an, als würde alles Schlechte weggespült."

„Ich mag es, aber es war mir peinlich, weil ich glaube, dass meine Füße schlecht gerochen haben. Nächstes Mal werde ich andere Socken anziehen."

„Ich habe das meiner Mutter beigebracht. Sie ist oft gestresst. Und ich glaube, es hilft ihr."

Rücken an Rücken

Setzen Sie sich mit Ihrem Partner Rücken an Rücken und machen Sie es sich bequem. Versuchen Sie, eine Art Gleichgewicht zu finden (Sie möchten nicht, dass der eine Partner den anderen dominiert oder wegdrückt.) Fangen Sie nun an, sanft in Ihren Rücken hineinzuatmen. Sie können die Atmung ein verstärken, sodass Ihr/e Partner/in sie spürt. Können Sie wahrnehmen, wie Ihr Partner in Ihren Rücken atmet? Kein Druck, nur Gewahrsein. Stellen Sie einen Küchenwecker und üben Sie das zwei bis drei Minuten lang.

Sich auf den Atem des anderen einstimmen

Wussten Sie, dass das Ausdehnen des Ausatmens ein Schlüssel zur Entspannung ist?

Dr. Rick Hanson erklärt: „Atmen Sie langsam aus – zweimal so lange wie beim Einatmen; das trägt zur Aktivierung des parasympathischen Nervensystems bei. Denken Sie an etwas, irgendetwas, das Ihnen hilft, sich sicherer, satter und erfüllter zu fühlen – oder mehr geschätzt und umsorgt: fokussieren Sie sich auf diese guten Gefühle, bleiben Sie dabei, spüren Sie hinein."

Wenn Sie also Ihrem Partner oder Ihrem Kind gegenübersitzen, schauen Sie auf den Bauch des anderen und stimmen Sie sich ein. Versuchen Sie, Ihre Atmung in Einklang zu bringen. Lassen Sie Ihr Kind den Rhythmus vorgeben, bitten Sie es, das Ausatmen zu verlangsamen, und folgen Sie dem Rhythmus. Lassen Sie Lachen und Kichern zu, und zeigen Sie einander Ihren Bauchnabel, wenn Sie möchten. Lachen entspannt den Körper ebenfalls!

Wenn Sie sich aufeinander eingestimmt haben, fokussieren Sie sich weiterhin auf den Bauch Ihres Gegenübers und entspannen sich. Probieren Sie das fünf Minuten lang aus. Sie werden nicht nur ruhiger sein, sondern sich wahrscheinlich auch tiefer mit Ihrem Partner/Ihrer Partnerin verbunden fühlen.

Wussten Sie, dass das nur einige der positiven Auswirkungen der achtsamen Atmung sind?

Achtsame Atemtechniken …

… stärken das Immunsystem, verbessern die Verdauung und tragen zur Bildung von Neurotransmittern bei, die in der unmittelbaren Erfahrung des Moments involviert sind. Die Anwendung dieser Techniken wirkt sich auch positiv auf unser Hormonsystem aus, und zwar sowohl im Hinblick auf Stresshormone als auch auf Fortpflanzungshormone. Es ist schwierig, wirklich „gut drauf" zu sein, wenn der Körper Stresssignale aussendet. Manchmal denke ich: Wenn Merck oder ein anderes großes Pharmaunternehmen Patente auf Meditation, Achtsamkeit oder Dankbarkeitsübungen wie das Wahrnehmen des Guten (eine Praxis, über die ich vorwiegend spreche und schreibe) anmelden könnten, bekämen wir im TV jeden Abend zur besten Sendezeit laufend Werbespots für diese Dinge zu sehen, weil die positiven Effekte dieser Praktiken auf die physische Gesundheit, insbesondere die Langzeitwirkungen, so enorm sind.

RICK HANSON, PHD
im Interview mit *themindfulworld.org*, 2012

Warum sich nicht angesichts all dieser unglaublich positiven Auswirkungen von simplem Kuscheln und Atmen nicht einfach eine warme Decke schnappen und sein Kind dazu einladen? Es ist mit das Beste, was Sie heute für Ihre Gesundheit tun können.

LESETIPPS

Bücher für Erwachsene

Cohen Harper, Jennifer und Siegel, Daniel, *Little Flower Yoga for Kids: A Yoga and Mindfulness Program to Help Your Child Improve Attention and Emotional Balance*. Oakland, CA: New Harbinger Publications, 2013.

Iyengar, Bellur, *Licht auf Pranayama: Das grundlegende Lehrbuch der Atemschule des Yoga*. München: O.W. Barth Verlag, 2012.

Weil, Andrew und Kabat-Zinn, Jon, *Meditation for Optimum Health: How to Use Mindfulness and Breathing to Heal*. Louisville, CO: Sounds True, 2001.

Bücher für Kinder

Chissick, Michael, *Frog's Breathtaking Speech: How children (and frogs) can use yoga breathing to deal with anxiety, anger and tension.* Illustriert von Sarah Peacock. London: Singing Dragon, 2012.

Flynn, Lisa, *Yoga for Children: 200+ Yoga Poses, Breathing Exercises, and Meditations for Healthier, Happier, More Resilient Children.* Avon, MA, Adams Media, 2013.

Lite, Lori und Fox, Kimberly, *The Goodnight Caterpillar: A Relaxation Story for Kids Introducing Passive Progressive Muscle Relaxation and Breathing.* Marietta, GA: Stress Free Kids, 2012.

Lite; Lori und Stasuyk, Max, *Sea Otter Cove: A Stress Management Story for Children Introducing Diaphragmatic Breathing to Reduce Anxiety.* Marietta, GA: Stress Free Kids, 2012.

Lektion 4: Mitfühlendes Zuhören

Beziehungen können uns so viel Freude schenken und doch so leicht zu Wut, Enttäuschung, Kummer und Unglück führen. Was in unserem Innern vorgeht ist viel wichtiger als das, was „da draußen" passiert. Wir können weder die Ereignisse noch andere Menschen kontrollieren, aber wir können unseren Geist und unser Herz darin schulen, klarzusehen und sogar im Angesicht des Schmerzes offenzubleiben.

Fördert und stärkt

- Dankbarkeit
- Fürsorglichkeit
- Verbundenheit
- Vernetzung
- Verbaler Ausdruck

Materialien

- Ihre Ohren und Ihre Präsenz

Alter

- Kindergarten bis Erwachsenenalter

Bezug zum Lehrplan

- Die Kunst des Zuhörens
- Zuhörkompetenz
- Lesen
- Soziales und emotionales Lernen

Zuhören, zuhören, zuhören

Allzu oft unterschätzen wir die Wirkung einer Berührung, eines Lächelns, eines freundlichen Wortes, eines offenen Ohres, eines ehrlichen Kompliments oder auch der kleinsten liebevollen Gesten – all dieser Dinge, die das Potenzial haben, ein Leben zu verwandeln.

LEO BUSCAGLIA

Wie wäre Ihre Welt gewesen, hätte man Sie die simple und doch so komplexe Fähigkeit des mitfühlenden oder aktiven Zuhörens gelehrt? Stellen Sie sich vor, Sie würden gehört, ohne dass jemand urteilt oder Sie zu korrigieren versucht oder es besser wissen will! Stellen Sie sich vor, Sie würden jemandem das Geschenk machen, wirklich zuzuhören, ohne „alles verbessern zu müssen". Mein Training in gewaltfreier Kommunikation (GFK) und mehr noch meine Arbeit mit Dr. Robert Gonzales (Mitfühlende Kommunikation) haben die Art und Weise, wie ich heute in allen meinen Beziehungen kommuniziere, enorm beeinflusst. Im Folgenden eine ganz simple Version des mitfühlenden Zuhörens, die wirklich funktioniert.

Wir sprechen hier von Drittklässlern! Stellen Sie sich nur einmal vor, was eine kontinuierliche Praxis bewirken könnte!

Nach nur 15 Minuten berichteten Schüler/innen Folgendes:

- Ich habe mich gefühlt, als ob eine große Last von mir abgefallen wäre
- Es war schwierig, so ein guter Zuhörer zu sein, weil ich wirklich aufnehmen musste, was sie sagen, ohne innerlich abzuschalten
- Es hat sich so gut angefühlt
- Ich hatte zum ersten Mal in meinem Leben das Gefühl, gehört zu werden

* Ich hatte das Gefühl, als würde mir eine ganze Gruppe helfen
* Ich hatte das Gefühl, ein Problem anzusprechen und nun sind wir bessere Freunde
* Mein Herz fühlt sich gut an

Die Praxis zu Hause und in der Schule

Im Folgenden erkläre ich die Praxis fürs Klassenzimmer und wie man sie zu Hause mit zwei oder mehr Personen anwenden kann.

Rollenspiel

Mit das Erste, was ich meinen Schüler/innen jedes Jahr nahebringe, ist mitfühlendes Zuhören. Nach einer Auseinandersetzung oder Rauferei greife ich sofort auf diese Praxis zurück. Die Kinder müssen lernen, zuzuhören und zu reflektieren, um überhaupt mit der Lösung eines Problems anfangen zu können. Sie müssen in der Lage sein, zuzuhören und präsent zu sein, ohne sich mit ihren eigenen Gedanken und Erklärungen zu beschäftigen. Mark Nepo reflektiert so schön über das Teilen, indem er schreibt: „Wenn wir dem, was in uns arbeitet, keine Stimme geben, verstricken wir uns im Leben, verbinden uns aber nicht mit dem Leben. Wenn wir still bleiben, ohne Liebe und Schmerz, können wir nicht weitergeben, was wir fühlen, und so verstärken sich unser Herzeleid und unsere Schmerzen, weil sie in unserem Innern kreisen."

Wie es geht

Bevor wir beginnen, setzen sich die Schüler/innen in komfortabler Entfernung einander gegenüber. Sie können dabei auf Stühlen oder auf dem Boden sitzen. Dann bitte ich sie, auf eine Stelle am Körper ihres Gegenübers zu blicken. Das kann der Hals sein oder der obere Rand des Pullovers. (So wird vermieden, dass Schüler höherer Klassen auf die Brust ihres Gegenübers starren!). Ich erwarte, dass sie respektvoll sind. Dann lese ich ganz langsam die folgenden Worte vor und bitte sie, nichts zu sagen. Ich fordere sie auf, mit ihrem Körper zuzuhören:

„Genau wie ich hat diese Person schwere Zeiten durchgemacht. Sie hat Verlust, Einsamkeit und Trauer erlebt. Genau wie ich ist diese Person von anderen verletzt worden, war krank oder hatte Schmerzen. Sie hat Glück und schöne Überraschungen erlebt. Sie ist geliebt und versorgt worden."

Dann tauschen wir uns darüber aus, was es bedeutet, dass jede/r diese menschlichen Zustände und Gefühle erlebt. Durch diesen Austausch entstehen Mitgefühl und Empathie für den Partner/die Partnerin, bevor man mit einem Rollenspiel beginnt. Das hilft den Kindern, innerlich zunächst „herunterzukommen". Und sie gewöhnen sich auf diese Weise auch daran, für jemand anders präsent zu sein, ohne irgendetwas zu tun oder zu sagen.

So könnten Sie es ausprobieren – Ein Beispiel:

> Lassen Sie eine/n Schüler/in über eine Schwierigkeit sprechen, und bitten Sie den Zuhörenden, nicht zu versuchen, etwas zu korrigieren, Ratschläge zu geben, über sich selbst zu sprechen oder irgendetwas anderes anzubieten als ein offenes Herz. Zum Schluss bitte ich den Zuhörenden, dem/der Sprecher/in einfach das widerzuspiegeln, was er oder sie gehört hat – und sonst nichts. Dann bitte

ich den Sprechenden zu überlegen, ob es noch etwas anderes gibt, das er mitteilen möchte. Wenn nicht, lassen Sie den Zuhörenden wissen, dass sich der Sprechende ganz gehört fühlte.

Person A: Erzähle mir, was für dich in einer Freundschaft schwierig ist.

Person B: Teilt sich mit. (Anfangs normalerweise ein paar kurze Sätze, die die Sache auf den Punkt bringen. Später kann die Übung dann auf zwei oder drei Minuten ausgedehnt werden.)

Person A: Danke – das habe ich gehört. (Hier kann der Zuhörende mit eigenen Worten wiederholen oder das Wesentliche dessen wiedergeben, was er/sie gehört hat, ohne eigene Gedanken einzubringen. Wir üben das, und ich übernehme den Part eines der beiden Teilnehmer, bis die Kinder das Prinzip verstanden haben.)

Person B: Ja, das war es. (Oder, nein, da ist noch mehr.)

Person A: Habe ich alles gehört?

Empathie ist mitfühlende Energie. Man braucht im Grunde überhaupt nichts zu sagen. Worte können aber helfen, Dinge zu klären und mehr in Kontakt mit dem Sprecher zu kommen.

Wechseln

Die Kinder können ein paar Mal die Rollen tauschen und dann zu einem anderen Partner wechseln, wenn ein Glöckchen geläutet wird. Ich läute das Glöckchen normalerweise nach zwei bis drei Minuten und ich habe immer einen Stuhl vor mir stehen, für den Fall, dass jemand sich mitteilen möchte. So können sich die Kinder sicher und gehalten fühlen, wenn sie etwas wirklich stark beschäftigt. Mit Ihrem Lehrer/Ihrer Lehrerin zu sitzen lässt auch eine kostbare Verbindung entstehen, denn die Schüler/innen stellen fest, dass auch Sie verletzlich und menschlich sind.

Das Geschenk

Echtes Zuhören ist das Gegenteil dessen, was wir im Fernsehen, in Filmen und in der Politik gezeigt bekommen. Wo können Kinder diese Fähigkeit also erlernen, wenn wir ihnen kein Vorbild sind und ihnen die Kunst, präsent zu sein, nicht vermitteln? Wenn Kinder das immer wieder üben, können sie, wenn sie mit einem Lehrer oder auch untereinander kommunizieren, den anderen wirklich hören. Sie können auch tief in sich hineinhören. Es ist vielleicht nicht so einfach, aber es bringt zwei Menschen in denselben „Raum", etwas verändert sich, man wird innerlich ruhig und es entsteht ein Gefühl von gegenseitigem, fürsorglichem Interesse. Es entsteht Raum zum Nachdenken und die Gelegenheit, alle Standpunkte zu würdigen. Die lauteste oder wütendste Person ist nicht der „Sieger". Vorurteile werden losgelassen und hinter der Wut, der Verletztheit und dem Schmerz werden die Sehnsüchte des Herzens hörbar und anerkannt.

Erwachsene weinen

Als ich diese Form des aktiven Zuhörens in Workshops mit Erwachsenen praktizierte, hatten viele Tränen in den Augen und sagten, es hätte ihnen noch niemals jemand auf diese Weise zugehört.

Einmal kamen zwei Mütter herein, als wir gerade diese Übung machten. Die Kinder erklärten ihnen, was mitfühlendes Zuhören bedeutet, und die Mütter setzten sich auf den kleinen Stühlen jeweils einem Kind gegenüber, das sich ihnen mitteilen wollte. Die Erwachsenen sagten mir, es sei eine besondere Erfahrung für sie gewesen. Beide Mütter blieben schließlich über eine halbe Stunde da und sprachen davon, das Erlebte mit nach Hause nehmen zu wollen, um dort hoffentlich eine bessere Kommunikation herstellen zu können.

LESETIPPS

Bücher für Erwachsene

Brach, Tara, *Nach Hause kommen zu sich selbst*. Burgrain: KOHA Verlag, 2014.

Gonzales, Robert, *Leben in Mitgefühl: Inspirationen für eine tiefe innere Verbundenheit und Erfüllung*. Freiburg: Arbor Verlag, 2016.

Nhat Hanh, Thich, *Ohne Schlamm kein Lotos: Die Kunst, Leid zu verwandeln*. München: Nymphenburger Verlag, 2015.

Nepo, Max, *The Endless Practice: Becoming Who You Were Born to Be*. New York, NY: Attila Books, 2014.

Rosenberg, Marshall, *Wie ich dich lieben kann, wenn ich mich selbst liebe: Ein praktischer Ratgeber zu einer neuen Art von Beziehungen*. Paderborn: Junfermann Verlag, 2015.

Rosenberg, Marshall, *Gewaltfreie Kommunikation: Eine Sprache des Lebens*. Paderborn: Junfermann Verlag, 12. Aufl. 2016.

Rosenberg, Marshall, *Kinder einfühlend ins Leben begleiten: Elternschaft im Licht der GFK*. Paderborn: Junfermann Verlag, 2015.

Bücher für Kinder

Binkow, Howard, *Howard B. Wigglebottom Learns to Listen*. Minneapolis, MN: Lerner Publishing Group, 2011.

Cook, Julia, *The Worst Day of My Life Ever*. Boys Town, NE: Boys Town Press, 2011.

Cook, Julia, *My Mouth Is a Volcano!* Illustriert von Carrie Hartman. Chattanooga, TN: National Center for Youth Issues, 2008.

Llewellyn, Claire, *Why Should I Listen? (Why Should I?)*. Illustriert von Mike Gordon. Hauppauge, NY: Barron's Educational Series, 2005.

Meiners, Cheri, *Listen and Learn*. Golden Valley, MN: Free Spirit Publishing, 2003.

6 Die Freude des Loslassens

James: Übungen für Erwachsene

Loslassen ist eine natürliche Folge einer integren Lebensweise. Integrität geht mit einer Qualität der Zurückhaltung einher: Wir verzichten darauf, aufgrund von Impulsen zu handeln, die Schaden anrichten könnten. Wir entwickeln nun kontinuierlich eine innere Haltung des Loslassens, indem wir dies auch auf andere Bereiche unseres Lebens ausweiten und das stets damit verbundene Gefühl des Wohlbefindens wahrnehmen.

Das Wort „loslassen“ kann Vorstellungen von Opfer oder Entsagung heraufbeschwören, die sehr weit von Freude entfernt zu sein scheinen. Aber die Weisheit des Loslassens schenkt Freude, wenn wir erkennen, dass wir nicht an unserem „Extra-Gepäck“ festhalten müssen. Wir werfen eine unnötige Last ab: die Abhängigkeit oder Anhaftung, die daher rührt, dass wir uns an etwas klammern, von dem wir glauben, es würde uns glücklich machen. Das Geheimnis besteht darin, weise zu unterscheiden zwischen dem, was wir wollen, und dem, was wir wirklich brauchen. Das gelingt uns, wenn wir still genug werden, um den verschiedenen inneren

„Stimmen“ achtsam lauschen zu können. Dann können wir wahrnehmen, ob sie aus dem Raum der Angst kommen oder aus einem tieferen, weiseren, mitfühlenderen Feld, das wirklich weiß, was gut für uns ist.

Der Meditationslehrer Joseph Goldstein benutzt ein anschauliches Bild, um das Leiden zu beschreiben, welches durch das abhängige Festhalten entsteht: In einer sich permanent verändernden Welt, so Goldstein, sei Festhalten, als würde man sich ständig die Hände an einem Tau wundscheuern. Wir erkennen gewöhnlich nicht, dass das Festhalten die Ursache des Leidens ist. Wenn wir weise loslassen können, befreien wir uns von dem Problem.

Bei der Arbeit an diesem Thema kann man viele Bereiche untersuchen: Das Loslassen von Gedanken, Überzeugungen, materiellen Dingen und Erfahrungen. Aber was wir tatsächlich auf einer tieferen Ebene loslassen, ist die Illusion der Kontrolle – die wir ohnehin nie wirklich hatten. Wir glauben vielleicht, wir könnten, wenn wir uns nur genug anstrengen, dafür sorgen, dass sich die Dinge so entwickeln, wie wir es wollen. Aber das ist unmöglich. Die Dinge laufen oft einfach nicht so, wie wir es uns erhofft haben. Und durch den Versuch, die Kontrolle zu behalten, werden wir noch angespannter. Kontrolle loszulassen ist allerdings nicht leicht, weil diese Angewohnheit so tief verwurzelt ist. Gewöhnlich, und das ist die Ironie bei der Sache, treffen wir auf umso mehr Widerstand von anderen oder vom Leben, je stärker wir uns an unsere Agenda klammern.

Das Geheimnis des Loslassens besteht darin, durch direkte Erfahrung zu erkennen, wie viel Schmerz mit dem Festhalten an der Vorstellung verbunden ist, die Dinge müssten so und nicht anders sein. Mit Gewahrsein können Sie unmittelbar selbst sehen, dass Anhaftung zum Leiden führt, was wahrscheinlich Ihre Motivation erhöht, die Freiheit zu entdecken, die mit dem Loslassen verbunden ist.

Den Wunsch loslassen, derjenige zu sein, der alles unter Kontrolle hat

Eltern und Lehrende haben oft Gelegenheit, dieses Thema zu untersuchen. Ein Bereich ist das Festhalten an der Vorstellung, man sei die Autorität, die alle Entscheidungen trifft. Natürlich ist es wichtig, Kindern eine Struktur zu bieten und eine verantwortliche Autoritätsperson zu sein. Aber es hat etwas Inspirierendes, Kinder zu stärken und zu bevollmächtigen, wann immer es möglich ist.

Als ich zu Beginn meiner Laufbahn als Lehrer in New York City Fünft- und Sechstklässler unterrichtete, hatte ich die Vorstellung, ich sei derjenige, der alle Aktivitäten und Lektionen vorgeben und gestalten müsse. Das war anstrengend! Ich erinnere mich, dass ich an einen Punkt kam, an dem ich etwas Wesentliches veränderte: nämlich die Art und Weise, meine Rolle wahrzunehmen und auszufüllen. Ich wurde eher zum Dirigenten eines Orchesters. In diesem Klassenzimmer voller begeisterungsfähiger, schlauer „Köpfe" war ein weit größeres Potenzial an Kreativität vorhanden, als ich allein je bieten konnte. Warum es also nicht nutzen?

Es konnte beispielsweise sein, dass ein Kind mit der Idee auf mich zukam: „Mr. Baraz, würde es nicht Spaß machen, eine Talentshow zu veranstalten?" Und ich antwortete: „Das ist eine großartige Idee, Marina. Welche Unterstützung würdest du dir für die Organisation wünschen? Was bräuchtest du dafür? Mit wem würdest du gerne zusammenarbeiten?" Ich war nun nicht mehr allein für alles zuständig. Alle arbeiteten zusammen, um ein Projekt zu gestalten. Das war viel interessanter für die Kinder, weniger Arbeit für mich und viel mehr Spaß für alle.

Eltern neigen manchmal dazu, die Entscheidungen ihrer Kinder bis ins Kleinste zu beeinflussen. Indem man die absolute Kontrolle loslässt und dem Kind beispielsweise erlaubt, eigene Entscheidungen in Bezug auf Kleidung, Ernährung oder Freizeitgestaltung zu treffen, zeigt man, dass man Vertrauen in das Kind hat. (Manchmal wird einem Kind auch zu viel Macht gegeben, sodass es die Entscheidungen für die Familie trifft. Das ist nicht sehr gesund, und es ist auch nicht das, was ich hier meine!)

Mike Riera, Autor des Buches *Uncommon Sense for Parents with Teenagers*, schlägt vor, dass Sie, wenn Ihr Kind alt genug ist, um gute Entscheidungen zu treffen, und wenn Sie grundsätzlich auf seine Urteilsfähigkeit vertrauen, Ihre Rolle als sein „Manager" aufgeben und zu seinem „Berater" werden könnten. Indem Sie die Rolle desjenigen loslassen, der oder die immer alles unter Kontrolle hat, können Sie Ihrem Kind ein großes Geschenk machen.

Nicht daran festhalten, wie es früher war

Eltern und Lehrer haben ununterbrochen Gelegenheit, sich im Loslassen zu üben, weil ihre Kinder aus einer Entwicklungsstufe herauswachsen und in die nächste eintreten. Ich erinnere mich noch gut daran, dass ich, als mein Sohn Adam klein war, eine kontinuierliche Anpassungsleistung bringen musste: die unschuldige Babyzeit loslassen und den Übergang ins unaufhörliche Abenteuer der Kleinkindphase meistern. Immer wenn ich mich gerade an seine gegenwärtige Phase gewöhnt hatte, wuchs er in eine neue hinein. Oft trauerte ich dem süßen, unschuldigen Jungen nach, der sich in ein neues Modell verwandelt hatte und der Meinung war, nun mehr Macht und Einfluss haben zu müssen. Aber das gehört ja zur Elternschaft dazu. Loslassen, was war, und die neuere Version Ihres Kindes annehmen. (Das gilt auch für die Teenager-Zeit!)

Alle Lehrer/innen machen jedes Jahr eine kurze Trauerphase durch, wenn sie ihren Schüler/innen auf Wiedersehen sagen müssen. Als Lehrer, der die Zeit im Klassenzimmer wirklich genoss, erlebte ich den bittersüßen Moment am Ende des Schuljahres in dem Bewusstsein, dass diese Kinder, mit denen ich das ganze Jahr verbracht hatte, nun weiterzogen und nie mehr auf dieselbe Weise mit mir verbunden sein würden. Lehrer und Lehrerinnen, könnt ihr loslassen und eure Traurigkeit mit einem mitfühlenden Herzen annehmen?

Erwartungen loslassen

Wir alle wissen, was für unsere Kinder am besten ist – zumindest denken wir das. Und so entwickeln wir alle möglichen Vorstellungen darüber, wie sie sich verhalten sollten, welche Entscheidungen sie treffen sollten oder was sie erreichen sollten. Das bereitet todsicher den Boden für erhebliches Leiden – für alle Beteiligten. Eine der größten Herausforderungen für Eltern und Lehrer besteht darin, unsere Pläne für unsere Kinder loszulassen und sie darin zu unterstützen, der einzigartige Mensch zu sein, der sie in Wirklichkeit sind.

Als Adam größer wurde, trug er ständig ein T-Shirt mit dem Aufdruck „Finde deinen eigenen Weg". Das wurde zu seiner zentralen Philosophie. Außer in Zeiten, in denen er klare Führung und Struktur brauchte, ermutigten Jane und ich ihn stets, seine eigenen Entscheidungen zu treffen. Und nach all den Jahren scheint er normalerweise zu wissen, was am besten für ihn ist, beispielsweise welche Schule ihn am besten darin unterstützen könnte, seine Interessengebiete zu vertiefen, oder welcher Ausbildungsgang seinen Talenten am besten gerecht werden würde. Und er ist ein selbstbewusster junger Mann. Können Sie Ihre Vorstellungen und Erwartungen loslassen und Ihre Kinder darin unterstützen, zu entdecken, wer sie wahrhaftig sind und was sie dieser Welt zu geben haben?

Großzügigkeit: Die Blüte der Praxis des Loslassens

Großzügigkeit ist der schönste Ausdruck des Loslassens. Wenn wir etwas mit anderen teilen, seien es Ressourcen oder unsere Zeit oder Fürsorge, spüren wir eine intensivere Herzverbindung durch eben diesen Akt des Loslassens. Denken Sie an ein Geschenk, das Ihnen jemand gemacht hat, etwas, das Sie wirklich mögen, vielleicht eine Vase, die in Ihrem Wohnzimmer steht oder Ihren Lieblingspullover. Denken Sie bei seinem Anblick nicht an diese Person? Ich habe eine Lieblingsschale in meinem Badezimmer stehen, die Teil des Hochzeitsgeschenks unserer Freunde Roger und Frances war. Wir bekamen es vor 33 Jahren. (In dieser Welt der

Vergänglichkeit sind die anderen drei Teile des Sets inzwischen kaputtgegangen.) Jedes Mal, wenn ich die Schale anfasse, denke ich an die Freunde und wünsche ihnen alles Gute. Das, was wir teilen, ist die Währung unserer Fürsorge und Liebe.

Großzügig zu sein macht uns Freude, es ist etwas, das man ganz bewusst praktizieren kann. Wie wunderbar ist es doch, unsere Kinder zu ermutigen, die natürliche Freude, welche der Großzügigkeit entspringt, schätzen zu lernen! Indem wir ohne Hintergedanken geben, erleben wir echtes Glück. Wir teilen, weil es sich gut anfühlt. Der Dalai Lama nennt das „egoistischen Altruismus" und bezeichnet es als heilsames Handeln. Jedes Mal, wenn Sie großzügig sind, sollten Sie Acht geben, dass Ihnen dieses gute Gefühl nicht entgeht. Nehmen Sie wirklich wahr, wie gut sich Großzügigkeit anfühlt. So verstärken Sie die heilsame Energie dieses Aktes und wecken noch mehr Freude.

Es ist wichtig, dass wir auch uns selbst in diese Praxis der Großzügigkeit einbeziehen. Wir wollen keine Märtyrer werden, indem wir mehr geben, als angemessen ist. Denn wenn wir das tun, kommt unsere Großzügigkeit aus einem Gefühl des Mangels, und nicht aus der Fülle. Das ist einer der Gründe, weshalb es so wichtig ist, gut für sich selbst zu sorgen. Es steigert nicht nur unser persönliches Wohlbefinden, auch die Menschen in unserer Umgebung profitieren von unserer Selbstfürsorge.

Genauso wichtig ist es, unbefangen und anmutig annehmen zu können, wenn jemand Ihnen gegenüber großzügig ist. Der Empfangende oder Beschenkte zu sein fällt vielen Leuten schwerer, als der Gebende zu sein. Sie erweisen niemandem einen Dienst, wenn Sie Großzügigkeit mit den Worten abwehren: „Oh, das wäre doch nicht nötig gewesen!" Etwas mit Wertschätzung und Freude annehmen zu können ist nämlich ebenfalls ein großzügiger Akt. Es erlaubt dem Gebenden, das schöne Gefühl zu genießen, von ganzem Herzen zu geben. Wenn Sie beabsichtigen, Großzügigkeit zu ihrem Thema zu machen, dann achten Sie darauf, Dinge unbefangen anzunehmen, besonders dann, wenn es Ihnen leichter fällt, zu geben als zu nehmen.

Loslassen als Vereinfachung

Beim Loslassen geht es im Wesentlichen darum, unser Leben zu vereinfachen. Indem wir das tun und überflüssiges Zeug loswerden, klären wir auch unseren Geist. Ein Aspekt der Vereinfachung unseres Lebens mag darin bestehen, materielle Dinge loszulassen. Wie viel brauchen wir wirklich? Unsere Konsumgesellschaft sagt uns ständig, was wir alles brauchen, um glücklich zu sein, aber es stimmt einfach nicht. Das Gefühl innerer Befreiung und Weite, das wir erleben, nachdem wir unseren Schrank ausgemistet haben, ruft weit mehr Begeisterung hervor als das Ansammeln von noch mehr Dingen.

Es kann nützlich sein, sich P. A. Payuttos Worte über „intelligenten Konsum“ ins Gedächtnis zu rufen: „Wie wir wissen, wann genug genug ist.“

> *Es ist ein Gewahrsein jenes optimalen Punktes, an dem die Steigerung echten Wohlbefindens mit der Erfahrung von Zufriedenheit einhergeht. Konsum … eher in Einklang mit einem Gefühl des Wohlbefindens, anstatt der Befriedigung von Wünschen. Nicht maximaler Konsum führt zu mehr Zufriedenheit, sondern moderater oder intelligenter Konsum führt zu Wohlbefinden.*

P.A. PAYUTTO
zitiert in Stephanie Kaza: „Hooked!: Buddhist Writings on Greed, Desire and the Urge to Consume“, Boston, Shambala 2007

Dieses Suchen nach dem Punkt optimalen Wohlbefindens erfordert achtsame Aufmerksamkeit. Aber es bewahrt sie davor zu übertreiben, sodass Vergnügen nicht in Leiden umschlägt. (Wird diese Extraportion Nachtisch Sie wirklich glücklicher machen oder Ihre Verdauung verbessern?)

PROBIEREN SIE DAS

Loslassen als Weg, ein Gleichgewicht im Leben zu finden

Ein Aspekt des Loslassens, der Sie glücklicher machen kann, ist, ein vollgestopftes, hektisches Leben mehr ins Gleichgewicht zu bringen. Wir erzeugen Leiden, indem wir uns mehr aufhalsen, als wir bewältigen können. Selbst wenn es sich um angenehme Entscheidungen handelt, gerät unser Leben aus dem Gleichgewicht, wenn wir zu viel tun. Die Amerikanerin Peace Pilgrim, eine spirituelle Lehrerin des 20. Jahrhunderts, sagt: „Wenn dein Leben in Einklang mit deinem Part im Netzwerk des Lebens ist und wenn du die Gesetze respektierst, die dieses Universum lenken, dann ist dein Leben erfüllt und gut, aber nicht überfüllt. Wenn es überfüllt ist, tust du mehr, als du tun solltest, mehr als deine Aufgabe im Großen Ganzen ist." *Peace Pilgrim – Her Life and Work in Her Own Words,* Ocean Tree Books, 1992

1. Was macht mein Leben zurzeit kompliziert oder unausgewogen?
2. Was wäre nötig, um es zu vereinfachen, oder was müsste ich loslassen, um mein Leben mehr in Balance zu bringen?
3. Machen Sie folgendes Experiment: Wählen Sie einen Lebensbereich aus, in dem Sie das Vereinfachen üben. Das können so simple Dinge sein wie E-Mails nicht öfter als nötig zu checken. Wenn Sie Ihrer To-do-Liste etwas hinzufügen, dann streichen Sie etwas anderes.
4. Nehmen Sie jedes Mal wahr (wenn Sie sich entscheiden, Ihr Leben einfacher zu gestalten, indem Sie Dinge loslassen, die Ihr Leben vollstopfen), wie gut es sich anfühlt, einen Weg zu wählen, der Ihnen besser tut.

Unsere Geschichten loslassen

Eine der tiefgreifendsten Übungen im Loslassen ist die Abkehr von den Überzeugungen und Geschichten, die wir uns über uns selbst und unser Leben erzählen. Während manche wichtig für uns sind und uns auf sehr positive, tief gehende Weise inspirieren können, halten wir oft auch an Vorstellungen fest, die Gefühle der Minderwertigkeit, Angst, Isolation oder Enge hervorrufen, welche absolut nicht unserem Wohlergehen dienen. Diese Art von Geschichten, die die Wahrheit verschleiern, sind eine der Hauptursachen des Leidens. Sie können Überzeugungen über unsere Vergangenheit beinhalten, über unsere Einschränkungen, unser Potenzial, darüber, was andere von uns halten, können mit Erwartungen und Interpretationen einhergehen, die uns verwirren oder Angst auslösen. In solchen Geschichten kommen oft Wörter vor wie „immer" und „nie", beispielsweise „Ich kann nie …" oder „Sie macht immer …".

Was können Sie dagegen tun? Einschränkende Geschichten loszulassen ist äußerst befreiend und schenkt uns eine innere Weite und Freude. Immer wenn ich leide oder verwirrt bin, besteht meine wichtigste persönliche Übung darin, mich einfach zu fragen: „Welche Geschichte glaube ich jetzt gerade?" Sobald ich diese Frage stelle, sehe ich, wie gehaltlos meine Gedanken sind, und lasse die Geschichte los. Ich habe mein Gefängnis verlassen und kann die Dinge klarer sehen. Gedanken sind so real oder so gehaltlos, wie wir glauben. Vielleicht stellen Sie wie ich fest, dass diese Reflexion eine effektive Methode ist, den Geist von der Tyrannei des negativen Denkens zu befreien.

PROBIEREN SIE DAS

Nehmen Sie sich fünf Minuten Zeit, um über die folgenden Fragen zu reflektieren und Ihre eigenen Antworten darauf aufzuschreiben. Vielleicht möchten Sie sie mit Ihrem/Ihrer Kamerad/in oder einem Freund/einer Freundin teilen.

1. An welche Geschichte, die Sie davon abhält, Wohlbefinden und Freude zu erfahren, glauben Sie?
2. Was wäre, wenn Sie sie einfach als Geschichte betrachten und loslassen könnten?
3. Könnten Sie die erste Geschichte durch eine ersetzen, die Ihnen zu mehr Wohlbefinden verhelfen würde? (Welche wäre das?)
4. Was müssten Sie verstehen oder an was müssten Sie sich erinnern, um sie zukünftig loslassen zu können?

Michele: Mit Kindern das Loslassen üben

„Loslassen … ich glaube, das will ich überhaupt nicht", sagte mein Kollege, als ich dieses Kapitel erwähnte. „Ich möchte das Kapitel überspringen, okay, Michele? Das hört sich für mich viel zu schmerzhaft an. Ich möchte festhalten."

Warten Sie, lesen Sie weiter. Loslassen ist fantastisch!

Bedeutet loslassen, dass ich mein Leben nicht mehr unter Kontrolle habe? Bedeutet es, dass ich meinen gesamten materiellen Besitz aufgeben muss? Ich habe mir diese Fragen auch gestellt – bis ich verstanden habe, was Loslassen in Wirklichkeit bedeutet. Jetzt liebe ich es.

Ich habe gelernt, dass ich an überhaupt nichts festhalten kann! Mist! Ich dachte, ich könnte es. Heute sehe ich, wie das Festhalten mich aus dem gegenwärtigen Moment herauszieht und unglaubliches Leiden verursacht.

Als ich heranwuchs, dachten meine Eltern, sie würden mir Sicherheit geben, indem sie mir sagten, wie sich mein Leben entwickeln würde. Ich rebellierte nur. Sie versuchten, weiter an dem kleinen Mädchen festzuhalten, das sie kannten, aber ich wuchs zu einer jungen Frau heran. Und je mehr sie festhielten, desto mehr rebellierte ich. Sie erzählten mir, sie würden alt werden und lange für mich da sein. Seltsamerweise starben sie aber früh. Wir Eltern können unseren Kindern weder solche Versprechen geben, noch können wir ihr Leben oder das anderer nahestehender Menschen kontrollieren. Waren Sie je erfolgreich mit dem Versuch, den Ausgang aller Entwicklungen zu kontrollieren? Das funktioniert leider nicht. Wenn ich mich heute in dieser Falle wiederfinde, indem ich mir sage, wie die Dinge meiner Meinung nach sein sollten, atme ich und lasse los. Im Hinblick auf unsere Kinder kann dieses Loslassen unglaublich schwer sein. Als Mutter versuche ich, jedem Moment ganz neu zu begegnen und mich hineinzuentspannen. Während ich dies schreibe, atme ich in die Tatsache hinein, dass mein jüngerer Sohn morgen seinen Führerschein bekommt! Ich weiß, dass danach viele Momente des Loslassens auf mich zukommen werden.

Eltern wollen festhalten

Als Lehrerin bin ich sehr vielen Eltern begegnet, die mir sagten, sie wünschten, ihr Kind wäre so oder so. Sie erwarteten, dass es nur Einsen nach Hause bringt, weil es bei seinem Bruder so war. Sie wollten, dass es Spitzensportler wird, weil sie Sport liebten. Sie wollten, dass sich ihre Kinder zusammenreißen und mehr wie ein „richtiger Junge" oder eine „junge Dame" würden. Sie wollten, dass sie sich andere Freunde suchen. Sie wollten, dass sich der/die Ex-Partner/in mehr einbringt. Die Liste ist endlos. Können Sie erkennen, dass der Versuch, die oben aufgelisteten Dinge zu ändern, genauso fruchtlos ist, wie mit dem Kopf gegen die Wand zu schlagen?

Ich frage die Eltern dann, ob sie ihr Kind so lieben können, wie es ist. Ob sie ihre Vorstellungen darüber, was aus ihrem Kind (oder Partner oder Freund) werden soll, loslassen können. Ich sage damit nicht, dass sie aufhören sollen, ihrem Kind Führung zu geben. Der Kampf beginnt, wenn Eltern sich gegen das stemmen, was ist. Die folgende Lektion macht Kindern die Vergänglichkeit des Lebens bewusst.

Blas' es weg – das Sand-Mandala

„Sie meinen, diese Leute arbeiten wirklich eine ganze Woche daran und blasen es dann weg?" Meine Klasse war fassungslos, als sie von der alten tibetisch-buddhistischen Tradition der Sand-Mandalas hörte. Wir hatten Glück: Gerade wurde in der Nähe unserer Schule so ein tibetisches Sand-Mandala gestaltet. Das war mein Einstieg, um den Kindern die Freude des Loslassens, das Thema dieses Kapitels, nahezubringen. Wir machten uns also auf den fünfminütigen Fußmarsch und beobachteten die Mönche bei ihrer Arbeit am Mandala. Jeden Tag gingen wir dorthin und beobachteten seine Entstehung. Am letzten Tag blieben einige Kinder bis zum Schluss und beobachteten, wie der Wind das Mandala ins Meer blies. Sie wurden Zeuge dieses Aktes der Schöpfung und des Loslassens. In diesem Kapitel gibt es eine Anleitung für die Herstellung Ihrer eigenen Mandalas.

Kinder und Jugendliche sind „Festhalter" und Kletten

Kinder sagen Dinge wie: „Es war schon immer so. Ich sollte besser in Mathe sein, aber ich bin es nicht." – „Wir haben in der Mittagspause miteinander gestritten, das werde ich ihm/ihr nie vergessen." – „Ich will eine Menge Geld haben und ein iPhone kaufen aber ich kann nicht." – „Das Leben ist Mist und ich merke das ununterbrochen." – „Ich muss beliebt sein und um jeden Preis Teil der Gruppe bleiben." – „Sie muss für immer meine Freundin bleiben." – „Wir haben gesagt, wir würden es tun." – „Gestern auf der Party habe ich mich großartig gefühlt und ich will dieses Gefühl immer haben, sogar wenn ich trinken muss, um es zu bekommen." – „Meine Katze ist gestorben und ich werde nie mehr froh sein."

Mit dem Loslassen ist es wie mit all den anderen Übungen: Man macht es nicht nur einmal. Es ist etwas, das man wieder und wieder üben muss. Das heißt nicht, dass wir unser Leben nicht genießen können, aber wir können uns fragen, wie viel Energie wir dafür aufwenden möchten. Loslassen bedeutet, den Dingen zu erlauben, zu sein, wie sie sind. Sich nicht am Guten festklammern oder das Ungute wegschieben. Einfach allem erlauben, so zu sein, wie es ist. Sie sind nicht auf bestimmte Ergebnisse fixiert oder darauf, wie die Dinge sein sollten. Loslassen bedeutet zu wissen, dass Veränderung einfach in der Natur jeder Sache liegt. Es ist unvermeidlich, dass gute und schlechte Dinge auf uns zukommen. Wenn Sie sich an Sicherheit klammern und daran, wie die Dinge sein sollten, werden Sie wahrscheinlich eine raue Fahrt haben.

Lektion 1: Loslassen

Wenn Sie aufhören, so verzweifelt festzuhalten – an Ideen, Objekten, an Besitz, an dem Sie hängen aber auch an lieb gewordenen Vorstellungen darüber, wer Sie sind –, leben Sie auf eine Weise, die Ihnen erlaubt, mit dem Leben zu fließen. Sie entdecken, dass Loslassen etwas ist, das Sie für sich tun, und nichts, das Sie sich antun.

Fördert und stärkt

- Neue Betrachtungsweisen
- Resilienz
- Durchhaltevermögen
- Demut
- Loslassen

Alter

- Sieben Jahre bis Erwachsenenalter

Materialien

- Papier
- Schere
- Aktenvernichter (falls
- vorhanden)
- Sand oder Tafelsalz
- Farbige Kreide
- Reibe
- Schale
- Stock (Bleistiftgröße)

Bezug zum Lehrplan

- Verbaler Ausdruck
- Schreiben
- Zuhörkompetenz
- Gemeinschaftskunde
- Kunst
- Soziales und emotionales Lernen

Die Praxis zu Hause und in der Schule

Magisch

Als ich am Awakening-Joy-Kurs teilnahm, war „Loslassen" das Thema des Monats. Zufällig schuf der tibetische Lama Tenzin Tsundu zu dieser Zeit in unmittelbarer Nähe unserer Schule gerade ein Sand-Mandala. Meine Schüler/innen und ich sprachen darüber, was dieser Lama loslassen musste, als er 1957 den Himalaja überquerte, um in Dharamsala den Flüchtlingsstatus zuerkannt zu bekommen.

Sand-Mandala

Wir hatten das ganze Jahr über Achtsamkeit praktiziert, und ich wusste, dass ich diese Klasse dorthin mitnehmen konnte, wo das Sand-Mandala geschaffen wurde, damit sie seine Entstehung beobachten konnte. Die Kinder respektierten den Raum und die besondere, meditative Atmosphäre dieses Ereignisses.

Am Morgen hatten wir unsere Lektion über das Loslassen. Ich bat die Kinder, aufzuzählen, was wir im Leben nicht loslassen wollen. Wir begannen mit den Dingen, die ein Baby loslassen muss, wenn es zum Kleinkind heranwächst. Die Kinder sprachen darüber, wie schwierig es ist, die Schmusedecke oder den Schnuller loszulassen, ein Stofftier oder Mamas Brust. Dann sprachen wir über alle Lebensabschnitte bis hin zum Lebensende.

An diesem Tag hatten wir drei Besucher unterschiedlichen Alters im Klassenzimmer. Sie sprachen über das Loslassen der eigenen Kinder, über alternde Körper und Karriereträume.

Schreib' es auf

Dann sprachen wir über Dinge, die wir gerne loslassen würden. Die Liste wurde rasch länger und enthielt Dinge wie „Mich in Bezug auf mich selbst schlecht fühlen", „Meine alte Puppe", „Herrisch sein", „Mit meiner Schwester streiten" (und noch verschiedene andere Dinge).

Zum Schluss forderte ich die Kinder auf, ihre Stifte hervorzuholen und aufzuschreiben, was sie persönlich gerne loslassen würden. Ich sagte ihnen, sie könnten so viele geheime Dinge aufschreiben, wie sie wollten, aber es sollte mindestens eine Sache dabei sein, die sie laut sagen könnten. Die Köpfe waren über die Blätter gebeugt und die Stifte kratzen über das Papier. Auch die Erwachsenen schrieben mit.

Ein magisches Gerät

Ich sagte den Kindern, ich hätte ein magisches Gerät, das beim Loslassen helfen könne. Dann ging ich ins Büro und schleppte den elektrischen Aktenvernichter an (denselben, den wir in Kapitel 1, Lektion 3, *Der Schredder* benutzt hatten. Ein Gerät mit magischen Kräften!). Wäre ich zu Hause gewesen, hätte ich für dieses Ereignis ein großes Feuer entfacht.

Während ich mit den Kindern darüber sprach, was sie gerne loslassen wollten, erklärte ich ihnen, dass all das auf einer bestimmten Ebene transformiert werden würde. Ich sagte ihnen auch, dass das vielleicht nicht augenblicklich geschehen würde und dass wir manches einfach nicht unter Kontrolle haben. Aber wir konnten die *Absicht* formulieren, den Griff dieser Dinge zu lockern.

Sag' es, wiederhole es

Wir setzten uns im Kreis hin und jedes Kind ging zum Schredder und sagte: „Ich lasse ______________ los.“ Der Rest der Klasse applaudierte und rief: „Lass' es los! JA, JA, JA!“ Sie beobachteten, wie der Aktenvernichter ihre Sorgen fraß. Als alle fertig waren, öffneten wir das Gerät und ich fragte die Kinder, wie sie sich nun fühlten.

Viele sagten, sie fühlten sich leicht und froh.

Zur Krönung des Tages hatten wir Gelegenheit, nachmittags bei dem Lama zu sitzen und zu beobachten, wie das Mandala Gestalt annahm. Die Kinder waren sehr respektvoll, und viele sagten später, sie seien noch nie in einem so „heiligen Raum“ gewesen. Am darauffolgenden Sonntag wurde das Mandala ins Meer entlassen und viele der Schüler/innen waren mit ihren Familien gekommen, um dieser uralten Zeremonie des „Loslassens“ beizuwohnen. Den Kindern wurden die Riten und Traditionen einer anderen Kultur nahegebracht, was sie dazu anregte, sich eingehender mit der Geschichte des tibetischen Volkes zu beschäftigen.

Aktivitäten

Erstellen Sie Ihre eigene Liste von Dingen, die Sie gerne loslassen würden. Zerschneiden Sie dann das Papier oder schreddern Sie es im Aktenvernichter.

Gestalten Sie ihre eigene Sand-Mandala-Schale mit farbigem Salz oder Sand. Betrachten Sie das Mandala als Praxis des Loslassens.

Eine Sand-Mandala-Schale kreieren

1. Holen Sie etwas feinen Sand vom Strand oder öffnen Sie eine Packung Tafelsalz und schütten Sie den Sand oder das Salz in eine Schale. Sie können den Sand zuvor durchsieben, um gröbere Teile zu entfernen. (Sie brauchen mindestens zwei Tassen voll.)

2. Man kann mit einer oder mehreren Farben arbeiten. Nehmen Sie farbige Straßenkreide oder Pastellkreide und zerreiben Sie sie auf einer Gemüsereibe, bis Sie ein feines Pulver haben.
3. Mischen Sie dieses Farbpulver unter den Sand oder das Salz.
4. Schütten Sie den farbigen Sand nun in eine flache Schale.
5. Suchen Sie sich einen schönen Stein und platzieren Sie ihn in einer Ecke der Schale. Lassen Sie genügend Raum, um Muster zeichnen zu können.
6. Zeichnen Sie nun mit Ihrem Stöckchen (von der Größe eines Bleistifts) Muster in den Sand.
7. Heben Sie dann den Stein auf und schütteln Sie die Schale oder verwischen Sie das Muster mit den Händen.

Obwohl das nicht annähernd so viel Zeit kostet wie das Herstellen eines Mandalas, haben die Kinder unendlich viel Spaß dabei, Muster entstehen zu lassen und sie wieder „loszulassen".

Ein Schritt weiter

Stellen Sie verschiedene farbige Sande her. Skizzieren Sie mit Kreide ein Mandala auf einer Sperrholzplatte. Füllen Sie das Muster mit farbigem Sand aus. Sie können zwei Eisstiele im Winkel zusammenkleben, um eine kleine Einfüllvorrichtung herzustellen. Dann können Sie den Sand hineinrieseln lassen, um das Muster zu füllen, so wie es die Mönche bei der Herstellung eines Sand-Mandalas machen.

In seinem Roman *Der Alchimist* spricht Paulo Coelho über den Akt des Loslassens. „Denke nicht an das, was wir zurücklassen", sagte der Alchimist zu dem Jüngling als sie über den Wüstensand ritten. „Wenn das, was du gefunden hast, echt ist, wird es nie vergehen. Und du kannst eines Tages zurückkehren. Wenn es jedoch nur ein Lichtmoment war, wie eine Explosion eines Sternes, dann findest du beim Wiederkommen nichts mehr vor."

LESETIPPS

Bücher für Erwachsene

Brown, Brene, *Die Gaben der Unvollkommenheit*, Bielefeld: Kamphausen Verlag, 2012.

Byrant, Barry, *The Wheel of Time Sand Mandala: Visual Scripture Of Tibetan Buddhism*. Ithaka, NY: Snow Lion, 2003.

Coelho, Paulo, *Der Alchimist*. Zürich: Diogenes Verlag, 16. Aufl. 2008.

Skyhorse Publishing, *Mandalas: Coloring for Artists*. New York, NY: Skyhorse Publishing, 2015.

Bücher für Kinder

Silver, Gail, *Anh's Anger*. Illustriert von Christiane Krömer. Berkeley, CA: Plum Blossom Books, 2009.

Djeco, *Tibetan Mandalas Colored Sand* (Tibetische Mandalas aus farbigem Sand).

Lektion 2: Von innen nach außen zeichnen

Pastellkreide-Kunst: Vor und nach einer 15-minütigen progressiven Entspannung

Wenn Sie die Vorstellung loslassen, dass die Dinge auf eine bestimmte Weise sein sollten, öffnen Sie sich dafür, dass es normalerweise eine Reihe von Möglichkeiten gibt, die Sie nicht in Betracht gezogen haben.

Fördert und stärkt

- Kreativität
- Aufgeschlossenheit
- Lernfreude
- Selbstgewahrsein
- Selbstausdruck

Alter

- Vorschule bis Erwachsenenalter

Materialien

- Pastellkreide
- Große Papierbögen
- (DIN A3 oder größer)
- Ein stiller Raum
- Zeit für eine Meditation (zwischen 20 Minuten und 1 Stunde)

Bezug zum Lehrplan

- Verbaler Ausdruck
- Zuhörkompetenz
- Kunst
- Soziales und emotionales Lernen

Die Praxis zu Hause und in der Schule

Von innen nach außen zeichnen

Eines Morgens, als ich die Schule betrat, war ich sehr gespannt. Ich wollte sehen, ob die Kinder die Wirkung einer Achtsamkeitssitzung zeichnen konnten, ohne sie auf irgendeine Weise in Worte zu fassen. Ich wollte auch keine Vorschläge oder festen Vorgaben im Hinblick auf die Zeichnungen machen. Die einzige Anregung, die ich in dieser Lektion gab, war, dass die Zeichnung ein Gesicht beinhalten könne. Dies sollte ein Experiment sein, und ich wollte, dass es wirklich aus dem tiefsten Inneren kam.

Ich ging also mit meinen Drittklässlern in einen ruhigen Raum. Sie hatten bereits das ganze Jahr über Achtsamkeitstechniken geübt. Ich gab jedem Kind einen großen Papierbogen (ca. 30 x 40 cm) und teilte Päckchen mit Pastellkreide aus.

Ich hatte Pastellkreide für diese Übung gewählt, weil man damit rasch große Flächen einfärben und bemalen kann und weil sie den Bildern einen weichen Touch gibt. Außerdem hatten wir schon früher mit Pastellkreide gearbeitet und die Kinder wussten, wie man den Kreidestaub in einen Papierkorb schütteln muss, damit er sich nicht im Raum verteilt. So war auch der Hausmeister glücklich!

Ich ließ die Kinder ein Gesicht skizzieren und dann mit Hilfe der Pastellkreiden die jeweilige Stimmung darstellen. Ich bat sie, nicht zu urteilen, sondern einfach eine Farbe nach der anderen zur Hand zu nehmen und zu schauen, was dabei herauskommt.

So begannen sie, Pastellkreide aufs Papier zu bringen.

(Nach ungefähr fünf Minuten – dehnen Sie es nicht zu lange aus, weil die Kinder sonst anfangen, über ihre Kunst nachzudenken und zu urteilen – bitten Sie die Kinder, die Kreide beiseitezulegen und den Papierbogen einmal so zu falten, dass sie ihre Zeichnung nicht mehr sehen können. Jetzt ist nur noch die andere, leere Hälfte des Bogens sichtbar.)

Als Nächstes nahm ich sie auf eine Fantasiereise mit, die eine tiefe Körperentspannung bewirken soll. Ich sagte: „Atme und entspanne dich. Erinnere dich an eine Zeit, in der du dich sehr sicher und glücklich gefühlt hast. Vielleicht siehst du vor deinem inneren Auge einen Menschen – es kann auch ein Tier sein. Bleibe solange bei diesem Bild, bis es dich ganz erfüllt. Öffne dann deine Augen und nimm die Kreide zur Hand. *Und nun los!*"

Es war nicht das geringste Geräusch zu hören außer dem Schaben der Kreide auf dem Papier.

Später legten wir alle Kunstwerke auf dem Boden aus und betrachteten sie zusammen mit ein paar anderen Lehrern. Und wir stellten fest, dass die Bilder nach der Achtsamkeitssitzung eine weiche, fast träumerische Qualität hatten. Viele Schüler/innen sprachen von einem Gefühl tiefen inneren Friedens. Viele von ihnen hatten Haustiere gezeichnet, die gestorben waren. Sie arbeiteten die ganze Pause hindurch und wollten nicht aufhören, bis ihr Bild fertig war.

Diese Bilder zierten für mehrere Wochen die Flure der Schule.

Viele Eltern erzählten mir, wie tief es sie berührt habe, als ihre Kinder über diese Entspannungssitzung sprachen und mit ihnen teilten, was sie dabei erlebt hatten. Eine Mutter hatte Tränen in den Augen, als sie mir berichtete, ihr Sohn habe ihr erzählt, dass er seinen Großvater gezeichnet habe – den er nie kennen gelernt hatte. Das Kind hatte ihr ganz sachlich erklärt, sein Großvater sei bei ihm gewesen, als er sich tief entspannt habe. Es gibt so vieles, worüber wir nichts wissen. Aber ich weiß, dass Kinder, die man mit einer Achtsamkeitspraxis vertraut macht, sich oft sehr tief in Räume hineinentspannen können, die zu besuchen sie ansonsten wenig Gelegenheit haben. Es entsteht eine Offenheit, die vielleicht unsere unsichtbaren Grenzen lockert. Indem man Kindern verschiedene Türen anbietet, finden sie Schritt für Schritt immer mehr Zugang zu ihrem inneren Wesen und freunden sich damit an. Viele Kinder gehen nach Hause, zeigen ihren Familien die Entspannungstechniken des Tages und tragen so dazu bei, dass sich die Wellen der Entspannung in der Welt ausbreiten.

LESETIPPS

Bücher für Erwachsene

Davies, Hannah und Merritt, Richard, *Kreativ entspannen: Das farbenfrohe Ausmalbuch*. München: Knesebek Verlag, 2015.

Deutsch, Laura *Writing from the Senses: 59 Exercises to Ignite Creativity and Revitalize Your Writing*. Boulder, CO: Shambhala Publishing, 2014.

Edwards, Betty, *Das neue Garantiert zeichnen lernen: Die Befreiung unserer schöpferischen Gestaltungskräfte*. Rheinbek: Rowohlt Verlag, 17. Aufl. 2000.

Wakley, Dina, *Art Journal Courage: Fearless Mixed Media Techniques for Journaling Bravely*. New York, NY: North Light Books, 2014.

Bücher für Kinder

Daywalt, Drew, *Der Streik der Farben*. Zürich: NordSüd Verlag, 2016.

Derolf, Shane, *The Crayon Box that Talked*. Illustriert von Michael Letzig. New York, NY: Random House Books for Young Readers, 1997.

Reynolds, Peter, *Der Punkt: Kunst kann jeder*. Hildesheim: Gerstenberg Verlag, 2010.

Watt, Fiona, *365 Ideen zum Malen und Zeichnen*. München: Frech Verlag, 2011.

Lektion 3: Einschränkende Glaubenssätze loslassen und das Gehirn auf Erfolg schalten

Immer wenn Sie leiden oder verwirrt sind, könnten Sie sich fragen: „An welche Geschichte glaube ich gerade?“ So erkennen Sie den Gedanken als rein mentales Konstrukt und lassen die Story los.

Fördert und stärkt

- Zuversicht
- Fürsorglichkeit
- Teilen
- Anerkennung in der Familie
- Selbstvertrauen

Materialien

- Aufnahmegerät

Alter

- Vorschule bis Erwachsenenalter

Bezug zum Lehrplan

- Verbaler Ausdruck
- Schreiben
- Zuhörkompetenz
- Lesen
- Naturwissenschaften
- Soziales und emotionales Lernen

Die Angst, vor Publikum zu sprechen, oft auch als Lampenfieber oder „Sprechangst“ bezeichnet, ist eine der am weitesten verbreiteten Phobien in Nordamerika. Die meisten Menschen lösen dieses Problem für sich, indem sie es generell vermeiden, vor anderen zu sprechen. Vielen Leuten entgehen im Leben Berufschancen, Beziehungen und die reine Freude am Selbstausdruck, weil sie sich dieser Angst beugen. Wenn wir Kinder schon in jungen Jahren darin unterstützen, in einem sicheren Rahmen vor ihren Altersgenossen zu sprechen, anstatt innere Türen zu schließen, tun sich für sie unzählige Möglichkeiten auf.

Diese Übungen zum Loslassen einschränkender Glaubensmuster sind entscheidend für unser persönliches Glücksempfinden.

Ich kann den Mund nicht aufmachen

Ich erinnere mich an meine eigene Erfahrung mit öffentlichem Sprechen, als ich der neunten Klasse eine Koch-AG besuchte. Wir sollten ein Rezept demonstrieren und vor der Klasse die Anweisungen geben. Ich war total entsetzt. Was würden die anderen von mir denken? Was, wenn ich nicht kompetent wirkte? Ich brachte kein Wort heraus. Die Lehrerin wiederholte ein paar Mal ihre Drohung: „Wenn du das nicht machst, bekommst du eine Sechs … wenn du das nicht machst, bekommst du eine Sechs…" Ich wurde also mit meiner Angst konfrontiert. Erstarren, kämpfen oder flüchten? Ich erstarrte zunächst, flüchtete dann und habe das nie vergessen. Weder meine Lehrerin noch meine Klassenkamerad/innen brachten einen Funken Mitgefühl für mich auf, und ich wusste mit Sicherheit nicht, wie man sich selbst Mitgefühl entgegenbringt.

Kristin Neff, eine Expertin in Sachen Selbstmitgefühl, schreibt in Ihrem Buch *Selbstmitgefühl*: „Wie können wir uns von dieser tief verwurzelten Angewohnheit befreien, uns im Staub zu wälzen? Indem wir uns selbst Mitgefühl entgegenbringen. Die Forschung hat gezeigt, dass Menschen, die Mitgefühl mit sich haben, weniger negative Emotionen wie Angst, Reizbarkeit, Feindseligkeit oder Verzweiflung erleben als diejenigen, denen es an Selbstmitgefühl mangelt."

Die Praxis in der Schule

Meine Schüler/innen

Mir war es wichtig, dass meine Schüler/innen sich beim Sprechen vor anderen leichter tun und freier fühlen. Deshalb machte ich sie früh mit dem Sprechen vor Publikum vertraut. Ich bringe ihnen auch bei, ein Selbstmitgefühls-Mantra zu formulieren. Außerdem lasse ich sie wissen, dass auch ich noch nervös werde. Aber weil ich meinen Job machen muss und mich ausdrücken möchte, muss ich den Mund aufmachen. Ich lade die Kinder ein, ihre diesbezüglichen Ängste loszulassen und ebenfalls zu versuchen, frei zu sprechen!

Ein Risiko eingehen und im Mitgefühl geborgen sein

Eines Tages bat ich meine Schüler/innen, einen zweiminütigen Vortrag vorzubereiten, in dem es darum ging, was sie auf einer China-Reise gerne sehen und tun würden. Die Schüler/innen konnten Stichwort-Karten benutzen und sollten zu Hause üben, bevor sie in der darauffolgenden Woche ihren Vortrag halten würden. Wir sprachen über Körpersprache und wie man selbstbewusst dreinschauen konnte, ohne es wirklich zu sein. Wenn man den Kindern erläutert, was bei Angst im Körper vor sich geht – Schwitzen, Anspannung, Blutandrang im Kopf, vernebeltes Denken –, werden sie (hoffentlich) in der Lage sein, innerlich ein wenig Abstand zu nehmen, die Erfahrung als Angst wahrzunehmen und zu benennen und sich selbst durch die herausfordernde Situation zu führen.

Als der große Tag näher rückte, nahmen mich mindestens vier Schüler/innen beiseite und fragten mich, ob sie ihren Vortrag vielleicht nur vor mir halten könnten. Sie wollten nicht, dass irgendjemand anders zuhörte. Ich dachte darüber nach, und da ich sehr vertraut mit dieser Klasse war, sagte ich Folgendes zur ganzen Gruppe:

> „Wenn ich euch heute gehen ließe, ohne dass ihr sprechen müsst, würde ich euch einen echten Bärendienst erweisen. Ich weiß aus der Hirnforschung, dass euer Gehirn in diesem Fall die Nervenbahnen miteinander verschalten würde, die euch bestätigen, dass ihr nicht vor Publikum sprechen könnt. Auf diese Weise erzeugt ihr eine neuronale Verknüpfung, die so stark ist, dass sie eure Fähigkeiten enorm einschränken wird.
>
> Schaut euch in dieser Gruppe um. Es könnten Zeiten kommen, in denen ihr einen Preis entgegennehmt und nicht fähig seid, euch öffentlich zu bedanken. Was, wenn ihr irgendwann Politiker werden und in der Regierung dieses Landes mitarbeiten wollt und eure Werte nicht öffentlich vermitteln könnt? Was, wenn du einer der nächsten Hockey-Nationalspieler wirst und nicht vor die Kamera

treten kannst? Was, wenn deine Familie irgendwann jemanden braucht, der bei einer Veranstaltung oder einer Trauerfeier für sie eine Rede hält? Wenn ich heute sage, „nein, ihr braucht diesen Vortrag nicht zu halten“, habt ihr euch wieder einmal bestätigt, dass ihr es nicht könnt. Ihr werdet euch an diese Zeit in der sechsten Klasse zurückerinnern und euch sagen, dass ihr damals noch ängstlicher und gehemmter geworden seid. Ihr seid erst elf Jahre alt. Ich kann nicht zu dieser Tragödie beitragen (ich versuchte in diesem Moment, sehr ernst dreinzuschauen, und war es tatsächlich auch). Ihr werdet vor der mitfühlendsten Gruppe von Menschen stehen, die mir je begegnet sind. Es ist ihnen wichtig, dass ihr es versucht. Und es ist ihnen egal, ob ihr nervös seid, stottert oder was auch immer. Sie unterstützen euch und bitten euch, das einschränkende Glaubensmuster, dass ihr das nicht könnt, loszulassen.“

„Lasst uns also gemeinsam dieses Mantra des Selbstmitgefühls sprechen: ‚Auch wenn es schwer ist und ich vielleicht schwitzen, stottern oder nuscheln werde, wir alle fühlen uns manchmal so. Es gehört zum menschlichen Dasein. Es ist einen Versuch wert. Ich habe hier gute Freunde und sie werden mich unterstützen.‘“

Einen sicheren Raum schaffen, in dem man etwas riskieren kann

Anbieten – nicht drängen

(Inzwischen schauten sie mich mit großen Augen an, und eines der Mädchen, das von seiner Angst gesprochen hatte, meldete sich und sagte, sie würde es gerne versuchen.) Ich fragte sie, was sie zur Unterstützung brauchen würde, und sie wünschte sich ihre beste Freundin auf der einen und mich auf der anderen Seite neben sich. Zufällig hatte ich an diesem Tag meinen kleinen Hund Teddy dabei und sie hielt ihn fest im Arm, während ich das Blatt Papier hielt, auf das sie ihre Rede geschrieben hatte. Mit Tränen in den Augen und zittrigen Händen stellte sie sich vor die Klasse und las ihre Rede vor. Ja, sie wurde rot; ja, sie stotterte; ja, sie sprach zu schnell; ja, wir alle hielten den Atem an, aber der donnernde Applaus nach ihrem Vortrag war im ganzen Flur zu hören. Als sie wieder zu ihrem Platz tänzelte, spiegelte ihr strahlendes Lächeln reine Freude wider. Ich hielt sie an und bat sie, sich einmal in der Klasse umzuschauen und diesen Moment der Freude wirklich in sich aufzunehmen. Sie verinnerlichte dieses ungewohnte Gefühl von Mut und Erfolg. Sie hatte ihre Denkmuster geändert und einen einschränkenden Glaubenssatz losgelassen. Immer wieder reckte sie mir an diesem Tag den erhobenen Daumen entgegen und ich tat es ihr gleich, denn sie hatte durch ihrem Mut ein so großes Hindernis überwunden. Ich verbeugte mich innerlich vor ihr und dem menschlichen Geist.

Die Praxis zu Hause

Hier ein paar Tipps, wie Sie Ihre Kinder ermutigen können, diese Fähigkeit zu entwickeln.

* Lassen Sie Ihre Kinder früh mit der Stimme experimentieren. Sagen Sie ihnen, dass es dabei nicht darum geht, etwas „richtig“ oder „gut“ zu machen, sondern einfach die Töne zuzulassen. Sie können das mit der Videokamera einfangen und wieder abspielen. Gewöhnen Sie die Kinder daran, sich selbst zu sehen, wenn sie sich in einem sicheren Rahmen ausdrücken.

* Lassen Sie Ihre Kinder kleine Stücke aufführen – vor ihnen oder vor kleinem Publikum. Das können ganz einfache, kurze Aufführungen sein, die nur ein paar Minuten dauern, aber die Freude, sich auszudrücken und mitzuteilen, wird dazu beitragen, dass sie mutiger werden und sich kompetenter fühlen. Ich erinnere mich, dass ich mit meinen Jungs kleine Aufführungen probte, während ihre Stofftiere und unser Hund als unterstützendes Publikum auf den Esszimmerstühlen saßen.

* Nehmen Sie sich die Zeit, Ihren Kindern zuzuhören, wenn sie aus Büchern vorlesen oder das Alphabet aufsagen. Das kann man schon sehr früh machen, sodass sie sich daran gewöhnen, ihre eigene Stimme zu hören. Später können sie den Großeltern oder Geschwistern vorlesen und so das Publikum ausweiten. Wenn sie dann irgendwann in der Klasse aufgerufen werden, wird ihnen das Sprechen vor anderen leichtfallen.
* Singen Sie gemeinsam in der Familie. Legen Sie Musik auf und singen Sie mit, spielen Sie Karaoke-CDs ab oder machen Sie ein Lagerfeuer, an dem sie die altbekannten Lieder singen.
* Ermutigen Sie Ihre Kinder, sich zu melden, wenn die Lehrerin in der Klasse dazu auffordert, etwas zu präsentieren oder vorzulesen. Lassen Sie sie zu Hause üben. In den höheren Klassen wird das Mitteilen seltener, sodass den Schüler/innen viele Gelegenheiten entgehen, vor anderen zu sprechen.

Die Praxis in der Schule

* Beginnen Sie in der Schule mit kurzen Runden, in denen sich die Kinder den anderen mitteilen. Dabei sollte auf eine sichere Atmosphäre geachtet werden. Die Kinder können sich beispielsweise in Kleingruppen oder unter vier Augen mit einem Freund/einer Freundin austauschen.
* Ermutigen Sie ältere Kinder, diese Art des Austauschs vor den Jüngeren zu praktizieren, um ihnen ein Beispiel zu geben.
* Ermöglichen Sie den Kindern auch, diverse Führungsrollen einzunehmen, beispielsweise Achtsamkeitssitzungen zu leiten, Anweisungen zu geben und Schulversammlungen zu leiten.

Verletzlichkeit, Verbundenheit und Selbstmitgefühl

* Zeigen Sie sich selbst verletzlich, indem Sie vor den Kindern eine Rede oder Präsentation halten. Einmal übte ich vor meinen Drittklässlern eine komplette Einführungsrede zu einer Präsentation. Sie waren so

mitfühlend und unterstützend, dass ich sie, als ich die Rede dann tatsächlich hielt, einfach mit einbezog. Ich habe mich sehr unterstützt gefühlt. Auch ich werde vor einem solchen Ereignis immer noch nervös und ängstlich!

* Bringen Sie den Kindern Erkenntnisse der Hirnforschung nahe, beispielsweise wie unser Gehirn negative Muster „verdrahtet", sodass sie stärker werden und sich zunehmend in den Nervenbahnen verankern. Alles, worauf wir permanent unsere Aufmerksamkeit richten, wird vom Zustand zum Wesenszug. Rick Hansons Buch *Meditationen, um das Gehirn zu verändern – Wie wir unsere Nervenbahnen neu verdrahten*, erklärt das sehr verständlich und gut lesbar.

* Lassen Sie Ihr Kind alle Gelegenheiten aufzählen, bei denen es hilfreich sein könnte, eine Rede vor Publikum zu halten. Stellen Sie eine Verbindung zwischen diesen Ideen und den Dingen her, die ihr Kind gerne tut, und schauen Sie, wie ihm das zukünftig helfen kann. Kleine Schritte können viel zum Erfolg beitragen.

* Lassen Sie Ihr Kind üben, mitfühlend mit sich selbst zu sprechen, bevor es eine Rede vor Publikum hält. Es könnte sich sagen: „Auch wenn ich jetzt gleich vor der Klasse spreche und dabei wahrscheinlich entsetzliche Angst haben werde, werde ich es durchstehen. Jetzt, wo ich besser vorbereitet bin, ist es leichter. Ich habe ja etwas mitzuteilen und meine Freunde und Freundinnen werden mich unterstützen." (Als Lehrerin sage ich das laut vor und alle Kinder wiederholen es. So können wir alle möglichen Angst-Szenarien durchspielen, und die Kinder erkennen, dass jede/r mehr oder weniger angespannt ist und dass sie nicht allein sind. Die Kinder tauschen sich auch mit ihren Klassenkamerad/innen über Möglichkeiten aus, die Ängste zu verringern oder zu überwinden.

In ihrem Buch *Nach Hause kommen zu sich selbst* offeriert Tara Brach folgende tröstlichen Worte und schlägt vor, sie mehrmals zu wiederholen. Sie können dabei auch ihre Hand aufs Herz legen:

Dies ist das Leiden aufgrund von Angst
Angst gehört zum Leben
Auch andere Menschen erleben das ... ich bin nicht allein.
Möge ich liebevoll mit mir umgehen ...
möge ich mir das Mitgefühl entgegenbringen, das ich brauche.

LESETIPPS

Bücher für Erwachsene

Gallo, Carmine, *Talk Like TED: Die 9 Geheimnisse der besten Redner*. München: Redline Verlag, 2016.

Miller, Fred, *No Sweat Public Speaking!: How to Develop, Practice and Deliver a Knock Your Socks Off Presentation with No Sweat*. University City, MO: Fred Company, 2012.

Bücher für Kinder

Baker, Keith, *The Talent Show: A Mr. and Mrs. Green Adventure*. Boston, MA: Houghton Mifflin Harcourt Books for Young Readers, 2013.

Berenstain, Stan und Berenstain, Jan, *The Berenstain Bears Get Stage Fright*. New York, NY: Random House Books for Young Readers, 2013.

Holabird, Katharine und Craig, Helen, *Angelinas großer Auftritt*. München: Dorling Kindersley, 2002.

Minden, Cecilia und Roth, Kate, *How to Write and Give a Speech*. North Mankato, MN: Cherry Lake Publishing, 2011.

Scotton, Rob, *Splat the Cat: Splat the Cat Sings Flat*. New York, NY: HarperCollins, 2011.

Lektion 4: Wie Berührung uns stärkt

Großzügigkeit ist eine aktive Form des Loslassens und ein sicherer Weg zum Glücklichsein. Sie geben nicht nur etwas her, Sie verbinden sich liebevoll mit anderen durch den Akt des Teilens.

Fördert und stärkt

- Mitgefühl
- Verbundenheit
- Beitrag leisten
- Wohlbefinden
- Liebe zu anderen
- Liebe zu sich selbst

Materialien

- Warme Hände
- Warmes Herz
- Zeit
- Massageöl oder Lotion

Alter

- Von Geburt bis Erwachsenenalter

Bezug zum Lehrplan

- Verbaler Ausdruck
- Zuhörkompetenz
- Naturwissenschaften
- Soziales und emotionales Lernen

Die Praxis zu Hause

Die erste Berührung

Als meine Söhne geboren wurden, massierte ich sie, sooft ich konnte, mit hochwertigen Ölen. Mein Ältester hatte nach der Geburt Gelbsucht, also musste er unter dem Dachfenster liegen, während das weiche Licht der Wintersonne täglich seinen Körper streichelte. Ich erinnere mich daran, dass ich Bilder von indischen Babys gesehen hatte, die täglich massiert wurden. So entstand eine besondere Verbundenheit mit ihren Eltern, während diese jeden Körperteil ihres winzigen Babys massierten. Ich las, dass Babymassage die Eltern-Kind-Bindung stärkt und die Verbindung zwischen Körper und Geist fördert. So entstehen Liebe, Akzeptanz, Respekt und Vertrauen. Berührung verbessert außerdem die Kommunikation und erhöht vor allem die Sensibilität.

Ich behielt die Angewohnheit, meine Jungs zu massieren, viele Jahre bei, massierte sie hier und da – oft nur das Gesicht und die Hände, um ihnen beim Einschlafen zu helfen. Nach meiner Erfahrung schafft das eine wunderbare Verbundenheit und entfaltet ungeahnte positive Wirkungen.

Die „Großen"

Heute, so viele Jahre später, kommt mein Siebzehnjähriger von seinem Job als Kassierer nach Hause und lässt sich auf die Couch plumpsen. Seine Füße (Schuhgröße 48!) nehmen ein ganzes Polster ein. Er beklagt sich darüber, dass er so müde ist, und kann ansonsten nicht mehr viel erzählen. Da ich eine ganze Woche von zu Hause fort war, wünsche ich mir in diesem Augenblick einfach Nähe zu ihm.

Ich frage ihn, ob er sich neben der Heizung auf den Teppich legen und eine kleine Massage bekommen möchte. Als er klein war, hat ihm das immer geholfen, sich zu entspannen. Er hat das seit Monaten nicht mehr gemacht, denn seine Unternehmungen mit Freunden, sein Job und die Schule füllen sein Leben komplett aus und halten ihn auf Trab. Und Kuscheln will er definitiv nicht mehr.

In diesem Fall ist jedoch klar, dass er ein bisschen Nähe gebrauchen kann. Ich entspanne mich und nehme die tiefen Atemzüge dieses 1,94 m großen jungen Mannes wahr, der immer noch mein Kind ist. Ich segne ihn, als er in tiefen Schlaf fällt. Für einen Moment kann ich ihn bemuttern und tief in mich hineinhorchen, wie ich es immer tat, als er noch ein kleines Kind war. Ich spüre plötzlich meine Eltern neben mir, die schon vor langer Zeit gestorben sind und ihn nie gesehen oder gehalten haben. So haben sie jetzt irgendwie auch einen Moment mit ihm. Die Ahnen gesellen sich zu uns. Er schläft nun tief, in eine Decke gehüllt, und mein Herz zerspringt fast vor Liebe und Verbundenheit.

Wie es geht

Wie wird das zu einer Praxis des Loslassens?

DIE EINZELNEN SCHRITTE

1. Wählen Sie einen angenehmen, warmen Platz. Wärmen Sie ein wenig Massageöl in Ihren Händen an.
2. Bitten Sie Ihr Kind, entspannt zu atmen, während Sie sanft mit der Massage beginnen.
3. Berühren Sie seinen Körper nur dort, wo es sich für Sie beide stimmig anfühlt. Das können die Füße oder Hände sein, der Nacken und/oder der Rücken. Falls Ihr Kind noch sehr klein ist, möchten Sie vielleicht seinen ganzen Körper massieren. Seien Sie respektvoll.
4. Wenn sich Ihr Kind allmählich entspannt, laden Sie es ein, sich auf den Bereich zu fokussieren, in dem Ihre Hände gerade seine Haut berühren. Lassen Sie es in Verspannungen oder schmerzende Stellen hineinatmen.
5. Synchronisieren Sie nun ganz allmählich Ihren Atem mit dem Ihres Kindes. Lassen Sie sich Zeit.
6. Sie können still darum bitten, dass alles, was losgelassen werden muss, liebevoll und sanft vom Körper freigesetzt wird.
7. Wenn Sie das Gefühl haben, dass es genug ist, streichen Sie vier Mal vom Kopf bis zu den Füßen über den Körper.
8. Schütteln Sie Ihre Hände aus und geben Sie alte, verbrauchte Energie an Mutter Erde zurück.
9. Hüllen Sie Ihr Kind in eine Decke ein und lassen Sie es in diesem kuscheligen Kokon tief entspannen.
10. Ahhh ... Genießen Sie das Loslassen und die Macht der Berührung.

Die Praxis in der Schule

Es gibt Kinder, die ausgehungert nach Berührung ins Klassenzimmer kommen: nach nährender, beruhigender und entspannender Berührung. Wenn ich diese Übung einführe, erkläre ich den Kindern, dass ihr Körper ihnen gehört, dass sie das Recht haben, selbst zu bestimmen, wie ihr Körper berührt wird. Kinder, die sich dabei irgendwie unwohlfühlen, müssen nicht an der Übung teilnehmen und können mit unserem „Klassen-Schoßhund" oder einem Stofftier kuscheln, wenn sie Lust dazu haben. Es gibt Kinder mit bestimmten Traumata. Bitte erlauben Sie diesen Kindern, einfach nur dabeizusitzen und zu beobachten. Sie möchten vielleicht auf eine andere Weise teilhaben, indem sie beispielsweise den Übenden gute Gedanken schicken. Aber ich habe es in all den Jahren kaum einmal erlebt, dass ein Kind nur zuschauen wollte.

Diese Übung führe ich normalerweise erst in der Mitte des Schuljahres ein, weil die Schüler/innen dann bereits vertrauter miteinander sind und neu Hinzugekommene inzwischen meistens Freunde gefunden haben, mit denen sie die Übung machen können. Die folgende Atem- und Berührungstechnik ermöglicht es auf eine schöne Art und Weise, sich zu Hause miteinander zu verbinden oder in der Schule die Verbundenheit der Kinder untereinander zu fördern. Sie hilft ihnen, sich zu fokussieren und in verschiedene Bereiche des Körpers hineinzuatmen.

Wie es geht

Ich bitte die Kinder, sich eine/einen Klassenkamerad/in auszusuchen, mit der oder dem sie sich bei dieser Übung wohlfühlen würden. Falls ein Kind übrig bleibt, frage ich es, ob es bereit wäre, mein/e Partner/in zu sein. Bisher hat mich noch kein Kind abgelehnt!

Ich demonstriere die gesamte Übung zunächst mit einem Kind, bevor wir mit dieser Lektion beginnen. Person A rollt sich in der Stellung des Kindes (Balasana) zusammen. Die andere Person (B) steht dahinter und legt behutsam die Hände auf den Kopf von Person A.

(Um die Stellung des Kindes einzunehmen, setzt man sich auf seine Fersen, wobei sich die großen Zehen berühren. Die Knie sind hüftbreit auseinander. Dann beugt man den Oberkörper langsam nach vorne, bis der Bauch auf den Oberschenkeln ruht und der Kopf die Matte oder den Boden berührt. Die Arme liegen mit den Handflächen nach oben parallel neben dem Oberkörper. Falls die Dehnung anfangs als zu stark empfunden wird, kann man den Kopf auch auf die vor dem Körper übereinandergelegten Händen oder Fäuste ablegen. Entspannen.)

Person A atmet drei oder vier Mal in die Hände von Person B hinein. Person B kann ihren Atem auch mit dem Atem von A synchronisieren. Das schafft eine starke Verbindung.

Nun bewegt Person B ihre Hände langsam nach unten und lässt Person A nacheinander in den oberen Rücken, den mittleren Rücken und die Füße hineinatmen. Zum Schluss streicht Person B den Körper von Person A vom Kopf bis zu den Füßen aus. Die Person in der Kind-Stellung darf nun noch einen Moment ruhen.

Die Kinder lieben diese sichere Form der Berührung. Wenn sie erst einmal über das anfängliche Kichern hinaus sind und die Übung mehrmals gemacht haben, wird es für sie zu etwas ganz Natürlichem und sie suchen sich sofort eine/n Partner/in und fangen an.

LESETIPPS

Bücher für Erwachsene

Smith, Karen, *Massage: Die besten Techniken von Kopf bis Fuß - für Entspannung, Energie und Beweglichkeit.* München: Bassermann Verlag, 2012.

Schneider, Vimala, *Baby-Massage: praktische Anleitung für Mütter und Väter.* München: Kösel Verlag, 1985.

Bücher für Kinder

Diese vier Kinderbücher haben uns tief berührt und beim abendlichen Einschlafen ein stilles Energiefeld der Liebe geschaffen. Ich hoffe, dass Ihre Familie diese Bücher ebenfalls lieben wird!

Brown, Margaret, *Gute Nacht, lieber Mond.* Illustriert von Clement Hurd. Zürich: Diogenes Verlag, 2016.

McBratney, Sam, *Weißt du eigentlich, wie lieb ich dich hab?* Illustriert von Anita Jeram. Frankfurt a. M.: Fischer Sauerländer, 2013.

Munsch, Robert, *Ich lieb dich für immer.* Illustriert von Sheila McCraw. Hamburg: Lappan (Carlsen)Verlag, 2006.

Tilman, Nancy, *Die Nacht, in der du geboren wurdest.* Berlin: Adrian Verlag, 2013.

7 Sich selbst lieben

James: Übungen für Erwachsene

Als ich heranwuchs, mochte ich mich nicht besonders. Unsicher und schüchtern wie ich war, fiel es mir schwer zu glauben, dass mich irgendjemand außer meinen engsten Freunden mögen könnte. Ich fühlte mich oft wie ein Hochstapler und fürchtete, entlarvt zu werden. Hätte mir damals jemand gesagt, es sei möglich, sich selbst zu lieben, ich hätte ihm sicher nicht geglaubt. Ich möchte Ihnen hier und heute sagen, dass es möglich ist, aber es bedeutet, dass wir über unsere persönlichen Filter der Selbstverurteilung hinausschauen müssen, um das Gute zu entdecken, das jeder, der uns mag, in uns sieht.

Wir alle wollen glücklich sein. Es gibt eine Kraft in uns – stärker als alle Zweifel, Urteile und selbstzerstörerischen inneren Stimmen –, die will, dass wir glücklich sind. Sie spornt uns an, auf unser Wohlergehen zu achten. Die Motivation hinter allen unseren Handlungen ist die Vorstellung, dass diese uns helfen werden, uns besser oder weniger schlecht zu fühlen. Leider besteht häufig Verwirrung darüber, was zu echtem Glück führt. Sich selbst lieben zu lernen bedeutet, dass man Zugang zu dieser Kraft findet und sie aktivieren kann, sodass sie unsere Entscheidungen weise dahin lenkt, wo wir entdecken, was wirklich gut für uns ist.

Das Thema „Selbstliebe“ ergibt sich ganz natürlich aus dem Thema „Loslassen“, denn wenn Sie die einschränkenden Geschichten und Vorstellungen über sich selbst loslassen erkennen Sie, dass Sie wahrhaftig liebenswert - der Liebe wert – sind. Wenn Sie sich selbst lieben können, oder zumindest anfangen können, wert zu schätzen, wer Sie sind, dann erlauben Sie all Ihren wunderbaren Eigenschaften zum Vorschein zu kommen.

Dann können Sie auf das Gute bauen, das in Ihnen ist, die Gaben sehen, die Sie mitbekommen haben, und die Freude erleben, sie mit anderen zu teilen. Wenn Ihnen Selbstliebe zu hoch gegriffen erscheint, kann bereits die Absicht, freundlich mit sich umzugehen oder sich selbst Gutes zu wünschen, einen tief greifenden, das Leben verändernden Prozess einleiten. Das wird, neben dem guten Gefühl, das es in Ihnen auslöst, auch zu einem großen Geschenk für jeden, dem Sie begegnen, insbesondere für ihre Kinder. Die Kinder bekommen ja mit, wie wir uns selbst behandeln, und das wird zu einem wichtigen Vorbild für sie. Uns selbst wirklich zu mögen, ja sogar zu lieben, ist also ein Schlüssel zu deren Wohlbefinden.

Es ist erstaunlich, wie selten wir uns tatsächlich wertschätzen. Wie viele von uns haben ein negatives Selbstbild, das von ihrem inneren Kritiker aufrechterhalten wird? Solche selbstkritischen, verurteilenden Gedanken rühren oft von einem unterschwelligen Gefühl der Wertlosigkeit her.

Wenn man sich selbst als unwert betrachtet, verkennt man, was man ist: Ein vollkommener Ausdruck des Lebens, dem dieselbe wahre Natur innewohnt (manche nennen sie göttlichen Geist oder Reich Gottes) wie allen anderen Lebewesen. In *Ein Kurs in Wundern* wird dies folgendermaßen ausgedrückt: „An deine Minderwertigkeit zu glauben ist überheblich, denn damit stellst du deine eigene Meinung über die Gottes.“

Vergebung: Eine Voraussetzung für Selbstliebe

Um uns selbst lieben zu können, müssen wir uns so akzeptieren, wie wir sind, mit all unseren Unzulänglichkeiten und Unvollkommenheiten. Mit dem Thema „Vergebung“ haben wir uns schon in Kapitel 5, „Integrität“, beschäftigt und es ist auch im Hinblick auf die Selbstliebe ein wichtiger Teil unserer Praxis. Dabei geht es nicht nur darum, sich frühere Handlungen zu vergeben, sondern sich ebenso zu vergeben, dass man sich selbst als minderwertig betrachtet.

Wenn wir nur unsere Fehler sehen, halten wir einfach das Gefühl aufrecht, nicht gut genug zu sein. Wir schneiden uns von der Möglichkeit ab, zu erkennen, wer wir wirklich sind (wenn wir nicht aus Angst oder Verwirrung heraus handeln). Um lernen zu können, freundlich und liebevoll mit sich selbst umzugehen, ist es entscheidend, sich an das grundsätzlich Gute in uns zu erinnern – zusammen mit allen unseren anderen positiven Eigenschaften. In seinem Buch *Das innere Licht entdecken – Heilende Meditationen für schwierige Lebensphasen* schreibt Jack Kornfield über die Volksgruppe der Bemba in Sambia, die eine radikal andere Art der Selbstvergebung praktiziert:

> Wenn jemand aus dem Stamm unverantwortlich oder unrechtmäßig handelt, wird er in die Mitte des Dorfes geführt. Er steht dort allein und nicht gefesselt. Jegliche Arbeit ruht, und jeder Mann, jede Frau und jedes Kind kommt zum Dorfplatz, auf dem sich alle in einem großen Kreis um den Angeklagten versammeln. Dann spricht jeder Angehörige des Stammes zu diesem Menschen – einer nach dem anderen –, und alle weisen auf die guten Dinge hin, die die Person in der Mitte des Kreises in ihrem Leben bisher getan hat. Jede Begebenheit, jede Erfahrung, die in allen Einzelheiten erinnert werden kann, wird wiedergegeben. Alle seine oder ihre positiven Eigenschaften, guten Taten, Stärken und Freundlichkeiten werden lang und breit erörtert. Dieses Stammesritual dauert oft mehrere Tage. Am Ende wird der Kreis aufgelöst, eine Freudenfeier veranstaltet und die betreffende Person wird symbolisch und faktisch wieder in den Stamm aufgenommen.*

* Kornfield, Jack, *Offen wie der Himmel, weit wie das Meer: Worte der Weisheit für Vergebung und Frieden.* München: Kösel Verlag, 2003.

Vielleicht müssen Sie sich vergeben, dass Sie einen bestimmten Teil Ihrer selbst nicht annehmen können: Ihren Körper oder Ihren Geist oder Ihre Einschränkungen. Robert Bly schreibt: „Jeder Teil von uns, den wir nicht lieben lernen, wird zu unserem Feind." Vergebung erfordert, dass wir jegliche Idealvorstellungen, denen wir niemals gerecht werden können, loslassen: den gnadenlosen Perfektionismus, der nicht auf Weisheit beruht.

Zu lernen, sich selbst zu vergeben und Mitgefühl entgegenzubringen, braucht Zeit und Geduld. Das geschieht nicht über Nacht. Aber es ist wie bei unseren anderen Übungen: Indem wir uns geistig darauf ausrichten, säen wir Samen, die irgendwann Früchte hervorbringen werden. Versuchen Sie, wenn Sie einen Moment der Selbstvergebung erleben, ganz präsent für diese Erfahrung zu sein. Nehmen Sie wahr, wie sich dieser Moment der Vergebung in Körper und Geist anfühlt.

Liebende Güte für uns selbst

Mit genügend Selbstvergebung und Mitgefühl können wir unser Herz öffnen und uns selbst aufrichtig alles Gute wünschen. Ein bekannter Spruch besagt, dass wir auf der ganzen Welt suchen können und doch niemanden finden werden, der Liebe mehr verdient hat als wir selbst. Aber wie die meisten von uns aus eigener Erfahrung wissen, ist es oft schwerer, sich selbst die Freundlichkeit entgegenzubringen, die man anderen entgegenbringen würde.

Stellen Sie sich vor, Sie begegneten jemandem, der Ihre Witze mag, einen ähnlichen Geschmack hat und Ihre Sicht der Dinge tatsächlich versteht. Kurz, einem Menschen, der wirklich auf Ihrer Wellenlänge liegt. Wie würden Sie sich bei einer solchen Begegnung fühlen? Sie wären wahrscheinlich begeistert! Es gibt nur einen Menschen auf der Welt, auf den diese Beschreibung voll und ganz zutrifft. Aber leider steckt er in Ihrer Haut und deshalb wissen Sie diese Qualitäten nicht zu schätzen. Micheles Lektion „Mir selbst der beste Freund/die beste Freundin sein" eröffnet einen spielerischen Zugang zur Selbstliebe. Einstein beschrieb unser

Dilemma so: Wir leben in einer „optischen Illusion des Bewusstseins". Nur von unserem begrenzten Standpunkt aus können wir nicht sehen, wer wir in Wahrheit sind. Wenn Sie sich selbst begegneten, würden Sie wahrscheinlich ausrufen: „Wo bist du mein Leben lang gewesen?"

Die Liebe hereinlassen

Hier eine von John Makranskys Buch *Erwachen durch Liebe* inspirierte Praxis, die die Selbstliebe fördert. Makransky weist auf die Tatsache hin, dass uns ununterbrochen auf die eine oder andere Art Freundlichkeit entgegengebracht wird. Indem wir präsent sind und sie wahrnehmen, öffnen wir unser Herz und fühlen uns mit allem Leben um uns herum verbunden. Ich übe das folgendermaßen: Immer wenn mich jemand anlächelt, mir eine Tür aufhält, mir Gutes wünscht oder tut, denke ich bei mir, dass mich das Leben auf diese Weise wissen lässt, dass ich der Liebe und Freundlichkeit wert bin. Diese Menschen sind die Überbringer dieser liebenden Energie des Lebens. Verpassen Sie es nicht. Nehmen Sie diese Verbindung wahr, und erkennen Sie, dass das Leben Sie unterstützen und freundliche Energie in Ihre Richtung schicken will. Das war eine sehr wirkungsvolle Praxis für mich. Ich hoffe, dass Sie sie ausprobieren und für sich selbst herausfinden, wie wirkungsvoll sie sein kann.

Passen Sie gut auf sich auf

Oft hören wir den Spruch: „Pass' gut auf dich auf."

Das ist die Essenz des Prozesses, bei dem Sie lernen, sich selbst zu lieben. Wenn Sie still genug werden, um Ihrer inneren Weisheit lauschen zu können, werden Sie wissen, welche Art der Selbstfürsorge zu gegebener Zeit angebracht ist. Wenn wir gut für uns sorgen, stehen wir für uns ein und können ehrlich sagen, was wir brauchen. Einer der wichtigsten Aspekte der Selbstfürsorge ist, auf freundliche, fürsorgliche Weise zu sich selbst zu sprechen.

Gedanklich in einem freundlichen, mitfühlenden Ton mit zu sich zu sprechen ist ein entscheidender Aspekt der Selbstliebe. Nehmen Sie wahr, in welchem Ton Sie sich mit sich selbst unterhalten, damit Sie die kritische innere Stimme von der Stimme der Weisheit unterscheiden können. Wenn Sie einen barschen Ton wahrnehmen, können Sie sicher sein, dass dies nicht die Stimme der Weisheit ist. Die kritische Stimme wird Ihnen immer sagen, was verkehrt ist und was schiefgehen kann. Das ist eine sichere Methode, Wohlbefinden zu verhindern. Die weisere Stimme wird Ihnen helfen, auf das fokussiert zu bleiben, was hilfreich ist und Sie wirklich unterstützt.

Auf sich aufzupassen und gut für sich zu sorgen bedeutet auch, Entscheidungen zu treffen, die gut für Ihr physisches Wohlergehen sind: welche Nahrung Sie zu sich nehmen, ob Sie Ihren Körper bewegen und trainieren und ihm so viel Ruhe gönnen, wie er braucht. Solche Ratschläge hören Sie natürlich schon Ihr Leben lang. Aber versuchen Sie einmal, sich mit der bewussten Absicht zu verbinden, gut zu Ihrem Körper zu sein, weil Sie ihn schätzen und ihn gut behandeln wollen. Das wird Sie stark motivieren, eine wirklich gesunde Einstellung zu Ihrem Körper zu entwickeln, und das ist eine wunderbare Art, die Liebe zu sich selbst zu vertiefen.

Eine Möglichkeit, mit dieser inneren Weisheit in Kontakt zu kommen, die stets Ihr Bestes will, ist, ganz direkt zu fragen: „Was brauche ich *jetzt* für mein Wohlbefinden?“ oder: „Was brauche ich *jetzt*, um in meine Kraft zu kommen?“ Lauschen Sie auf die ehrliche Antwort, die aus dem Innern kommt. Es gibt keine richtige Antwort. Welche Botschaft es auch sein mag, es geht allein darum, auf eine Weise danach zu handeln, die Ihre Absicht unterstützt, gut zu sich zu sein. Vielleicht brauchen Sie im Moment mehr Fokussierung, Struktur und Disziplin. Können Sie sich das auf eine freundliche Art und Weise geben? Vielleicht kommt aber auch die Botschaft durch, dass Sie für sich sorgen sollten, indem Sie jetzt eine Pause machen, mit einer Freundin am Telefon plaudern oder einfach etwas tun, das Ihnen Spaß macht. Können Sie das ohne Schuldgefühle tun? Vielleicht haben Sie auch ein intensives Gefühl, dass es Zeit ist, aus Ihrer Komfortzone herauszukommen und Neues auszuprobieren. Was Sie auch tun, fragen Sie immer wieder, was Sie brauchen, um gut für sich zu sorgen. Hören Sie auf die Weisheit, die von innen kommt. Und verleihen Sie ihr dann durch Handeln Kraft.

Ihre guten Eigenschaften gehören Ihnen – und gehören Ihnen nicht

Man könnte sich nun fragen, ob es nicht zu einem einzigen großen Ego-Trip werden kann, wenn man in Kontakt mit all seinen wunderbaren Qualitäten kommt. Aber wir tun das nicht, um unser Ego aufzublähen. Darauf würde mit Sicherheit ein Ego-Dämpfer durch andere folgen. Wenn wir unsere Stärken würdigen, ist es wesentlich, dass wir sie nicht als unser „Eigentum" betrachten. Es sind Gaben, die uns das Leben geschenkt hat und die wir uns nicht als Verdienste ans Revers heften können (genauso wenig, wie wir unsere Unzulänglichkeiten als unsere Schuld betrachten müssen). Wir können dankbar für diese Qualitäten sein, können sie wertschätzen, klug einsetzen und erkennen, dass ihre Quelle viel größer ist als wir.

PROBIEREN SIE DAS

Sich an das Gute in uns erinnern

Stellen Sie sich vor, wir könnten für uns selbst eine ähnliche Zeremonie praktizieren wie der Bemba-Stamm! Sich die eigenen guten Taten ins Gedächtnis zu rufen ist tatsächlich ein wirkungsvolles Mittel gegen Scham und Schuld. Probieren Sie es:

1. Nehmen Sie sich kurz Zeit, um sich so viele Ihrer guten Taten wie möglich in Erinnerung zu rufen. Was hat sie dazu gebracht, so positiv oder heilsam zu handeln? Können Sie die Güte sehen, die einen Ausdruck finden wollte?

2. Achten Sie darauf, wie es sich anfühlt, wenn Sie sich Ihre Güte ins Gedächtnis rufen.
3. Erinnern Sie sich, wenn Sie selbstkritisch werden, an einige Ihrer guten Taten, und schauen Sie, ob Ihre „Selbstgespräche“ dann weniger negativ werden.

Eine Übung zur Vergebung

Wenn wir uns für unsere Unzulänglichkeiten verurteilen oder andererseits dafür, dass wir denken, wir seien irgendwie nicht gut genug, fügen wir uns zusätzlichen Schmerz zu. In manchen Lehren spricht man dann davon, dass der Betroffene dem ersten Pfeil (einem schmerzlichen Ereignis) einen zweiten hinterherschickt. Anstatt der Selbstverurteilung können wir unserem urteilenden Geist Mitgefühl entgegenbringen. Das ist ein riesiger Schritt in Richtung Selbstliebe. Falls Selbstverurteilung für Sie ein Problem darstellt, probieren Sie folgende Übung aus, die ich auch in meiner Klasse mit den Kindern geteilt habe:

1. Was müsste ich mir vergeben?
2. Was müsste ich verstehen, um mir selbst wirklich vergeben zu können?
3. Stell' dir vor, jemand anders wäre wegen derselben Angelegenheit voller selbstverurteilender Gedanken und Gefühle. Könntest du ihm oder ihr vergeben?
4. Lass' den weisesten und mitfühlendsten Teil deiner selbst diesem verwirrten Wesen vergeben, das sich nicht gut genug fühlt. Spüre die heilsame Energie deines Mitgefühls.

Die klassische Praxis der liebenden Güte

Eine Möglichkeit, gut für sich zu sorgen, ist die Praxis, sich selbst gedanklich liebende Güte zu senden.

1. Suchen Sie sich einen stillen Platz und nehmen Sie sich etwas Zeit (zehn Minuten). Experimentieren Sie nun damit, die unten stehenden Sätze wiederholt still und bewusst an sich selbst zu richten.
   Möge ich glücklich sein.
   Möge ich inneren Frieden haben.
   Möge ich gut zu mir sein.
   Möge ich mich lieben und akzeptieren, wie ich bin.
2. Versuchen Sie beim Sprechen der Sätze ein inneres Bild von sich zu haben, das dem jeweiligen Satz entspricht. Sehen Sie sich vor Ihrem inneren Auge in einem glücklich Moment und senden Sie diesem Bild gute Wünsche, als würden Sie es segnen.
3. Sie können diese Sätze auch an Ihren Körper richten oder an einen Körperteil, zu dem Sie ein gesünderes Verhältnis entwickeln möchten. Ihr Körper hat über lange Zeit sein Bestes getan, um Ihnen zu dienen. Senden Sie ihm ein paar freundliche, anerkennende Gedanken.

Diese Praxis kann tatsächlich sehr wirkungsvoll sein, besonders dann, wenn wir die Sätze langsam sprechen und uns innerlich mit unserer Intention und der Bedeutung hinter den Worten verbinden. Sie können die Sätze frei formulieren, wichtig ist, dass sie eine Resonanz auslösen. Hier zwei meiner Lieblingssätze: „Möge ich vor inneren und äußeren Verletzungen geschützt sein" und „Möge ich freundlich mit mir umgehen." Sie können drei oder vier Sätze wählen und regelmäßig zu sich sagen, damit Sie sie verinnerlichen.

Eine Übung der liebenden Güte für sich selbst

Bei der traditionellen Praxis der liebenden Güte kommen wir in Kontakt mit unseren feinen Qualitäten, bevor wir uns selbst gute Wünsche senden. Während eines Liebende-Güte-Retreats kam ich auf eine andere Version, durch die ich mich aus einer neuen Perspektive wahrnehmen konnte – mit tief greifenden Resultaten.

Haben Sie sich je gefragt, was andere an Ihnen finden und schätzen? Vielleicht betrachten Sie alle möglichen Qualitäten, mit denen Sie die Menschen in Ihrem Umfeld berühren, als selbstverständlich: Ihre Herzensgüte, Ihren Humor, Ihre Rücksichtnahme und Fürsorglichkeit, um nur ein paar zu nennen. Versuchen Sie, den Anleitungen zu folgen, und pausieren Sie kurz bei jedem Punkt, um wirklich in Kontakt mit Ihren heilsamen Eigenschaften zu kommen:

1. Rufen Sie ein inneres Bild von jemandem wach, der Sie aufrichtig liebt. Stellen Sie sich vor, dass dieser Mensch jetzt bei Ihnen ist.
2. Nehmen Sie die besondere Energie und Liebe zwischen Ihnen wahr.
3. Stellen Sie sich für einen Augenblick vor, Sie könnten in die Realität dieses Menschen schlüpfen und sich selbst mit seinen Augen sehen. Welche Qualitäten sieht dieser Mensch in Ihnen, die ihn berühren? Ihre Freundlichkeit und Güte, Ihre Aufrichtigkeit, Ihre Verspieltheit? Nehmen Sie all das wahr?
4. Nehmen Sie sich etwas Zeit, um all diese Eigenschaften aus seiner Perspektive wahrzunehmen.
5. Kehren Sie nun aus der Perspektive dieses Menschen zu sich selbst zurück und nehmen Sie dieselben Qualitäten von innen wahr. Würdigen Sie sie. Freuen Sie sich darüber.

Wünschen Sie sich alles Gute mit Gedanken wie: „Möge ich glücklich sein. Möge ich inneren Frieden haben. Möge ich fähig sein, meine Liebe mit anderen zu teilen. Möge ich all das Gute in mir sehen." Behalten Sie die Qualitäten im Sinn, die sich bei der Übung gezeigt haben. Nehmen Sie deren heilsame Energie wahr. Sie könnten die Eigenschaften, die Sie an sich wahrgenommen und gewürdigt haben, in Ihr Tagebuch schreiben und sie sich in den nächsten zwei Wochen regelmäßig ins Bewusstsein rufen.

Michele: Mit Kindern liebende Güte praktizieren

Kürzlich sprach ich mit Rosemary, einer 95 Jahre alten Freundin. Ihr Alter definiert sie nicht, aber es vermittelt Ihnen eine Vorstellung davon, wie viel Zeit diese erstaunliche Frau schon auf dieser Erde verbracht hat. Keine andere Frau, die ich kenne, hat mich mehr inspiriert. Sie lebt mit großer Anmut, Integrität und Weisheit. Letzte Woche hörte ich zum ersten Mal aus ihrem Mund, dass sie nun eine alte Dame sei. Ich war überrascht und fragte sie, wie sie zu dieser veränderten Sichtweise gekommen sei. Sie erwiderte, es hätte damit zu tun, dass sie nun einen Rollator benutzen müsse. Doch kaum hatte sie das erwähnt, sagte sie zu mir: „Weißt du, Michele, alt werden ist wirklich schön. Ich weiß nicht, wie freundlich die Leute zu mir wären, hätte ich nicht dieses hohe Alter erreicht. Wirklich – die Leute halten mir die Türen auf und helfen mir, dahin zu kommen, wo ich hin will."

Ich habe Freundlichkeit und Güte in einem ganz neuen Ausmaß kennen gelernt und das ist so wundervoll. Mein Geist ist noch genau derselbe, aber mein Körper nicht."

An einem wunderschönen Sommertag in diesem Jahr, fragte ich sie, was es für sie bedeute, sich selbst zu lieben. Sie lehnte sich in ihrem Sessel zurück, atmete einmal tief durch und sagte: „Zu meiner Zeit wurde einem gesagt, man solle sich nicht selbst lieben. Man galt schon als egoistisch, wenn man einmal an sich dachte. Das war keineswegs eine Tugend. Meine Mutter sagte ganz bekümmert zu mir, sie würde mich lieben, auch wenn mich sonst niemand liebte – als wäre ich überhaupt nicht liebenswert. Und ich habe es geglaubt." Mit fast hundert Jahren erzählte sie mir, sich selbst zu lieben sei die revolutionärste und radikalste Praxis gewesen, die ihr je untergekommen sei. Rosemary ließ die Vorstellungen ihrer Mutter los. Und sie fügte hinzu, die Liebe zu sich selbst sei für sie der einzige Weg gewesen, andere lieben und beeinflussen zu können.

Dann nahm sie dieses kleine Gedicht von Thich Nat Hanh, das auf ihrem Teetisch lag, und las es mir vor:

Schön zu sein bedeutet, du selbst zu sein.
Es ist nicht notwendig, dass du von anderen akzeptiert wirst.
Es ist notwendig, dass du dich selbst akzeptierst.

THICH NAT HANH

Wir wollen unseren Kindern vermitteln, dass wir uns jedes Mal, wenn wir vergleichen, urteilen oder uns negativ sehen, selbst der Liebe berauben. Die erhellendste Frage, die ich Kindern oft stelle, wenn sie im dunklen Loch der Selbstverurteilung feststecken, lautet: „Wenn du einen besten Freund oder eine beste Freundin hättest, was würdest du zu ihm oder ihr in dieser Situation sagen? Oder wenn es dein kleiner Schulkamerad wäre – was würdest du zu ihm sagen?"

Um Ihren Kindern zu helfen, sich selbst zu lieben, sagen Sie ihnen, dass es wichtig ist

* die eigenen Gefühle anzuerkennen. „Es ist in Ordnung sich manchmal, traurig, verkehrt, unangenehm berührt und allgemein neben der Spur zu fühlen." Diese Gefühle weisen uns oft darauf hin, wonach wir uns sehnen
* Perfektionismus loszulassen
* Urteile über uns selbst loszulassen, wenn wir fallen
* auf unser Herz zu hören
* uns selbst zu versichern, dass das, was wir erleben, vorbeigeht
* dankbar zu sein
* uns selbst zu trösten, indem wir zu uns sprechen wie zu einem kleinen Kind
* auf uns aufzupassen und gut für uns zu sorgen
* uns daran zu erinnern, wie wir uns fühlen, wenn wir etwas tun, was uns ein gutes Gefühl gibt
* Zum Schluss gebe ich noch eine sehr eindrückliche Botschaft mit auf den Weg: Du wirst mit dieser Person (dir selbst) zusammen sein, bis zu dem Tag, an dem du stirbst; du kannst mit niemandem tauschen. Wie wirst du für diese/n Eine/n sorgen und ihn/sie lieben?

Oh ihr Eltern, ihr kommt nicht los

Leben Sie Selbstliebe vor, indem Sie sich nicht vor den Kindern heruntermachen. Noch besser: Hören Sie ganz damit auf, auf sich herumzuhacken. Wenn Sie sagen, Sie seien zu fett, zu dumm oder was auch immer, werden Ihre Kinder dieses selbstverachtende Verhalten mit Sicherheit übernehmen. Schauen Sie sich die obige Liste an und lieben Sie sich auch! An diesem Sommertag sagte Rosemary zum Abschied zu mir:

> *„Ich dachte immer, ab einem bestimmten Alter würde ich weise sein. Ich bin es nicht. Ich dachte, ich würde Gewissheit haben. Ich habe keine. Es liegt mir nichts daran, ein festgefügtes Wissen über die Dinge zu haben. Ich bin nicht der Mensch, der einfach sagt: ‚Ich weiß.' Ich werde weiter lernen, bis ich sterbe. Ich bin froh, ein Teil der Menschheit zu sein – und zu versuchen, ein besserer Mensch zu werden."*

Im Sinne dieser weisen Worte biete ich in diesem Kapitel drei Übungen an, bei denen wir in Selbstliebe „baden" und die uns zeigen, wie wir unser bester Freund/unsere beste Freundin sein können.

Viel Spaß dabei.

Lektion 1: Selbstmitgefühlstuch

Eltern lieben ihr Kind und wünschen ihm auch dann nur das Beste, wenn es einen Wutanfall hat. So ist auch der stärkste und heilsamste Ausdruck von Liebe der, welcher das „ganze Paket" einschließt. Wenn wir bedingungslos lieben, wissen diejenigen auf der „Empfängerseite", dass sie der Liebe wert sind - und zwar nicht nur, wenn sie lieb und nett sind, sondern einfach weil sie da sind und weil sie sind, wer sie sind.

Fördert und stärkt

- Selbstmitgefühl
- Die Fähigkeit,Schwierigkeiten anzuerkennen und damit umzugehen
- Lernen, Empathie zu haben statt Mitleid
- Fürsorge statt Kritik und Selbstkritik
- Soziales und emotionales Lernen

Alter

- Vorschule bis Erwachsenenalter

Bezug zum Lehrplan

- Verbaler Ausdruck
- Schreiben
- Zuhörkompetenz
- Soziales und emotionales Lernen

Materialien

- Weiches Tuch ca. 20 x 20 cm

Die Praxis zu Hause und in der Schule

Wenn unsere Kinder im Babyalter sind, möchten wir, dass sie sich selbst beruhigen können. Wir sind begeistert, wenn sie ihren Daumen, ihre Schmusedecke oder -puppe finden, und legen uns wieder schlafen, damit wir nicht ihre einzige Quelle des Trosts sein müssen. Wenn die Kinder dann größer werden, müssen sie auch Möglichkeiten haben, sich selbst zu trösten und zu beruhigen. Es kann eine große Herausforderung für die Kleinen sein, zur Schule zu gehen, in der ihnen die vertrauten Geräusche und Gerüche ihres Zuhauses fehlen. Den Kindern eine kleine Brücke zwischen ihrem Zuhause und der Schule zu bauen hilft ihnen sehr auf ihrem Weg zum Selbstmitgefühl.

Ein bisschen Trost

Meine Schüler/innen liebten diese Aktion und am Ende des Schultages verließen alle 25 den Raum mit einem weichen, heiß geliebten Tuch an die Wange gepresst.

Probieren Sie es zu Hause aus und stellen Sie eines für jedes Familienmitglied her. Ich kaufte dafür den weichsten Stoff, den ich finden konnte, und zerschnitt ihn in Quadrate von etwa 20 cm Seitenlänge. Aber Sie können natürlich auch andere Formate wählen. Wenn Sie gerne nähen, können Sie die Tücher umsäumen, um das Ganze noch mit ein bisschen „Handarbeit" zu verbinden.

Ich erzählte den Kindern von wissenschaftlichen Studien, bei denen man herausgefunden hatte, dass unser Körper das „Wohlfühlhormon" Oxytocin ausschüttet, wenn wir unsere Hand aufs Herz oder an die Wange legen. Und ich versprach, ihnen ein besonderes Tuch zu geben, das wir mit Liebe tränken würden.

Erstaunlich, aber wahr

Die Idee zu einem Trost-Tuch stammte zwar von mir, aber die Kinder gingen natürlich noch einen Schritt weiter. Ich hatte den Stoff in der Mittagspause zugeschnitten, um dann im Nachmittagsunterricht mit dem Projekt fortfahren zu können. Dann streichelte ich meinen Hund Teddy und rieb meine Hände mit Lavendel-Handcreme ein, bevor ich das Klassenzimmer betrat. Als ich die Tücher austeilte, schnupperte ein kleiner Junge ausgiebig daran und sagte: „Oh, das ist ein tolles Tuch; es riecht nach Ihnen und nach Teddy. Ich freue mich so darüber!" Seine Augen leuchteten und er strahlte übers ganze Gesicht. Achten Sie darauf, womit Sie Ihre Hände einreiben. Der Duft sollte angenehm sein und etwas Tröstliches haben.

Um das Tuch mit Liebe zu „tränken", können Sie es zusammen mit Ihrem Kind eine Weile halten und gemeinsam an Menschen oder Tiere oder sogar an Dinge denken, die Sie lieben. Wenn Ihr Kind dann sagt, dass es genug ist, hat sich das Tuch mit Liebe vollgesogen!

Wenn es schwerfällt, gut für sich zu sorgen

Wenn es Kindern schwerfällt, Mitgefühl mit sich zu haben, können sie manchmal Zugang zu diesem Gefühl bekommen, indem sie an ihr Mitgefühl und ihre Fürsorge für jemand anderen denken. Bitten Sie sie, sich vorzustellen, dass sie einem geliebten Haustier oder lieben Freund Liebe und Mitgefühl senden. Sie können sich dabei vorstellen, dass das Mitgefühlstuch auf dem anderen liegt. Fragen Sie dann, ob das Kind diese Liebe auch sich selbst entgegen bringen kann. Wenn sich Ihr Kind verletzt fühlt oder verstört ist, dann erinnern Sie es daran, dass es sich selbst beruhigen und gut zu sich sein kann.

Wir sagen laut zu uns selbst

Vor einer Übung, bei der die Kinder vor der Klasse sprechen mussten, haben wir uns Folgendes (laut) gesagt:

> *Es ist schwer, vor der Klasse zu sprechen. Aber auch wenn die anderen vielleicht komisch reagieren oder kichern, kann ich es versuchen. Vielleicht fange ich an zu stottern. Jeder bekommt Angst und wird nervös. Das ist normal. Ich bin ja noch am Lernen. Vielleicht mache ich es nicht perfekt, aber ich werde es versuchen.*

Wir umarmen uns selbst und geben uns Liebe

Jedes Mal, wenn ich mit den Kindern eine Entspannungs- oder Yoga-Übung mache, bitte ich sie, sich zum Schluss einmal selbst zu umarmen. Ich fordere sie auf, ihre Arme um sich zu schlingen, sich zu sagen, dass sie selbst ihr bester Freund/ihre beste Freundin sind und dass sie immer mit sich selbst zusammen sein werden. Ich frage sie auch, wie sie heute ein bisschen freundlicher mit sich umgehen können.

LESETIPPS

Bücher für Erwachsene

Brach, Tara, *Mit dem Herzen eines Buddha: Heilende Wege zur Selbstakzeptanz und Lebensfreude*. München: O.W. Barth Verlag, 2013.

Brown, Brené, *Die Gaben der Unvollkommenheit: Lass los, was du glaubst, sein zu müssen und umarme, was du bist*. Bielefeld: Kamphausen Verlag, 2012

Nepo, Mark, *Ankommen im Jetzt!: Inspirationen und Meditationen für jeden Tag im Jahr*. Burgrain: Koha Verlag 2011

Bücher für Kinder

Karst, Patrice, *The Invisible String*. Illustriert von Geoff Stevenson, Camarillo, CA: DeVorss & Company, 2000.

Kirberger, Kimberly, *No Body's Perfect*. New York, NY: Scholastic Paperbacks, 2003.

Litwin, Eric, *Pete the Cat: I Love My White Shoes*. Illustriert von James Dean. New York, NY: Harper Collins, 2010.

Slier, Debby, *Loving Me*. Cambridge, MA: Star Bright Books, 2014.

Lektion 2: Familien-Perlenkette

Der Mensch, der Sie sind, existiert nur ein einziges Mal, und wenn Sie die bestmögliche Version Ihrer selbst zulassen, werden Sie vielleicht mögen, was Sie sehen, und sich mit der Zeit vielleicht sogar lieben.

Fördert und stärkt

- Familienbande und Gemeinsinn
- Künstlerischen Ausdruck
- Reflexion/Achtsamkeit
- Liebe zu anderen

Alter

- Neugeboren bis Erwachsenenalter

Materialien

- Schmuckdraht
- Perlen
- Bereitschaft
- Stock von 60 bis 90 cm Länge

Bezug zum Lehrplan

- Gewahrsein
- Verbaler Ausdruck
- Schreiben
- Zuhörkompetenz
- Kunst
- Soziales und emotionales Lernen

Die Praxis zu Hause

Eine Familienperlenkette

Als meine beiden Jungs jeweils ein Jahr alt waren, lud ich Verwandte und Freunde ein, um das erste Jahr meines Sohnes auf diesem Planeten mit der gemeinsamen Herstellung einer Familienperlenkette zu feiern. Alle, die an der Zeremonie teilnehmen wollten, wurden gebeten, sich das Kind vorzustellen und eine Perle mitzubringen, welche die Qualitäten widerspiegelte, die sie dem Kind für dieses Leben schenken wollten. Am Tag der Feier versammelten sich alle und das einjährige Kind war natürlich auch dabei.

Wir setzten uns in einem großen Kreis auf den Boden und jeder Gast hielt seine Perle in der Hand. Dann schaute einer nach dem anderen das Kind an und sagte: „Ich gebe dir diese Perle. Sie steht für (was der jeweilige Gast damit assoziierte), und ich bitte darum, dass du in diesem Leben mit dieser Gabe beschenkt wirst. Ich schätze diese Qualität, weil ich …"

Meine Jungs bekamen viele verschiedene Perlen. Auf manchen waren Musiknoten abgebildet, auf anderen Symbole aus aller Welt, es gab Kristallperlen für Klarheit und Perlen aus verschiedenen Heilsteinen. Leute, die noch nie an irgendeinem Segens- oder Heilkreis teilgenommen hatten, sagten mir, dass sie sich sehr wohlfühlten. Für manche war das Ritual etwas ganz Normales, weil sie ein kleines Kind beschenkten.

Die Perlen wurden dann auf Schmuckdraht zu einer Kette aufgefädelt, die wir im Zimmer des Kindes aufhängten. Meine beiden Söhne sind inzwischen zu jungen Männern herangewachsen, aber beide haben noch ihre Perlenketten und betrachten sie als etwas Kostbares.

Die Intention lebendig halten

Wir schnitten auch farbiges Stickgarn in Stücke und baten alle Teilnehmer/innen, die Bänder um ihr Handgelenk zu knoten und vier Wochen lang zu tragen. Jedes Mal, wenn ihr Blick auf das farbige Band an ihrem Handgelenk fiel, sollten Sie kurz an die Qualität denken, mit der sie das Kind gesegnet hatten, und das Kleine vor ihrem inneren Auge als glückliches, gesundes Kind sehen.

Im Laufe der vergangenen 20 Jahre hörte ich immer wieder von verschiedenen Teilnehmer/innen der Zeremonie, es sei für sie eine sehr bewegende Erfahrung gewesen. Viele übernahmen später das Segensritual und machten solche Ketten für ihre eigenen Kinder.

Die Praxis in der Schule

Ein Redestab fürs Klassenzimmer

Hier ist eine ähnliche Zeremonie fürs Klassenzimmer, für die wir einen Redestab basteln. Bitten Sie die Kinder, Perlen oder Muscheln mitzubringen, die die Qualitäten symbolisieren, welche sie ins Klassenzimmer bringen wollen. Alle sitzen im Kreis und jedes Kind befestigt nacheinander seine Perle mit buntem Stickgarn an dem Stab. In der Vergangenheit brachten manche Kinder Perlen mit, auf denen kleine Sterne abgebildet waren, welche die Fähigkeit symbolisieren sollten, „nach den Sternen zu greifen“ (nach Erfolg zu streben). Andere brachten Perlen, auf denen

Fußbälle abgebildet waren, weil sie sich ein aktives Schuljahr wünschten. Ich füge gerne Perlen hinzu, die Verwirrung und Frustration sowie die Fähigkeit symbolisieren, es noch einmal zu versuchen, wenn wir stolpern und fallen.

Ich möchte, dass die Kinder die ganze Bandbreite des menschlichen Daseins akzeptieren. Die Schüler/innen freuten sich immer, wenn sie ihre kostbaren Perlen am Stab sahen. Jedes Mal, wenn wir ihn benutzten, wurde er mehr zu einem „geheiligten" Gegenstand in unserem Klassenzimmer. Hängen Sie ihn an einer Stelle auf, an der alle ihn den ganzen Tag über sehen können. Der Stab symbolisiert, dass jede Schülerin und jeder Schüler eine Stimme und individuelle Intentionen für das Schuljahr hat. Wir würdigen alle. Wir alle haben eine Stimme.

LESETIPPS

Bücher für Erwachsene

Imber-Black, Evan und Roberts, Janine, *Rituals for Our Times: Celebrating, Healing and Changing Our Lives and Our Relationships*. New York, NY: Jason Aronson, Inc., 1998.

Maser, Shari, *Blessingways: A Guide to Mother-Centered Baby Showers – Celebrating Pregnancy, Birth and Motherhood.* Ann Arbor, MI: Moondance Press, 2004.

Bücher für Kinder

Blackwell, Geoff (Hrsg.), *Humanity: A Celebration of Friendship, Family, Love & Laugther.* Auckland: PQ Blackwell, 2011.

Kindersley, Anabel und Kindersley, Barnabas, *Das große Fest: Kinder feiern – rund um die Welt.* München: Dorling Kindersley, 2004.

Polacco, Patricia, *The Keeping Quilt.* New York, NY: Simon & Schuster, 2001.

Tillman, Nancy, *Die Nacht in der du geboren wurdest.* Berlin: Adrian Verlag, 2013.

Lektion 3: Mir selbst mein bester Freund/ meine beste Freundin sein

Lektionen in Selbstliebe und Wertschätzung

Fördert und stärkt

- Selbstliebe
- Humor
- Wertschätzung

Materialien

- Spiegel

Alter

- Fünf Jahre bis Erwachsenenalter

Bezug zum Lehrplan

- Verbaler Ausdruck
- Schreiben
- Lesen
- Zuhörkompetenz
- Soziales und emotionales Lernen

James hat mich zu dieser Lektion inspiriert, nachdem ich seine folgenden Worte (in der Einleitung zu diesem Kapitel) gelesen hatte:

> *„Stellen Sie sich vor, Sie würden jemandem begegnen, der Ihre Witze mag, einen ähnlichen Geschmack hat und Ihre Sicht der Dinge tatsächlich versteht. Kurz, jemandem, der wirklich auf Ihrer Wellenlänge liegt. Wie würden Sie sich bei einer solchen Begegnung fühlen? Sie wären wahrscheinlich begeistert! Es gibt nur einen Menschen auf der Welt, auf den diese Beschreibung voll und ganz zutrifft. Aber leider steckt er in Ihrer Haut und deshalb wissen Sie diese Qualitäten nicht zu schätzen."*

Wie man seinen besten Freund/seine beste Freundin vorstellt

Bei dieser Übung muss man für eine Weile ein „Pokerface" aufsetzen, um diesen Freund oder diese Freundin gut vorzustellen zu können. Man kann das vorher in einem Spiegel überprüfen!

Ich hatte einmal eine sehr aufgeschlossene dritte/vierte Klasse. Einige der Schüler/innen waren zwei Jahre in meiner Klasse, wir hatten also schon ein recht gutes Vertrauensverhältnis aufgebaut. Ich spiele gerne, mache gerne Witze und liebe Überraschungen, also wollte ich diese Idee einmal in der Klasse ausprobieren. Am Morgen bat ich die Kinder, sich einen besonderen Freund oder eine Freundin vorzustellen, die ihr „bester Freund/ihre beste Freundin" sein könnte. Wir überlegten gemeinsam, welche Qualitäten diese Person haben könnte. Ich erklärte ihnen, dass jeder andere Vorlieben hat. Ich wünsche mir vielleicht eine beste Freundin, die spielerisch und spontan ist, während andere sich das nicht wünschen. Die Schüler/innen schlugen Eigenschaften wie Ehrlichkeit, Vertrauenswürdigkeit, Humor, etc. vor. Ich unterschied dann noch zwischen inneren und äußeren Qualitäten/Eigenschaften, beispielsweise zwischen *Geld/Attraktivität/Figur* und *Freundlichkeit/Mitgefühl/Großzügigkeit.* Das ist ein *wesentlicher* Unterschied, weshalb Sie darauf achten sollten, dass die Kinder ihr Augenmerk auf innere Qualitäten richten.

Der Witz

Ich scharte die Kinder um mich und erzählte ihnen, die Schuldirektorin und ich hätten überall nach dem besten Freund oder der besten Freundin für jedes Kind gesucht, wir seien sogar in die Stadt gefahren, um die perfekte Person für jede/n von ihnen zu finden. Zufällig waren sowohl die Rektorin als auch ich in der Woche davor nicht in der Schule gewesen, sodass das recht glaubhaft wirkte.

Diese besonderen Freunde hatten also eingewilligt, die Kinder heute zu treffen. Ich sagte ihnen, sie würden direkt im Nebenzimmer warten!

Dann holte die Rektorin ein Kind nach dem anderen ab und führte es ins Nebenzimmer, in dem wir einen Vorhang aufgehängt hatten. Hinter dem Vorhang befand sich ein Spiegel, und wenn das Kind den Vorhang beiseiteschob, schaute es sich selbst an. Das ist vielleicht ein bisschen riskant, aber ich hatte die Kinder vorbereitet, indem ich ihnen vorher gesagt hatte, dass die Person, die sie sehen würden – wer es auch sein mochte –, sehr freundlich zu ihnen sein würde*.

Dann wurde jedes Kind eingeladen, sich zu setzen und 10 bis 15 Sekunden lang im Spiegel anzuschauen. Sie sollten ihrem Freund oder ihrer Freundin einfach danken. Solche Übungen der Wertschätzung und Anerkennung waren sie gewohnt, weil wir ein paar Mal in der Woche im Dankbarkeitskreis zusammenkommen und oft Freunden danken.

Dann gingen die Kinder in einen anderen Raum, ohne noch einmal ins Klassenzimmer zurückzukehren, und schrieben in ihre Tagebücher:

- Wer kann deine beste Freundin/dein bester Freund sein? (Ich schrieb „kann“, weil viele Kinder – und natürlich auch Erwachsene – sich selbst nicht besonders mögen.)
- Wer wird von morgens bis abends ununterbrochen bei dir sein?
- Welche Eigenschaften sollte deine beste Freundin, dein bester Freund haben?
- Welche dieser Eigenschaften hat dein Freund/deine Freundin bereits?

Die Kinder malten ihren Freund/ihre Freundin und schrieben ihm oder ihr einen kleinen Willkommensbrief.

---

* Jedes Mal, wenn ich mit den Kindern eine Yoga-Sitzung oder Entspannungs-Übung mache, beende ich die Sitzung, indem ich sie auffordere, sich selbst einmal fest zu umarmen und sich zu sagen, dass sie selbst ihr bester Freund/ihre beste Freundin sind. Wir hatten das seit Monaten gemacht, sie hatten das also schon sehr oft gehört. Die Kinder liebten diese spielerische Übung und ich bin sicher: Die Botschaft, dass wir selbst unsere beste Freundin oder unser bester Freund sein können, war angekommen.

Erweiterung: Laden Sie Ihr Kind zu Hause im Lauf der Woche immer wieder dazu ein, in den Spiegel zu schauen und etwas Freundliches zu sich selbst zu sagen. Sie können das ebenfalls für sich tun und dann miteinander darüber sprechen: „Wie fühlt sich das an?" Was ist dabei schwierig für mich? Was fällt mir leicht? Wird es mit der Zeit leichter?"

Wenn wir in sehr jungen Jahren anfangen, uns selbst zu lieben, können wir uns viel eher mit uns anfreunden, wenn wir älter werden.

> *„Warum sollen wir auf unser Herz hören?", fragte der Junge. „Weil du immer dort, wo dein Herz ist, deinen Schatz finden wirst."*
>
> PAULO COELHO, *Der Alchimist*

LESETIPPS

Bücher für Erwachsene

Boorstein, Sylvia, *Was geschieht, das geschieht: wie Sie durch Gelassenheit und Mitgefühl sich selbst und die Welt retten.* München: Lotos Verlag, 2007.

Cameron, Julia, *Der Weg des Künstlers: Ein spiritueller Pfad zur Aktivierung unserer Kreativität.* München: Knaur Verlag, 2009.

Neff, Kristin, *Selbstmitgefühl.* München: Kailash Verlag, 2012.

Thomas, J., *The Dalai Lama: The Best Teachings of The Dalai Lama, Journey To A Happy, Fulfilling & Meaningful Life.* Charleston, SC: CreateSpace, Independent Publishing Platform.

Bücher für Kinder

Beaumont, Karen, *I Like Myself.* Illustriert von David Catrow, Boston, MA: Houghton Mifflin, Harcourt Books for Young Readers, 2004.

Boelts, Maribeth und Jones, Noah, *Those Shoes.* Somerville, MA: Candlewick Press, 2009.

Nagaraja, Dharmachari, *The Buddha's Apprentice at Bedtime: Tales of Compassion and Kindness for You to Read with Your Child – to Delight and Inspire.* London: Watkins Publishing. 2003.

Palacio, R., *Wunder*. München: Carl Hanser Verlag, 2013.

Tarpley, Natasha, *I Love My Hair*. Illustriert von E. B. Lewis, New York, NY: Little, Brown Books for Young Readers, 2001.

Lektion 4: Den Kindern die Sache mit den Medien erklären

Wenn man aufhört, sich auf das zu fokussieren, was man nicht an sich mag oder schätzt, und anfängt, sich selbst als einzigartiges, geheimnisvolles, sich veränderndes Wesen zu betrachten, hilft man seinem besten Selbst, zum Vorschein zu kommen. Und die Freude darüber strahlt in die Welt hinein.

Fördert und stärkt

- Eine eigene Meinung bilden
- Selbstliebe
- Liebe zu anderen
- Optimismus

Materialien

- Papier
- Farbstifte
- Zeitschriften
- Aufgeschlossenheit

Alter

- Fünf Jahre bis Erwachsenenalter (Es würde Sie vielleicht überraschen, wenn Sie wüssten, wie stark bereits fünfjährige Kinder durch die Medien beeinflusst werden). Passen Sie die Übung an die jeweilige Altersgruppe an.

Bezug zum Lehrplan

- Verbaler Ausdruck
- Schreiben
- Zuhörkompetenz
- Lesen
- Gemeinschaftskunde
- Kunst
- Soziales und emotionales Lernen

Uns selbst lieben

Es ist schwierig, sich selbst zu lieben, wenn die Medien uns ständig mit allen möglichen Botschaften bombardieren, die uns weismachen wollen, dass wir nicht gut genug sind und den Anforderungen nicht annähernd genügen. Schon mit sieben oder acht Jahren haben Kinder eine genaue Vorstellung davon, was cool ist und was nicht! Vielleicht besitzen Sie keinen Fernseher, aber diese Botschaften sind in unserem gesellschaftlichen Umfeld allgegenwärtig.

Bereits durch das Anerkennen der starken Auswirkungen dieser Einflüsse und indem wir ein Bewusstsein dafür schaffen, wie die Medien Tag für Tag auf uns einwirken, tun wir viel dafür, dass wir und unsere Kinder ein gutes Unterscheidungsvermögen entwickeln. Nach dieser Lektion kamen im Laufe des Schuljahres immer wieder Kinder zu mir, um mir anhand von Beispielen zu zeigen, wie die Medien versuchen, Kinder und Erwachsene in das Gefühl hineinzumanipulieren, „nicht gut genug zu sein".

Übungen zu Hause oder in der Schule

Laden Sie dazu ein paar Freunde Ihres Kindes ein oder arbeiten Sie diese Lektion in der Klasse durch. Es wird Sie vielleicht schockieren, wie stark Kinder von den Bildern in den Medien beeinflusst werden. Vielleicht wird Ihnen dabei auch deutlich, wie sehr Sie selbst sich an die Bilder gewöhnt haben, mit denen Sie täglich bombardiert werden.

Einen genaueren Blick auf diese Bilder zu werfen hilft Kindern, eigentlich jedem von uns, ziemlich klar zu erkennen, wie die Medien in unseren Köpfen eine Vorstellung davon erzeugt haben, was okay ist und was nicht. Diese Lektion soll Kindern aufzeigen, dass die in den Medien gezeigten Leute oder Ideale, die wir bewundern oder denen wir nacheifern, nicht unseren eigentlichen Vorstellungen von einem schönen Menschen entsprechen. Nachdem Sie sich eingehend mit dieser Lektion beschäftigt haben, werden Sie garantiert den Wunsch verspüren, sich im Laufe des Jahres noch umfassender mit diesem Thema auseinanderzusetzen.

Wenn das Selbstwertgefühl den Bach runter geht

Ich habe diese Lektion vor über zehn Jahren konzipiert, als ich gebeten wurde, für Siebtklässlerinnen einen Kurs darüber zu halten, wie man Selbstwertgefühl entwickelt. Diese Mädchen sind erst 12 oder 13 Jahre alt, und doch gab es in jenem Jahr in unserer Klasse drei Mädchen, bei denen eine Essstörung diagnostiziert wurde. Die Übung öffnete uns allen die Augen.

Beschreibe sie

Als Erstes bitte ich die Kinder, vor ihrem inneren Auge das Bild eines Mädchens entstehen zu lassen, wie es typischerweise in den Medien gezeigt wird. Es kann ein Mädchen aus einem Film, einer Fernseh-Show oder einer Zeitschrift sein. Dann befestige ich einen großen Bogen Papier an der Wand und beginne zu zeichnen, während die Kinder das Mädchen beschreiben. Beim Zeichnen stelle ich Fragen wie: „Welche Haarfarbe hat sie, ist ihr Haar glatt oder gelockt? Welche Augenfarbe hat sie. Wie sieht ihre Nase aus?" Wir gehen ihren ganzen Körper durch, und die Kinder rufen mir zu, was ich zeichnen soll. Ich zeichne ein, worauf sich die meisten einigen können, und tue das ziemlich schnell, damit die Reaktionen der Kinder spontan sind. (Wenn Sie mit älteren Schüler/innen arbeiten, können Sie sie auch „Medien-Frau" nennen). Dann bitte ich die Kinder, das Leben des Mädchens oder der Frau genau zu beschreiben (bis hin zu der Frage, was für einen Hund sie besitzt). Oft herrscht eine erstaunliche Übereinstimmung! Es kam schon vor, dass die Kinder erklärten, die Frau könne einen Leberfleck haben – aber nur über der Oberlippe –, um mir dann auch noch genau zu sagen, wie groß er sein dürfe.

Nachdem ich das Medien-Mädchen oder die Frau nach ihren Angaben gezeichnet habe, zeichne ich den Medien-Jungen. Unten sehen Sie Bilder, die nach den Beschreibungen der Kinder entstanden sind.

Wenn Sie möchten, können Sie auch Zeitschriften zur Verfügung stellen und die Kinder Bilder von Augenpaaren, Haarschöpfen, Kleidungsstücken etc. ausschneiden lassen, aus denen sie dann ein Modell-Mädchen (und einen -Jungen) zusammenstellen können.

Wenn wir fertig sind und ein paar Mal tief durchgeatmet haben, fahren wir mit der Übung fort.

Wen wir wirklich bewundern

Atmen auch Sie ein paar Mal tief durch. Noch ist nicht alles verloren. Jetzt beginnt der magische Prozess.

Ich bitte die Kinder, die Augen zu schließen und an ein Mädchen zu denken, das sie wirklich bewundern – es wirklich vor sich zu sehen. Dann fordere ich sie auf, es spontan zu beschreiben. Es hat kurze Haare, lange Haare, lockige Haare oder glatte Haare. Es hat braune Augen, grüne Augen oder blaue Augen. Es hat beliebige Körpermaße. Das spielt keine Rolle. Die Kinder sagen vielleicht, dass sie nie darauf geachtet haben, was das Mädchen trug oder wo sie lebte.

Machen Sie hier eine Pause, damit die Kinder dies verinnerlichen

Das löst einen großen „Aha-Effekt" bei den Kindern aus. Ich rücke diesen Aspekt wirklich in den Mittelpunkt: Nicht das Äußere definiert sie, sondern ihre inneren Qualitäten. Wir zählen sie alle auf und finden sie so bewundernswert. Dann wiederholen wir die Übung mit einem Jungen.

Ich fixiere diese Qualitäten auf einer Pinnwand und reflektiere darüber, dass die Medien-Bilder meilenweit von dem entfernt sind, was wir bewundern und wertschätzen. Dann sprechen wir darüber, wie wir uns selbst treu bleiben und uns lieben können, indem wir uns auf wirklich bewunderungswürdige Qualitäten konzentrieren.

Es gibt viele Links und Online-Ressourcen, die Sie dieser Lektion hinzufügen können. Wir alle werden ununterbrochen auf einer sehr tiefen Ebene durch die Außenwelt beeinflusst. Es ist gut, wieder zur Selbstliebe zurückzukehren.

Ich beendete die Lektion mit einer ruhigen, geführten Achtsamkeitssitzung über die Anmut, die darin liegt, uns selbst so zu lieben, wie wir sind.

LESETIPPS

Bücher für Erwachsene

Brach, Tara, *Mit dem Herzen eines Buddha: Heilende Wege zu Selbstakzeptanz und Lebensfreude*, München: O.W. Barth Verlag, 2013.

Brown, Brené *Die Gaben der Unvollkommenheit: Lass los, was du glaubst, sein zu müssen und umarme, was du bist.* Bielefeld: Kamphausen Verlag, 2012.

Chödrön, Pema, *Wenn alles zusammenbricht: Hilfestellung für schwierige Zeiten.* München: Goldmann Verlag, 2001.

Bücher für Kinder

Graydon, Shari, *Made You Look: How Advertising Works and Why You Should Know.* Illustriert von Michelle Lamoreaux, Vancouver: Annick Press, 2013.

Petty, Dev, *I Don't Want to Be a Frog.* Illustriert von Mike Boldt. New York, NY: Doubleday Books for Young Readers, 2010.

Die Freude, andere zu lieben 8

James: Übungen für Erwachsene

Beziehungen sind oft das Barometer für unser Glück und unsere Trauer. Sie sind die Quelle der größten Freude, aber auch des tiefsten Schmerzes. Wenn wir vom Strom der Liebe getragen werden, fühlen wir uns verbunden, sicher und in uns selbst zu Hause. Sind wir aber einsam oder isoliert, dann sind Angst und Depression oft nicht fern. Nachdem wir uns mit der gesunden Beziehung zu uns selbst beschäftigt haben, richtet sich unser Augenmerk nun natürlich auf die Freude, die wir erleben können, indem wir uns mit anderen verbinden.

Die Macht der Vergebung: Die Tür zu einem offenen Herzen

Selbst in den Beziehungen zu denjenigen, die uns am nächsten stehen – und manchmal besonders in diesen –, können Situationen, in denen wir uns enttäuscht fühlen, Frustration und Wut auslösen. Wenn das geschieht, ist Vergebung die Tür zu einer noch tieferen Verbindung.

Es ist gut, sich bewusst zu machen, dass man selbst am meisten profitiert, wenn man vergibt. Sie sind diejenige, die leidet, wenn sich Ihr Herz wütend verschließt. Wenn man sich in Feindseligkeit verzehrt, ist das so, als würde man eine glühende Kohle aufheben, um sie wütend auf jemanden zu schleudern, ohne zu bedenken, dass man sich selbst verbrennt. Und an Verbitterung festzuhalten ist so, als würde man Gift trinken und hoffen, der andere möge davon krank werden. Die Erkenntnis, dass wir auf diese Weise unser Leiden selbst erzeugen, kann uns zu Veränderungen motivieren. Falls Sie feststellen, dass Sie sich verschlossen haben, isoliert sind und leiden, weil Sie in Wut und Frustration gefangen sind, könnte Vergebung Ihr Schlüssel zur Wiedererweckung von Freude sein.

Ein wesentliches Element der Vergebung ist empathisches Verständnis. Letztes Jahr lernte ich ein 13 Jahre altes Mädchen aus Trinidad kennen. Sie hieß Lael-Anne und besaß eine für ihr Alter erstaunliche Weisheit. Sie erzählte mir von einer Erfindung, an der sie arbeite und die, obgleich noch nicht in allen Einzelheiten ausgereift, der Welt garantiert Frieden bringen würde. Sie bekam meine volle Aufmerksamkeit! Sie nannte ihre Erfindung „Helm des Standpunkts". Sobald man diesen Helm aufsetzt, kann man unmittelbar den Standpunkt eines anderen Menschen verstehen. Ich stimmte ihr zu, dass eine solche Erfindung sicher einen großen Beitrag zum Weltfrieden leisten und die meisten anderen, von Menschen verursachten Probleme lösen würde.

Wir alle sind ein Produkt unserer Konditionierung. Wir sehen die Welt, die uns vertraut ist. Ich erinnere mich an ein Poster mit einem traurig dreinblickenden Jungen, das ich irgendwo gesehen habe. Die Bildunterschrift lautete, dass ein Kind, welches in einem Umfeld häuslicher Gewalt aufwächst, im Vergleich zu anderen Kindern das 700-fache Risiko trägt, auch als Erwachsener häusliche Gewalt zu erleben. Wer hat Schuld? Es ist einfach die Fortsetzung von Verwirrung über Generationen hinweg. Menschen tun schlimme, verletzende Dinge, weil sie sich in Stress oder Verwirrung verlieren. Ohne die Taten hinzunehmen oder stillschweigend zu dulden, können wir den Menschen die Verwirrung vergeben, die zu unheilsamem Handeln führte. Das bedeutet keineswegs, dass wir nicht wütend werden. Aber vielleicht beginnen wir allmählich, Wut durch Mitgefühl zu ersetzen.

Wenn sich unser Herz aufgrund der verletzenden Handlungen eines anderen vor Wut verschließt, könnte es hilfreich sein, sich vorzustellen, in welchem Geisteszustand sich der Betreffende befindet. Manchmal stelle ich ihn mir als kleines Kind vor, das sein Bestes tut, aber in seinen Angewohnheiten gefangen ist. Sie könnten beispielsweise sagen: „Ich vergebe dir deine Verwirrung", sodass Ihr Herz ein bisschen weicher wird, während Sie die heiße Kohle fallen lassen. Und Sie könnten die Erleichterung wahrnehmen, die mit einem Moment der Vergebung einhergeht.

Obwohl uns jemandes Handlungen unverständlich oder bizarr erscheinen mögen, ergeben sie für diese Person einen Sinn. Der Dalai Lama empfiehlt, sich daran zu erinnern, dass die Worte und Taten einer anderen Person *„nichts mit dir, sondern mit der inneren Realität des anderen zu tun haben, die sich mit deiner eigenen auf eine Weise überschnitten hat, welche nicht deinen Erwartungen und Hoffnungen entspricht"*.

Wenn Sie noch nicht bereit sind, einer bestimmten Person zu vergeben, dann vergeben Sie sich selbst dafür, dass Sie an diesem Punkt sind – insbesondere dann, wenn Sie sich für Ihre damit verbundenen Gefühle verurteilen. Wir können diesen Prozess nicht beschleunigen. Verletzungen brauchen manchmal Zeit, um zu heilen. Aber vergessen Sie nicht, dass Sie die Person sind, die am meisten von Ihrer Vergebung profitiert. Bleiben Sie also offen für die Möglichkeit, diesem Menschen irgendwann in der Zukunft zu vergeben, und zwar nicht nur ihm zuliebe, sondern auch um Ihretwillen. Desmond Tutu hat einmal gesagt: „Vergebung ist die höchste Form des Eigeninteresses. Ich muss vergeben, damit meine Wut und mein Rachedurst mich nicht selbst zerstören."

Die Macht der liebenden Güte

Es zieht uns ganz automatisch zu Menschen hin, die freundlich und liebevoll sind. Wenn wir mit Freundlichkeit und Wohlwollen auf andere zugehen, strahlt Liebe auf uns zurück. Wir können sehr stark beeinflussen, welche Qualitäten wir aus anderen hervorlocken, je nachdem, worauf wir unser Augenmerk richten. Es ist die Fähigkeit, das Gute in anderen zu sehen, die liebende Güte mit am meisten zu Tage fördert. Wenn Sie permanent nach dem Guten Ausschau halten, ist Ihre Chance, es zu finden, viel größer. Natürlich finden Sie es nicht immer, aber Ihre Chancen steigen immens. Wenn Sie wissen, dass Sie von einer Person geschätzt werden, können Sie sich in ihrer Gegenwart entspannen und Sie selbst sein.

Genau wie wir selbst, will jeder Mensch glücklich, in Sicherheit und geliebt sein. Das gilt natürlich besonders für Kinder. Als ich noch im Schuldienst war, betrachtete ich es zu Beginn jedes neuen Schuljahres als meine besondere Aufgabe, den Schlüssel zum Herzen eines jeden Kindes zu finden. Manche Kinder strahlten derart, dass man praktisch eine Sonnenbrille in ihrer Nähe aufsetzen musste. Andere waren schüchtern oder hatten gelernt, Aufmerksamkeit zu bekommen, indem sie sich danebenbenahmen. Aber ich wusste, dass jedes von ihnen sich sicher fühlen wollte und für das, was es war, akzeptiert werden wollte. Indem ich nach dem Guten in diesen Kindern Ausschau hielt, stiegen meine Chancen, es hervorzulocken, beträchtlich.

Natürlich sollten wir angemessene Erwartungen in Bezug auf Respekt und Kooperation haben. Aber je mehr wir darauf fixiert sind, wie die Kinder zu sein haben, desto mehr werden sie uns enttäuschen. Wenn wir andere wirklich akzeptieren, wie sie sind, und ihnen Gutes wünschen, entspannen sie sich und genießen unsere Gesellschaft.

Als Teil dieser Praxis machte ein Freund, der an meinem Awakening-Joy-Kurs teilgenommen hatte, ein Experiment, indem er versuchte, sich mit Menschen zu verbinden, die ihm auf der Straße begegneten. „Ich beschloss, zu jedem ‚Guten Morgen‘ zu sagen, der mir auf meinem Spaziergang in der Marina Bay begegnete", berichtete er. „Ich war erstaunt, wie die Leute reagierten und wie oft sie mir ein Lächeln schenkten – einfach weil ich mir die Zeit genommen hatte, sie wahrzunehmen. Wenn wir uns auf positive Weise mit anderen verbinden, lassen wir eine Energie der Güte und Großzügigkeit durch uns fließen und rufen sie in anderen wach. Unser Herz öffnet sich ganz von selbst, wir freuen uns und die Güte kommt zu uns zurück.

Mitfreude

Eine weitere Möglichkeit, die Freude der Verbundenheit zu erleben ist, sich in die Freude der Menschen um uns herum einzuschwingen. Das wird manchmal „Mitfreude" genannt. Mit Kindern geht das sehr leicht. Wir freuen uns, sie glücklich zu sehen. Wir alle kennen das Gefühl, jemandem zu wünschen, dass es ihm oder ihr gut geht. Die meisten Filme geben uns Gelegenheit, uns am Triumph des Helden oder der Heldin zu freuen.

Sich mit einem Kind zu freuen ist eine Sache; mit einem Erwachsenen sieht das manchmal anders aus. Es kann sein, dass wir Neid empfinden, wenn wir von jemandes Erfolg hören. Aber es gibt kein begrenztes Kontingent des Glücks. So wie die Wut eines anderen eine Wirkung auf uns haben kann, können wir von der Freude eines Menschen berührt werden und uns in diese Energie einschwingen. Wenn jemand anders glücklich ist, können wir uns über die Tatsache freuen, dass nun ein bisschen mehr Glück in der Welt ist. Wir können dieses Glück auf uns „abfärben" lassen. Der Dalai Lama drückt es so aus: Wenn unser Glück von unserem eigenen Wohlergehen abhängt, ist es begrenzt. Aber wenn es durch das Glück und die Freude anderer wachgerufen werden kann, erweitern wir die Möglichkeiten um sieben Milliarden!

Verbundenheit durch Spiel, Spaß und Lachen

Eine der besten Arten, den Kontakt mit Kindern zu genießen ist mit ihnen Spaß zu haben und die eigene spielerische Seite zuzulassen. Abgesehen davon, dass man sich den Kindern nahe fühlt, ist es auch eine der effektivsten Möglichkeiten, Stress abzubauen und „aus dem Kopf zu kommen". Das ist mit das Beste am Zusammensein mit Kindern. Sie wissen, wie man spielt! Lassen Sie sich an Ihr eigenes inneres Kind erinnern, wenn Sie mit Ihren Kindern zusammen sind. Verspieltheit und Humor sind wesentliche Voraussetzungen für wahre Freude. Und sie können nur allzu leicht aus unserer „ach so wichtigen" Agenda verdrängt werden. Bewahren Sie sich die Leichtigkeit, seien Sie verspielt, albern und haben Sie Spaß. Das verbindet Sie unmittelbar mit der inneren Freude. Ein Freund drückte es einmal so aus: „Wenn du nicht lachen kannst, ist das nicht lustig."

Unserer Gesellschaft ist die Wertschätzung für das Spielerische zunehmend abhandengekommen. Laut einer wissenschaftlichen Studie ist bei Menschen, „die öfter ihre Zeit damit zubringen, einfach Spaß zu haben", die Wahrscheinlichkeit, dass sie täglich Freude empfinden, um 20 Prozent höher als bei anderen".

Sollten Sie feststellen, dass Sie sich viel zu ernst nehmen, versuchen Sie doch, ein bisschen lockerer zu werden. Kommen Sie aus dem Kopf, indem Sie irgendetwas Verspieltes oder Albernes tun. Das könnte genau das richtige Rezept sein. Haben Sie so viel Spaß wie möglich, und lachen Sie, so oft sie können. Es ist kein Zufall, dass wir uns gut fühlen, wenn wir lachen. Die Forschung hat gezeigt, dass Lachen Endorphine (körpereigene Schmerzmittel) freisetzt, den Spiegel des Stresshormons Cortisol herabsetzt, körperliche Verspannungen reduziert, gegen Depression und Angst hilft und das Immunsystem stärkt.

Viele von uns brauchen erst eine Erlaubnis, um Spaß haben und lachen zu können. Hier ist sie also. Ich gebe Ihnen nicht nur die Erlaubnis – betrachten Sie es als Aufgabe! Aber setzen Sie sich dabei nicht unter Druck. Machen Sie sich einfach bewusst, dass Spaß und Freude da sind, wenn wir uns dafür öffnen. Howard Thuman drückt das sehr schön aus: „Frag' dich nicht, was die Welt braucht. Frage dich, was dich lebendig macht, und dann geh' los und tu' es. Denn die Welt braucht Leute, die innerlich lebendig sind." Die Verbundenheit mit anderen macht uns lebendig.

PROBIEREN SIE DAS

Vergebungsübungen

Vergebung funktioniert in beide Richtungen. Manchmal tun wir etwas, das andere verletzt, und wir bereuen es. Ein andermal sind wir auf der Empfängerseite und werden durch Worte oder Taten verletzt. Solange wir nicht in der Lage sind, solche Konflikte auf irgendeine Weise zu lösen, investieren wir eine Menge Energie in Schuldgefühle oder Wut. Vergebung setzt diese Energie frei und erlaubt unserem Herzen, sich für das Leben und mehr Wohlbefinden zu öffnen. Wenn wir durch unsere eigenen unheilsamen Handlungen beschämt wurden und um Vergebung bitten müssen, kann das ein Sprungbrett dafür sein, auch selbst anderen zu vergeben. Ich möchte Sie ermutigen, die folgenden Vergebungsübungen zu Hause auszuprobieren.

Um Vergebung bitten:

1. Denken Sie an einen Menschen, der vielleicht unter Ihrem verletzenden oder unheilsamen Verhalten gelitten hat. Sehen Sie diese Person vor sich.
2. Lassen Sie sich Ihr Bedauern darüber spüren. Reflektieren Sie über Ihren inneren Zustand und die Verwirrung oder Ignoranz, die dazu führte, dass Sie diesen Menschen verletzt haben.
3. Entschuldigen Sie sich, indem Sie innerlich sagen: „Es tut mir aufrichtig leid, wenn ich dich auf irgendeine Weise verletzt habe. Ich bitte dich um Vergebung."

4. Stellen Sie sich vor, dass dieser Mensch Ihre Aufrichtigkeit spürt, Ihre Worte aufnimmt und Ihnen vergibt. Wie fühlt sich das an?

Anderen vergeben

1. Stellen Sie sich jemanden vor, der (oder die) sich Ihnen gegenüber verletzend verhalten und Ihnen dadurch Schmerz zugefügt hat. Sehen Sie diese Person vor sich.
2. Reflektieren Sie über den inneren Zustand dieses Menschen und die Verwirrung oder Ignoranz, die ihn dazu gebracht hat, Sie zu verletzen.
3. Vergeben Sie dieser Person, indem Sie innerlich sagen: „Ich vergebe dir für alle Verletzungen, die du mir absichtlich oder unabsichtlich zugefügt hast. Ich vergebe dir deine Verwirrung."
4. Stellen Sie sich vor, dass dieser Mensch Ihre Worte in sich aufnimmt und Ihre Vergebung spürt. Wie fühlt sich das an?

Liebende Güte praktizieren

Es ist einfach, anderen bewusst gute Gedanken und Wünsche zu senden. Vielleicht sind Ihre engen Beziehungen ein Übungsfeld, um die Bereitschaft zu entwickeln, immer wieder Ihr Herz zu öffnen. Wenn Sie spüren, dass Zuneigung ganz natürlich fließt, dann nehmen Sie dieses Gefühl einmal ganz bewusst wahr und verbinden Sie sich direkt mit der Freude, die damit verbunden ist. Und wenn Sie Ihre Liebe in Worten ausdrücken, verstärkt sich dieses Gefühl noch!

Es folgt eine Grundübung der liebenden Güte. Sie können sie als formelle Meditation praktizieren oder still für sich, wenn Sie bei Ihren täglichen Aktivitäten mit anderen zusammen sind.

1. Rufen Sie ein Bild der Person wach, der Sie liebende Güte senden möchten, während Sie sich an die guten Eigenschaften dieser Person erinnern.

2. Senden Sie diesem Menschen (oder anderen, die Ihnen in den Sinn kommen) Gedanken wie: „Mögest du glücklich sein. Mögest du inneren Frieden haben. Mögest du deine Liebe mit anderen teilen."
3. Achten Sie einmal darauf, wie es sich in Ihrem Körper und Geist anfühlt, diesen Personen Gutes zu wünschen.

Praktizieren Sie das auch in Bezug auf andere Menschen, denen Sie begegnen und die Ihnen nicht nahestehen. Wenn Sie im Supermarkt in der Kassenschlange stehen, betrachten Sie die anderen einmal nicht als Hindernisse, die Ihnen im Weg sind, sondern versuchen Sie, ihnen gute Gedanken zu senden, beispielsweise: *„Mögest du glücklich sein. Mögest du einen schönen Tag haben. Mögest du deine Liebe mit anderen teilen."* Das ist eine viel angenehmere Erfahrung als das Gefühl, festzustecken, und es transformiert die Situation.

Letztendlich besteht das Ziel der Liebende-Güte-Praxis darin, den Kreis der Menschen, mit denen wir uns verbunden fühlen, zu erweitern, bis er ohne Ausnahme alle Wesen überall einschließt. Man könnte sich fragen, ob es richtig ist, jemandem liebende Güte zu senden, der anderen Leid oder Schaden zufügt. Hier ist es hilfreich, sich bewusst zu machen, dass jemand, der wirklich glücklich ist, weder uns noch anderen absichtlich Schaden zufügen wird.

Von der Agenda zur Liebe

Die Intimfeindin der Liebe ist die Anhaftung oder Abhängigkeit. Sie verkleidet sich als Liebe, ist aber etwas ganz anderes. Ein liebendes Herz ist weit und hat keine Erwartungen im Hinblick darauf, wie jemand zu sein hat. Sie können den Unterschied zwischen diesen beiden Zuständen erkennen, wenn Sie folgende Übung ausprobieren:

1. Denken Sie an jemanden, den Sie lieben – einen Freund/eine Freundin, ein Kind oder vielleicht ein Haustier. Konzentrieren Sie sich

auf die Frage, wie sehr Ihnen das Wohlergehen und Glück dieses Wesens am Herzen liegt. Nehmen Sie wahr, wie gut es sich anfühlt, diesen Menschen oder dieses Wesen einfach zu lieben und ihm mit Gedanken wie „Mögest du glücklich sein" Gutes zu wünschen.

2. Denken Sie nun daran, etwas von ihm oder ihr zu wollen – Aufmerksamkeit, Bestätigung, Rückversicherung, Zuneigung, ein bestimmtes Verhalten. Schauen Sie, ob sich das Gefühl in Ihrem Körper von einer inneren Weite und Offenheit zur Kontraktion verschiebt, von einem Gefühl der Fülle und Verbundenheit hin zu innerem Rückzug und Verschlossenheit.
3. Lassen Sie nun Ihre Gedanken wieder zur Liebe und den positiven Gefühlen zurückkehren, die Sie für dieses Wesen empfinden. Nehmen Sie den Unterschied in Ihrem Körper und Geist wahr.

Die Praxis der Mitfreude

Experimentieren Sie damit:

1. Rufen Sie sich das innere Bild eines Menschen wach, mit dem Sie sich herzlich verbunden fühlen und der oder die gerade eine positive Phase erlebt. Stellen Sie sich vor, wie die Person einen Moment voller Freude erlebt, und sehen Sie sich in ihrem Unterstützerteam stehen. Senden Sie ihr folgende Gedanken wie einen Segen: „Möge dein Glück andauern. Möge dein Glück wachsen."
2. Tun Sie das innerlich noch für mehrere andere Menschen.
3. Stellen Sie sich zum Schluss alle Menschen vor, die Ihnen Gutes wünschen, sehen Sie sie in Ihrem Unterstützerteam, während Sie diese guten Wünsche an sich selbst senden. Lassen Sie sich die Unterstützung der anderen spüren, während Sie die Worte in sich aufnehmen.

Arbeiten Sie mit dem Thema „Mitfreude", indem Sie Ihren Radar für die Freude in Ihrer Umgebung einschalten. Wenn Sie jemanden sehen, der sich offensichtlich freut, sagen Sie leise für sich: „Möge dein Glück andauern. Möge dein Glück wachsen“, und machen Sie sich dabei bewusst, dass die Freude dieses Menschen ein bisschen mehr Freude in die Welt bringt. Sie können diese Praxis auch in eine formelle Meditationsübung einbauen, indem Sie diese Sätze beim Meditieren still ein paarmal wiederholen.

Michele: Mit Kindern liebende Güte praktizieren

Setzen Sie Geschwister zusammen in ein Auto oder dreißig Kinder in ein Klassenzimmer, und die Freude, andere zu lieben, steht unmittelbar auf dem Prüfstand. Unsere Kinder haben mehr Zugang zu Privilegien, Chancen und allen Apparaten und Vorrichtungen als jede andere Generation. Als Eltern und Lehrer/innen wünschen wir uns sehr, dass unsere Kinder Rücksicht auf andere nehmen und sich anderen gegenüber liebevoll verhalten.

Die Liebe zu anderen ist tatsächlich mein bevorzugter Schritt beim Freudewecken. Es hat etwas unglaublich Schönes, wenn die Klassengemeinschaft in einer „Liebesblase“ zusammenkommt. Das ist natürlich eine vergängliche Blase, aber wenn sie entsteht, ist sie wunderschön und wert, genauer angeschaut zu werden.

In einem Jahr hatte ich eine neue Klasse ...

Die Kinder stritten ständig. Einige Eltern und Lehrer nannten sie die „harte“ Klasse. Die Schüler/innen schienen bei jeder Gelegenheit absichtlich „gemein“ zueinander zu sein. Ich konnte nicht genau sagen, warum es diesen Kindern so schwerfiel, Empathie und Freundlichkeit zu zeigen. Ich konnte nichts anderes tun, als hin und wieder innezuhalten, herunterzukommen, mir selbst Mitgefühl zu senden und dann eine Mitgefühlsübung mit den Kindern zu machen.

Tag für Tag dachten meine Lehrassistentin und ich uns Aktivitäten aus, um in der Klasse Mitgefühl zu kultivieren. Und an vielen Tagen kehrte ich völlig entnervt und verzweifelt nach Hause zurück und fragte mich, ob überhaupt irgendetwas von dem, was wir taten, Früchte trug.

Und dann das Wunder: Ungefähr drei Monate nach Beginn des Schuljahres fragte ich die Kinder, ob sie irgendeine Veränderung in unserer Klasse bemerkt hätten. Und sie bejahten das. Die Kinder waren „netter, sanfter und umgänglicher". Sie nahmen Rücksicht aufeinander. Sie waren bereit, mit jedem anderen Kind der Klasse Partnerübungen zu machen. Eine ruhige, entspannte Atmosphäre hatte Einzug ins Klassenzimmer gehalten.

Ich kann also nur empfehlen, an der Übungspraxis dranzubleiben, wenn die Zeiten schwierig sind. Es kann eine Weile dauern. Und in guten Zeiten können Sie die „Liebende-Güte-Muskeln" trainieren. Heute vertraue ich darauf, dass die Praktiken funktionieren, selbst wenn es erst einmal nicht so danach aussieht.

Den Kreis erweitern

Nur wenn wir freundlich mit den Menschen in unserem unmittelbaren Umfeld umgehen können, können wir anfangen, unsere Freundlichkeit auf einen größeren Kreis auszudehnen. In den Klassen gibt es oft Spannungen, Uneinigkeit und Cliquenbildung. Wie lehren wir die Kinder, einander zu lieben oder zumindest empathisch zu sein? Dieses Kapitel enthält einige Lektionen, einschließlich einer über „Liebessternchen", die eine Atmosphäre tiefer Zugewandtheit schaffen. Alle Lektionen können auch zu Hause angewendet werden.

Der von mir gewählte Rahmen umfasst mehrere Bereiche, in welchen man die Liebe zu anderen kultivieren kann. Es sind Praktiken, die uns helfen, Liebe und Mitgefühl entwickeln.

Anderen Liebe zu geben wird vorgelebt und wiederholt und wiederholt: Nur so wird es Teil des allgemeinen Bewusstseins im Klassenzimmer und im eigenen Zuhause. Unten finden Sie ein paar Vorschläge und Ideen, wie Sie zu Hause und in der Schule liebende Güte und Empathie in den Alltag hineinbringen können. Diese Ideen werden in diesem Kapitel über die Freude, andere zu lieben, dann noch weiter entwickelt.

Liebe ist ein „Tun-Wort"

Liebende Güte

Beginnen Sie mit einer regelmäßigen Liebende-Güte-Praxis, indem Sie sich vorstellen, dass Sie Haustieren, Familienmitgliedern, Freunden und auch den Menschen, mit denen Sie Schwierigkeiten haben, Liebe senden. Dadurch wird der Boden bereitet, auf dem Liebe gedeihen kann.

Tun Sie gute, freundliche Dinge zu Hause, in der Schule und auf globaler Ebene.

Lesen Sie Geschichten über Menschen, die gütig gehandelt haben, aber auch über Zeiten, in denen es uns schwerfällt, andere zu lieben. Sprechen Sie über Dinge, die uns davon abhalten, Liebe zu geben und zu empfangen, und über das, was unsere Herzen für die Liebe öffnet.

Machen Sie Kindern bewusst, was sie mit anderen gemeinsam haben. Ich habe meine Kinder und meine Schüler/innen in Kontakt mit Brieffreund/innen in anderen Ländern gebracht. Die Kinder können es kaum erwarten, einen Brief zu bekommen und sich auszutauschen. Sie zeigen echtes Interesse am Schicksal der Menschen in anderen Teilen der Welt. Sie betrachten andere Menschen als ebenbürtig und als Individuen.

Liebende Güte: Hätten Sie es gewusst?

Barbara Fredrickson und Kollegen veröffentlichten eine Studie im *Journal of Personal Social Psychology* (2008) der zufolge Menschen nach einer siebenwöchigen Liebende-Güte-Meditationspraxis mehr Liebe, Freude, Zufriedenheit und Dankbarkeit empfinden, mehr Hoffnung haben, interessierter sind, mehr Vergnügen am Leben haben und wieder ehrfürchtig staunen können. Wenn sich schon nach sieben Wochen so viel veränderte – was können wir als Lehrer/innen dann erst in zehn Monaten bewirken!

Die Liebe jedes Kindes ist einzigartig

Denken Sie daran, dass jedes Kind seine Liebe auf eine andere Art und Weise zeigt. Ich hatte Kinder in meinen Klassen, die mir tief in die Augen schauten, immer wieder Körperkontakt suchten und täglich ihre Liebe zeigten, und andere, für die es schon ein enormer Liebesbeweis war, wenn sie einmal im Monat lächelten. Es gab Kinder, bei denen ich den Eindruck hatte, sie würden mich oder die Klasse nicht mögen, aber wenn ich sie dann darauf ansprach, stellte sich heraus, dass sie schüchtern waren, aber die Klasse eigentlich sehr mochten. Ich bin oft ganz baff über solche Eingeständnisse, denn eigentlich bin ich stolz auf meine Fähigkeit, den emotionalen Zustand meiner Schüler/innen korrekt einschätzen zu können. Ich muss zugeben, dass es mir ziemlich schwerfällt, es nicht persönlich zu nehmen, wenn ein Kind nicht in meine Klasse kommen will, und nicht zu versuchen, die Situation „in Ordnung zu bringen". Es kann ziemlich lange dauern, eine echte Verbindung und Vertrauen aufzubauen, manchmal viel länger, als wir uns vorstellen können. Es gefällt mir, dass ich auch als Lehrerin so viel zu lernen habe. Erlauben Sie den Kindern also, selbst darüber zu bestimmen, auf welche Weise sie ihre Zuneigung zeigen möchten. Zeigen Sie ihnen, wie Sie lieben.

Reden und spielen

Über bedingungslose Liebe sprechen

* Knüpfen Sie Freundschaftsbande, indem Sie Ihr Kind zu gemeinsamen Unternehmungen mit Geschwistern und Freunden ermuntern.

Dazu müssen Sie nicht eine Menge Spieltermine und Aktivitäten einplanen. Lassen Sie die Kinder einfach zusammenkommen und eigene Wege finden, sich miteinander zu verbinden.

* Spielzeit bietet auch so viele Möglichkeiten, zu lernen, rücksichtsvoll zu sein, zu teilen und Probleme zu bereinigen. Versuchen Sie, nicht allzu schnell einzugreifen, wenn es Schwierigkeiten gibt. Auch wenn wir das als Eltern *unbedingt* tun wollen! Geben Sie den Kindern ein bisschen Führung, falls nötig.
* Meine Jungs und ich hatten ein Handzeichen, mit dem wir symbolisch unsere Liebe füreinander ausdrückten. Wir formten mit beiden Händen ein Herz, klopften damit auf die eigene Brust und schickten die Liebesenergie dann zu der anderen Person. Es ist ein bisschen sentimental, aber ich mache das Zeichen noch heute und meine 1,85 Meter großen Burschen strahlen dann übers ganze Gesicht. Wir ahmten auch Vogelrufe nach, wenn die Jungs nach der Schule aus dem Schulbus stiegen und zu unserem Haus liefen. Wenn ich dieses Geräusch machte, war ich hinter den Bäumen versteckt, und die Minen meiner Kinder hellten sich auf, während sie das Gurren erwiderten und auf unser Haus zurannten. Es war speziell und es gehörte nur uns. Ich mache das heute noch, wenn mein Jüngster nach einem Arbeitstag aus dem Linienbus steigt. Meine Stimme vermischt sich dann mit den anderen Vogelstimmen, sodass es ihm nicht peinlich sein muss (allen Teenagern sind viele Dinge peinlich), aber er lacht und weiß, dass ich voller Liebe auf ihn warte.

Geben Sie ihnen Gelegenheit zu glänzen

Alle Schüler/innen meiner Klasse bekommen eine Aufgabe zugeteilt. Alle sind dafür verantwortlich, dass das Ganze funktioniert. Und wir würdigen ihren Beitrag. Denken Sie daran: Die Belohnung liegt im Tun selbst.

Fördern Sie eigenständiges Denken, damit die Kinder nicht von der Masse mitgerissen werden

Bringen Sie Ihrem Kind bei, unabhängige Entscheidungen zu treffen. Üben Sie mit ihm, die Dinge mit Kopf, Herz und Bauch zu prüfen, um entscheiden zu können, was es wirklich will. Sprechen Sie mit Ihrem Kind über seine Wertvorstellungen und darüber, wie es diese Werte hochhalten kann. Seien Sie Vorbild für eigenständiges Denken, und sprechen Sie über Persönlichkeiten der Geschichte, die die Welt veränderten, indem sie ihrem Herzen folgten. Eine meiner Lieblingskünstlerinnen, die dieses Prinzip verkörpert, ist Frieda Kahlo. Meine Schüler/innen nennen mich Frieda-Freak! Ich teile die Geschichte über die Freuden und Leiden und die psychische Widerstandskraft dieser bemerkenswerten Mexikanerin mit allen meinen Schüler/innen. Vor ein paar Jahren hatten mein Partner und ich Gelegenheit, Frieda Kahlos Haus in Mexiko-City zu besichtigen. Ich machte unzählige Fotos und habe noch mehr Material, das ich mit den Schülern teilen kann. Falls Sie noch nie von ihr gehört haben, sollten sie über sie nachlesen. Sie werden auf eine bemerkenswert unabhängige, leidenschaftliche Künstlerin stoßen, mit der sich viele Schüler/innen in Liebe verbinden.

Regen Sie sich nicht so sehr über Kleinigkeiten auf. Halten Sie die Kommunikationskanäle so weit offen, wie Sie können. Ich hatte einmal eine Mentorin, die etwa zehn Jahre älter war als ich. Eines Tages rannte ich in den Kopierraum, nachdem ich gehört hatte, mein Sohn habe sich auf dem Spielplatz „unangemessen“ verhalten, um mit ihr über den Vorfall zu sprechen. Als Mutter und Lehrerin grübelte ich immer noch darüber nach, obwohl die Sache schon längst mit allen Beteiligten ausdiskutiert war. Meine Freundin stoppte meinen Redefluss, schaute mir in die Augen und sagte: „Michele, das sind die Kleinigkeiten. Das geht vorbei. In einer Woche oder einem Monat wirst du dich nicht mal mehr daran erinnern. Lass' es los. Es gibt Wichtigeres. Meine Kinder sind älter. Das ist Kleinkram.“ Diesen Tag werde ich nie vergessen, weil sie einerseits seine Lehrerin und meine Mentorin war und weil es sich andererseits als wahr erweisen sollte.

Lektion 1: Liebessternchen

Ein freundliches, liebevolles Herz zu entwickeln könnte unsere wichtigste Aufgabe im Leben sein, wenn wir glücklich sein wollen.

Fördert und stärkt

- Dankbarkeit
- Mitgefühl
- Vergebung

Materialien

- Keine

Alter

- Vorschule bis Erwachsenenalter

Bezug zum Lehrplan

- Verbaler Ausdruck
- Zuhörkompetenz
- Soziales und emotionales Lernen

Die Praxis zu Hause und in der Schule

Dies ist eine der Lieblingsaktivitäten der Kinder vom Kindergartenalter bis zur siebten Klasse, die sich auch gut für zu Hause eignet. Bevor ich Ihnen die Praxis für zu Hause beschreibe, möchte ich Ihnen erzählen, wie sie im Klassenzimmer aufgenommen wird.

Jeden Freitag, 20 Minuten vor Schulende, sind die Kinder ganz wild darauf, „Liebessternchen“ auf die anderen regnen zu lassen und einander Energie zu geben. Ich höre, wie sie zueinander sagen: „Beeil' dich, räum' auf, damit wir mit den Sternchen anfangen können.“

Alle versammeln sich mit ihrem Schulrucksack und ihren anderen Sachen und sind bereit, ins Wochenende zu gehen. Dann schnellen die Hände in die Höhe. Ich bitte die Kinder, in ihr Herz hineinzuhorchen und zu schauen, auf welche Weise jemand diese Woche ihr Leben berührt hat. Die Gesichter beginnen zu strahlen, während die Schüler/innen einander Liebessternchen schicken, „weil er auf dem Spielplatz freundlich zu mir war“, „weil sie mir geholfen hat, einen Stuhl zu finden“, „weil sie zusammen mit mir gelesen hat“, „weil er einen Snack mit mir geteilt hat“, „weil sie mir eine gute Freundin ist“, „weil meine Mama hier war“. Für viele Kinder ist Teddy das Ziel der Liebessternchen, mein Welpe, der im Laufe der Woche immer wieder Gastauftritte im Klassenzimmer hat. Er sitzt bei dieser Übung immer auf meinem Schoß. Wenn ich einmal vergesse, ihn aus seinem kleinen, von den Kindern gebastelten Unterschlupf zu holen, erinnern mich die Kinder sofort daran, dass er Teil dieses besonderen Moments ist und dass sie ihn dabeihaben wollen. Wenn ich bemerke, dass ein Kind kein Sternchen bekommt, bitte ich Teddy beiläufig, mir ins Ohr zu flüstern, ob er irgendwelche Sternchen für dieses Kind hat, und er findet immer eines!

Ich bitte die Kinder, nicht nur darauf zu achten, wie es sich anfühlt, Liebessternchen zu bekommen, sondern auch zu verteilen. Wo nehmen sie es im Körper wahr? Ich fordere sie auf, in das Gefühl hineinzuspüren. Der Absender soll dem Empfänger in die Augen schauen und ihm sagen, warum er ihm Liebessternchen schickt. Der Empfänger sagt einfach nur „danke“. Viele Schüler/innen übertreiben dann ein bisschen, wenn man sie fragt, wo sie die Sternchen spüren: Sie legen die Hände aufs Herz und lassen sich auf den Boden fallen.

Nach und nach gehen immer mehr Schüler/innen ein Risiko ein, um ihre Dankbarkeit auszudrücken, und es entstehen Freundschaften. Sie verstehen allmählich, wie sie Dinge, die sie berühren, miteinander teilen können und dass kleine Gesten der Freundlichkeit wirklich zählen.

Letzten Freitag kurz vor Unterrichtsschluss fühlte ich mich ziemlich erschöpft. In diesem Moment schaute ich jedes Kind an und fragte es, ob es wissen wolle, wie es mein Herz berührt hatte. Alle Kinder sagten „ja“! Ich konnte mich ihnen öffnen und sagen, wie sehr es mich berührte, wenn sie einfach sie selbst waren. Es war förmlich zu spüren, wie sie weicher wurden und Liebe aussandten und ich fühlte mich erfrischt. Kinder lernen, Liebe oder Dankbarkeit zu zeigen. Wir können nicht davon ausgehen, dass sie wissen, wie man das macht. Viele kommen aus Familien, in denen das Wort „danke“ nicht zum üblichen Vokabular gehört.

Gestern haben wir zusammen gelacht, als wir uns daran erinnerten, dass, als wir im September mit „Liebessternchen“ begannen, niemand außer mir etwas sagte! Als sich dann im Laufe der Wochen und Monate ein Gefühl der Sicherheit einstellte und Vertrauen aufbaute und ein paar Kinder das Risiko eingingen, ihr Herz zu öffnen, gab es kein Halten mehr. Jetzt müssen wir für diese Aktivität mindestens 20 Minuten einplanen, weil die Schüler/innen einander so viel zu sagen haben. Ich forciere es nie, aber ich lade die Kinder dazu ein und erzähle ihnen, dass nach meiner Erfahrung das Herz mit jedem Liebessternchen weiter wird – wie in dem Buch „Wie der Grinch Weihnachten gestohlen hat“!

Unten berichtet ein kleiner Junge von seiner Erfahrung mit dieser Übung und wie er sie sogar in eine Liebende-Güte-Praxis einbaute.

> *Ich schickte meinen Freunden und sogar meinen Feinden Liebessternchen. Als ich an Teddy unser Klassenhaustier dachte, wurde mein Atem ganz ruhig und ich fühlte mich viel besser. Ich schickte meinen beiden Großmüttern und Großvätern Liebessternchen, und sogar meinen Urgroßeltern. Ich schickte Liebessternchen an alle Verwandten. Danach habe ich mich wirklich gut gefühlt. Danke, dass Sie mir das gezeigt haben.*
>
> EIN SIEBEN JAHRE ALTER JUNGE

Alle haben an diesem Tag ein Lächeln auf den Lippen, und wenn Eltern hereinkommen, fließen Tränen. Manche Eltern haben es sich angewöhnt, freitags ein bisschen früher zu kommen, damit sie noch an den Liebessternchen teilhaben können. Dann ist die Woche rund.

Die Praxis zu Hause

„Liebessternchen“ kann man natürlich den ganzen Tag über verschicken, aber der beste Zeitpunkt ist der, wenn alle am Esstisch versammelt sind. Jedes Familienmitglied, das möchte, kann sagen: „Ich schicke

______ Liebessternchen dafür, dass er/sie ____________________."
Und der Empfänger oder die Empfängerin schaut dem oder der Absender/in in die Augen und sagt einfach nur „danke." Öffnen Sie Ihr Herz und nehmen Sie das Geschenk an. Wenn Ihrem Kind nichts einfällt, wofür es dankbar sein könnte, können Sie es entweder sanft ermutigen, seinen Tag Revue passieren zu lassen, oder es bitten, einfach nur dann etwas zu teilen, wenn es dieses Gefühl verspürt. Wenn die Kinder hören, wie Sie Ihre Dankbarkeit in einfache Worte fassen, demonstrieren Sie, wofür man dankbar sein kann – von den kleinsten Kleinigkeiten bis hin zu den großen Dingen.

Mein Teenager-Sohn drückt regelmäßig seine Dankbarkeit für seinen Hund aus, für seinen Vater, der in der Nähe wohnt, und für seinen älteren Bruder, der inzwischen in einer anderen Stadt das College besucht. Das bringt alle, die wir lieben, an unseren Tisch. Er erwähnt vielleicht nicht, dass seine Wäsche gewaschen oder sein Frühstück gemacht wird, aber er hat jemanden gewürdigt, der in seinem Leben und in seinem familiären Umfeld wichtig für ihn ist. Das öffnet nicht nur das Herz, sondern zeigt mir auch, worüber er sich freut.

Geschwisterrivalität oder Rivalität allgemein kann sich oft auflösen, wenn ein Kind dem anderen Liebessternchen schickt. Das hat sich für mich erst gestern bestätigt, als ein weinender Junge auf mich zukam. Ein anderer Schüler aus seiner Gruppe machte einfach nicht mit und war immer völlig abwesend. Wir überlegten uns ein paar Strategien, die er anwenden könnte, um mit der Situation klarzukommen, ohne zu versuchen, den anderen Schüler zu ändern, während er ihm seine Frustration und seinen Wunsch nach Kooperation mitteilte. Als dann die Zeit für „Liebessternchen" gekommen war, sah ich, wie er einmal tief durchatmete und dem anderen Schüler dafür dankte, dass er Teil der Gruppe war. Der andere Junge lächelte zurück und der Bann war gebrochen.

Wenn Eltern füreinander und für ihr Kind Dankbarkeit zeigen, schafft das ebenfalls eine liebevolle Atmosphäre in der Familie. Erwachsene vergessen manchmal, sich Zeit zu nehmen und sich vor ihren Kindern verletzlich zu zeigen oder ihre Liebe füreinander auszudrücken. Diese kostbaren Worte werden oft nur hinter verschlossenen Türen ausgesprochen oder wenn die Erwachsenen allein sind. Es ist aber wichtig, dass Kinder diese liebevollen Momente mitbekommen, damit sie ein Vorbild haben. Ich kann mich beispielsweise nicht daran erinnern, je gehört zu haben, dass meine Eltern ihre Liebe füreinander in Worten ausdrückten. Das lag natürlich teilweise auch daran, dass die Generation meiner Eltern gelernt hatte, sich nicht in die Karten schauen zu lassen. Als meine Mutter überraschend vor meinem Vater starb, weinte er und zeigte mir eine Karte, die er in seinem Schrank versteckt hatte, um sie am Valentinstag meiner Mutter zu schenken. Sie starb, bevor sie sie erhalten konnte. Es wäre ihre erste Valentinskarte in ihrer 30-jährigen Ehe gewesen. Es war nicht so, dass mein Vater meine Mutter nicht liebte oder ihr seine Liebe nicht bewies, aber er gab uns Kindern nicht mit auf den Weg, wie man einem anderen diesen Teil von sich selbst zeigen kann. Ich schwor mir damals, dass ich dies mit meinen Kindern teilen würde, aber ich musste erst lernen, wie das geht. Indem Sie solche Dinge also aussprechen und die Energie eines offenen Herzens an Ihren Esstisch bringen, beschenken Sie Ihre Kinder damit mehr, als Sie sich vielleicht vorstellen können. Sie lehren sie einfach durch Ihr Sein. Sie zeigen ihnen, wie sehr Sie ihren Partner schätzen und lieben (oder wer auch gerade am Tisch sitzt) und wie wertvoll diese Beziehung für Sie ist. So erleben die Kinder den Austausch von Liebesenergie und können dieses Geschenk dann viel leichter an andere weitergeben. Anfangs mag es ein gewisses Gefühl von Befangenheit oder gar Peinlichkeit auslösen, aber die Belohnungen, die mit dem Öffnen des Herzens verbunden sind, wiegen diese Befangenheit millionenfach auf.

LESETIPPS

Bücher für Erwachsene

Hart, Sura und Kindle Hodson, Victoria, *Respektvoll miteinander leben: 7 Schlüssel zur Konfliktlösung*. Paderborn: Junfermann Verlag, 2007.

Kabat-Zinn, Myla und Kabat-Zinn, Jon, *Mit Kindern wachsen: die Praxis der Achtsamkeit in der Familie*. Freiburg: Arbor Verlag, überarb. und erw. Neuausg. 2015.

Kashtan, Inbal, *Von Herzen Eltern sein: Die Geschenke des Mitgefühls, der Verbindung und Wahlfreiheit*. Paderborn: Junfernmann Verlag, 2013.

Bücher für Kinder

Gainer, Cindy und Sakamoto, Miki, *I'm Like You, You're Like Me: A Book About Understanding and Appreciating Each Other*. Golden Valley, MN: Free Spirit Publishing, 2013.

Silver, Gail, *Peace, Bugs and Understanding: An Adventure in Sibling Harmony*. Illustriert von Youme Nguy. Berkeley, CA: Plum Blossom Books, 2014.

Spelman, Cornelia und Parkinson, Kathy, *When I Care About Others*. Park Ridge, IL: Albert Whitman & Company, 2002.

Lektion 2: Schwierige Freundschaften

Wenn wir jemanden lieben, wünschen wir uns, dass dieser Mensch glücklich ist. Es erfordert eine große Hingabe, darauf zu vertrauen, dass er seinen Weg dahin finden wird, auch wenn er eine andere Route wählt als die, die wir für die beste halten.

Fördert und stärkt:

- Intensives Zuhören
- Die Fähigkeit, Schwierigkeiten anzuerkennen und loszulassen
- Mitgefühl
- Empathie
- Freundschaft
- Durchbrechen dysfunktionaler Familienmuster
- Tiefe Gefühle teilen/Soziales und emotionales Lernen

Alter
- Ab vier Jahren (mit Unterstützung der Eltern) bis Erwachsenenalter

Materialien
- Papier
- Stifte
- Bereitschaft

Bezug zum Lehrplan
- Verbaler Ausdruck
- Schreiben
- Zuhörkompetenz
- emotionales Vokabular aneignen

Liebe sie und verlasse sie

Wie oft beenden Kinder und Erwachsene eine Freundschaft nach einer Meinungsverschiedenheit. In vielen Familien werden Mitglieder abgeschrieben, ignoriert oder zum Feindbild gemacht, wenn die Leute unfähig sind, den Konflikt zu bearbeiten und zu lösen.

Auch in Schulklassen stelle ich oft fest, dass Freundschaften einfach aufgegeben werden, wenn es „sich nicht mehr gut anfühlt“. Oft kommen Kinder vom Spielplatz herein und sagen: „Du bist nicht mehr mein Freund, weil du dies oder jenes getan hast.“

Kindern beizubringen, den ganzen Menschen zu sehen und anzuerkennen, dass es in Freundschaften Höhen und Tiefen gibt, hilft ihnen, dauerhafte Beziehungen aufzubauen.

Wir müssen ihnen Strategien vermitteln, mit denen sie durch schwierige Zeiten kommen, sodass sie bei Auseinandersetzungen oder inmitten von Streitigkeiten darauf zurückgreifen können.

Dr. Daniel Siegel erinnert uns daran, wie wichtig es ist, Kinder zu lehren, die Dinge mit Abstand zu betrachten. Er sagt: „Wir sollten Kinder daran erinnern, dass die Freundschaften, auf die wir uns am tiefsten einlassen, oft auch diejenigen sind, die uns am meisten herausfordern. Wenn wir die Herausforderungen annehmen und daran arbeiten, können sie aber auch die sein, die uns am meisten bereichern, am tiefsten berühren und transformieren.“

Die Praxis zu Hause und in der Schule

Gute Freunde

Lassen Sie Ihr Kind einmal aufschreiben, was es an einem bestimmten Freund oder verschiedenen Freundinnen und Freunden schätzt. *Brainstormen* Sie und bringen Sie all diese großartigen Qualitäten gemeinsam zu Papier. Schreiben Sie als Mutter oder Vater auf dasselbe Blatt Papier, was Sie an Freundschaften schätzen.

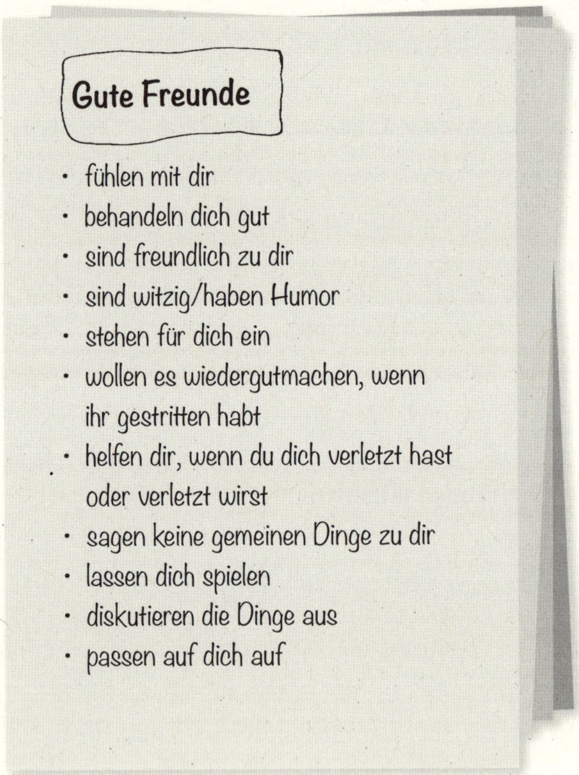

Probleme

Nun soll Ihr Kind aufschreiben oder Ihnen sagen, was es in einer Freundschaft als schwierig oder herausfordernd empfindet. Bringen Sie auch das wieder zu Papier, sodass Ihr Kind schwarz auf weiß vor sich sieht, dass alle Freundschaften auch Herausforderungen mit sich bringen.

Was eine Freundschaft zerbrechen ließ

- er/sie hat mich angelogen
- ist in ein anderes Land gezogen
- hat nichts mit mir geteilt
- hat mich übergangen
- hat Schimpfwörter zu mir gesagt
- war gemein zu mir und ich konnte es nicht mehr ertragen
- hat hinter meinem Rücken schlecht über mich geredet
- hat mir etwas gestohlen
- wollte mehr, als ich geben konnte
- hat einen neuen Freund/eine neue Freundin gefunden und mich verlassen

Kinder sind erstaunlich. Sie können sich auf einer sehr tiefen Ebene austauschen. Hier ein Beispiel.

Die schwierigen Dinge überwinden

Fragen Sie Ihr Kind, wie es ein Problem in einer Beziehung überwunden hat: durch eine Entschuldigung, durch Vergebung, durch loslassen oder durch jemandes Hilfe. Den Kindern fällt hierzu bestimmt noch viel mehr ein. Lassen Sie sie wissen, wie Sie selbst ein Beziehungsproblem überwunden haben.

Wenn wir Probleme nicht überwinden können

Erinnern Sie sich nun an eine Zeit, in der der Bruch einer Freundschaft nicht zu kitten war, und schreiben Sie es auf. Was war passiert? Erkennen Sie die Schwierigkeiten und den Schmerz sowie die Tatsache an, dass Freundschaften manchmal zerbrechen. Kinder berichten, dass sie als eine Freundschaft zerbrach:

- nie mehr mit dem/der anderen sprachen
- sich mit anderen Leuten trafen
- bei Begegnungen mit dem ehemaligen Freund in die andere Richtung schauten
- sich schlecht fühlten, aber nicht wussten, was sie tun sollten
- es nie vergessen konnten
- sich erleichtert fühlten
- sich einsam fühlten
- neue Freunde fanden

Eine Intention formulieren

Lassen Sie Ihr Kind zum Schluss eine Absicht formulieren: Wie will es damit umgehen, wenn es in einer gegenwärtigen Beziehung schwierig oder zäh wird? Man kann die Strategien auf selbstklebende Notizzettel schreiben und diese an verschiedenen Stellen anbringen, beispielsweise im Tagebuch oder Terminkalender, innerhalb der Schreibtischschublade oder am Badezimmerspiegel. Dann kann man darauf zurückgreifen, wenn die Dinge schwierig werden. Verbundenheit ist eine der größten Quellen der Freude und deshalb müssen wir an unseren Beziehungen arbeiten. Es ist ein dynamischer Prozess.

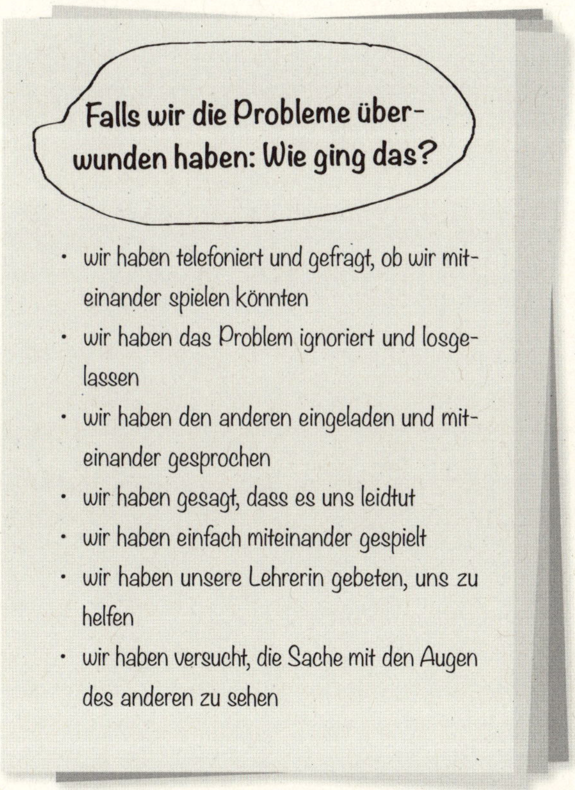

LESETIPPS

Bücher für Erwachsene

Chödrön, Pema, *Wenn alles zusammenbricht: Hilfestellung für schwierige Zeiten*, München: Goldmann Verlag, 2001.

Gurian, Michael, *The Wonder of Boys*. New York, NY: Tarcher Perigee, 2006.

Neufeld, Gordon und Mate, Gabor, *Unsere Kinder brauchen uns!: Die entscheidende Bedeutung der Eltern-Kind-Bindung*. Bremen: Genius Verlag, 2015.

Wiseman, Rosalind, *Queen Bees and Wannabes: Helping Your Daughter Survive Cliques, Gossip, Boyfriends, and the New Realities of Girl World*. New York, NY: Harmony Books, 2009.

Bücher für Kinder

Berenstain, Stan und Berenstain, Jan, *Die Lausebären und der Streit*. Erlangen: Pestalozzi Verlag, 1991.

Berenstain, Jan und Berenstain, Mike, *The Berenstain Bears: The Forgiving Tree*. New York, NY: Random House Books for Young Readers, 1988.

O'Neill, Alexis, *The Recess Queen*. New York, NY: Scholastic Press, 2002.

Parish, Herman, *Amelia Bedelia Makes a Friend*. New York, NY: Greenwillow Books, 2011.

Sornson, Bob, *The Juice Box Bully: Empowering Kids to Stand Up for Others*. Northville, MN: Ferne, 2010.

Willems, Mo, *Leonardo will gern schrecklich sein*. Düsseldorf: Sauerländer Verlag, 2007.

Lektion 3: Brieffreunde

Globale Verbindungen aufbauen und Mitgefühl entwickeln

„Wenn du dich darauf verstehst, auf diese Stimme in deinem Innern zu hören, beginnst du auf eine Weise zu leben, die dich in Einklang mit dem Leben bringt."

Fördert und stärkt:

- Mitgefühl
- Perspektive wechseln
- Globale Gemeinschaft
- Reflektion – achtsames Gewahrsein

Materialien

- Ein/e Brieffreund/in
- Papier und Briefmarke

Alter

- Fünf Jahre bis Erwachsenenalter (die Kleinen brauchen vielleicht einen Schreiber)

Bezug zum Lehrplan

- Verbaler Ausdruck
- Schreiben
- Lesen
- Zuhörkompetenz
- Gemeinschaftskunde
- Kunst
- Soziales und emotionales Lernen

Die Praxis zu Hause und in der Schule

Erinnern Sie sich noch, wie aufregend es war, in der Post einen Brief mit einer ausländischen Briefmarke vorzufinden? Erinnern Sie sich an die Freude, von jemandem zu hören, der weit entfernt von Ihnen lebte? Ich habe im Laufe der Jahre versucht, Verbindungen zwischen meinen Schüler/innen und Schüler/innen in anderen Teilen der Welt aufzubauen. Gegenwärtig schreiben wir Freunden in Uganda, Mexiko und Costa Rica. Viele der Organisatoren habe ich kennen gelernt und ich schätze diese Verbindungen sehr.

Die positiven sozialen und emotionalen Auswirkungen einer Brieffreundschaft

Von einem ausländischen Brieffreund Geschichten aus erster Hand zu hören, kann Kindern helfen, die Welt mit den Augen des anderen zu sehen und über den eigenen Tellerrand hinauszublicken. Viele unserer Brieffreundinnen und Freunde leben in politisch instabilen Ländern, in denen große Armut herrscht. Man gibt den Kindern Gelegenheit, ein weniger egozentrisches Weltbild zu entwickeln, wenn man ihnen ermöglicht, sich mit anderen Teilen der Welt zu verbinden.

Das Entwickeln von Empathie ist ein weiterer positiver Aspekt des Austauschs mit Brieffreund/innen. Mit einem Kind in ungefähr gleichem Alter befreundet zu sein, das in einem anderen Land lebt, hilft unseren Kindern, zu erkennen, dass es sehr viele Gemeinsamkeiten gibt und dass sie gerne mit den gleichen Dingen spielen. Sie lesen die Briefe laut vor und vermitteln den Klassenkameraden, dass diese Kinder Hoffnungen und Träume, Familien und Haustiere haben – genau wie sie selbst. Genau wie sie ist ihr Brieffreund oder ihre Brieffreundin vielleicht sportbegeistert oder hat eine Schwester. Auch wenn sie in völlig unterschiedlichen Kulturen leben, gibt es viele Dinge, die bei Kindern in aller Welt gleich sind. Die Fähigkeit, bei allen Unterschieden die Gemeinsamkeiten zu sehen, ist eine sehr positive Qualität.

Etwas über die anderen Regionen der Welt zu erfahren und zu lernen begeistert die Kinder. Es weckt ihre Neugier und verhilft ihnen hoffentlich zu einer umfassenderen Weltsicht. Sie schauen immer auf Google Earth oder auf dem Globus in unserer Klasse oder auf der Landkarte nach, wo ihre neuen Freunde leben.

Manche Kinder haben begonnen, Briefmarken und Briefumschläge zu sammeln, und verfolgen, wie die Sendungen an ihr Ziel gelangen. Einmal haben meine Drittklässler Briefe verschickt, die mit Schlittenhunden transportiert wurden. Da haben sie wirklich eine Menge gelernt.

Geduld

Wenn Briefe abgeschickt und empfangen werden, kosten Kinder die Zeit aus, die es braucht, bis das Papier von einer Hand in die andere gelangt. In dieser Welt der unmittelbaren Belohnungen birgt das Warten ein Geschenk: Das Geschenk, nicht zu wissen und sich zu fragen, ob der Brief beantwortet werden wird, und die Bereitschaft, ein Risiko einzugehen. James sagt dazu: „Wir können eine Vorstellung von Verbundenheit haben, aber aus eigener Erfahrung zu wissen, was sie bedeutet, hilft uns, in Einklang mit dieser Wirklichkeit zu leben." Für Kinder bedeutet das, dass sie ganz konkret erleben können, wie ihr Brief ein anderes Kind berührt und dass sie eine lebendige Reaktion der Freundlichkeit und Dankbarkeit erhalten können.

Ich habe nie eine größere Aufregung beobachtet, als an den Tagen, an denen ein riesiger Umschlag mit Brieffreund-Briefen in unserer Schule ankommt. Ich pinne sie schweigend an die Wand und warte, bis jemand herausplatzt: „Sie sind angekommen!" Zuvor haben wir bereits über das jeweilige Land, seine Menschen, die dortigen Essgewohnheiten, die Sitten und Gebräuche und die Landespolitik recherchiert. Die Kinder wissen also einiges über den kulturellen Hintergrund ihres Brieffreundes oder ihrer Freundin. Die Schüler/innen haben Briefe geschrieben, in denen sie ihren Brieffreund/innen von ihrem eigenen Alltag erzählen.

In einem Jahr schrieben wir an eine Partner-Schule in Uganda, und die ugandischen Schüler/innen antworteten, dass sie ein Pflegebett bräuchten, um den Kindern zu helfen, die krank in der Schule ankämen. Meine Schüler/innen sammelten monatelang Spenden und schickten das Geld zusammen mit handgeknüpften Armbändern nach Uganda. Ihre Freude beim Anblick eines Fotos, auf dem ihre afrikanischen Freund/innen ihre Armbänder trugen, war unbeschreiblich. Sie wussten, dass sie etwas bewegt und eine bedeutsame Verbindung zu einer Gruppe von Kindern auf der anderen Seite der Welt hergestellt hatten. Genauso genossen sie es, Briefe zu empfangen, und die Kinder in Uganda wussten ebenfalls, dass sie bei ihren Freund/innen in Kanada etwas bewegt hatten.

Ich habe nie Brieffreundschaftsvereine genutzt, sondern frage die Kinder direkt, ob sie Kontakte in andere Länder haben. Viele unserer Schüler/innen sind Kanadier in erster Generation und haben einen buntgemischten kulturellen Hintergrund. Sie kennen oft jemanden, dem wir schreiben können. Einmal erzählte mir ein kleines Mädchen, sie nähme immer einen zusätzlichen leeren Koffer mit, wenn sie in den Weihnachtsferien in das Heimatland ihrer Mutter reise. Die Klasse entschied, den Koffer mit selbstgemachten Sock Monkey Dolls (aus Socken gearbeitete Affenpüppchen, A.d.Ü.) zu füllen. Wir brauchten Tage, um die Puppen herzustellen. Jedes Äffchen hatte einen Namen und die Kinder hatten sie mit kleinen Verzierungen versehen. Sie gaben jeder Puppe sogar eine Geburtsurkunde und Reisedokumente mit! Das Mädchen kam mit Fotos von glücklichen Kindern zurück, die mit den Puppen spielten. Solche kleinen Aktionen geschehen immer spontan und kommen von Herzen. Und sie bewirken so viel.

Ich liebe es zu reisen und treffe dabei auch viele Familien und Kinder. Ich frage dann immer, ob sie nicht Lust hätten, Brieffreund/innen zu werden, und bisher wurde mein Vorschlag noch nie abgelehnt. Denken Sie daran, dass es für diese Menschen sehr teuer sein kann, Briefe aus ihrem Heimatland zu verschicken. Wir haben oft auf einen Schulfonds zurückgegriffen, um das Rückporto zu finanzieren. Ich hoffe, Sie können die bereichernde Erfahrung genießen, in unserer Welt Verbindungen herzustellen, und ich glaube, dass unsere lohnendsten Beziehungen jene sind, die wir über viele Jahre gepflegt haben. Sie könnten also ein oder zwei Organisationen auswählen und Ihr Engagement aufrechterhalten, während Sie beobachten, wie die jeweilige Verbindung sich vertieft und wächst.

LESETIPPS

Bücher für Erwachsene

Adamson, Heather, *Homes in Many Cultures (Life Around the World)*. Mankato, MN: Capstone Press, 2009.

Evans, Linda und Thompson, Mary, *Art Projects from Around the World: Grades 4–6: Step-by-Step Directions for 20 Beautiful Art Projects*. New York, NY: Scholastic Press, 2006.

Menzel, Peter und D'Aluisio, Faith, *Mahlzeit! Auf 80 Tellern um die Welt*. Hamburg: Gruner+Jahr Verlag, 2010.

Shepherd, Margaret und Hogan, Sharon, *The Art of the Personal Letter: A Guide to Connecting Through the Written Word*. New York, NY: Broadway Books, 2008.

Bücher für Kinder

Adamson, Heather, *School in Many Cultures (Life Around the World)*. Mankato, MN: Capstone Press, 2009.

Loewen, Nancy und Lyles, Christopher, *Sincerely Yours: Writing Your Own Letter (Writers Toolbox)*. Mankato, MN: Picture Window Books, 2009.

Menzel, Peter und Mann, Charles, *Material World: A Global Familiy Portrait*. Berkeley, CA, Counterpoint Publisher, 1995.

Murphy, Stuart, *Polly's Pen Pal*. Illustriert von Remy Simard. New York, NY: Festival Publisher. 2005.

Rand, Gloria und Rand, Ted, *A Pen Pal for Max*. New York, NY: Henry Hold and Company, 2005.

9 Mitgefühl

James: Übungen für Erwachsene

Wir sind darauf „programmiert", uns um andere zu kümmern. Wenn wir sehen, dass ein kleines Kind hinfällt und sich verletzt, haben wir instinktiv den Impuls zu helfen. Wir haben nichts davon. Es ist einfach eine Regung des Herzens, die uns reagieren lässt. Ist das nicht wunderbar? Die moderne Neurowissenschaft hat gezeigt, dass in unserem Gehirn so genannte „Spiegelneuronen" existieren, die dafür sorgen, dass wir uns von Natur aus in die Erfahrung anderer einfühlen. Dieselben Gehirnzellen, die feuern, wenn Sie sich den großen Zeh anstoßen, feuern auch, wenn Sie sehen, wie jemand anders sich am großen Zeh stößt. Wenn wir jemanden leiden sehen, wird unser fürsorglicher Anteil geweckt. Deshalb ist das Anschauen eines Films eine so beeindruckende Erfahrung. Wir fühlen mit dem Helden oder der Heldin bei ihren Niederlagen und Siegen.

Die Fähigkeit, uns vom Leiden eines anderen berühren zu lassen und darauf zu antworten, ist mehr als nur eine nette Eigenschaft: Sie erlaubt uns, Glück zu erleben und zu schenken. Anderen zu helfen und in ihrem Leben etwas Positives zu bewirken ist einer jener Wege zu echtem

Wohlbefinden, die uns am meisten erfüllen. Martin Seligman, der Vater der positiven Psychologie und Autor des Buches Der Glücksfaktor: *Warum Optimisten länger leben* (Bastei-Lübbe, 2005), schreibt, dass unsere größte Quelle des Glücks darin besteht, unsere Gaben zu entdecken und sie dann zu nutzen, um einen Beitrag für andere zu leisten.

Aline ist eine junge Frau, deren Engagement für Gemeinschaftsprojekte und Umweltschutz sie in Länder wie Senegal, Peru und nach Sibirien geführt hat. Durch ihren ehrenamtlichen Dienst hat sie in allen diesen Regionen das herzzerreißende Elend der Armut und Umweltzerstörung gesehen. Sie drückt es so aus:

> „Ich glaube, tief im Innern hat der Mensch eine Sehnsucht, zu dienen. Es nährt die Seele. Wenn Menschen ehrlich hinschauen, erkennen sie, dass die eigenen Werte zu leben wichtiger ist als alles Geld der Welt. Es nagt an dir, wenn du nicht mit deinen Werten in Einklang bist. Wenn du es aber bist, blüht etwas in dir auf, wird lebendig. Jeder von uns trägt seine eigene verborgene Bestimmung in sich und muss sie entdecken und ihr Flügel verleihen. Zu dienen ist eines jener Dinge, die uns in Kontakt mit dem natürlichsten und wahrhaftigsten Teil unseres Wesens bringen."

Genau wie die Erwachsenen haben auch Kinder, obwohl sie von Natur aus fürsorglich sind und helfen möchten, einen starken Drang, auch auf Kosten anderer zu bekommen, was sie wollen. Ihnen Gelegenheit zu geben, die Freude zu erleben, die mit dem Zeigen der eigenen Fürsorglichkeit verbunden ist, ist eines der wichtigsten Dinge, die wir für sie tun können. Diese Welt braucht so viele mitfühlende Menschen, wie wir nur heranbilden können.

Mitfühlen bedeutet nicht „retten"

Bei all dem Leiden, das wir um uns herum beobachten, könnten wir leicht von Emotionen überwältigt werden oder uns verschließen. Das nützt niemandem. Deshalb ist es ganz wichtig, dass wir auch uns selbst in unsere Mitgefühlspraxis einbeziehen. Andernfalls „brennen wir aus". Sie können mitfühlend mit sich umgehen, indem Sie Ihre Möglichkeiten und Grenzen kennen. Wenn wir nicht vergessen, auch uns selbst zu nähren, während wir auf das Leiden anderer, insbesondere unserer Kinder, antworten, haben wir mehr zu geben und können mehr Freude erleben.

Mitgefühl bedeutet nicht, unermüdlich jeden retten zu wollen, den wir leiden sehen. Es soll keine schwere Bürde sein. Nicht nur können wir nicht jeden retten, wir können sein Leiden gewöhnlich auch nicht von ihm nehmen. Natürlich wollen wir unsere Kinder nicht leiden sehen. Aber Leiden gehört zum Leben. Unser Versuch, sie zu retten oder zu bewahren, kann sie manchmal sogar schwächen. Bei unserem heroischen Versuch, ihnen ihr Leiden zu nehmen, können wir ihren Entwicklungsprozess blockieren und sie daran hindern, in ihre Kraft zu kommen und ihre eigenen inneren Ressourcen zu nutzen.

Der Schlüssel zu weisem Mitgefühl liegt in der Fähigkeit, eine Balance zwischen unserer Fürsorge und einer anderen Herzensqualität – der Gelassenheit – herzustellen. Gelassenheit oder Gleichmut ist die umfassende Akzeptanz der Tatsache, dass die Dinge, auch wenn wir sie anders haben wollen, sind, wie sie sind. Gelassenheit bedeutet einfach anzuerkennen: „Okay, es ist, wie es ist." Sich frustriert oder gestresst zu fühlen, weil es nicht in unserer Macht steht, die Situation zu ändern, schwächt nur unsere Fähigkeit, angemessen zu reagieren.

Gelassenheit hilft uns, angesichts des Leidens anderer in unserer Mitte zu bleiben. Das berühmte Gelassenheitsgebet weist darauf hin, dass sowohl Handeln als auch Gelassenheit notwendig sind: „Gib mir die Gelassenheit, die Dinge hinzunehmen, die ich nicht ändern kann, den Mut, die Dinge zu ändern, die ich ändern kann, und die Weisheit, das eine vom anderen zu unterscheiden." Je mehr wir zu dieser Balance finden können, desto mehr wird unser Mitgefühl zu einem heilsamen Klima für unser Umfeld.

Oft bedeutet Mitgefühl einfach nur, füreinander da zu sein. Anstatt zu versuchen, jemanden „in Ordnung zu bringen" oder ihm sein Leiden abzunehmen, bietet unsere fürsorgliche Präsenz einem leidenden Menschen oft den größten Trost. Wenn Sie beobachten, dass ein Kind eine schwere Zeit durchmacht, üben Sie sich zunächst einmal darin, einfach nur mit ihm zu sein, bevor Sie in den Aktionsmodus schalten. Hören Sie ihm zu, wenn es über seine Erfahrung berichtet. Stellen Sie sich vor, was es für dieses Kind bedeutet, dieses durchzumachen. Welche Art des Beistands würden Sie sich wünschen, wenn Sie an seiner Stelle wären? Versuchen Sie, zu einem inneren Raum der Ausgeglichenheit zu finden, von dem aus sie den anderen auf eine liebevolle, unterstützende Weise betrachten. Sie können Fragen stellen, die der Person helfen, in Kontakt mit dem zu kommen, was sie fühlt. Lassen Sie jegliche Ambitionen los, die Dinge oder die Person in Ordnung zu bringen. Verpassen Sie nicht das erhebende Gefühl, das mit Ihrer liebevollen Präsenz einhergeht.

Mentor/in sein

Einer der schönsten Aspekte des Mitgefühls ist der, einem anderen Menschen zu helfen, in seine Kraft zu kommen, indem man die Rolle eines Mentors übernimmt. Es macht wirklich Freude, einen jungen Menschen dabei zu unterstützen, sich zu entwickeln und sein volles Potenzial zu entfalten. Jeder von uns kann andere ermutigen, die eigene Bestimmung zu entdecken. Jeder junge Mensch, der noch nicht sein volles Potenzial entfaltet hat und guten Willens ist, ist ein perfekter Kandidat für ein solches Engagement. Selbst in denjenigen, die in ihrer Verwirrung und Unwissenheit anderen Leid zufügen, steckt ein großes Potenzial. Für mich beinhaltet die Aufgabe des Mentors Folgendes:

1. Sieh' das Gute in diesem Menschen, einschließlich seiner einzigartigen Gaben und Talente.
2. Erkenne sein oder ihr Potenzial, anderen zu helfen.
3. Glaube an sie oder ihn und lass sie/ihn das wissen.
4. Hilf diesem Menschen, seine Gaben wachzurufen, indem du ihn ermutigst und dabei unterstützt, sich weiterzuentwickeln.

Indem wir für diese Person Mentor oder Mentorin sind und ihr helfen, in ihre Kraft zu kommen, tragen wir dazu bei, dass eine Saat des tiefen Mitgefühls und der Weisheit aufgehen kann. Das ist unglaublich lohnend und eine Methode, mit der Sie garantiert Freude in Ihr Leben bringen.

Auf das Leiden um uns herum antworten

Das Leiden anderer durch ehrenamtlichen Dienst lindern zu helfen ist unglaublich erhebend für uns. Und es ist eine der effektivsten Methoden, unser eigenes Leiden zu verringern oder zu vergessen. Für manche von uns ist die Konzentration auf ihre Familie oder nahestehende Menschen, die Unterstützung brauchen, das ideale Betätigungsfeld, auf dem sie ihrer Fürsorge Ausdruck verleihen können. Für andere ist die Teilnahme an einem humanitären Hilfsprojekt ein Quelle reiner Freude. Hier ein paar Bemerkungen über das Dienen, die ich besonders inspirierend finde:

> *Ich weiß nicht, was euer Schicksal ist, aber eines weiß ich: Die Einzigen von euch, die wahres Glück finden werden, sind die, die danach gestrebt haben, zu dienen, und herausfanden, wie sie das tun können.*
>
> ALBERT SCHWEIZER

Wie wunderbar, dass niemand auch nur einen einzigen Augenblick warten muss, bevor er anfangen kann, die Welt zu einem besseren Ort zu machen.

ANNE FRANK

Eine wissenschaftliche Studie hat gezeigt, dass „ehrenamtliche Tätigkeiten zum eigenen Glück beitragen, indem sie Langeweile vertreiben und ein stärkeres Gefühl von Lebenssinn vermitteln.

Bei Menschen, die ehrenamtlich tätig sind, ist die Wahrscheinlichkeit, glücklich und mit sich selbst zufrieden zu sein, doppelt so hoch wie bei anderen."

Falls Sie die Zeit dafür haben, könnten Sie über die Teilnahme an einem einfachen, handhabbaren Projekt nachdenken, das Sie in Kontakt mit einem Umfeld des freiwilligen Dienstes für (einen) Menschen in Ihrer Nähe versetzt. Sie könnten beispielsweise Zeit mit jemandem verbringen, den Sie kennen und von dem Sie wissen, dass er oder sie Unterstützung benötigt. Sie könnten aber auch in einem völlig neuen Umfeld ehrenamtlich tätig werden. Tun Sie nichts, was einen unrealistischen Zeitaufwand mit sich bringt. Sie möchten ja nicht an einen Punkt kommen, an dem Sie anfangen, ihre Praxis des Mitgefühls zu hassen! Machen Sie ein Experiment daraus, bei dem Sie entdecken, wie es sich anfühlt, Ihre Komfortzone zu verlassen. Seien Sie für alle heilsamen (oder anderen) Gefühle präsent, die auftauchen, wenn Sie anderen dienen.

Mitgefühl über die engen Grenzen ausdehnen

Wir müssen nur einen Blick in die Zeitung werfen, um mit allen Arten von Leid in der Welt konfrontiert zu sein. Falls eine bestimmte Situation Sie berührt, fragen Sie sich: „Was kann ich im kleinen Rahmen tun, um meine Anteilnahme und Fürsorge auszudrücken?" Wenn Sie entsetzt darüber sind, wie rücksichtslos und grausam Menschen zueinander sein können, dann lassen Sie nicht zu, dass diese Gefühle Ihr Inneres vergiften.

Dringen Sie zur Ebene jenseits dieser Gefühlen vor, auf der Sie echte Anteilnahme für diejenigen empfinden, die zum Opfer geworden sind (und versuchen Sie, vielleicht sogar Mitgefühl mit den Tätern ob ihrer Unbewusstheit und Ignoranz zu haben).

Wir alle haben von schrecklichen Katastrophen wie Erdbeben oder Tsunamis gehört, bei denen Tausende obdachlos wurden, oder von dem unendlichen Leiden durch Kriege. Sie könnten auch in Betracht ziehen, sich bei Ereignissen zu engagieren, die außerhalb Ihres unmittelbaren Lebensumfeldes stattfinden. Vielleicht sind Sie besorgt wegen des Klimawandels und seiner Folgen. Falls Sie sich im Hinblick auf die Opfer hilflos fühlen, dann fragen Sie sich, wie Sie weise auf die Situation antworten können, anstatt sich ohnmächtig zu fühlen. Bleiben Sie in Kontakt mit Ihrem mitfühlenden Herzen. Das motiviert Sie vielleicht, von diesem ganzheitlichen Raum aus zu handeln.

Der Autor Andrew Harvey gibt den Rat: „Folge deinem Herzschmerz." Schauen Sie, welchen Impuls Sie verspüren. „Handeln verdrängt Angst", wie Angeles Arrien sagt. Was Sie auch tun, um auf das Leiden zu antworten, ob Sie einen Brief schreiben oder etwas Geld spenden – tun Sie es als bewusste Praxis des Mitgefühls. Bevor Sie den Brief schreiben oder das Geld schicken (oder danach), könnten Sie still für sich Sätze sagen wie: „Mögest du frei von Leiden sein" oder „Dein Leiden berührt mich" (einschließlich des Leidens der Erde).

Wenn Sie Mitgefühl zeigen und ausdrücken, sind Sie für Ihre Kinder ein leuchtendes Beispiel für eine inspirierende Art zu leben. Unser größtes Glück finden wir nicht in dem, was andere uns geben können, sondern in dem, was wir zu ihrem Leben beitragen können. Möge dies eine echte Quelle der Freude für Sie und die Kinder sein, mit denen Sie leben und arbeiten.

PROBIEREN SIE DAS

Mitgefühl als formale Meditationspraxis

Sie können sich innerlich stärker auf Empathie ausrichten, indem Sie bewusst mit Hilfe einer kontemplativen Praxis die Samen dafür säen. Im Folgenden wird eine klassische Mitgefühlsübung beschrieben. Ich möchte Sie dazu ermutigen, diese täglich für einige Minuten in Ihre Meditationspraxis oder stille Zeit einzubauen und zu schauen, wie es sich auswirkt:

1. Setzen Sie sich still hin und entspannen Sie sich. Das können Sie mit Hilfe der Atmung erreichen.
2. Rufen Sie in sich das Bild eines Menschen wach, der Ihnen wichtig ist und vielleicht gerade eine schwere Zeit durchmacht. Nehmen Sie die Verbindung und Ihre Anteilnahme wahr.
3. Sprechen Sie einen der folgenden Sätze aus: „Dein Leiden berührt mich wirklich sehr" oder „Mögest du dein Leiden mit Mitgefühl ertragen". Versuchen Sie, mit der Bedeutung hinter den Worten in Kontakt zu kommen, und richten Sie diese Gedanken und Gefühle auf die betreffende Person. Stellen Sie sich vor, dass sie Ihre Anteilnahme und Liebe spürt.
4. Wiederholen Sie das langsam ein bis zwei Minuten lang und bleiben Sie – so intensiv wie möglich – mit diesem Gefühl in Kontakt.
5. Richten Sie diese Gedanken an sich selbst, dann an eine andere Person. Nehmen Sie wahr, wie es sich anfühlt, sich selbst oder einem anderen Menschen mitfühlende Gedanken zu senden.

Mentor/in sein

Im Bestseller *Rückkehr ins Leben: Ich war Kindersoldat* berichtet Ishmael Beah, wie er sich von einem Jungen, der unbeschreibliche Gräueltaten verübte, zu einer inspirierenden Persönlichkeit wandelte, die vielen Menschen die Möglichkeit einer tief greifenden Transformation aufgezeigt hat. Sein Weg zurück wurde möglich durch die Liebe und Begleitung anderer, insbesondere durch Laura Simms, eine Frau, die erkannte, dass er auch zu etwas anderem fähig war. Es ist nie zu spät für einen Menschen, sich zu ändern und seine Verwirrung und Grausamkeit in Weisheit und Mitgefühl zu verwandeln.

1. Um die Entwicklung einer Person zu unterstützen, können Sie ihm oder ihr unter Berücksichtigung der folgenden Punkte als Mentor/in dienen:
2. Denken Sie an eine Person in Ihrem Leben, die Sie respektiert oder zu Ihnen aufschaut; jemanden, der noch nicht ganz in seine Kraft gekommen ist oder sein volles Potenzial verwirklicht hat.
3. Lassen Sie diesen Menschen auf eine Weise, die sich stimmig anfühlt, wissen, dass sie an ihn glauben und in seiner Unterstützerfraktion sind.
4. Seien Sie in einem vernünftigen Rahmen, der für Sie beide funktioniert, für diese Person als Ratgeber/in, Mentor/in oder Unterstützer/in da.
5. Nehmen Sie wahr, wie sich das für Sie anfühlt und wie es die Beziehung zwischen Ihnen beiden beeinflusst.

Michele: Mit Kindern Mitgefühl praktizieren

Die meisten Kinder offenbaren ihr mitfühlendes Herz ganz natürlich und spontan. Manchmal rührt und erstaunt es mich zutiefst, dass Kinder so leicht verzeihen können und Streitigkeiten loslassen, einschließlich solcher Dinge, an die manche Erwachsene erst nach mehreren Therapiestunden herangehen würden. Ein Gespräch und etwas Führung, damit sie erkennen, was ihr eigener Anteil an der Auseinandersetzung war, sowie einige Anregungen, wie sie sich beim nächsten Mal anders verhalten könnten, trägt viel dazu bei, sich wieder auf der Herzebene zu verbinden.

Oft halten sich die Kinder innerhalb weniger Minuten schon wieder bei den Händen oder laden einander wieder zum Spielen ein. Wir Erwachsenen können von diesen weisen jungen Herzen, die so freimütig geben, eine Menge lernen. Fühlen sich Kinder erst einmal sicher in ihrer Umgebung, sind sie in der Lage, ihre Herzen für andere zu öffnen. Dieses Kapitel beleuchtet die Kunst des Dienens und das Geschenk des Gebens.

Dienen

„Ich schlief und träumte, das Leben sei Freude, ich erwachte und sah, das Leben war Pflicht. Ich handelte und siehe, die Pflicht war Freude.“

RABINDRANATH TAGORE

Ich persönlich verwende nicht das Wort „Wohltätigkeit“, sondern ziehe den Begriff „Dienen“ vor. Ich bin der Überzeugung, dass wir als Erdenbürger Verantwortung haben und dass wir uns durch den Akt des Gebens tatsächlich selbst dienen. Beim aufrichtigen Geben gibt es keine Hintergedanken. Es ist nicht verdient und kann auch nicht verhandelt werden. Es hat keinen „Haken“. Geben ist einfach ein Geschenk. Das ist ein großer Unterschied zur gegenwärtigen Haltung vieler Schüler/innen, die sagen: „Was bekomme ich, wenn ich dies oder jenes tue?“ Es ist ein neues Paradigma, das uns dafür öffnet, einen selbstlosen Beitrag zu leisten – und es funktioniert! Das ist der Ausgangspunkt, von dem aus meine Schüler/innen wirken sollen. Zumindest wünsche ich mir das. Wenn wir Geber-Projekte starten, höre ich von Eltern, dass ihre Kinder, die es gewöhnlich hassen, morgens aufzustehen, es plötzlich sehr eilig hatten, zur Schule zu kommen, um mit der Arbeit fortzufahren, die ihrer Meinung nach getan werden musste. Sie fühlten sich lebendig.

Hier ein paar Kommentare von Schüler/innen:

- „Ich weiß jetzt, dass das, was ich tue, etwas bewirkt; das habe ich vorher nicht gewusst."
- „Ich kann kaum glauben, dass wir durch unsere Spendensammlung wirklich ein Bett für eine Schule in Uganda kaufen konnten, auf dem sich kranke Kinder ausruhen können. Das ist so cool."
- „Ich wusste nicht, dass echte Kinder solche Probleme haben. Ich hatte das nur in Büchern gelesen."
- „Jetzt halte ich wirklich einen Brief in der Hand, und wisst ihr was ... er ist auch Fußballfan."
- „Ich will mein Sparschwein schlachten, um zu helfen!"
- „Ich habe Hundefutter für die Tafel mitgebracht, damit die Hunde auch etwas zu essen haben."
- „Ich habe zusätzliche Hausarbeit gemacht und damit 15 Dollar verdient, um mit meiner Spende zu helfen. Es fühlt sich gut an, etwas tun zu können."
- „Lasst uns einmal im Monat etwas tun, um irgendwo zu helfen. Seid ihr dabei?"

Eine Gelegenheit zu dienen: Führen

Lehrer und Pausenaufsicht schickten Jaxon, einen elfjährigen Jungen, täglich ins Büro der Rektorin. Er schaffte es einfach nicht durch den Tag, ohne in eine Prügelei verwickelt zu werden, irgendein Chaos anzurichten oder sich ständig auf negative Weise in die Angelegenheiten anderer einzumischen. Im Grunde war er ein geborener Anführer, aber er hatte seine Fähigkeiten bisher noch nicht auf eine positive, konstruktive Weise eingesetzt.

Jaxon war jeden Montag in meiner Klasse. Als er zum ersten Mal hereinkam, brüllte er herum, warf Flummibälle durch die Gegend und sorgte dafür, dass alle in der Klasse mitbekamen, dass er da war. Die introvertierten Kinder zuckten zusammen und viele der wilderen Kinder sprangen auf und begannen zu raufen. Und ich fragte mich: „Was für ein Jahr wird das wohl werden?“ Ich erkannte, dass Jaxon ein großes Bedürfnis hatte, respektiert und gesehen zu werden, und diesem Wunsch wurde auf negative Weise entsprochen. Sein Verlangen, gesehen zu werden, erinnerte mich an mich selbst in diesem Alter, und so hatte ich einen Anhaltspunkt für den Umgang mit diesem Schüler.

Vom „Ich“ zum „Wir“

Dieses Kapitel enthält Übungen zur Selbstliebe und schlägt eine Brücke zu einer gebenden Haltung gegenüber der eigenen Familie, der Gemeinde, der globalen Familie und unserem Planeten. Der Dienst an der Allgemeinheit kann etwas so Einfaches sein wie die Organisation eines Gemeinde-Frühstücks oder ein größeres Projekt wie das Sammeln von Spendengeldern oder der Aufbau eines Mikrofinanzsystems. Es befasst sich auch mit der Frage, wie man Kindern die Zügel der Führerschaft in die Hände geben kann, so dass sie ihre eigenen Wege finden können, der Welt und ihren Bewohnern etwas zurückzugeben. Indem wir Gelegenheiten für Kinder schaffen, zu dienen und Dinge zu verändern, geben wir ihnen Räume, in denen sie glänzen können.

Ich habe einige der beliebtesten Aktivitäten aufgeführt, an denen sich meine Schüler/innen und meine eigenen Kinder im Laufe der Jahre beteiligt haben, um dem Planeten und der Menschheit zu dienen. Und ich kann ohne den geringsten Zweifel sagen, dass Aktionen im Dienste sozialer Gerechtigkeit und „Gutes in der Welt tun" die sinnvollsten Projekte sind, an denen ich mit meinen Schüler/innen arbeiten kann. Kinder, die kaum mit sportlichen oder akademischen Leistungen glänzen konnten, fanden oft ihren Platz und ihre Stimme bei sozialen Themen.

Lektion 1: Vom „Ich" zum „Wir"

Möge deine Freude fortbestehen und möge dir das Glück auf all deinen Wegen folgen.

Fördert und stärkt:

- Gemeinschaftsgefühl
- Weltfrieden
- Perspektive wechseln
- Mitgefühl
- Führerschaft
- Informierte Entscheidungen
- Nachhaltigkeit
- Zusammenarbeit

Materialien

- Keine

Alter

- Fünf Jahre bis Erwachsenenalter

Bezug zum Lehrplan

- Verbaler Ausdruck
- Schreiben
- Zuhörkompetenz
- Lesen
- Mathematik
- Gemeinschaftskunde
- Kunst
- Soziales und emotionales Lernen

„Ich würde sagen, dass mein Leben zunächst von meinem Wunsch, frei zu werden, bestimmt wurde und dass ich später erkannte, dass meine Freiheit nicht unabhängig von allen anderen sein kann. Dann komme ich in diesen Kreislauf, in dem man als Geschenk für andere an sich arbeitet, um nicht noch mehr Leiden zu erzeugen. Ich helfe Leuten, indem ich an mir selbst arbeite, und ich arbeite an mir selbst, um Leuten zu helfen."

RAM DASS

Die Praxis zu Hause und in der Schule

Lasst sie Verantwortung übernehmen

Im September stellte ich unseren Lehrplan an der Tafel vor und legte dabei den Schwerpunkt auf Dienen und soziale Gerechtigkeit. Meine Intention für meine Schüler/innen war, dass sie noch engagiertere Bürger würden und Führungsrollen übernehmen könnten, während sie sich mit lokalen und globalen Themen der sozialen Gerechtigkeit auseinandersetzten. Wir fingen an, über die Herausforderungen und Probleme zu lesen, mit denen Kinder in den verschiedenen Teilen der Welt konfrontiert sind, von der Arbeit in Ausbeuterfabriken bis hin zu einem Leben in bitterer Armut. Wir verglichen unser eigenes Leben im Überfluss mit dem schieren Kampf ums Überleben, den andere Menschen auf diesem Planeten kämpfen müssen, ganz zu schweigen von einem gedeihlichen Leben. Ich erklärte den Kindern, dass allein die Tatsache, dass sie in Kanada geboren wurden, schon wie ein Lottogewinn sei. Sie haben medizinische Versorgung, soziale Dienste und die Möglichkeit, zur Schule zu gehen.

Um engere internationale Verbindungen zu knüpfen, habe ich meine Schüler/innen jeweils mit einem Schüler oder einer Schülerin in Uganda, Costa Rica und Mexiko in Kontakt gebracht, die ich durch meine Reisen und persönlichen Verbindungen kannte. Zu diesem Zeitpunkt hatten wir schon seit drei Jahren über Schulpartnerschaften Austausch mit diesen Ländern. Meine Schüler/innen betrachten die Kinder in diesen Ländern als Menschen wie sie selbst, mit Hoffnungen und Wünschen, mit Festen und Problemen. Sie erfahren nicht nur aus Büchern etwas über die Geschichte dieser Länder oder das Leben der Menschen dort, sondern erhalten ein persönliches Schreiben, dass nur für sie verfasst wurde. Dieser lebendige Austausch öffnet ein Fenster, durch das sie die Ungleichheit zwischen unserem und deren Leben sowie den Schmerz und die Herausforderungen, mit denen andere täglich konfrontiert sind, konkret sehen können. Anstatt uns vom Leiden in der Welt abzuschirmen, antworten wir darauf, indem wir eine Hilfsaktion starten, und wir öffnen uns für Lösungen. Wir sprechen auch darüber, wie wir unsere Dankbarkeit für den Überfluss ausdrücken können, den wir täglich in unserem Leben haben.

Wie Jaxon die Zügel ergriff

Eines Tages im September veranstaltete ich eine Diashow über die Entwicklungsländer, die ich bereist hatte, einschließlich Nepal und Myanmar. Die unglaublichen Schwierigkeiten, mit denen die Kinder an diesen Orten täglich konfrontiert sind, waren auf den Bildern sichtbar. Diese Herausforderungen wurden noch offensichtlicher, als Nepal in jenem Monat von einem großen Erdbeben heimgesucht wurde. Ich hatte eine Freundin, die direkt mit Erdbebenopfern vor Ort zu tun hatte und Briefe von den Einheimischen an uns weiterschickte. Wir lasen sie vor der Klasse vor. Die Kinder beschlossen, Geld für diese Menschen zu sammeln, und Jaxon, der Junge, den ich in der Einleitung zu diesem Kapitel beschrieb, war total bei der Sache. Er sagte, er habe keine Vorstellung davon gehabt, wie andere Menschen in der Welt ums Überleben kämpfen müssen, bis er in unsere Klasse gekommen sei, und er wolle etwas tun.

Jaxon nutzte in der Schule jede Pause, um Gewinnspiele und Spieltage zu organisieren, und ließ sich sogar abends für eine Benefizveranstaltung von seiner Mutter in die Schule fahren. Seine Energie war unglaublich. Er machte unermüdlich weiter und zog alle in der Schule mit.

Seine Mutter nahm mich eines Abends beiseite und sagte, sie habe ihren Sohn noch niemals so engagiert erlebt. Er hatte zu ihr gesagt, ihm sei nun klar, dass er auf diesem Planeten sei, um die Welt zum Besseren zu verändern, und er wisse auch, dass er tatsächlich dazu in der Lage sei.

Er übernahm Verantwortung für seine Aktionen und konnte klar erkennen, welchen Einfluss er auf andere hatte. Die Schüler/innen betrachteten ihn allmählich als Anführer und als jemanden, der „Gutes" tat. Es dauerte eine Weile, bis die Lehrer/innen, die Angestellten und die Schüler/innen anfingen, ihn mit anderen Augen zu sehen.

Am Ende des Schuljahres sollten die Kinder aufschreiben, wo sie sich selbst in zehn Jahren sahen, und darüber einen Vortrag vor der Klasse halten. Jaxon sagte mit voller Überzeugung, er sähe seinen Platz dann in der Arbeit für soziale Gerechtigkeit. Er wollte lehren, Veränderungen anstoßen und die Welt bereisen, um bei gemeinnützigen Hilfsprojekten mitzuarbeiten. Es überraschte und beeindruckte mich zutiefst, dass ihm dieser eine Tag pro Woche in unserer Klasse so viel gegeben hatte. Es inspirierte mich auch, dass er der Meinung war, wir hätten etwas in der Welt verändert. Und das hatten wir.

Nepal

Als das Erdbeben in Nepal geschah, kam ich wie betäubt in die Schule. Wie konnte ich helfen? Ich war geistesabwesend und fühlte mich niedergeschlagen. Ich teilte meine Trauer mit den Schüler/innen und zeigte ihnen Fotos von meinen Nepal-Reisen, die ich vor 25 Jahren aufgenommen hatte. Ohne zu zögern, schlugen sie vor, am Freitag einen Backtag zu veranstalten und selbstgebackene Kuchen zu verkaufen. Zwei Wochen später flatterten Gebetsfahnen auf dem Schulgelände, wir organisierten Kuchenverkäufe, Gewinnspiele und Spaßtage und luden die ganze Schule zu Informationsveranstaltungen über das Leben in Nepal ein. Wir sammelten auch über 2000 Dollar an Spendengeldern ein, was für eine winzige Schule mit nur 200 Schülern bemerkenswert ist. Die Schüler/innen sagten mir, sie hätten nun das Gefühl, tatsächlich etwas bewirken zu können: auf der persönlichen Ebene und global.

Wie beginnen?

Wie können wir als Eltern und Lehrkräfte also den Prozess des Gebens überhaupt in Gang bringen? Wie können wir eine bewusste Zusage geben, anderen zu helfen? Wo finden wir Möglichkeiten, zu helfen? Wie können wir den Teil in uns stärken, der weiß, dass wir Weltbürger sind? Wie können wir das Geben zu unserer täglichen Praxis machen, anstatt zu einer Sache, die wir einmal im Jahr oder nur bei Katastrophen tun? Wie können wir unsere Kinder lehren, aus Mitgefühl, anstatt aus Mitleid zu geben? James teilt mit uns dieses schöne Zitat:

„Liebe zieht Kreise. Du nimmst sie auf und schickst sie in die Welt; du sendest sie aus und sie kehrt zu dir zurück. Du bist ein Werkzeug der Liebe. Die Liebe, die wir natürlich ausstrahlen, weckt die Liebe in anderen. Im Grunde findet die Liebe sich selbst durch uns."

Kinder ermutigen

Dienen: Am Anfang steht Selbstliebe

Vermitteln Sie den Kindern zunächst, dass die Praxis des Gebens damit beginnt, dass wir gut für unser eigenes Wohlergehen sorgen. Sehr viele Menschen geben unermüdlich aus einem Zustand des Mangels und aus Pflichtgefühl. Echtes Geben beginnt im Herzen bei „mir"! Wie können wir tief in uns hineinhorchen und die Sehnsucht unseres eigenen Wesens wahrnehmen? Bringen Sie Ihren Kindern bei, auf den Körper zu hören. Fordern Sie sie auf, innezuhalten und sich nach innen zu wenden, um herauszufinden, was sie gerade brauchen. Ist es Nahrung, Ruhe, Bewegung oder Gesellschaft? Erst wenn sie sich genährt fühlen, ist der Zeitpunkt gekommen, sich nach außen zu wenden: vom „Ich“ zum „Wir“. Wir beginnen mit kleinen Schritten, aber allmählich wird das Helfen zu einer Gewohnheit, einer Lebensweise. Und wir fangen an, die Welt mit anderen Augen zu sehen: mit Augen, die Möglichkeiten entdecken, die Welt zum Besseren zu verändern.

Dienen: Familie und Freunde

Das Geben kann ganz verschiedene Formen annehmen. Es kann bedeuten, dass Ihr Kind eine zusätzliche Arbeit im Haushalt übernimmt oder eine Möglichkeit findet, einer Person aus der Familie, die ein wenig Unterstützung braucht, etwas zu geben. Brüder und Schwestern können einander vorlesen, ein größeres Geschwisterkind kann ein kleineres auf dem Schulweg begleiten oder mit ihm spazieren gehen. Schon kleine Dinge machen einen großen Unterschied. Indem wir Seite an Seite mit anderen zusammenarbeiten, sehen wir, dass unsere Entscheidungen Familien, Freundschaftsbande und Gemeinden stärken.

Ermutigen Sie Ihre Kinder, ihre eigenen Beweggründe zu finden und sie dann in die Entscheidungsfindung der ganzen Familie rund ums Geben zu integrieren.

Eine Frage (inspiriert von Marshall B. Rosenberg), die ich meiner Familie gerne stelle, lautet: „Was kann ich tun, um euer Leben schöner zu machen?“ Ich habe festgestellt, dass ich, wenn ich diese Frage über einen längeren Zeitraum täglich stelle, herausfinde, auf welche einfache Weise ich meinem Partner und meinen Kindern etwas geben kann, das für sie wirklich einen Unterschied macht. Das heißt nicht, dass ich auf jeden Wunsch eingehe, aber ich trage ihre Wünsche in meinem Herzen, und wenn ich selbstlos geben kann, dann tue ich es. Ich habe auch bemerkt, dass meine Familie mir auf diese Weise etwas geben möchte. Sie wollen mir das Leben wirklich schöner machen. (Ich muss aber daran erinnern, dass eine Bitte ist und keine verkappte Forderung, die meine Familie dazu bringen soll, bestimmte Dinge zu tun. Ich darf nicht auf Ergebnisse fixiert sein.)

Meiner örtlichen Gemeinde dienen: Ein Behältnis für die Essensspenden

In der Schule diskutieren meine Schüler/innen ausführlich darüber, welchen Gruppen sie etwas geben möchten. Es gibt Debatten und Geplänkel. Zum Schluss stehen die Dinge an der Tafel, die den einzelnen Schülern am Herzen liegen. Falls die Zielgruppe eines Schülers oder einer Schülerin nicht die Unterstützung der ganzen Klasse bekam, ermutigen wir denjenigen, zusammen mit seiner Familie oder mit Freunden daran zu arbeiten, die von ihm oder ihr ausgewählte Gruppe zu unterstützen. Unsere örtliche Tafel ist eine erstaunliche Einrichtung. Schüler haben Touren organisiert, um Bedürftige mit Lebensmitteln zu versorgen. Viele Menschen aus dem Umfeld unserer Schule nehmen die Tafel regelmäßig in Anspruch. Die Kinder erkennen klar, was in ihrer Gemeinde gebraucht wird, und sind in der Lage, etwas zu geben. Drei- bis viermal im Jahr organisiert unsere Schule einen Lebensmittellieferservice. Ich rege dann normalerweise (als Ansporn) die Herstellung eines Behältnisses an, das die Schüler mit Lebensmitteln füllen können. Für den Valentinstag bastelten wir ein riesiges Herz aus Pappe und stellten es ins Foyer der Schule. Es war schon nach wenigen Tagen bis zum Rand gefüllt. So ein großes, sichtbares Hilfsmittel ermöglicht es allen Kindern – sowohl aus den unteren als auch den höheren Klassen –, teilzunehmen und sich zu fürsorglichen, engagierten Bürger/innen zu entwickeln.

Der globalen Gemeinschaft dienen: Gute Wünsche für alle

Vor ein paar Jahren ereignete sich ein großes Erdbeben in Japan. Damals gab es in meiner Klasse ein paar Schüler, die in Japan Familienangehörige hatten. Der Vater eines Schülers war Pilot und hielt sich zur Zeit des Erdbebens gerade in Japan auf. Die Sorge um das Wohlergehen anderer war in unserem Klassenzimmer greifbar, und wir fragten uns, wie wir helfen könnten. Die Kinder beschlossen, 1000 Kraniche aus Papier zu falten, sie mit Schnüren zu verbinden und einer Familie mitzugeben, die nach

Japan fliegen wollte, um nach ihren Angehörigen zu sehen. Außerdem wollten sie Geldspenden sammeln, die das Rote Kreuz vor Ort verwenden sollte, um den Menschen zu helfen.

Das Falten der Papierkraniche begann in unserer Klasse mit 28 Schülern und wurde bald zu einem Projekt der ganzen Schule. Kinder eröffneten „Kranich-Stationen“, an denen sie andere Schüler/innen über Erdbebensicherheit und die Notlage der Menschen in Japan informierten. Ich weiß nicht, ob Sie je versucht haben, 1000 Kraniche zu falten, aber es ist eine riesige Aufgabe. Ich hatte keine Ahnung, ob es funktionieren würde. Wir brauchten gemeinsam über zwei Wochen – aber wir haben es geschafft! Wir riefen unsere japanischen Freunde herein, die Familienangehörige in den betroffenen Städten hatten, und übergaben ihnen feierlich die Kraniche.

Sie waren tief berührt von dieser liebevollen Geste. Alle Kinder der Klasse bildeten einen Kreis, fassten sich an den Händen und sprachen eine Reihe von „Segenswünschen“ für sie aus, die sie in Japan von uns überbringen sollten. Die Kinder erzählten mir, es hätte ihnen so gutgetan, etwas tun zu können. Ich liebe diese Bilder von den im Klassenzimmer hängenden Kranichen. Eine Welt – ein Herz.

Dem Planeten dienen: Einen Garten anlegen

Unsere alltäglichen Entscheidungen wirken sich auf die Umwelt aus. Schon einen Samen zu pflanzen und zu hegen, ruft den Kindern ins Bewusstsein, dass das Leben sich über einen längeren Zeitraum entwickelt und fürsorglich behandelt werden muss. Sie lernen, dass es im Leben bestimmte Zyklen gibt. Es macht unbeschreibliche Freude, den Gesichtsausdruck eines Kindes zu beobachten, wenn es die kleinen Sprossen entdeckt, die durch die Erde stoßen. Die Kinder beginnen zu verstehen, woher ihr Essen kommt und wie wichtig es ist, unsere Umwelt zu schützen.

In meinem Klassenzimmer stehen zahlreiche Pflanzen unter Pflanzenlampen. Auch auf der Fensterbank reihen sich kleine Töpfe mit verschiedenen Pflanzen aneinander. Die Kinder dürfen sich ein bisschen von den Kräutern schnibbeln und auf ihr Mittagessen streuen. Im Frühling bringen wir unsere Pflanzenbabys hinaus in den Schulgarten.

Dieses kleine Fleckchen Erde mit den zusammengezimmerten Brettern hat sich im Laufe der Jahre weiterentwickelt und ist der Mittelpunkt des Spielplatzes. Der Garten liegt den Kindern sehr am Herzen, und sie kehren immer wieder zu ihm zurück, um das Wachstum der Pflanzen zu beobachten. Dieses Jahr wurden zwei schöne Beeteinfassungen aus Zement gestiftet und jeden Tag versammeln sich Familien beim Gärtchen und beobachten, wie sich das Leben dort entfaltet. In Kapitel 10 gibt es eine Lektion mit dem Titel „Achtsamer Tee“, in der wir uns noch eingehender mit den Wundern des Gärtnerns beschäftigen.

Im Folgenden werden die Ebenen oder Kreise des Dienens in einer kleinen Liste zusammengefasst. Sie können sie kopieren und ihr einen Platz auf Ihrem Schreibtisch geben und Ihre Kinder können sie in ihr Tagebuch abschreiben. Die Kinder können den Kieselstein der Selbstliebe in ihr eigenes Sein werfen und dann schauen, auf welche Weise diese Güte in der Welt Kreise ziehen kann. Wir können nie wissen, an welcher Küste sie anlandet.

Ich wünsche mir, dass mein Leben ein Statement der Liebe und des Mitgefühls ist – und dort, wo es das nicht ist, liegt meine Arbeit.

RAM DASS

Dienen beginnt bei mir

Nur eine Sache, die die Kreise des Dienens vom Ich zum Wir ausdehnt

Mir selbst dienen:
Heute etwas tun, das ich liebe (eine Sache).

Meiner Familie und Freunden dienen:
Sie fragen, was ihr Leben schöner machen kann.

Meiner Gemeinde dienen:
Ein Behältnis für Lebensmittelspenden herstellen und zur örtlichen Tafel bringen.

Der globalen Gemeinschaft dienen:
Ein paar Organisationen auswählen und überlegen, wie man ihre Anliegen unterstützen kann.

Dem Planeten dienen:
Ein Samenkorn im Garten pflanzen.

LESETIPPS

Bücher für Erwachsene

Dass, Ram und Gorman, Paul, *Wie kann ich helfen? Segen und Prüfung mitmenschlicher Zuwendung*, Berlin: Sadhana Verlag, 1988.

Doty, James, *Der Neurochirurg, der sein Herz vergessen hatte: Eine wahre Geschichte*. München: Scorpio Verlag, 2017.

Kielburger, Craig und Major, Kevin, *Befreit die Kinder*. Berlin: Econ Verlag, 1998.

Kristof, Nicholas und WuDunn, Sheryl, *Die Hälfte des Himmels: Wie Frauen weltweit für eine bessere Zukunft kämpfen*. München: C.H.Beck Verlag, 2013.

Bücher für Kinder

Amnesty International, *Allgemeine Erklärung der Menschenrechte für Kinder*. Ein buntes Bilderbuch für Kinder von ca. 6-10 Jahren. Berlin: Amnesty International, o.J. (2016).

Boelts, Maribeth und Jones, Noah, *Those Shoes*. Somerville, MA: Candlewick, 2009.

Park, Linda, *Der lange Weg zum Wasser*. München: Ars Edition, 2016.

Yousafzai, Malala und Lamb, Christina, *Ich bin Malala: Das Mädchen, das die Taliban erschießen wollten, weil es für das Recht auf Bildung kämpft*. München: Knaur TB Verlag, 2014.

Lektion 2: Beiläufige „gute Taten" mit der Kamera festhalten

Verpassen Sie nicht die vielen Gelegenheiten, Gutes zu tun und andere damit zu berühren. Das ist eine wunderbare Quelle des wahren Wohlbefindens.

Fördert und stärkt

- Selbstgewahrsein
- Achtsamkeitspraxis
- Physisches Wohlbefinden
- Künstlerischen Ausdruck
- Beiläufige gute Taten

Alter
- Vorschule bis Erwachsenenalter

Materialien
- Fotoapparat, Handykamera o.ä.
- Mülltüten

Bezug zum Lehrplan
- Körperliches Training
- Kunst
- Soziales und emotionales Lernen

Die Praxis zu Hause

Als ich mich heute Abend mit meinem kleinen Hund und meinem Liebsten zu unserem Spaziergang ins Ortszentrum aufmachte, packte ich meinen Fotoapparat ein. Ich formulierte die Absicht, nach Gelegenheiten Ausschau zu halten, Gutes zu tun. Ich wollte die Welt durch das Objektiv meiner Kamera betrachten und sie durch die eine oder andere kleine gute Tat verändern. Was würde sich auf meinem Kameradisplay zeigen? Was musste getan werden?

Aus diesem Erkundungsgang entwickelte sich eine Lektion für meine Schüler/innen, die man auch leicht zu einer Familienaktivität machen kann. Sie können dann eine Fotoreportage darüber an die Großeltern oder an Freunde schicken. Es wäre auch eine gute Sache, ihre Fotoreportage an andere Familien zu senden, um einen Beitrag zur Pflege und Sauberhaltung der Gemeinde zu leisten. Die Grundidee ist, es einfach zum Spaß zu machen. Es kann so simpel wie ein achtsamer Spaziergang sein. Und jeder Spaziergang kann anders sein. Schauen Sie, was sich Ihnen durch Ihr Objektiv zeigt.

Hier ist meine Fotoreportage, die meine kleinen, schlichten „guten Taten" und die meines Partners dokumentiert. Ich war voller Freude, als wir nach Hause zurückkehrten – ganz besonders wegen einer Sache, an der ich oft vorbeigelaufen war, während ich bei mir gedacht hatte, jemand anders möge sich darum kümmern … Aber niemand anders kümmerte sich darum, und so tat ich es schließlich. Worum geht es?

Die Praxis in der Schule

Geben Sie Ihren Schüler/innen ein paar Tage Zeit für diese Fotoreportage. Sie können ihre Handykameras oder Tablets benutzen oder den Fotoapparat mitbringen, der zu Hause auf dem Regal verstaubt. Zum Glück haben wir in der Schule 24 Tablets, die die Schüler benutzen dürfen.

Bitten Sie die Schüler/innen, auf einem Spaziergang, der 15 Minuten bis zu einer Stunde dauern sollte, mit Hilfe eines Kameraobjektivs zu entdecken, wo sie eine gute Tat tun können. Das können kleine Dinge sein: irgendwo Müll herumliegen sehen und ihn entsorgen oder auf dem Spielplatz eine Jacke entdecken, die jemand dort vergessen hat, und sie zur Fundstelle bringen. Es könnte etwas sein, an dem hundert Leute vorbeigehen – und der Schüler, der mit der Kamera nach Gelegenheiten zu guten Taten Ausschau hält, kümmert sich darum.

Die Kinder sollen die Situation, an der etwas geändert werden muss, zunächst fotografieren und dann, nachdem die Tat vollbracht wurde, noch eine weitere Aufnahme machen. Aus diesen Aufnahmen wird dann die Fotoreportage zusammengestellt. Die Schüler/innen können dafür ihr bevorzugtes Medium nutzen (sie verwenden beispielsweise iMovie oder andere Präsentationsprogramme). Meine jüngeren Schüler/innen bitten gerne ältere Freunde oder die Eltern um Hilfe bei dieser Aufgabe. Wir haben auch einen kleinen Computerclub in der Schule, in dem die Kinder sich helfen lassen können, falls nötig. Die Schüler/innen können ihre Fotoreportage dann schriftlich ausarbeiten oder posten und sie ihren Klassenkamerad/innen oder bei einer Schulversammlung präsentieren. Das ist auch eine wunderbare Einleitung für einen Elternabend oder einen Montagmorgen. Es zeigt, dass Güte in der Welt gesehen und gewürdigt wird.

Mit freundlichem Interesse und Dankbarkeit durch die Welt gehen

Das Erste, was ich entdeckte, war eine Plastiktüte,
die auf einer Meereswelle trieb. Ich fischte sie heraus.

Eine Limonaden-Plastikflasche lag in einem Gebüsch. Ich holte sie heraus.

Ich sammelte volle Hundekotbeutel ein,
die Hundebesitzer am Straßenrand liegen gelassen hatten.
Das fiel mir schwer … Ihhh!

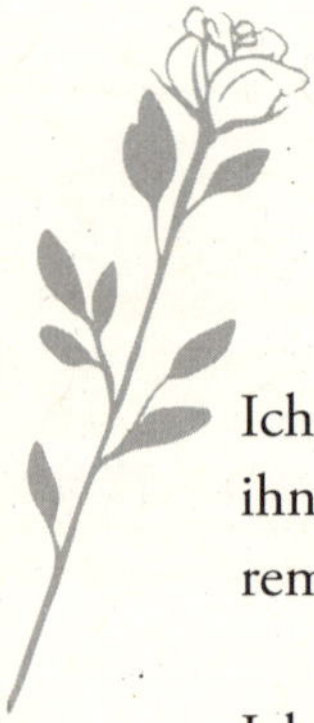

Ich nahm den Duft einer wundervollen Rose am Wegesrand wahr und sagte ihr, wie schön ich sie fand und wie dankbar ich für ihren Duft war.

Ich trug meinen Welpen einen steilen Pfad hinunter zu einem Bach, um ihn daraus trinken zu lassen, obwohl wir nur ein paar Minuten von unserem Haus entfernt waren – er wollte unbedingt dorthin!

Ich war schon oft an einem alten, stinkenden auf dem Meer treibenden Plastikbehälter vorbeigegangen, der mit einer ekligen Masse gefüllt war. Um ihn herauszuholen, mussten wir ungefähr 50 Meter ins kalte Wasser waten. Wir warfen ihn in den Müllcontainer, denn er war leider nicht recyclebar, weil er irgendeinen Klebstoff enthielt.

Das sind keine großen Heldentaten, sondern winzige „Tröpfchen des Tuns“ vor meinem Kameraobjektiv und meinen Augen. So wird jeder Spaziergang lebendiger und bedeutungsvoller. Wer weiß, was mir morgen begegnet? Oder sogar schon heute? Mein Welpe muss schon wieder raus!

LESETIPPS

Bücher für Erwachsene

Nhat Hanh, Thich, *Einfach lieben*. München: O.W. Barth Verlag, 2016.

Ryan, M. und Conari Press, (Hrsg.), *Random Acts of Kindness Then and Now: The 20th Anniversary of a Simple Idea That Changes Lives*. San Francisco, CA: Red Wheel/Weiser, 2013.

Bücher für Kinder

Carter, Rosalynn, Markova, Dawna und Conari Press (Hrsg.), *Kid's Random Acts of Kindness*. Berkeley, CA: Conari Press, 1995.

Palacio, Raquel, *Wunder: Julian, Christopher und Charlotte erzählen*. München: Hanser Verlag, 2. Aufl. 2017.

Pearson, Emily und Kosaka, Fumi, *Ordinary Mary's Extraordinary Deed*. Layton, UT: Gibbs Smith, 2002.

Spinelli, Jerry, *Stargirl*. Hamburg: Dressler Verlag, 2002.

Lektion 3: Steinsuppe

Unser Herz und unser Zuhause für Freunde und Familie öffnen

Nach einem alten Volksmärchen über Großzügigkeit und Teilen

Solange wir mit unserer Absicht, unsere Güte mit anderen zu teilen, in Kontakt bleiben, wird sie immer wieder zum Vorschein kommen und wir werden einen bedeutsamen Beitrag in der Welt leisten.

Fördert und stärkt:

- Teilen
- Perspektive wechseln
- Verbindung zu unserer Erde und Nahrung
- Gesunde Entscheidungen in Bezug auf Ernährung zu treffen
- Wertschätzung
- Kooperation

Alter
- Vorschule bis Erwachsenenalter

Materialien
- Großer Kochtopf
- Großer Löffel
- Schneidebrett und kindersichere Messer
- Glatter Stein in Herzgröße vom Strand oder Flussufer
- Ein bisschen Liebe

Bezug zum Lehrplan
- Verbaler Ausdruck
- Schreiben
- Zuhörkompetenz
- Lesen
- Gemeinschaftskunde
- Mathematik
- Soziales und emotionales Lernen

Die Praxis zu Hause und in der Schule

„Die Steinsuppe" ist ein altes Volksmärchen, in welchem hungrige Fremde die Einwohner eines Ortes dazu bringen, ihnen etwas Essen zu geben. Es wird normalerweise als Lektion über Kooperation und Großzügigkeit im Angesicht des Mangels erzählt. In manchen Versionen überzeugt die Hauptfigur die Leute, dass sie aus einem alten Nagel Suppe kochen können. Ob es nun ein Stein oder ein Nagel ist – die Geschichte erinnert uns an den Wert von Zusammenarbeit und Großzügigkeit.

Kochen Sie in der Schule Steinsuppe. Das wird Sie dazu inspirieren, es auch zu Hause auszuprobieren. Sie können Ihre Freunde und Angehörigen einladen, mit Ihnen eine magische Steinsuppe zu kochen. Sie können die Idee mit der Klassenlehrerin Ihres Kindes teilen.

Gemüse kommt aus meinen Ohren

Jedes Jahr im Herbst, wenn die Erntezeit vorbei ist und es immer weniger Essbares in unseren Gärten gibt, frage ich die Kinder, wie es wäre, eine Suppe mit einem magischen Stein zu kochen. Wir brauchen nichts weiter als einen Kochlöffel, einen Topf, Wasser, einen magischen Stein und ein bisschen Liebe von zu Hause.

Jedes Kind wird gebeten, seine Eltern zu fragen, ob sie ein oder zwei Dinge für dieses gemeinsame Suppenprojekt spendieren würden. Gerührt sehe ich, wie nach und nach eine Handvoll Kräuter, ein oder zwei Karotten, Reis, Bohnen und andere Zutaten zusammenkommen. Viele unserer Schüler/innen haben zu Hause einen kleinen Gemüsegarten und sind sehr stolz darauf, einen Teil ihrer Ernte beisteuern zu können.

Die ganze Mannschaft rückt an

Am großen Tag kommt eine kleine Gruppe von Eltern, Großeltern und Helferinnen zusammen, um zu helfen.

Jedes Kind schneidet seine Spende in kleine Stücke und gibt sie in den Topf. Den ganzen Morgen über steht immer wieder eines der Kinder auf einem kleinen Hocker, um den Duft der im Topf blubbernden Suppe zu riechen. Dann geht es zurück ins Klassenzimmer und erzählt den anderen, dies sei „die beste Suppe", an der sie jemals gerochen hätte oder die Suppe würde „immer besser". Manche der Kinder haben noch nie zuvor beim Kochen einer Mahlzeit mitgewirkt. Sie sind so unglaublich stolz.

Ich sage ihnen, dass Großzügigkeit und Liebe die ganz besonderen Zutaten dieser Suppe sind – und natürlich der magische Stein, den ich vom Strand mitgebracht habe! Einige Kinder, die vergessen haben, etwas mitzubringen, können auch etwas beitragen, indem sie das Geschirr und die Schneidebretter spülen. Alle helfen mit. Kurz vor der Mittagspause wischen wir die Tische sauber und holen unsere Suppenteller und Löffel hervor, die wir von zu Hause mitgebracht haben. Manchmal finden wir im Garten noch ein paar Blumen, mit denen dann die Tische dekoriert werden.

Ein Dankbarkeitskreis

Wir bilden mit Eltern und Kindern und allen anderen im Raum Anwesenden einen großen Kreis. Dann wird ein Dankbarkeitsstein von Hand zu Hand weitergereicht. Das kann ein Stein sein, den Sie zu Hause oder in der Schule haben und der irgendeine besondere Bedeutung für Sie oder die Kinder hat.

Eltern wischen sich manchmal eine Träne aus den Augen, wenn sie hören, wie schlicht und unschuldig die Schüler ihre Dankbarkeit und Liebe ausdrücken: „Danke, Mama, dass du gekommen bist, um beim Kochen dieser magischen Suppe zu helfen, obwohl du so viel zu tun hast.“ – „Danke Mutter Erde für dieses tolle Essen.“

Zum Schluss

Wenn all diese besonderen Gäste Platz genommen haben, lächeln wir einander zu, atmen ein und beginnen zu essen. Nur sehr wenige Schüler essen ihren Teller nicht leer – und das gilt sogar für die, die Gemüse normalerweise nicht ausstehen können. Der besondere Stein wird aus dem Topf genommen und dient später bei irgendeiner Tombola als Gewinn.

Am nächsten Tag gehen wir hinunter zu unserem Strand und suchen nach besonderen Steinen, die die Kinder für ihre Steinsuppen mit nach Hause nehmen können.

LESETIPPS

Bücher für Erwachsene

Nhat Hanh, Thich, *Friedlich miteinander leben: Handbuch für harmonische Gemeinschaft.* München: Lotos Verlag, 2005.

Kornfield, Jack, *Hühnersuppe für die Seele: Geschichten, die das Herz erwärmen*. München: Goldmann Verlag, 1996.

Menzel, Peter und D'Aluisio, Faith, *Mahlzeit! Auf 80 Tellern um die Welt*. Hamburg: Gruner+Jahr Verlag, 2010.

Menzel, Peter und Gaede, Peter-Mathias (Hrsg.), *So lebt der Mensch: Familien aus aller Welt zeigen, was sie haben. ein Projekt von Peter Menzel.* Hamburg: Gruner+Jahr Verlag, 2. Aufl. 1996.

Bücher für Kinder

Forest, Heather *Stone Soup*. Illustriert von Susan Gaber. Atlanta, GA: August House, 2005.

Martir, Vanessa und Nancy Lublin, *Do Something!: A Handbook for Young Activists*. New York, NY: Workman Publishing, 2010.

Muth, Jon, *Stone Soup*. New York, NY: Scholastic Press, 2003.

de Paola, Tomie, *Strega Nona*. New York, NY: Aladdin Press, 1979.

10

Einfach nur *sein*

James: Übungen für Erwachsene

Als ich in meinen Zwanzigern Lehrer war, fand ich immer einen Weg, in den Sommerferien mit sehr kleinem Budget nach Europa zu reisen. In einem Sommer ging ich mit der Vorstellung nach Griechenland, ich würde dort nichts weiter tun, als mich im Paradies zu entspannen. Leider stellte sich aber heraus, dass ich meinen „Denkapparat“ mitgebracht hatte. Ich hatte an allen Ecken und Enden gespart, um an diesem wundervollen Ort sein zu können, und trotzdem gingen mir ständig sorgenvolle und ängstliche Gedanken durch den Kopf. Es kam der Punkt, an dem ich realisierte, dass ich meinen Sommerurlaub kein bisschen genoss. Es war ein denkwürdiger Augenblick, als mir bewusst wurde, dass ich meine ganzen Probleme nicht in diesem Moment lösen konnte und dass das Leben sich einfach so entwickeln würde, wie es das nun einmal tat. Obwohl es ein paar Wochen gedauert hatte, an diesen Punkt zu kommen, beschloss ich schließlich, loszulassen und mich über das außerordentliche Glück zu freuen, an einem der schönsten, friedlichsten Orte der Welt sein zu können, den ich mir nur vorstellen konnte. In diesem Urlaub, der ein Wendepunkt war, entdeckte ich die Freude, es einfach zu genießen, zu sein, wo ich war.

Unser letztes Übungsthema – die Freude, einfach nur da zu sein – ist ein Heilmittel für die Hochspannung und Hektik unseres Lebens. Und es ist eine Möglichkeit, Zugang zum inneren Frieden zu finden, nach dem wir uns alle sehnen. Bis hierher ging es bei allen Themen auf die eine oder andere Art ums „Tun" – um Übungen und Praktiken zur Kultivierung bestimmter Zustände und Voraussetzungen für Wohlbefinden wie Großzügigkeit, Dankbarkeit, Mitgefühl oder Güte. Jetzt schalten wir vom Tun einfach um auf *Sein*. Wir lassen alles Streben los, lassen uns völlig zur Ruhe kommen und nehmen einfach den Moment an, der uns genau *jetzt* gegeben wird.

William James sprach von dem „unaufhörlichen inneren Zwang, zu denken, wir müssten nun etwas anderes tun". In der manischen Getriebenheit unseres modernen Lebens können wir uns unseres ständigen Beschäftigtseins rühmen, das oft wie ein Abzeichen getragen wird und darauf hinweist, dass wir doch so viele „wichtige Dinge" tun. Wir werden zu Experten im Multitasking und meinen, eine Menge erledigt zu bekommen, was sich daran bemisst, wie viele Bälle wir gleichzeitig in der Luft haben. Tatsächlich wurde aber inzwischen nachgewiesen, dass wir beim Multitasking nicht wirklich Glück erfahren können. Wenn unser Gehirn schnell von einer Aufgabe zur nächsten flitzt, bekommt es nie die Chance, jene Areale aufleuchten zu lassen, die mit wahrem Wohlbefinden assoziiert werden.

Sich vom *Tun* zum *Sein* zu bewegen bedeutet nicht, sich aus dem Leben auszuklinken. Ganz im Gegenteil. Wir können dann wirklich präsent sein, anstatt uns im Geist schon wieder auf die nächste Sache zu stürzen, die wir tun müssen. So ist eine echte Verbundenheit möglich. In dem schönen und klugen Buch *Der kleine Prinz* von Antoine de Saint-Exupéry findet der kleine Prinz höchstes Vergnügen daran, sich ganz seiner Blume zu widmen. Der schlaue Fuchs enthüllt ihm das große Geheimnis: „Die Zeit, die du für deine Rose gegeben hast, sie ist es, die deine Rose so wichtig macht."

Ein Teilnehmer des *Awakening-Joy*-Kurses hatte das für sich selbst herausgefunden und berichtete:

„Ich betrachtete mein Leben als relativ fade und ereignislos. Es fiel mir sogar schwer, mich daran zu erinnern, was im Laufe des Tages geschehen war, denn es war eigentlich von vornherein „uninteressant". Aber jetzt bin ich überzeugt, dass es mehr mit der Wahrnehmung als mit den Ereignissen selbst zu tun hat. Es war eine große Entdeckung für mich, das Wunder in dem zu sehen, was ist, anstatt nach etwas Wunderbarem Ausschau zu halten und den Rest zu vernachlässigen."

Die Praxis, einfach da zu sein, erschließt uns die Leichtigkeit und Entspannung, zu der wir in jedem Moment Zugang haben, wenn wir uns daran erinnern, präsent zu sein, ohne an die Vergangenheit oder Zukunft zu denken oder überhaupt irgendeine Agenda zu haben. So kann unser Handeln einem zentrierten, effektiveren Zustand entspringen. Dieser Seinszustand ist uns nicht fremd. Der Neurowissenschaftler Dr. Rick Hanson weist auf entsprechende Ergebnisse von fMRI-Experimenten hin: „Wenn Sie keinen Hunger haben, nicht bedroht werden und keine Schmerzen haben, befindet sich Ihr Gehirn in seinem natürlichen Zustand: Es ist bewusst, ruhig, zufrieden, zugewandt und kreativ." (Aus James Baraz, *Freude*. Nymphenburger, München, 2011).

Der echte Durchbruch: Die Abwesenheit äußerer Reize genießen

Was uns daran hindert, den Frieden des Seins zu erleben, der uns in jedem Augenblick zugänglich ist, ist unsere Unfähigkeit, die Abwesenheit äußerer Reize zu genießen. Gewöhnlich betrachten wir einen Mangel an Stimulation als ... langweilig! Wir verpassen oft den Frieden, der hier und jetzt da ist, weil wir einen Moment, in dem nicht viel passiert, bloß als die langweilige Lücke zwischen unterhaltsamen Momenten betrachten.

Mit etwas Übungspraxis kann diese Freude des Seins als „Nachhausekommen“ erlebt werden, als die Erfahrung, in sein wahres Zuhause zurückzukehren. Solange wir im Außen nach der nächsten erfreulichen oder unterhaltsamen Erfahrung Ausschau halten, verpassen wir den Frieden direkt vor unserer Nase.

Eltern meinen oft, sie müssten etwas finden, mit dem sie ihre Kinder unterhalten und deren Geist beschäftigen können. Paradoxerweise brauchen Kinder aber Zeiten, die frei von äußeren Anregungen und Reizen sind, um ihre innere Fantasiewelt entdecken zu können. Ich erinnere mich an die Zeit, als Adam klein war. An die Zeiten, in denen ich aufhörte zu versuchen, ihm Unterhaltungsmöglichkeiten zu bieten, und darauf vertraute, dass er die Phasen überleben würde, in denen seine natürliche Kreativität eine Chance hatte, zum Vorschein zu kommen.

Wenn Sie sich näher mit der Idee beschäftigen, reines Sein zu genießen, dann achten Sie einmal darauf, wie Sie damit umgehen, wenn Sie Langweile verspüren. Schauen Sie, ob es Ihnen möglich ist, einfach zu entspannen und das Gefühl zu schätzen, nichts anderes tun zu müssen, als da zu sein, wo Sie sind, und zu genießen, dass Sie leben.

Nicht mehr „versuchen“, zu meditieren

Manchmal gehen wir sogar an die Achtsamkeitsmeditation mit einer starken Betonung des *Tuns* heran, was dann zu einem ungesunden Streben wird. Es kostet zwar in der *Tat* Mühe, Gewahrsein in den gegenwärtigen Moment zu bringen, aber wenn Sie dann in der Gegenwart verankert sind, holt Sie jedes zusätzliche Bemühen aus der Erfahrung der Leichtigkeit und des Friedens, die *jetzt hier* sind, wieder heraus. Um sich für diesen Frieden zu öffnen, müssen Sie total loslassen und der Raum des Gewahrseins sein, der Erfahrungen empfängt. Sie müssen das Leben spüren, während es in Ihnen pulsiert. Ein großer tibetischer Meister lehrt uns:

„Glück kann nicht durch große Anstrengung und Willenskraft gefunden werden, sondern ist schon da – in der Entspannung und im Loslassen. Mit dem Wunsch, das Unfassbare zu fassen, erschöpfst du dich umsonst. Sobald du dich entspannst und aufhörst, danach zu greifen, ist der Raum da … offen, einladend, angenehm.“

GENDUN RINPOCHE,
zitiert in: Nyoshul Khenpo & Suraya Das,
Natural Great Perfection, Ithaca, Snow Lion, 2008

Wenn Sie sich in der kommenden Woche Zeit nehmen, um zu meditieren oder auf ihre eigene Weise still zu sein, genießen Sie, anstatt zu versuchen, etwas geschehen zu „machen“, doch einmal den Frieden, der hier und jetzt da ist, während Sie damit vertraut werden, einfach nur zu entspannen. Genießen Sie den Zustand der Stille und des Friedens.

Die Praxis des Gleichmuts

Die Freude am *Sein* wird dadurch unterstützt, dass wir lernen, Gleichmut zu entwickeln. Gleichmut ist ein ausgeglichener Gemütszustand, in welchem wir den Dingen zu sein erlauben, wie sie sind. Er hat eine expansive Qualität, das, was ist, wird nicht bekämpft. Das Gefühl der Weite und Ausgeglichenheit stellt sich ein, wenn wir nicht länger versuchen, unsere Welt zu kontrollieren und in der Einfachheit des gegenwärtigen Zustands ruhen. Wir haben uns bereits näher mit drei anderen Herzensqualitäten beschäftigt: liebende Güte, Mitfreude und Mitgefühl – aber es ist der Gleichmut, die Gelassenheit, die diese anderen Qualitäten im Gleichgewicht hält. Ohne Gleichmut kann unsere liebende Güte zur Anhaftung werden, kann uns unser Mitgefühl mit dem Leiden anderer überwältigen und unsere Freude kann in ein rauschhaftes Hochgefühl ausarten.

Ein Geist, der in Gleichmut ruht, ist entspannt und gleichzeitig vollkommen engagiert. Es besteht ein großer Unterschied zwischen Gleichmut und Apathie oder Gleichgültigkeit, die sich beispielsweise in der klassischen „Mir-doch-egal-Haltung“ von Teenagern ausdrückt. Mit einer solchen apathischen Haltung ist man tatsächlich vom Leben abgeschnitten. Mit Gleichmut verbindet man sich absolut mit dem Leben, weil man bereit ist, mit allem zu sein – so wie es ist. Dazu ist man in der Lage, wenn man begreift, dass alles, was gegenwärtig geschieht, sei es schwierig oder wunderbar, nicht von Dauer sein wird, weil sich eben alles immer wieder ändert. Das verleiht uns den Mut, mit den harten Brocken zu sein, und die Weisheit, nicht an den Hochphasen festzuhalten, wenn sie vergehen.

Im Leben gibt es Höhen und Tiefen. Alles kann in jedem Augenblick geschehen. Ein Sprichwort sagt: „Das Geschick ändert sich schneller als das Wedeln eines Pferdeschwanzes.“ Wenn man versteht, wie schnell sich alles ändern kann, erkennt man, dass man die Dinge in Wirklichkeit nicht unter Kontrolle hat. Der innere Frieden und das Glück, nach dem Sie suchen, hängen also nicht davon ab, was Ihnen in einem beliebigen Moment *geschieht*, sondern von *Ihrer Haltung zu dem, was geschieht.*

Hin und wieder können Sie die Erfahrung des reinen Seins einladen, indem Sie den Geist darauf ausrichten, ins Gleichgewicht zu kommen. Eine Art, Gleichmut zu praktizieren, besteht darin, sich in aufwühlenden Momenten einfach zu sagen: „Möge ich jetzt, in diesem Moment, innerlich ins Gleichgewicht kommen.“ Dieser Satz kann Sie daran erinnern, dass es auch einen anderen Blick auf die Situation gibt, der Ihnen helfen kann, sich in den gegenwärtigen Moment hineinzuentspannen. Probieren Sie aus, diesen Satz immer dann anzuwenden, wenn Sie das Gefühl haben, wieder in Ihre Mitte kommen zu müssen. Das innere Gleichgewicht und die Weite, die mit Gleichmut oder Gelassenheit einhergehen, erlauben Ihnen, Ihren festen Griff und Ihre Anspannung zu lockern und dem Leben mit Offenheit zu begegnen.

Gleichmut entwickeln

Um Gleichmut zu entwickeln, müssen wir erkennen, wie wir durch Veränderungen aus der Bahn geworfen werden können und Zugang zu der Weisheit finden, mit der wir uns wieder ins Gleichgewicht bringen können:

1. Was wirft Sie in Ihrem Leben aus der Bahn?
2. Wie kommen Sie in Ihren weisesten Augenblicken wieder ins Gleichgewicht? Was hilft Ihnen, sich daran zu erinnern, die Dinge von einer höheren Warte aus zu betrachten?

Vertrauen und Hingabe

Wenn wir Gleichmut entwickeln, halten wir nicht mehr so sehr daran fest, dass die Dinge auf eine bestimmte Weise zu sein haben. Das öffnet uns für einen anderen Aspekt des *Seins*: Vertrauen und Hingabe. Dieses Vertrauen fußt nicht auf der Überzeugung, dass sich die Dinge schon so entwickeln werden, wie wir es uns erhoffen, sondern darauf, dass unser Gewahrsein der Situation begegnen wird, wenn sie da ist. Natürlich ist es auch wichtig, Dinge bewusst zu planen, aber zwanghaftes Festhalten an Zukunftsplänen ist ein sicheres Rezept für das Leiden. Wir können unseren Teil tun, aber normalerweise haben wir nicht genügend Informationen, um sagen zu können, wie die Sache ausgehen wird.

Oft neigen wir dazu, uns mit Vorstellungen von bedrohlichen Zukunftsszenarien zu ängstigen. Es gibt diese Geschichte von einem sehr begabten Künstler, der eines Tages zu einer Höhle ging und ein realistisches, lebensgroßes Bild von einem wilden Tiger malte. Es gelang ihm so gut, dass er, als er das Kunstwerk beendet hatte, Palette und Pinsel fallen ließ und die Flucht ergriff. Wir malen diese Tiger in unseren Köpfen, indem wir uns vorstellen, was in der Zukunft geschehen könnte, und uns dann mit diesen Szenarien in Angst und Schrecken versetzen. Deshalb ist die Rückkehr in den gegenwärtigen Augenblick so ein guter Zufluchtsort.

Indem wir lernen, auf die Lebensprozesse zu vertrauen – und auf unsere Fähigkeit, auf sie zu antworten –, verhindern wir, dass der Geist sich kontrahiert und im Weg ist. Dann wird das Leben zu einem Abenteuer anstatt etwas zu sein, das man fürchten muss. Ein Freund sagte mir kürzlich, er betrachte das Leben als eine Art Achterbahnfahrt. Es war schon immer eine. Aber wenn es in eine scharfe Kurve oder jäh abwärts geht, kann er sich hineinentspannen, anstatt im Griff der Angst gefangen zu sein. Und das macht den ganzen Unterschied im Hinblick auf seine Freude am Leben.

Zuhören lernen

Die innere Weite, die entsteht, wenn wir ins *Sein* kommen, hat noch einen weiteren Vorteil: Sie hilft uns, Zugang zu unserer Weisheit zu finden, um geschickt oder heilsam auf jede Situation antworten zu können. Der weise Taoist Lao Tse schrieb: „Durch loslassen wird alles geregelt. Die Welt gewinnen jene, die sie loslassen. Aber wenn du versuchst und versuchst, befindet sich die Welt außerhalb der Möglichkeit des Gewinnens. Dem Geist, der still ist, ergibt sich das ganze Universum." Wenn wir lernen, uns zu entspannen und einfach nur zu *sein*, lassen wir zu, dass eine weise Antwort aus unserem Innern kommt, anstatt die Dinge zu forcieren.

Wir bewegen uns von der Angst zu einer klügeren Antwort hin, indem wir lernen, auf unsere innere Stimme der Weisheit zu hören und sie von der Stimme der Angst zu unterscheiden. Ich lebe nach der Regel: Ich lasse mir meine Entscheidungen nicht von der Angst diktieren. Stattdessen komplimentiere ich, bildlich gesprochen, die Angst vom Fahrersitz auf den „Rücksitz meines Geistes", schnalle sie an (setze ihr vielleicht noch einen Helm auf), damit sie sich so sicher wie möglich fühlen kann, und lasse sie wissen, dass ich sie anerkenne und mich um sie kümmere. Aber ich gebe ihr nicht den Zündschlüssel. Ich will, dass die innere Stimme der Weisheit und Wahrheit den Wagen steuert.

Denken Sie an eine gute Entscheidung, die Sie in Ihrem Leben getroffen haben. Es ist sehr wahrscheinlich, dass damals die Stimme der Weisheit zu Ihnen gesprochen hat: Irgendetwas in Ihnen hat gespürt, dass die

Entscheidung richtig ist. Wie fühlt es sich in Ihrem Körper an, wenn Sie diese Stimme hören können? Entspannt, offen, verbunden, geerdet? Was für ein innerer Ton herrscht vor, wenn sie ihre Wahrheit ausspricht? Wahrscheinlich ein klarer, liebevoller und unterstützender. Die Stimme der Weisheit und ihren Ruf der Wahrheit kennen zu lernen ist das Geheimnis: ihr zu vertrauen und sich von ihr auch in schwierigen Zeiten auf eine tiefere Seinsebene führen zu lassen. Aber diese Stimme wird nur hörbar, wenn wir aufhören, herumzurennen und uns ins *Sein* hineinentspannen.

Die Freude des alltäglichen Daseins

Dieser Modus des *Seins* ist die Essenz eines entspannten Geistes und tatsächlich viel leichter zugänglich, als uns bewusst ist. Viele von uns erleben regelmäßig Momente der Freiheit, wie beispielsweise das tiefe Gefühl der Verbundenheit, wenn wir uns von der Schönheit der Natur berühren lassen, oder die innere Ruhe, wenn wir uns erlauben, eine Pause zu genießen, nachdem wir eine Aufgabe erledigt haben. Aber normalerweise sind wir dieser Momente *reinen Seins* nicht gewahr: frei von Sorgen, Wünschen oder Verwirrung. Indem wir sie verpassen, entgeht uns der tiefe Frieden, an dem wir uns hier erfreuen können.

Wenn wir geistig „am Rad drehen", werden wir, ganz gleich, wie großartig die Umstände sind, dennoch leiden. Unser Glück oder Leiden hängt viel weniger von äußeren Umständen ab als davon, was in unserem Inneren vorgeht. Deshalb ist die Meditationspraxis ein so wirkungsvolles Instrument zur Erlangung inneren Friedens. Je mehr wir lernen, hier zu sein und uns in den Moment hineinzuentspannen, desto mehr wird sich das im Rest unseres Lebens fortsetzen.

Wir können sogar lernen, in äußerst schwierigen Umständen Zugang zu diesem Hort des Friedens zu finden. Wenn es uns gelingt, erleben wir das, was mein Sohn Adam „reiche Genugheit" nennt. Wir haben das Gefühl, dass von allem genug da ist, dass wir alles haben, was wir brauchen: ein gutes Herz, einen Körper, der uns dient, einen Geist, der funktioniert und die Saat tiefer Weisheit. Wir können uns einfach schon deshalb gesegnet fühlen, weil wir am Leben sind. Wir können unser Sein von innen nach außen strahlen lassen – was andere daran erinnert, das Gleiche zu tun.

So viele Menschen kämpfen gegen das Leben … „durchhalten", sagen sie. Mit dieser gegnerischen Haltung wird das Leben größtenteils als etwas betrachtet, das man *durchstehen* muss. Mit ein wenig Praxis müssen wir nicht darauf warten, dass uns Fortuna den nächsten guten Moment bringt. *Dieser* Moment zählt. Es ist nicht nötig, unsere Ankunft im Hier und Jetzt aufzuschieben. Die Freude, einfach nur zu sein, schließt auch eine Offenheit für all das Gute ein, das uns umgibt. Das Kreischen und Quieken von Kindern kann uns beispielsweise glücklich machen. Im alltäglichen Sein üben wir uns darin, unser Herz vom Leben nähren zu lassen, das Leben auszukosten, zu schmecken, darin zu schwelgen.

Das Geschenk Ihres Daseins

Zugang zur Freude am schieren Sein zu finden ist mit einem weiteren großen Segen verbunden: Wir finden dadurch nicht nur inneren Frieden, sondern berühren auch alles und alle um uns herum. Indem Sie in dieses stille Zentrum eintreten, erinnern Sie andere daran, dass dieser Raum auch in ihnen ist. Denken Sie an die Person in Ihrem Leben, die nach Ihrem Dafürhalten am meisten in ihrer Mitte ist. Wie fühlen Sie sich in der Gegenwart dieser Person? Wirkt sich ihre/seine Energie nicht auch auf Sie aus?

Betrachten Sie Ihre Offenheit für reines Sein als Geschenk an andere: Sie schenken ihnen Ihre Ausgeglichenheit. Ihre Gegenwart wird Ausgeglichenheit, Ruhe und Lebendigkeit auch auf andere übertragen. Sie müssen nicht herumlaufen und versuchen, alle anderen in Ordnung zu bringen oder zu retten. Anne Lamott drückt es so aus: „Leuchttürme rennen nicht über die ganze Insel, um nach Schiffen Ausschau zu halten, die sie retten können. Sie stehen einfach da und leuchten."

PROBIEREN SIE DAS

Ins Sein kommen: Innehalten, entspannen, sich öffnen

Greg Kramer, der eine interpersonelle Meditationsmethode, genannt „Einsichtsdialog“ lehrt, hat ein nützliches „Rezept“, das uns sogar dann die Rückkehr zu innerer Ruhe und Frieden ermöglicht, wenn wir mit der komplexen Aufgabe des Kommunizierens konfrontiert sind. Es besteht aus drei Elementen: Innehalten (Pausieren), Entspannen und Sich-Öffnen. Probieren Sie es aus:

1. Innehalten. Geben Sie dem inneren Dialog keine Nahrung.
2. Entspannen. Spüren Sie Ihren Körper. Atmen Sie tief ein und aus und lassen Sie los.
3. Sich-Öffnen. Nehmen Sie die Erfahrung des Lebens so an, wie Sie sich Ihnen in diesem Moment präsentiert. Seien Sie offen gegenüber der Person, mit der Sie gerade sind. Lassen Sie alle Vorstellungen los, und erlauben Sie sich, einfach nur zu *sein*.

Versuchen Sie immer dann, wenn Sie sich in irgendetwas verstrickt haben und angespannt sind – oder wenn Sie in der Kassenschlange im Supermarkt stehen oder darauf warten, dass Ihr Computer hochfährt –, die simple Technik „Innehalten, Entspannen, Sich-Öffnen“ anzuwenden. Sie kann dazu beitragen, dass Sie das Gesamtbild sehen und nicht nur das gegenwärtige Drama. Machen Sie ein Spiel daraus, „den Gang herauszunehmen“.

In meinen ersten Jahren als Lehrer hatte ich mir angewöhnt, meinen Tisch ein bisschen anzuheben und dann auf den Boden knallen zu lassen, um den Lärm in der Klasse zu übertönen und die Schüler zur Ruhe zu bringen. Das konnte kurzzeitig funktionieren, aber der Lärm schwoll normalerweise schon bald wieder an. In meinem sechsten Jahr begann ich, mich für Meditation zu interessieren. Ich beschloss, mich erst einmal selbst zur Ruhe zu bringen, anstatt den Tisch auf den Boden knallen zu lassen, um alle anderen zur Ruhe zu bringen. Ich schloss die Augen und begann langsam und achtsam zu atmen. Zu meinem Erstaunen schauten mich die Kinder neugierig an und hörten bald auf zu lärmen. Es war eine frühe Bestätigung dafür, wie stark sich mein eigenes Präsent-Sein auf die Menschen in meiner Umgebung auswirkt, und ich hoffe, dass auch Sie die tief greifende Wirkung wahrnehmen, die eine solche Praxis der Rückbesinnung auf Ihr inneres Sein auf Ihre Kinder haben kann.

Den Moment voll und ganz genießen

Sie müssen nicht unbedingt still sitzen, um sich für diese Qualität des Seins öffnen zu können. Immer dann, wenn Sie ganz in einer Aktivität aufgehen, erfahren Sie reines Sein. Ob Sie gärtnern, tanzen, Spaß haben oder sich an Ihrer Arbeit erfreuen, Sie erleben einen Zustand, der als „Flow" bezeichnet wird, ein Begriff, der von Mihaly Csikszentmihalyi geprägt wurde. Wenn Sie im Flow sind, gehen Sie völlig in Ihrer gegenwärtigen Aktivität auf. Sie werden nicht von Gedanken an die Vergangenheit oder Zukunft abgelenkt.

Immer wenn Sie voll und ganz bei einer Sache sind, können Sie wahrnehmen, wie gut es sich anfühlt, sich nicht mit der Vergangenheit oder Zukunft zu beschäftigen. Genießen Sie die Erfahrung, wirklich erfüllt zu sein, eine Erfahrung, bei der nichts hinzugefügt oder weggenommen werden muss. Es ist eine weitere Erfahrung der Freude reinen Seins.

Michele: Mit Kindern üben, einfach da zu sein

Haben Sie sich je gefragt, wie Sie noch etwas in Ihren bereits übervollen Tag hineinpacken könnten? Fragen Sie sich, ob Sie sich genug Zeit nehmen, Ihren Kindern zu vermitteln, wie wichtig es ist, präsent zu sein und zur Ruhe zu kommen? Wünschen Sie sich, dass Ihre Kinder auf ihre eigene Wahrheit und Weisheit hören?

Das Leben ist hektischer denn je. Oft wird jede freie Minute mit sozialen Medien, Computer und Fernsehen gefüllt. Wir sind so mit Tun beschäftigt, dass wir vergessen zu sein. Wie wäre es, diese Umtriebigkeit einmal ins Gegenteil zu verkehren und die Kraft kennen zu lernen, die im Nichtstun steckt? Einfach *nur sein*. Erlauben Sie Ihren Kindern, sich zu langweilen, ohne zu meinen, die Lücke mit Lärm oder Aktivität füllen zu müssen. Gerade in Phasen der Langeweile kann sich die Schönheit des Lebens direkt vor uns entfalten. In den stillen Momenten öffnet sich für uns eine Pforte nach innen. Diese Momente schenken uns auch einzigartige, glückliche Erinnerungen an reine Präsenz.

Können Sie das Nichtstun genauso wichtig nehmen wie das Tun? Wie können wir unseren Kinder vermitteln, die einfachen Momente wertzuschätzen und dankbar für sie zu sein? Um eine Vorstellung davon zu bekommen, habe ich Kinder gefragt, was sie am liebsten mit ihren Eltern gemeinsam tun, wenn diese entspannt und präsent sind. Hier ein paar der Lieblingsmomente der Kinder und ihre schönsten Erinnerungen an „einfach sein“.

- „Ich liebe es, mit meiner Mama einfach dazusitzen und gemeinsam Handarbeiten zu machen. Wir müssen dabei gar nicht reden.“
- „Wenn das Bett richtig flauschig ist, kuschele ich gerne mit meinem Papa.“

- „Wir beobachten die Regentropfen an der Fensterscheibe."
- „Das Haus duftet so gut, wenn wir ohne besonderen Anlass Plätzchen backen."
- „Wenn ich meinen Kopf auf den Brustkorb meines Papas lege, kann ich seinen Herzschlag hören."
- „Ich liebe es, wenn meine Eltern mit meinen Haaren spielen und mir über den Kopf streichen."
- „Meine Familie liegt auf einer Wiese und wir hören den Grillen zu."
- „Als ich klein war, haben wir oft eine Luftmatratze aufgeblasen und uns unter den Sternenhimmel gelegt. Ich habe so viel entdeckt und es hat viel Spaß gemacht. Das werde ich nie vergessen."
- „Mein Bruder und ich haben stundenlang eine ganze Armee von Ameisen beobachtet."
- „Manchmal darf ich mit meiner Mama Tee trinken gehen. Nur wir beide."
- „Wir tanzen im Haus herum und spielen."
- „Wir legen ein Puzzle und plaudern dabei über dies und das."
- „Wir holen Bettlaken und Wäscheklammern und bauen ein Zelt in unserem Wohnzimmer. Wir essen darin sogar zu Abend."
- „Ich liebe es, mit meiner Familie am Strand spazieren zu gehen. Wir haben keinen Plan; wir schauen einfach, was auf uns zukommt."
- „Ich mag ein schönes Kaminfeuer. Wir essen Marshmallows und hängen einfach herum."
- „Ich veranstalte eine Teeparty mit meinen Stofftieren und meiner Mama und meinem Papa. Sie kommen und wir trinken zusammen Tee."

Erinnern Sie sich an Momente des entspannten Nichtstuns in Ihrer eigenen Kindheit. Momente, in denen sich die Zeit ausdehnte und die Sorgen des Tages sich in Luft auflösten. Lassen Sie sich für Ihre Momente *reinen Seins* von diesen Erinnerungen inspirieren.

> *Eines Tages bat ich die Kinder, die schuleigenen Yoga-Matten draußen auf dem Rasen auszulegen. Wir schauten einfach in den Himmel und beobachteten die Wolken. Wir lauschten den Vögeln. Niemand sprach ein Wort. Die Kinder sagten, es sei der beste Tag seit langem gewesen. Ich machte mir Sorgen, dass wir nicht mehr genug Zeit für Mathe haben würden aber dann ließ ich los und entspannte mich. Es war auch gut für mich.*
>
> EINE LEHRERIN

Was Verbundenheit verhindert

Raten Sie einmal, was Kinder antworten, wenn man sie fragt, was ihre Kontakte mit anderen am meisten blockiert. Das Handy!

Da muss ich mich allerdings auch schuldig bekennen: Wenn ich einen gewissen Klingelton höre, springe ich auf wie ein Pawlowscher Hund.

Außerdem beschrieben die Kinder folgende Situationen als schwierig oder sogar als große Herausforderung:

„Wenn mein jüngerer Bruder oder meine Schwester die ganze Aufmerksamkeit bekommt und jeder von ihnen denkt, ich bräuchte nicht so viel."

„Wenn mein Papa wegen seiner Arbeit wegfährt und ich ihn monatelang nicht sehen kann, fällt es mir schwer, zu spüren, dass er mich lieb hat."

„Wenn sich meine Eltern streiten, fühle ich mich mit niemandem verbunden."

„Meine Mama tut so, als wäre sie da, aber sie macht irgendetwas anderes, wenn ich versuche, mit ihr zu sein, und ich glaube nicht, dass sie mir wirklich zuhört."

„Ich muss an so vielen Aktivitäten teilnehmen. Wir fahren von einer zur nächsten und haben keine Zeit, uns wirklich zu entspannen."

„Meine Eltern sind einfach immer beschäftigt. Wir haben keine Zeit miteinander."

„Der Computer nimmt meine Eltern in Beschlag."

Vergessen Sie das Selbstmitgefühl nicht, wenn Sie diese Aussagen lesen. Wir sind nicht immer für unsere Kinder präsent. So funktioniert es nicht. Aber indem wir uns darum bemühen, mit ihnen gemeinsame Momente zu haben, aus denen sich weitere Momente ergeben, entwickeln wir eine Qualität der Präsenz und Verbundenheit, die es unseren Kindern ermöglicht, mit einem offenen Herzen am Leben teilzunehmen.

Der Druck auf die Lehrenden

Als Lehrerin weiß ich, dass es eine Menge Druck gibt, mit dem Lehrplan „durchzukommen". Ich weiß auch, dass einige meiner besten Unterrichtsstunden die sind, in denen ich den Kindern erlaube, wirklich in ihre Kreativität zu kommen, beispielsweise wenn ich ihnen viel Zeit lasse, ihre Ideen zu entwickeln und Zugang zur tiefsten Ebene ihrer schöpferischen Kraft zu finden. Wenn ich mich soweit entspannen kann, dass ich den Kindern erlaube, ihre Umgebung wirklich wahrzunehmen, zu sehen, zu riechen und zu fühlen, werden sie ruhig und sind offen fürs Lernen. Versuchen Sie für eine Minute, eine Stunde oder einen Tag, die Zügel locker zu lassen und alle Vorstellungen von Ergebnissen loszulassen. Sie werden sehen, wie sich eine Lektion, die ich über Elfen und Blättermännchen hielt, über einen ganzen Monat hinzog. Es war eine hochgeschätzte und bereichernde Zeit des Lernens. Lassen Sie die Kinder die sein, die sie sind, ohne den Druck, irgendetwas fertig bekommen oder ein Ziel erreichen zu müssen. Lassen Sie alle Vorstellungen von einem Ergebnis los und öffnen Sie sich für das Unbekannte – seien Sie einfach präsent für das, was sich direkt vor ihnen zeigt.

Ich habe auch einige der absolut besten Momente mit meinen eigenen Kindern wiedergegeben, die mir halfen, mit ihnen eine Qualität der Präsenz herzustellen, an die wir uns noch zwanzig Jahre später erinnern. Zeiten, in denen wir Tee aus Gartenkräutern zubereiteten, gemeinsam in den Sternenhimmel schauten und im Wald herumstreunten. Zeit, um einfach nur zu *sein*.

Lektion 1: Komm spielen

„Beim Spiel kann man einen Menschen in einer Stunde besser kennen lernen als beim Gespräch in einem Jahr".

PLATON

Fördert und stärkt:

- Spielen
- Selbstausdruck
- Freundschaft
- Ausschüttung von Endorphinen
- Verbundenheit
- Liebe zu anderen
- Einfach da sein
- Zusammenarbeit

Materialien
- Verschiedene, je nach Aktivität

Alter
- Neugeboren bis Erwachsenenalter

Bezug zum Lehrplan
- Verbaler Ausdruck
- Zuhörkompetenz
- Lesen
- Gemeinschaftskunde
- Körperliches Training
- Kunst
- Soziales und emotionales Lernen

„Männer (und Frauen) hören nicht auf zu spielen, weil sie alt werden, sondern sie werden alt, weil sie aufhören zu spielen."

OLIVER WENDELL HOLMES JR.

Die Praxis zu Hause und in der Schule

Oft sind Erwachsene auf mich zugekommen und haben mir gesagt, ihnen gefiele meine Verspieltheit. Ich war mir nie wirklich sicher, was das bedeutete, da mir nicht bewusst war, anders zu sein als alle anderen. Allerdings muss ich zugeben, dass ich mich bei „langweiligen" Meetings oder Zusammenkünften schon hin und wieder fragte, „Wann können wir spielen?"

Einmal lernte ich eine Frau kennen, die in einer sehr konservativen Familie aufgewachsen war. Sie sagte mir, sie habe selten gespielt und immer Ärger bekommen, wenn sie Unordnung verursacht habe. Sie nahm gleichzeitig mit mir an einem Workshop teil, und einmal fragte ich sie im Vorbeigehen, ob sie gerne einen der lustigen Kinder-Sticker haben wolle, die ich mitgebracht hatte, um mein Tagebuch zu schmücken. Ich sagte ihr, sie könne ihn in ihr Tagebuch kleben oder am Körper tragen. Sie wollte den Aufkleber unbedingt haben, klebte ihn in ihren Schuh und erklärte mir, sie würde ihn jeden Tag anschauen, um eine spielerische Qualität in ihr Leben zu bringen. Sie war allerdings noch nicht so weit, ihn äußerlich sichtbar zu tragen – das wäre zu verwegen gewesen. Ein Jahr später schrieb sie mir in einer E-mail, dass sie den Sticker immer noch hatte und jetzt ein bisschen mehr spielte.

Ich verbringe den größten Teil meiner Zeit mit Kindern und mit einem verspielten Welpen. Bevor ich zu unterrichten begann, arbeitete ich als Bademeisterin – ich hatte also noch nie einen Job, in dem es an Spaß mangelte. Ich habe das Vergnügen, kleine Kinder zu unterrichten, die den ganzen Tag verspielt sind. Selbst wenn ich mich davon nur zu einem Zehntel anstecken lasse, habe ich eine Menge Spaß. Meine Schüler/innen und meine Söhne erwarten einfach von mir, dass ich mitmache. Ich muss zugeben, dass das Seilspringen auf hartem Straßenpflaster letzte Woche meine Hüften bereit für den Massagetherapeuten machte, aber hier nun ein paar Ideen, wie Sie sich mit Ihrem Kind verbinden und wieder spielen können.

10 Möglichkeiten, wieder zu spielen

1. Pusten

Blasen Sie einfach die Samen einer Pusteblume in die Luft (nur auf freiem Feld, die Nachbarn werden dieses Pusteblume-Spiel nicht zu schätzen wissen) oder machen Sie Seifenblasen. Beobachten Sie, wie die Löwenzahnsamen in den Himmel driften. Besorgen Sie große Seifenblasen-Stäbe, und machen Sie riesige Seifenblasen, während Sie die Straße entlanggehen und von allen Seiten ein Lächeln ernten.

2. Körperbemalung

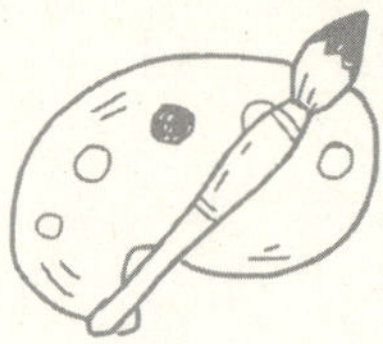

Besorgen Sie Temperafarben, Körpermalfarben und Sticker und verzieren Sie Familienangehörige und Freund/innen mit abwaschbaren Tattoos. Es macht den Leuten Spaß, einander zu bemalen, und schon ein einfaches Herz, mit Liebe und Sorgfalt gemalt, ist wie ein Segenswunsch auf dem Arm oder Gesicht. Ich habe für meine Jungs oft draußen einen Ganzkörperspiegel aufgestellt und ihnen einen Satz Farben und Pinsel in die Hand gedrückt. Sie bemalten dann ihre Körper von oben bis unten und rannten später unter den Rasensprenger. (Kommen Ihnen schon ein paar Ideen?)

3. Sich auf alle Viere begeben

Begeben Sie sich auf alle Viere (wenn Sie können) und spielen Sie mit Ihrem Haustier. Wie könnte es auch sein, dass Sie nicht mit diesem kleinen Kerl spielen wollen?

4. Die Unsichtbaren füttern

Gehen Sie ,raus und füttern Sie Elfen. Kinder lieben das. Ich gab meinen Söhnen oft kleine Taschen mit Nüssen und Rosinen und ging mit ihnen hinaus in die Natur. Sie hielten dann nach winzigen Schlösschen in Bäumen Ausschau, in denen die Elfen wohnten. Dann steckten sie kleine Gaben in die Baumhöhlen und brachten mir bei, die Schönheit der Natur intensiver wahrzunehmen, die mir sonst oft entging, weil ich an ihr vorbeieilte.

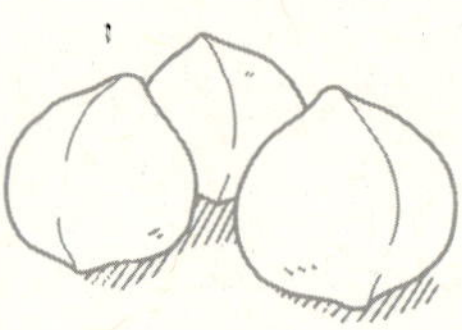

5. Sich auf dem Boden niederlassen

Spielen Sie mit Legosteinen oder bauen Sie etwas mit Holzbauklötzen. Wir hatten stundenlang Spaß daran, ausgedachte Szenarien zu erschaffen:

Wir diskutierten, stimmten Ideen zu oder verwarfen sie und kreierten viele schöne Dinge mit diesen großartigen Materialien. Wie meine Jungs früher, wollen meine Schüler/innen natürlich, dass ich in jeder freien Minute mit ihnen spiele, und so versuche ich mir einmal pro Woche Zeit für ein längeres Spiel zu nehmen.

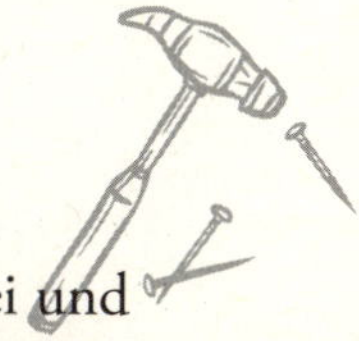

6. Abfall

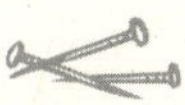

Schaffen Sie ein paar alte Räder, Holz, Nägel und Hammer herbei und legen Sie los. Bauen Sie irgendetwas einfach nur zum Spaß. Kinder lieben diese Idee. Eines Tages stellte ich eine riesige Wanne mit solchen Sachen für unsere Sechst- und Siebtklässler heraus. Ein paar Eltern kamen mit Sägen, Bohrern und Werkzeug vorbei. Sie arbeiteten konzentriert für ein paar Stunden und stellten alle möglichen Spielzeuge und Skateboards her, die die Kinder mit nach Hause nehmen konnten.

7. Alte Ideen sind neu

Holen Sie die alten Federballschläger oder das Rasenbowlingspiel hervor. Warum hatten wir sie weggeräumt? Was für ein Spaß!

8. Spaß mit Kreide

Besorgen Sie Straßenkreide und fangen Sie zu malen an. Drücken Sie allen Freund/innen und Kindern ein Stück in die Hand. Malen Sie riesige Dinge, kleine Dinge, schreiben Sie Wörter. Alle können (natürlich erst, nachdem sie um Erlaubnis gebeten haben) die Bilder der anderen übermalen, etwas hinzufügen oder sie verändern. Zeichnen Sie Kästchen und spielen Sie Hüpfspiele. Der Regen wäscht alles weg und man kann wieder von Neuem beginnen.

9. Etwas sammeln

Nehmen Sie eine Tasche und machen Sie einen Spaziergang. Wir leben am Meer also gehen wir oft zum Strand und suchen nach Meerglas (von den Wellen glatt geschliffene Glasstücke, A.d.Ü.) und besonderen Steinen mit einer schönen Zeichnung. Manchmal sammeln wir auch essbare Blüten für einen Salat. Was immer Sie wollen. Sie laufen hierhin und dorthin, schauen und genießen auf verschiedenen Ebenen.

10. Kämpfen (mit Wasser)

Die einfachste Methode, rasch miteinander ins Spielen zu kommen ist, eine Gruppe von Freunden oder Kindern zusammenzutrommeln und eine Wasserschlacht zu veranstalten! Für so ein Spiel mit dem Wasser findet man normalerweise sehr schnell ein paar verspielte Leute und kann das Eis brechen. Einmal ging ich während eines Retreats, bei dem wir in ziemlich schwieriges emotionales Fahrwasser geraten waren, in einen Laden und kaufte ein paar Wasserpistolen. Mit liebender Güte beschossen wir uns gegenseitig mit Wasser, bis wir uns vor Lachen kugelten.

Bonus: Beim Spielen wird eine große Menge Endorphine freigesetzt, die für ein Gefühl der Verbundenheit und Freude sorgen. Spielen kann die Entwicklung von Qualitäten wie Problemlösungskompetenz, Teamfähigkeit und Durchhaltevermögen fördern.

Die Praxis zu Hause

Auf das Gute schauen (für die Schlafenszeit)

In *Awakening Joy* empfiehlt James eine Praxis, die sich wunderbar für Kinder eignet: Auf das Gute schauen. Wenn abends nach dem Vorlesen oder Geschichtenerzählen die Zeit zum Schlafen gekommen ist, kann man noch einmal an verschiedene Menschen denken, die einem an diesem Tag begegnet sind, und auf das Gute in jedem von ihnen schauen. Ihr Kind könnte sagen: „Sarah Jane hat mir geholfen, als ich auf dem Spielplatz hingefallen bin“ oder „Peter hat mir geholfen, ein Wort zu buchstabieren“.

Wie fühlen Sie und Ihr Kind sich bei dieser Praxis? Sprechen Sie darüber, während Sie „Auf-das-Gute-schauen“ spielen.

Sich Zeit zum Spielen nehmen

Fangen Sie klein an: Schon draußen barfuß zu laufen oder laut zu singen kann Ihre verspielte Ader zum Vorschein bringen und das ist gut für Sie und alle in Ihrer Umgebung. Gehen Sie behutsam mit sich um. Es ist vielleicht eine neue Erfahrung für Sie.

LESETIPPS

Bücher für Erwachsene

Biffle, Chris, *Whole Brain Teaching: 122 Amazing Games!: Challenging Kids, Classroom-Management, Writing, Reading, Math, Common Core/ State Tests*. Charleston, SC: Create Space Independent Publishing Platform, 2015.

Brown, Stuart und Vaughan, Christopher, *Play: How it Shapes the Brain, Opens the Imagination, and Invigorates the Soul*. New Hyde Park, NY: Avery Publishing, 2010.

Landreth, Gary, *Play Therapy: The Art of the Relationship*. New York, NY: Routledge, 2012.

Bücher für Kinder

Conner, Bobbi, *Unplugged Play: No Batteries. No Plugs. Pure Fun*. New York, NY: Workman Publishing, 2007.

LaVigna Coyle, Carmela und Gordon, Mike, *Do Princesses Scrape Their Knees?*, New York, NY: Copper Square Publishing, 2006.

Drake, Jane und Love, Ann, *Abenteuer Freizeitbuch*. Wien: HPT Verlag, 1996.

Singer, Marilyn und LeUyen, Pham, *A Stick Is an Excellent Thing: Poems Celebrating Outdoor Play*. New York, NY: Clarion Books, 2012.

Wise, Debra, *Great Big Book of Children's Games: Over 450 Indoor & Outdoor Games for Kids*, Ages 3–14. Columbus, OH: McGraw-Hill Education, 2003.

Lektion 2: Elfengarten und Blättermännchen

Wir alle haben schon diese kostbaren Momente erlebt, in denen wir uns einfach für eine Minute entspannen, in allem Tun innehalten und dem Leben einfach erlauben, durch uns zu fließen. Das ist ein sehr tief gehender Zustand, den wir bewusst kultivieren können.

Fördert und stärkt:

- Selbstgewahrsein
- Biodiversität
- Das Gefühl von Zeitlosigkeit
- Wahrnehmung der natürlichen Welt
- Kooperation
- Präsent-Sein im Moment

Materialien

- Natürliche Materialien wie
- Stöcke, Muscheln, Steine, Federn und Schnur
- Die freie Natur

Alter

- Vorschule bis zwölf Jahre

Bezug zum Lehrplan

- Verbaler Ausdruck
- Schreiben
- Zuhörkompetenz
- Lesen
- Naturwissenschaften
- Körperliches Training
- Kunst

Die Praxis zu Hause und in der Schule

Diese Aktivitäten im Freien kann man leicht zu Hause und in der Schule durchführen. Man braucht nur irgendetwas „Grünes“: einen winzigen Garten oder auch nur einen einzelnen Baum.

Das kleinste Fleckchen Erde im Wald ist voller Leben, Präsenz und pulsiert mit einem Rhythmus, der oft nicht wahrgenommen wird. Auf unserem Schulgelände haben wir ein winziges Areal mit immergrünen

Bäumen, etwa 25 Meter vom Schulgebäude entfernt. Dieses grüne Fleckchen bedeckt eine Fläche etwa so groß wie ein Klassenzimmer. Wir haben auch das Glück, nur wenige Minuten von einem riesigen Waldgebiet und den Stränden des pazifischen Ozeans entfernt zu sein.

Mit dieser Lektion wollte ich den Kindern eine Erfahrung in Bezug auf einen Ort und eine Zeit vermitteln, die sich während meiner Kindheit im Pazifischen Nordwesten tief in mein Unterbewusstsein eingegraben hat. Ich verbrachte praktisch meine halbe Kindheit im Wald. Der Geruch der Erde, der Duft der Zedern und Hemlocktannen und der darunter wachsenden Salal-Sträucher waren Teil meines täglichen Erlebens. Diese Umgebung erdete und beruhigte mich.

Die Einladung

Ich lud die Kinder ein, Dinge aus ihren Gärten oder Zimmern mitzubringen, die aus der Natur stammten. Große und kleine Tüten voller Stöckchen, Steine, Muscheln, Lederstücke und Grünzeug wurden hereingebracht.

Weder Plastikartikel noch Klebstoffe oder von Menschen fabrizierte Dinge sollten bei diesem Projekt Verwendung finden. Ich steuerte Schnur bei, mit der die Objekte zusammengebunden werden konnten. Bevor wir in den Wald gingen, zeigte ich ihnen Fotos von winzigen Elfen-Möbeln und -behausungen. Eine Gruppe von Kindern sagte, sie wollten Behausungen für Blättermännchen bauen, keine Elfen-Wohnungen. Ich sagte natürlich „ja" und sie zogen sofort los.

In kleinen Gruppen ließ ich die Kinder in den Wald ziehen. Es war absolut faszinierend zu beobachten, was sich daraus in Minuten, Stunden und Tagen entwickelte. Sie waren buchstäblich nicht mehr zu bremsen.

Die Kinder entdeckten winzige Höhlen und fanden Beeren, Federn, Blüten, Zweige und andere natürliche Materialien. Sie bauten kleine Leitern, Stühle, Tische und Betten mit allem möglichen Zubehör für ihre Elfen-Wohnungen. Mich beeindruckte auch ihr tiefer Respekt gegenüber dem Wald und den Szenerien, die sie schufen.

Geschichten schreiben

Noch erstaunlicher waren die Geschichten, die sich daraus entwickelten. Die Kinder platzen förmlich vor Ideen zu ihren ausgedachten Lebensräumen. Ich fragte sie, ob sie diese Geschichten gerne aufschreiben würden, und alle Hände schnellten in die Höhe. Stunden und Tage später sagten mir die Kinder, dies sei anders gewesen als alle anderen schriftlichen Aufgaben, die sie jemals zu erledigen hatten. Ich hatte ein paar Schreibmuffel in der Klasse, die mich nun baten, in den kleinen Pausen und der Mittagspause im Klassenzimmer bleiben zu dürfen, um weiter schreiben zu können. Sie durchlebten diese Erfahrungen buchstäblich im Geiste. Viele Kinder luden ihre Eltern ein, an den Wochenenden in die Schule zu kommen und mit ihnen im Elfenland zu spielen. Die Zeit dehnte sich, die Farben begannen zu leuchten und die Welt bekam etwas Magisches. Wir ließen uns einfach darin treiben und gaben alle Ziele auf.

Kinder, die in unserer schnelllebigen Welt oft kaum noch einen Bezug zur Natur haben, können sich wieder auf ihre Sinne besinnen und ihre Liebe zu Mutter Natur entdecken.

Diese Praxis erfordert vor allem Zeit und einen Sinn für das Wunder des Lebens und das Spielen. Legen Sie sich mit Ihrem Kind oder Ihren Kindern auf die Erde und lassen Sie zusammen ein Fantasie-Land entstehen. Lassen Sie alle festen Vorstellungen los.

Meine Schüler/innen lernten, zusammen zu arbeiten, zu verhandeln, Kompromisse zu schließen und machten eine tief gehende Erfahrung der Zeitlosigkeit. Mit der größte Dienst, den wir Mutter Erde erweisen können ist, uns an ihrer Schönheit zu erfreuen. Kinder, die mit der Natur vertraut gemacht werden, schützen sie und betrachten sie mit einem andachtsvollen Herzen.

LESETIPPS

Bücher für Erwachsene

Hefferman, Maureen, *Fairy Houses of the Main Coast*. Rockport, ME: Down East Books, 2010.

Louv, Richard, *Das letzte Kind im Wald: Geben wir unseren Kindern die Natur zurück!*, Freiburg: Herder Verlag, 2013.

Louv, Richard, *Das Prinzip Natur: Grünes Leben im digitalen Zeitalter*. Weinheim: Beltz Verlag, 2012.

Schramer, Debbie und Schramer, Mike, *Fairy House: How to Make Amazing Fairy Furniture, Miniatures, and More from Natural Material*. Sanger, CA: Familius, 2015.

Ward, Jennifer und Louv, Richard, *I Love Dirt!: 52 Activities to Help You and Your Kids Discover the Wonders of Nature*. Sedro Woolley, WA, Rost Books, 2008.

Bücher für Kinder

Campbell, Sarah und Campbell, Richard, *Growing Patterns: Fibonacci Numbers in Nature*. Honesdale, PA: Boyds Mills Press, 2010.

Kane, Tracy, *Fairy Houses* (Die Fairy Houses Serie). Lee, NH: Light Beams Publishing, 2001.

Tracy Kane und Barry Kane, *Fairy Houses Everywhere!* (Die Fairy House Serie). Lee, NH: Light Beams Publishing, 2006.

Sidman, Joyce und Krommes, Beth, *Swirl by Swirl: Spirals in Nature*. Boston, MA: Houghton Mifflin Harcourt Books for Young Readers, 2011.

Lektion 3: Achtsamer Tee

Eine Verbindung zu und Mitgefühl für Mutter Erde entwickeln

Und Sie müssen keinen „grünen Daumen" haben

Achtsamkeit bedeutet einfach, dessen gewahr zu sein, was jetzt gerade geschieht, ohne zu wünschen, es möge anders sein: das Schöne und Angenehme zu genießen, ohne daran festzuhalten, wenn es sich ändert (was auf jeden Fall passieren wird) und mit dem Unschönen und Unangenehmen zu sein, ohne zu fürchten, dass es für immer so bleibt (was auf keinen Fall passieren wird).

Fördert und stärkt:

- Die Fähigkeit zum Teilen
- Verbindung zu unserer Erde und unserer Nahrung
- Gesunde Ernährungsgewohnheiten
- Einfachheit
- Feiern
- Rituale

Materialien

- Teekanne
- Teetassen
- Verschiedene Kräuter von zu Hause oder vom Markt
- Wer mag, benutzt ein Pflanzenbestimmungsbuch

Alter

- Vorschule bis Erwachsenenalter

Bezug zum Lehrplan

- Verbaler Ausdruck
- Schreiben
- Zuhörkompetenz
- Naturwissenschaften
- Körperliches Training
- Soziales und emotionales Lernen

Die Praxis zu Hause

Die Kinder bauen

Eine der komplexesten, aber dennoch einfachsten Zeremonien, die ich je zu Hause oder in der Schule veranstaltet habe, ist die Zubereitung von Gartentee. Sie berührt so viele Themen, beispielsweise achtsames Leben, Nachhaltigkeit, Wachstumszyklen der Pflanzen und die Bewahrung der Erde. Meine Jungs hatten schon ihren eigenen Garten, als sie noch sehr klein waren. Wir zimmerten ein paar Bretter zusammen und füllten das winzige Gärtchen mit Pflanzerde, Algen und Kompost. Wenn kein Platz mehr war, stellten wir im Haus kleine Blumentöpfe auf, in die wir Samen einsäten. Die Jungs überlegten sich genau, was sie in ihren Gärtchen haben wollten, und begannen zu säen und zu pflanzen.

Wunschsteine und Einpflanzen

Das Einpflanzen von Samen begann stets mit winzigen Wunschsteinen, die unter jeder Pflanze platziert wurden. Die Jungs sammelten besondere Steine am Strand und am Straßenrand und steckten sie in ihre kleinen Taschen oder Rucksäcke. Zu Hause betrachteten wir jeden Stein und überlegten, wo er im Gärtchen seinen Platz finden könnte. Während wir den kleinen Stein unter einen Samen legten, sprachen wir einen Segen und überließen den Samen seinem Wachstumsprozess. Auch wenn die Jungs noch kein Anzeichen von Leben entdecken konnten, wussten sie doch, dass die Erde ihre Wünsche in sich trug.

Ein paar Wochen später

Man konnte kleine Füße über den Hof trappeln hören. „Mama, da zeigt sich ein kleines grünes Blättchen! Papa, komm, schau!“ Im Laufe der Tage und Wochen wuchsen die Pflanzen heran. Wir überprüften ihr Wachstum jeden Tag. Die Kinder lernten etwas über die Kreisläufe des Lebens. Sie lernten, dass das Leben Zeit braucht, um sich zu entfalten. Während wir darauf warteten, dass sich in ihren Gärtchen die Sprossen zeigten, zupften die Jungs im größeren Garten Pfefferminzblätter, Fenchel, Himbeerblätter und Lavendelspitzen.

Stellen Sie den Kessel auf

Ich zeigte den Kindern, aus welchen Pflanzen man Tee machen kann und welche sie nicht verwenden sollten. Wir benutzten die Teekanne ihrer

Großmutter. Während ich die Kanne mit heißem Wasser, etwas Honig und den Kräutern füllte, fühlte ich mich mit ihr und ihrer Liebe zum Garten tief verbunden. Die Buben rannten los, um ihre besonderen Tassen zu holen, und wir plauderten miteinander, während der Tee zog. Bis heute ist die Zubereitung von Gartentee ein Lieblingsritual in unserer Familie. Sie sammeln nicht mehr, oft die Kräuter dafür, aber wenn eine Kanne auf dem Tisch steht, wird der Tee genossen.

Einfach nur sein

Diese unkomplizierte Praxis verbindet Kinder mit „der Freude am *schieren Sein*". Die Sonnenstrahlen oder die Regentropfen genießen oder Wolken beobachten, die am Himmel vorüberziehen, während man auf die Wunder der Erde wartet. So viele Kinder kennen Tee nur als steril versiegelten Teebeutel. Warum nicht ein paar Samen einpflanzen und schauen, welche Freude Ihre Familie damit erleben kann? Schätzen Sie, was direkt vor Ihnen ist, und öffnen Sie sich für die unglaubliche Fülle, Stille und Komplexität des Lebens im gegenwärtigen Moment. Schaffen Sie sich ein bereicherndes tägliches Ritual, das leicht durchführbar ist, schenken Sie ihm Ihre volle Aufmerksamkeit, und erlauben Sie sich, den Moment voll zu erleben. Wie wirkt sich diese tägliche Gepflogenheit auf Ihr persönliches Wohlbefinden aus?

Die Praxis in der Schule

Der Schulgarten

Die Kinder praktizieren diese Teezeremonie mit Gartenkräutern mit großer Begeisterung. Ich kann sie kaum aus dem Schulgärtchen heraushalten, das wir gemeinsam geschaffen haben.

Jeden Morgen gibt es etwas über den Garten zu erzählen, woraus sich ein paar faszinierende Themen für unsere mündlichen und schriftlichen Arbeiten im Unterricht ergeben haben. Ich bin total erstaunt darüber, wie schnell die Kinder eine unreife Erdbeere im Gärtchen entdecken, und obwohl wir 200 Schüler haben, wird sie von niemandem gepflückt, bevor sie reif ist. Und diejenigen, die das Pflanzen übernehmen, entscheiden, wie die Ernte geteilt wird! Kinder, die sich noch nie die Hände schmutzig gemacht haben, lesen Würmer, Käfer und andere Kleintiere auf und setzen sie sanft ins Beet, damit sie den Boden nähren. Die Kinder lernen, dass alle Kreaturen wichtig sind, und sie lernen, freundlich mit ihnen umzugehen.

Schnappen Sie sich den Samowar!

Zu besonderen Anlässen dampft im Klassenzimmer ein riesiger Samowar mit heißem Wasser und die Kinder bringen ihre Lieblingstasse mit. Wir laden alle, die vorbeikommen, ein, unseren Tee zu probieren. Die Kinder sind unglaublich stolz auf unseren Tee, und viele Eltern kommen herein und fragen, wie wir ihn gemacht haben. Kinder wollen ihre eigenen Kräuter anpflanzen. Sie lernen die Eigenschaften verschiedener Pflanzen kennen, ihre medizinischen Anwendungsmöglichkeiten und wie man die Samen zieht und kultiviert.

Pflanzenlampen im Klassenzimmer: Hurra!

Damit wir dieses Jahr ein bisschen Starthilfe haben, kaufte unsere Schule ein Pflanzenlampen-Set für jedes Klassenzimmer. Setzlinge werden eingepflanzt und so können die Kinder sogar während der eintönigen Regentage in Britisch Kolumbien das Wunder der sprießenden Natur beobachten.

LESETIPPS

Bücher für Erwachsene

Nhat Hanh, Thich, *Einfach essen*. München: O. W. Barth Verlag, 2016.

Nhat Hanh, Thich und McLeod, Melvin, *Your True Home: The Everyday Wisdom of Thich Nhat Hanh: 365 Days of practical, powerful teachings from the beloved Zen teacher*. Boulder, CO: Shambala Press, 2011.

Nhat Hanh, Thich, *Im Hier und Jetzt zuhause sein*. Freiburg: Herder Verlag, 2010.

Bücher für Kinder

Carle, Eric, *Nur ein kleines Samenkorn*. Hildesheim: Gerstenberg, 1996.

Cole, Henry, *Jacks Garden*. New York, NY: Greenwillow, 1997.

Cole, Joanna und Degen, Bruce, *The Magic School Bus Plants Seeds: A Book About How Living Things Grow*. St. Louis, MO: Turtleback Books, 1995.

Ehlert, Lois, *Planting a Rainbow*. New York, NY: Houghton Mifflin Harcourt Books for Young Readers, 2001.

Lektion 4: Vollmondnächte

Obwohl Mitgefühl eine Antwort auf Leiden ist, ist es nicht Energie raubend. Im Gegenteil, es hebt unsere Stimmung, weil es Fürsorglichkeit aktiviert, eine noble Herzensqualität.

Fördert und stärkt

- Selbstgewahrsein
- Verbundenheit mit dem Leben
- Wahrnehmung anderer/Rücksicht
- Wohlbefinden
- Entwicklung des Wortschatzes,- Verbaler Ausdruck um Bedürfnisse auszudrücken
- Visionen für die Familie entwickeln

Alter

- Vorschule bis Erwachsenenalter

Materialien

- Ein Schlafplatz im Freien
- Eine Matratze, Futon oder Ähnliches
- Mützen und heiße Steine, falls Sie an einem kalten Ort leben
- Eine Kristallschale
- Kichern und Bereitschaft

Bezug zum Lehrplan

- Zuhörkompetenz
- Lesen
- Naturwissenschaften
- Kunst
- Soziales und emotionales Lernen

Die Praxis zu Hause

Als meine Jungs noch klein waren, legten wir abends manchmal einen Futon auf die überdachte Veranda, lagen einfach da und beobachteten den Sternenhimmel. Ich fasste mit den Jungs den Entschluss, an jedem Vollmond unter freiem Himmel zu schlafen. In Britisch Kolumbien, Kanada, kann es nachts draußen sehr kalt werden, also schoben wir Steine, die wir zuvor am Kamin erhitzt hatten, unter die Decken, um das Bett anzuwärmen. Dann setzten wir uns Wollmützen auf, wickelten uns in Wolldecken ein und stiegen in unser kleines Nest. Der Papa der beiden blieb lieber im Haus, also wünschten wir ihm eine gute Nacht und beobachteten, wie es dunkel wurde. Wir stellten eine Kristallschale, die meine Mutter als junge Einwanderin aus Australien mitgebracht hatte, auf das Geländer der Veranda. Wir füllten die Schale mit Wasser und ein paar besonderen Objekten, die vom Licht des Vollmonds gereinigt und gestreichelt werden sollten. Die Jungs schauten in ihren Zimmern nach Dingen, die sie in die Schale legen wollten. Sie kamen mit Lego-Figuren, Steinen und Silberschmuck auf die Veranda. Meine Eltern waren gestorben, bevor meine beiden Jungs geboren wurden, und so war dieses Ritual eine Gelegenheit, eine Verbindung zu ihnen herzustellen und den Kindern Geschichten über ihre Vorfahren zu erzählen.

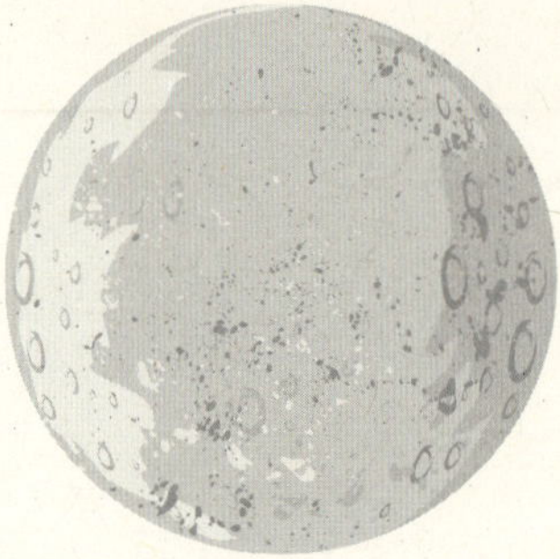

Wir nutzten diese Zeit, um uns gegenseitig von den besten, lustigsten und schwierigsten Momenten des Tages und der Woche zu berichten. Wir schütteten uns unsere Herzen aus und es flossen Tränen beim Weinen und Lachen. Solche Momente legen das Fundament für ein mitfühlendes Herz und eine tiefe Verbundenheit innerhalb der Familie.

Bei Einbruch der Dunkelheit flogen Fledermäuse umher und wir warteten darauf, dass sich die ersten Sterne zeigten. Ich hatte ein Fernglas bereitgelegt, mit dem wir in den Nachthimmel schauen konnten. Wir drei kuschelten uns aneinander und schworen uns hoch und heilig, dass wir dieses Ritual für immer beibehalten würden. Irgendwann wurde das Bett dann zu klein, die Jungs wurden über 1,80 m groß und hatten anderes zu tun, also gaben wir es auf. Inzwischen sind aus den Buben junge Männer geworden, aber sie denken immer noch sehr gerne an diese Zeit zurück. Und ich als ihre Mama lächle in mich hinein und bin glücklich darüber, dass ich mir diese Praxis der Vollmondnächte ausgedacht habe.

In *Born to be Good* schreibt Dacher Keltner, ein renommierter Professor der Stanford University:

Neuere wissenschaftliche Studien identifizieren jene Milieus, in denen Mitgefühl gedeiht. Diese humane Emotion entwickelt sich in einem Umfeld, in welchem Eltern auf ihre Kinder eingehen, mit ihnen spielen und sie liebevoll berühren. Das gilt auch für das Einfühlungsvermögen, welches die Kinder dazu bringt, sich Gedanken über schädliches Verhalten zu machen. Es gilt weiterhin für häusliche Pflichten und die Gegenwart der Großeltern. Indem man Mitgefühl am Abendbrottisch und beim Erzählen oder Vorlesen von Gute-Nacht-Geschichten zum Thema macht, trägt man ebenfalls zur Entwicklung dieser überaus wichtigen emotionalen Qualität bei.

Schleifen Sie also die Matratze nach draußen, schalten Sie das Licht aus und spielen Sie ein bisschen. Draußen zu schlafen verbindet uns auf einer sehr tiefen Ebene mit der natürlichen Welt. Es kann uns mit den Planeten und den Sternen verbinden. Wir können Tieren lauschen, die in der Nacht miteinander kommunizieren, und über sie sprechen. So kultiviert man Mitgefühl und bekommt eine Kiste voller Erinnerungen zusammen. Bis heute schlafen meine beiden Jungs gerne im Freien. Einer ist gerade vom Wintercamping zurückgekehrt. Ich stelle mir gerne vor, dass all das mit unseren Vollmondnächten begann.

LESETIPPS

Bücher für Erwachsene

Nhat Hanh, Thich, *A Handful of Quiet: Happiness in Four Pebbles*. Berkeley, CA: Plum Blossom Books, 2012.

Hanson, Rick und Hanson, Jan, *Mother Nurture: A Mother's Guide to Health in Body, Mind and Intimate Relationships*. New York, NY: Penguin Paperbacks, 2001.

Starhawk, *Circle Round: Raising Children in the Goddess Tradition*. New York, NY: Bantam Books, 1998.

Bücher für Kinder

Berger, Barbara, *Großvater Dämmerlicht*. Hildesheim: Gerstenberg Verlag, 1984.

McBratney, Sam und Jeram, Anita, *Weißt du eigentlich, wie lieb ich dich hab?*, Frankfurt a.M.: Fischer Sauerländer, 2012.

Munsch, Robert und McCraw, Sheila, *Ich lieb dich für immer*, Oldenburg: Lappan Verlag, 2018.

Leitfaden für Lehrer/innen

Wie man die Übungen und Lektionen nahtlos in den Schulalltag integrieren kann

> *„Lehrer oder Lehrerin zu sein bedeutet, dass wir unsere Verantwortung wahrnehmen, so voll wie möglich im Leben zu stehen, damit wir vermitteln können, worauf es im Leben ankommt, und hell genug leuchten, dass die Menschen in unserer Umgebung ihren Weg finden können. Wenn uns Praxis dahin führen kann, wird es uns weder an Vernunft, noch an Weggefährten mangeln."*
>
> MARK NEPO

Sorgen Sie dafür, dass Ihre Elterngruppe immer gut informiert ist. Laden Sie sie sporadisch ins Klassenzimmer ein, oder veranstalten Sie einen Elternabend und laden Sie sie dazu ein, an ein paar Entspannungsübungen teilzunehmen. Lassen Sie sie wissen, dass Sie in der Klasse Strategien anbieten, die den Schüler/innen helfen können, zur Ruhe zu kommen, sich besser zu konzentrieren und sich selbst und andere sowie ihre Umgebung mehr wahrzunehmen.

Wie Ihr Schultag aussehen könnte, wenn Sie als Lehrer/in die *Awakening-Joy*-Praktiken anwenden

Den Rahmen schaffen

Laden Sie die Kinder zu den Übungen ein. Die Praktiken sind ein Geschenk und ein Angebot. Wenn ein Kind nicht teilnehmen möchte, respektieren Sie seine Entscheidung. Bitten Sie es, still dabei zu sitzen und sich zu entspannen, um den anderen Kindern einen stillen Raum zum Üben zu lassen.

So einfach wie Kuchenbacken

Es ist tatsächlich sehr einfach. Sie tun, was Sie bisher schon auf so großartige Weise tun, und fügen nun einfach noch etwas hinzu, das sich zehnfach auszahlen wird. Legen Sie mehrere Zeiten fest, zu denen Sie und die Kinder sich zentrieren und in Selbstregulation üben können. Dabei gibt es keinen Druck, sondern nur stetes Praktizieren.

Die Kinder werden Sie wahrscheinlich von sich aus an die Übungen erinnern, wenn Sie sie einmal auslassen, weil sie die Praxis im Laufe der Zeit schätzen lernen und gerne machen. Sie werden feststellen, dass Ihnen die Übungen fehlen, wenn die Energie in der Klasse sehr hoch ist und Sie erschöpft sind.

Bei der Tagesstruktur gehen wir ähnlich vor wie beim Backen eines Kuchens

Ich habe das Bild vom Kuchenbacken verwendet, weil Sie, wenn Sie einmal ins Schwimmen kommen und die Struktur vergessen, mit folgendem „Rezept“ leicht zu ihr zurückfinden können. Sie können die unten stehende Anleitung kopieren und in Ihren Terminkalender legen, wobei Sie den Rahmen von Tag zu Tag modifizieren können. Vielleicht möchten

Sie die einzelnen Schritte in Ihren Tagesplaner übertragen, um sicherzugehen, dass Sie die Zielbereiche bearbeiten. Wenn Sie sich dann in der Struktur dieses Rahmens zu Hause fühlen, können Sie ihn wieder loslassen und feststellen, dass sich die einzelnen Schritte ganz natürlich in den Tagesablauf einfügen. Bis dahin können Sie ein paar Bilder von köstlichen Kuchen im Raum aufhängen, um Ihr Gedächtnis anzuregen und sich daran zu erinnern, dass es wirklich so einfach wie Kuchenbacken ist:

1. Bringen Sie die Schüler/innen zusammen – Holen Sie die Zutaten, die Sie zum Backen brauchen.
2. „Lesen" Sie die emotionale Stimmung in der Gruppe – Lesen Sie im Backbuch.
3. Atmen Sie einmal tief ein und aus – Werden Sie innerlich ruhig und wählen Sie ein Rezept aus.
4. Formulieren Sie eine Intention – Stellen Sie sich vor, wie positiv sich die Sache auswirken wird.
5. Wählen Sie eine Übung aus – Backen Sie den Kuchen.
6. Atmen Sie ein und nehmen Sie das Ergebnis dankbar an – Essen und genießen Sie.
7. Dankbarkeitspraxis – Nehmen Sie vom Kuchen mit nach Hause und geben Sie einem Freund, einer Freundin eine schöne Extraportion.
8. Wiederholen Sie das Tag für Tag … bis Ihnen die Struktur in Fleisch und Blut übergegangen ist.

1. Zusammenkommen

Fünf bis zehn Minuten (diese Minuten werden sich außerordentlich positiv auswirken; es wird den Kindern helfen, ihr Zuhause loszulassen und den Übergang ins Klassenzimmer und ins Hier und Jetzt zu schaffen).

Die Kinder können alle zusammen auf dem Boden sitzen oder an ihren Tischen sitzen bleiben. Wenn ich eine unruhigere Klasse habe, ist es mir lieber, wenn die Kinder auf dem Boden im Kreis sitzen. Die älteren Kinder ziehen es anscheinend vor, an ihren Tischen sitzen zu bleiben.

Wenn sich die Kinder versammelt und Sie die Gefühlslage in der Gruppe wahrgenommen haben (siehe unten), können Sie eine kurze Übung auswählen.

2. Die Emotionen in der Gruppe „lesen" und eine der folgenden kurzen und einfachen Übungen auswählen

Körperwetter: Bei dieser Praxis sollen die Kinder in sich hineinspüren und dann der Gruppe erzählen, welches Wetter sie sind. Wenn sie sich mit ihrer Schwester oder ihrem Bruder gestritten haben oder die Kleidung nicht finden konnten, die sie anziehen wollten, könnten sie beispielsweise sagen, dass sie ein Gewitter mit vielen Blitzen kurz vor einem Wolkenbruch sind. Wenn sie einen wunderbaren Morgen hatten, könnten sie sagen, dass sie sonniges Wetter mit einem Regenbogen sind. Ich finde, das ist eine faszinierende Übung, denn wenn ich die Kinder anschaue, liege ich mit meiner Einschätzung in Bezug auf ihre Gefühlslage oft völlig daneben.

Wenn ich eine Farbe wäre: Dann wäre ich heute ________________ . Bei dieser Praxis können die Kinder Farben und Gefühle assoziieren, um anderen ihre Stimmung zu vermitteln. Ein Kind sagt vielleicht, es sei gelb mit ein paar schwarzen Flecken, um Sonnenschein und ein paar traurige Momente zu beschreiben. Diese Assoziation von Farben und Gefühlen bietet den Kindern eine weitere Möglichkeit, ihr inneres Klima zu schildern.

Wenn ich ein Tier wäre: Dann wäre ich heute ein ________________ . Diese Übung spricht für sich, doch die Kinder lieben sie. Wir sprechen über die Eigenschaften verschiedener Tiere. Oft sagen sie, sie seien weich und scheu wie ein Häschen und bräuchten heute besonders viel Zärtlichkeit und Behutsamkeit. Viele meiner aktiven Schüler/innen sagen, sie seien im „Affen-Modus" und müssten dringend spielen.

Ich lasse hinter mir: Eine Sache, die ich heute hinter mir lasse, ist ______________________ und eine Sache, die ich heute einbringe, ist ____.

Diese Übung erlaubt den Kindern, Dinge loszulassen, in die sie vor der Schule vielleicht involviert waren. Sie gewähren der Gruppe Einblick in das, was ihnen auf dem Herzen liegt oder was sie stört. Wenn ich feststelle, dass es eine größere Sache ist, kann ich später noch einmal darauf zurückkommen oder mit dem betreffenden Kind unter vier Augen sprechen.

3. Atmen

Diese Übungen dauern eine bis fünf Minuten. Sie können sehr kurz sein, um die Gehirnaktivität zu regulieren und die Kinder in den Lernmodus zu bringen.

Wie wir beginnen: Ich lasse normalerweise die jüngeren Kinder in der Teppich-Ecke einen Kreis bilden, damit wir einander sehen können und jede Stimme gehört wird. In den vorübergehend genutzten Klassenräumen ist im Allgemeinen nicht genügend Platz, um sich im Kreis niederzulassen, und so bleiben wir hier an unseren Tischen sitzen. Wenn wir uns das erste Mal versammeln, sage ich den Kindern, dass wir jetzt etwas Wissenschaftliches lernen. Wir werden unsere Gehirnaktivität und unsere Gefühle regulieren. Ich bitte die Kinder, sich den anderen gegenüber respektvoll zu verhalten und entweder die Augen zu schließen oder auf ihre Hände zu schauen. Ich bemerke oft, dass Kinder bei den ersten paar Sitzungen im Raum umherschauen, um zu sehen, was die anderen machen, und sich dann einlassen. Wenn ich die Übung leite, schließe ich zunächst selbst meine Augen und öffne sie dann nach einer Weile, um zu schauen, wo ich die Klasse führen muss. Wenn ein Kind ein Problem damit hat, zur Ruhe zu kommen und sich auf die Übung einzulassen, wende ich mich ihm vielleicht direkt zu und sage behutsam: „Werde ruhig, erlaube deinem Gehirn, sich zu entspannen. Versuche, so gut du kannst, deine Gedanken loszulassen … du wirst dich fragen, wann das vorbei ist. Ich werde dich durch die Übung führen."

Was sie erwartet: Nach vielen, vielen Jahren, in denen ich Achtsamkeitssitzungen geleitet habe, kann ich sagen, dass die Kinder die Praxis sehr ernst nehmen und dennoch locker damit umgehen. Wenn es in einer großen Klasse verhaltensauffällige Schüler oder Schülerinnen gibt, muss ich manchmal ein Kind bitten, den Raum zu verlassen, weil es sich im Hinblick auf Respekt und Stillsein nicht an die zuvor gesetzte Intention hält. Ich schaue später, wie es dem Kind geht, und wir sprechen darüber, was es davon abgehalten hat, mitzumachen, und was an diesem Tag schwierig für es war. Diese Kinder werden immer wieder eingeladen, zurückzukommen und einen neuen Anfang zu machen. Aber im Allgemeinen lieben die Kinder diese Zeit und machen mit, ohne zu stören. Sie müssen Ihre Gruppe in dieser Hinsicht selbst einschätzen. Machen Sie einfach mit der Praxis weiter und bleiben Sie dabei. Allmählich verstehen die Kinder, was sie erwartet und wie es geht. Ich praktiziere mit ihnen auch eine Übung, die „Affengeist" genannt wird. Ich habe sie für dieses Buch ein wenig abgewandelt und „Welpen-Meditation" genannt. Ich erzähle den Kindern, dass ich auf meinen Reisen in Südostasien oft Affen gesehen habe, die wie verrückt überall herumrannten. Die Affen sind wie unser Geist, in dem die Gedanken hin und her springen. Wie bringen wir den Affen zur Ruhe? Wir werden selbst still, atmen ruhig ein und aus und laden den Affen ein, sich auf unseren Schoß zu setzen. Wenn sich der Affe sicher fühlt, kommt er vielleicht zur Ruhe. (Sie können den Affen auch durch eine Katze oder einen Hund ersetzen, wenn sie möchten.) Nach der Sitzung beschreiben die Kinder ihren Affen. „Meiner war heute sehr ruhig!" – „Meiner ist überall herumgerast!" Sich auf den Affen zu fokussieren lässt den Geist oft schon ruhiger werden.

4. Eine Intention für den Tag setzen

Eine Absicht für den Tag zu formulieren hilft den Schüler/innen, sich achtsam mit den Dingen zu verbinden, die für sie bedeutsam und wichtig sind. Das richtet auch den Geist auf bestimmte Erfahrungen aus und macht dankbar. Ich bitte die Schüler/innen, ihre Intentionen ziemlich allgemein zu fassen. Das könnte etwa so lauten: „Ich möchte heute ‚Spielen' erleben." – „Ich möchte heute eine gute Zeit mit meinen Freunden und Freundinnen haben." – „Ich möchte etwas Neues lernen."

Im Kreis: Bringen Sie die ganze Gruppe im Kreis zusammen (im Stehen oder Sitzen) und fangen Sie an. Auf diese Weise kann man sich schnell und unkompliziert über die Intentionen austauschen.

Intentionen aufschreiben: Wenn man die Intention aufschreibt, wird sie verstärkt. Über die Intentionen Tagebuch zu führen ist eine effektive Methode, sich zu verdeutlichen, was uns in dieser Welt wichtig ist.

Intentionen mit Kreide aufs Pflaster schreiben: Wir lieben es, draußen zu sein, wir haben eine Menge Kreide zur Verfügung und wir haben eine Menge Regen. Man kann an einem Tag aufs Pflaster schreiben und schon am nächsten wird es vom Regen weggewaschen.

Sich mit einem Freund oder einer Freundin austauschen: Da die Schüler/innen sich gerne zu zweit zusammentun, können sie einem Freund oder einer Freundin von ihren Intentionen erzählen.

Am Ende des Tages kann man schauen, ob und wie sich die Intentionen realisiert haben.

Eine der längeren Übungen auswählen: Wählen Sie eine der längeren Übungen aus dem Buch aus oder erweitern Sie eine gegenwärtige.

5. Eine Atemübung

Dauer: drei bis fünf Minuten. Bei mir dauert die Hauptatemübung mehrere Minuten. Sie könnten mit einer Minute beginnen und die Übung allmählich ausdehnen. Ich hatte schon Klassen, die die Übung bis auf zwanzig Minuten ausdehnen wollten. Die Atemübung ist zentral; es ist die wichtigste Übung, die Sie kennen lernen werden.

Die Kinder sollen einfach ihrem Atem in ihrem Körper nachspüren. Sie könnten sagen: „Finde deinen Atem. Schau', ob du das sanfte Heben und Senken deines Bauches spüren kannst. Es kann sein, dass du dich in Gedanken verlierst. Das ist in Ordnung. Komm' einfach zu deinem Atem zurück. Komm' zurück."

Sie können auch eine der folgenden Atemübungen auswählen.

Stofftieratmung: Die Kinder können ihr Lieblingsstofftier mitbringen oder Sie halten einen Korb mit Stofftieren in der Klasse bereit. Die Kinder legen oder setzen sich mit dem Stofftier auf dem Bauch hin und spüren das sanfte Auf und Ab des Stofftiers, während sich der Atem durch ihren Körper bewegt.

Häschen-Atmung: Die ist weich und sanft. Die Kinder sollen sich vorstellen, sie seien ein Häschen, und ganz langsam und sanft durch die Nase atmen und dabei spüren, wie der Atem durch ihre Nasenlöcher streicht. Sie lieben diese Übung.

Tier-Atmung: Das kann heikel werden, wenn sie sich ein großes Tier aussuchen. Ich bitte sie normalerweise, ein Tier auszuwählen, das eher ruhig ist und nicht gehört werden will. Wie würde es atmen? Die Kinder können miteinander darüber sprechen, wie sie sich die Atmung verschiedener Tiere vorstellen.

Achtsames Riechen: Fragen Sie vor dieser Übung nach Allergien! Man kann sie im Haus oder im Freien machen. Die Kinder fokussieren sich auf ihren Geruchssinn und nehmen alles intensiv auf, was sie über ihre Nasenlöcher wahrnehmen. Sie können die Augen schließen oder sich die Augen mit einem kleinen Tuch verbinden, bevor sie mit dem Riechen beginnen. Dann können sie an kleinen Objekten im Klassenzimmer schnuppern, beispielsweise am Bleistiftspitzer oder Buntstiftbehälter, aber auch am Kompost-Eimer, während sie zu erraten versuchen, was für ein Objekt es ist. Ich stelle auch eine Reihe Fläschchen mit ätherischen Ölen auf, an denen die Kinder schnuppern können. Sie schließen die Augen und ich schwenke ein Fläschchen mit Orangen-, Pfefferminz- oder Lavendelöl unter ihrer Nase hin und her. Ich lege auch kleine Zellstofftücher auf ihre Tische und träufle einen Tropfen darauf. Sie sitzen still da und atmen den Duft ein. Dieses langsame, bewusste Atmen kann die Praxis intensivieren und erweitern. Wenn wir beschließen, nach draußen zu gehen, riechen wir Mutter Erde, die Kräuter in unserem Schulgarten oder die Luft, die jeden Tag anders riecht.

Achtsames Schauen: Wählen Sie eine Farbe, eine Struktur oder ein Objekt als Gegenstand der Betrachtung für diese Achtsamkeitsübung aus. Ich mag es ja sehr, jeden Tag eine Weile mit den Kindern draußen zu sein, also schnappen wir uns unsere Jacken und gehen hinaus, um achtsam zu schauen. Bei einer weiteren Übung in achtsamem Schauen, die ich bei einem Workshop kennen gelernt habe, sollen die Schüler/innen sich aus einem Haufen Steine einen aussuchen. Ich sammle Steine, die sich in Farbe, Form und Größe ähneln. Die Kinder schauen dann, ob sie sich ihren Stein mit seinen Kratzern, Dellen oder Farbnuancen genau einprägen können. Dann tun sie sich mit jeweils drei anderen Kindern zusammen, legen ihre Steine in die Mitte der Tische und versuchen, ihren eigenen heraussuchen. Nachdem ihnen das gelungen ist, sollen sie sich mit einer anderen Gruppe von jeweils acht Kindern zusammentun und ihren Stein finden. Zum Schluss legen wir die Steine der ganzen Klasse in die Mitte und versuchen, unsere Steine zu finden. Das erfordert Konzentration, aber die Kinder können ihren Stein inzwischen problemlos beschreiben und haben über fünf Minuten lang achtsam geschaut.

Achtsames Hören: Auf diese Übung greife ich sehr oft zurück, denn es ist immer Lärm auf den Gängen und um die Schule herum. Ich beginne damit, dass ich die Kinder auffordere, zu versuchen, das Ticken der Uhr in unserem Klassenzimmer zu hören. Die Uhr tickt ziemlich leise, also müssen sie sehr genau hinhören. Dann lenke ich ihre Aufmerksamkeit auf das Wahrnehmen aller Geräusche im Klassenzimmer. Ich bitte sie, zu versuchen, selbst keinerlei Lärm zu machen, sodass wir noch intensiver lauschen können. Nun sollen sie ihre Wahrnehmung von Geräuschen auf die angrenzenden Klassenräume ausdehnen und dann auf die ganze Schule. Nachdem sie so eine Weile dagesessen und den Geräuschen in der Schule gelauscht haben, lenke ich ihre Aufmerksamkeit wieder auf ihren Atem. Zu diesem Zeitpunkt sind alle Kinder gewöhnlich zur Ruhe gekommen und bereit für die nächste Aktivität.

Achtsames Schmecken: Haben Sie eine Extra-Tüte Rosinen oder Trauben zu Hause? Achtsames Schmecken ist eine wunderbare Art, zu „entschleunigen“ und sich bewusst zu machen, was wir uns in den Mund stecken.

Und das sage ich zu den Kindern: „Betrachte die Rosine (oder Traube) so, als hättest du noch nie eine gesehen. Rieche daran. Lege sie auf deine Hand und erfühle ihre Struktur. Führe sie nun langsam zum Mund aber iss sie noch nicht. Rolle sie mit der Zunge im Mund herum. Schiebe sie zwischen deine hinteren Backenzähne. Jetzt kannst du sie essen. Erzähle der Gruppe von deiner Erfahrung.“

Gedanken aufmerksam beobachten und benennen: Das, was in uns vorgeht, zu beobachten und als einen Gedanken, ein Gefühl, eine Erinnerung oder eine Sorge etc. zu benennen, hilft uns, sie loszulassen, ohne daran hängen zu bleiben. Bitten Sie die Kinder, eine Minute still zu sitzen und einfach ihre Gedanken zu beobachten, während sie immer wieder zum Atem zurückkehren. Die Gedanken und Gefühle freundlich benennen und loslassen.

Zählen: Atemzüge zu zählen ist eine schöne Methode, den Geist zur Ruhe zu bringen. Auf eins einatmen, auf eins ausatmen, auf zwei einatmen, auf zwei ausatmen und so weiter.

Achtsame Bewegung

Yoga oder Dehnübungen: Haben Sie die Yoga-Karten gesehen, auf denen die Stellungen abgebildet sind? Die Kinder können sich Stellungen aussuchen und während der gesamten Achtsamkeitssitzung eine davon üben oder sie können sich von Ihnen durch eine Reihe von Yoga-Stellungen führen lassen. Ich stelle hohe Anforderungen an meine Yoga-Gruppen, denn sie können schnell anfangen, Blödsinn zu machen, und außer Kontrolle geraten, sodass es mit der Achtsamkeit vorbei ist. Ich habe Gruppen von über neunzig Schüler/innen geleitet, aber ich empfehle kleine Gruppen für maximale Effektivität.

Im Kreis gehen: Diese Praxis habe ich aus dem *Qigong* übernommen. Die Kinder bilden einen großen Kreis (ein Kind hinter dem anderen), in dessen Mitte drei Stühle Rücken an Rücken stehen. Ich lege Musik auf und wir beginnen im Kreis zu gehen. Es ist wichtig, der Person, die vor einem geht, genügend Raum zu lassen und sie nicht zu überholen oder zu berühren. Die Schüler/innen müssen achtsam sein und hinter der vorderen Person bleiben. Ich gebe die Geschwindigkeit vor und bitte die Kinder, die Hände auf den Bauch zu legen und einfach nur zu gehen. Die Energie im Kreis steigt, während wir eine Runde nach der anderen drehen. Im Allgemeinen hat der Kreis einen Durchmesser von etwa zweieinhalb Metern. Wenn jemand müde wird oder einfach die Energie des Kreises aufnehmen möchte, kann er oder sie sich auf einen der drei Stühle setzen. Die Kinder dürfen aber nicht zu den Stühlen rennen, sondern müssen achtsam hingehen, wenn ein Stuhl frei ist. Zunächst gehen wir ca. sieben Minuten in eine Richtung und wechseln dann die Richtung. Fragen Sie die Schüler/innen nach diesen 14 Minuten, wie sie sich beim Gehen gefühlt haben. Meine Schüler/innen lieben diese Übung und bitten mich oft, sie mit ihnen zu machen.

Geführte Fantasiereise: Sie finden viele im Internet und auch auf meiner Website happinessandjoylessons.com

Eine, die meine Schüler/innen sehr gerne mögen (Die magische Höhle), können Sie vorlesen: Sie finden sie auf Seite 99 dieses Buches.

6. Atmen und das Ergebnis zu schätzen wissen

Machen Sie mit den Kindern am Ende des Schultages eine kurze Atemübung. Sie haben bereits erlebt, wie es wirkt, und Sie werden es wieder erleben. Atmen, atmen, atmen.

7. Dankbarkeitsübung

Beim Hinausgehen: Eine Sache, die einem an diesem Tag gefallen hat. Das ist einer der Zeitpunkte am Tag, die ich am liebsten mag, denn ich bin oft überrascht, zu hören, was den Kindern an diesem Tage am Besten gefallen hat. Es ist ein erstaunliches Feedback und eine gute Gelegenheit, noch einmal miteinander in Kontakt zu kommen, bevor sie nach Hause gehen.

Falls es etwas Trennendes gab, hat man Gelegenheit, noch einmal nachzufragen, bevor sie in den Schulbus oder auf ihre Fahrräder steigen. Ich frage dann einfach: „Nenne mir eine Sache, die dir heute gefallen hat.“

Den Stein weiterreichen: Eine Sache nennen, für die man dankbar ist. Ich habe ein paar besondere Steine, die wir für diese Übung verwenden. Ich bewahre sie bei meinem Achtsamkeitsglöckchen auf und sie werden ausschließlich bei dieser Gelegenheit benutzt. Die Kinder dürfen auch einen Stein mitbringen und dieser besondere Stein wird dann an diesem Tag benutzt und kann mit nach Hause genommen werden. So haben die Kinder ihren eigenen „AUFGELADENEN“ Dankbarkeitsstein.

Liebessternchen: Siehe Kapitel 8 „Andere lieben", in dem diese besondere Praxis beschrieben wird. Sie ist die absolute Lieblingsübung der Woche.

Aufschreiben: Eine Sache aufschreiben und mit der Familie teilen. Es gibt ein „Zu-Hause-Sehen-Buch", das die Kinder jeden Abend mit nach Hause nehmen, damit die Eltern sehen können, was tagsüber in der Schule stattgefunden hat. Es kann Mathe-Arbeitsblätter, Buchstabierübungen oder Notizen über die Woche enthalten oder eine kleine Notiz Ihres Kindes, worin es beschreibt, was ihm an diesem Tag besonders gut gefallen hat. So werden auch Eltern einbezogen, die keine Zeit mit uns verbringen können; sie fühlen sich dann mit uns verbunden und können Fragen stellen.

Trage es in die Welt:

Teile eine Sache mit deinen Eltern, einem Freund/einer Freundin oder deiner Familie.

1. Tue eine beliebige gute Tat.

2. Atme.

3. Tue eine Sache achtsam und berichte darüber.

Fazit

Es gibt keins! Das ist wunderbar, wenn man einmal darüber nachdenkt. Es gibt keine Schlussfolgerung.

Wieder und wieder und wieder entfaltet sich magisch ein Moment nach dem anderen – und wir begegnen ihm. Jeden Tag dürfen wir die Fülle des Menschseins aufs Neue erleben. Kein Tag oder Moment kann je einem anderen gleichen. Die eigentliche Frage ist: Wie begegnen wir diesen Momenten?

Wir geraten in unsere gewohnheitsmäßigen Abläufe und Aktivitäten, aber wir halten inne und erinnern uns. Es kann lange Phasen geben, in denen wir vergessen, was wirklich wichtig für uns ist: sich lebendig fühlen, dankbar sein und unsere Liebe mit anderen teilen. Wir können uns also an das erinnern, was uns kostbar ist. Wir können uns mehr mit unserem Herzen verbinden.

Praktizieren Sie, trainieren Sie Ihre Freude-Muskeln jeden Tag. Vergessen Sie nicht: Sich selbst Gutes zu tun bedeutet, Ihrer Familie oder Ihrer Klasse Gutes zu tun. Wenn Sie Ihr eigenes Gefäß mit Freude und Wohlbefinden füllen, fließt es über und erfasst die Menschen in Ihrem Umfeld. Deshalb haben wir dieses Buch mit Tandem-Übungen für Eltern, Lehrer/innen und Kinder geschrieben. Wir möchten, dass Sie sich wohlfühlen und glücklich sind! Ruhig und entspannt! Wenn Sie inneren Frieden haben, werden Ihre Lieben davon profitieren. Wie sagte doch unsere lebenskluge Freundin Rosemary mit 95 Jahren: „Sei radikal und liebe dich selbst." Wir können uns diese Worte zu Herzen nehmen und es ausprobieren. Fragen Sie sich morgens beim Aufwachen, welchen Akt der Selbstliebe Sie heute tun können. Machen Sie ein Spiel daraus. Tun Sie es spielerisch und freudig.

Picken Sie sich einen Abschnitt heraus oder arbeiten Sie das Buch sukzessive durch. Kehren Sie immer wieder zu den grundlegenden Praktiken zurück, und in Momenten, in denen alles andere außer Reichweite scheint, nehmen Sie sich einfach kurz Zeit, um in Ihren Körper hineinzuspüren und zu atmen. Das wird Ihnen mit der Zeit in Fleisch und Blut übergehen, und die Kraft, die Sie aus dieser Praxis schöpfen, wird Ihnen helfen, Ihre Batterien wieder aufzuladen.

Wenn Sie mit Ihren Kindern zusammen sind, dann stellen Sie sich vor, dass Sie durch das Objektiv von *Awakening Joy* schauen. Betrachten Sie jede Situation als Gelegenheit zum Praktizieren. Fragen Sie sich, wie Sie Mitgefühl, Achtsamkeit und Dankbarkeit in Ihren Alltag und ins Leben Ihrer Kinder bringen können. Wenn Sie mit Ihrem Kind beispielsweise im Supermarkt sind und es unruhig und zappelig zu werden anfängt, können Sie es bitten, nach lilafarbenen Dingen Ausschau zu halten. Jedes Mal, wenn es ein lilafarbenes Objekt sieht, kann es einatmen, auf drei zählen und dann auf vier wieder ausatmen.

Nach einiger Zeit werden solche Spiele Teil des fortwährenden Prozesses, bei dem Ihre Familie die Welt auf neue Art und Weise zu entdecken beginnt. Ihre Kinder werden zu Pionieren neuer Ideen und Sichtweisen. Was für ein unglaublich flexibles Objektiv die Achtsamkeit doch ist! Kann es etwas Besseres geben? Es gibt keinen einzigen *langweiligen* Moment – nur neue Erfahrungen.

Als Eltern können wir ebenfalls „entschleunigen" und einfach präsent sein für das, was ist. Haben Sie Mitgefühl mit sich, wenn Sie hinfallen. Feiern Sie sich, wenn Sie sich gut fühlen.

Ihr Mantra könnte sein: *Mach' langsam, atme, wechsle das Objektiv und übe dich in Selbstmitgefühl.* Schreiben Sie es auf, hängen Sie den Zettel an den Kühlschrank, an Ihren Spiegel und nehmen Sie es auf Ihrem Mobiltelefon auf: für die Momente, in denen alles zu viel wird. Dann kommen Sie zurück und tun, was Ihnen nach Ihrer Erfahrung am besten hilft, wieder in Ihre Mitte zu kommen und frisch anzufangen. Es gibt keine Fehler, nur Fehlgriffe und dann die Chance, zu lernen und es noch einmal zu versuchen.

Diese Lektionen sind absolut nicht in Stein gemeißelt. Sie sind flexibel. Ihr(e) Kind(er) und Ihre Familie sind einzigartig. Sie werden sehen, was am jeweiligen Tag am besten funktioniert. Und Sie werden im Laufe der Zeit Veränderungen beobachten. Wenn die Dinge schwierig sind, ändern Sie die Richtung.

Falls Sie Lehrer/in sind, beginnen Sie mit ein oder zwei kleinen Übungen pro Tag. Beziehen Sie die Schüler/innen in die Gestaltung ein, und es werden sich mit jeder einzigartigen und besonderen Gruppe, die zu Ihnen kommt, immer neue Ideen und Lektionen entwickeln. Laden Sie die Schüler/innen ein, auf der Basis der 10 Schritte Lektionen zu entwerfen. Was könnte besser sein als Lektionen über Dankbarkeit, über den Dienst an anderen und die Schaffung einer echten Gemeinschaft?

Wir haben in diesem Buch aus folgendem Grund bewusst auf feste Vorgaben oder „Rezepte“ verzichtet: Nachdem wir unzählige Gruppen unterrichtet haben, wissen wir, dass genau dieselbe Lektion, die am selben Tag zwei verschiedenen Gruppen von Kindern vermittelt wird, völlig unterschiedlich ankommen kann. Wir sind dynamische Wesen. Und wenn Sie dieses Buch lesen und diese Übungen ausprobieren, dann möchten wir Ihnen dafür danken: Sie sind einer jener lebendigen Menschen, die offen für Veränderungen sind.

Wir möchten Sie ermutigen, Ihre eigenen Ideen zu entwickeln, unsere Ideen als Anker zu benutzen, wenn Sie sie benötigen, und vor allem Spaß zu haben. Wecken Sie Freude in Ihrer Familie und in Ihrem eigenen Herzen. Tauschen Sie sich mit anderen über Ihre Ideen aus. Wenn sich die Prinzipien der Dankbarkeit und Güte und des mitfühlenden Umgangs mit schwierigen Situationen in Ihrem eigenen Herzen entfalten, werden sie mühelos Kreise ziehen und anderen ins Bewusstsein dringen. Nichts kann je ganz und gar verschwinden. Sie sind die Pioniere, die die Samen der Zukunft säen. Haben Sie Vertrauen in sich selbst. Denken Sie nicht länger, Sie müssten mehr tun, sondern seien Sie einfach da. Atmen Sie ein, spüren Sie Ihren Körper, nehmen Sie die Geräusche und Empfindungen wahr, die jetzt, in diesem Moment, da sind, nehmen Sie die wache innere Präsenz im Hintergrund wahr, die lauscht und beobachtet, und gehen Sie in den Tag, der vor Ihnen liegt.

Von tiefer Dankbarkeit erfüllt, so viel Dankbarkeit, wie Sterne am Nachthimmel sind, sagen wir „danke".

JAMES UND MICHELE

Danksagung

James

Zuallererst möchte ich Michele meinen tiefen Dank aussprechen. Sie hat aus dem *Awakening-Joy*-Material wunderbare Lektionen gestaltet, die die zu Grunde liegenden Prinzipien für Kinder ganz konkret erfahrbar machen. Außerdem möchte ich ihr dafür danken, dass sie uns ermutigt hat, gemeinsam dieses Buch zu schreiben, als ein Angebot, von dem noch viel mehr Menschen profitieren können. Was für ein Vergnügen es doch war, mit dieser wundervollen Person zusammenzuarbeiten, die nicht nur unglaublich kreativ ist, sondern auch so viel Güte ausstrahlt! Ich danke dir.

Auch vor Micheles Partner verneige ich mich in Dankbarkeit für seine großartige Unterstützung. Unermüdlich brachte er unser gesamtes Material in das von uns benötigte Format.

Außerdem möchte ich mich bei Rachel Neumann und dem gesamten Team von Parallax Press dafür bedanken, dass sie unser Projekt von Anfang an mit solcher Begeisterung begleitet haben.

Shoshana Alexander, meiner Co-Autorin bei *Awakening Joy*, gebührt großer Dank für ihre Hilfe bei der Gestaltung eines Buches, das Michele tief berührte und so viele Menschen dazu ermutigte, mehr Freude ins eigene Leben zu bringen. Shoshanas Beiträge haben aus einem Buch mit gutem Material etwas ganz Besonderes gemacht.

Ich danke meinen Söhnen Tony und Adam dafür, dass sie es mir ermöglicht haben, Vaterliebe zu erfahren und dass sie so inspirierende Beispiele für Gutherzigkeit sind.

Ein großes Dankeschön geht auch an alle Schüler und Schülerinnen, die ich in meinen Jahren als Lehrer vor langer Zeit in meinen Klassen hatte. Ihr habt mir geholfen, etwas Gutes in mir zum Vorschein zu bringen, von dessen Existenz ich überhaupt nichts wusste.

Und zu guter Letzt geht mein tiefster Dank an meine Frau Jane Baraz, die in den vergangenen 35 Jahre durch dick und dünn als meine Unterstützerin, beste Freundin und Partnerin an meiner Seite war. Ich fühle mich so unglaublich gesegnet, diese Reise mit dir machen zu dürfen. Und es ist gut zu wissen, dass ich nach all den Jahren immer noch verrückt nach dir bin.

Michele

Ich bin James sehr dankbar dafür, dass er spontan zugestimmt hat, dieses Buch mit mir zu schreiben und für seine nie endende Ermutigung und tiefe Menschlichkeit. Du hast mir mit dieser Zusammenarbeit ein großes Geschenk gemacht. Es war die reine Freude.

Bei Dr. Rick Hanson möchte ich mich dafür bedanken, dass er mich ermutigte, ein Buch zu schreiben, und meine Arbeit veröffentlichte, bei Michele Keane, weil sie Vertrauen in mich hatte, und bei Robert Gonzales und meiner '06-Gruppe für ihre Freundlichkeit, die Kunst und die Praxis von *Living Compassion* mit mir zu teilen.

Mein Partner, Peter Francis, hat viele Umarmungen verdient, weil er endlose Stunden mit dem Redigieren verbrachte, mir Mut zusprach und mir half, den Texten den letzten Schliff zu geben, obwohl er diese Zeit auch zum Kajakfahren oder Bergsteigen hätte nutzen können.

Ich möchte ein ganzes Füllhorn der Dankbarkeit über meiner Familie, meinen Freund/innen, Kolleg/innen und Lehrer/innen ausgießen – über allen, die zu diesem Buch beigetragen haben, allen, die mich unterstützt haben, die Texte mit mir besprochen haben, die gelesen und geschrieben haben, mir Anregungen gegeben haben, mir erlaubt haben, ihre Bemerkungen zu zitieren, ihre Fotos zu verwenden und die die Lektionen und Übungen mit mir getestet haben.

Ich danke den Kindern meiner Schulklassen, die mit weit offenen Herzen ihre Schönheit und Authentizität geteilt haben. Und ich möchte mich auch bei ihren Eltern bedanken!

Außerdem danke ich den wunderbaren Menschen von Parallax Press – Rachel, Terri, Jason, Terry und Nancy – für ihre Unterstützung bei der Veröffentlichung dieses Buches.

Ein besonderer Dank geht an die großartigen Lehrer/innen und Lehrassistent/innen meiner Schule, die mich unterstützen und jeden Tag im Unterricht ihr Bestes geben. Ich kann mich wirklich glücklich schätzen, mit euch zusammenarbeiten zu dürfen!

Ich danke meinen lieben Freundinnen Karen, Annie, Evelyne, Jill, Corrie, Monica, Rosemary, Sara Jane, Yoli, Patty und Victoria. Ihr seid meine Rettungsanker.

Auch meinen Eltern Dawn und Ralph möchte ich danken, die zu jung starben, um die Entstehung dieses Buches miterleben zu können. Ich spüre euren Segen und eure Liebe jeden Tag.

Ich danke meinem kleinen Hund Teddy, der die reine Verkörperung von Lebensfreude ist. Du bereicherst das Leben so sehr, indem du einfach du bist!

Ich danke dem heiligen Mysterium, der göttlichen Gnade, dem Spirit … dafür, dass mein Rufen gehört wurde.

Ein großer Dank an alle, die durch ihre Lehren Güte in die Welt bringen.

Mutter Erde, du bist einfach wunderbar.

Außerdem möchte ich dem Vater meiner Jungs, Ted, danken, dass er diese beiden unglaublichen Kerle auf diese Welt bringen half und die ganze Zeit über seine Rolle als Vater ausgefüllt hat.

Mein größter Dank gilt zu guter Letzt meinen beiden Söhnen Kieran und Jaden Lavery. Ihr weckt jeden Tag Freude in mir. Meine Liebe für euch reicht bis zu den Sternen und zurück.

Über die Autoren

James Baraz gehört zu den Gründern des bekannten Spirit Rock Meditationszentrums in Kalifornien. Seit 2003 bietet er die von ihm entwi-ckelten *Awakening Joy*-Kurse („Freude erwecken") weltweit mit großem Erfolg an. Zusammen mit Shoshana Alexander schrieb er den auf dem Kurs basierenden ersten Band *Awakening Joy*. Seine Karriere begonnen hat er als Grundschullehrer in New York. Heute lebt er mit seiner Frau in Kalifornien. Er hat zwei Kinder und drei Enkel.

Michele Lilyanna ist seit über 25 Jahren Lehrerin an öffentlichen Schulen in Kanada. Einer ihrer Schwerpunkte ist emotionales und soziales Lernen. Wenn Michele gerade nicht Eltern, PädagogInnen oder Kinder unterrichtet, weckt sie die Freude mit ihrem Mann Peter und ihren zwei Kindern an der Sonnenküste von British Columbia.

Weitere Literatur aus dem Arbor Verlag

CHRISTOPHER WILLARD

Aufwachsen in Achtsamkeit

Einfache Übungen, um Kindern, Heranwachsenden und Familien dabei zu helfen, Gelassenheit, Ruhe und mehr Resilienz zu entwickeln

Kinder und Teenager mit Achtsamkeit bekannt zu machen, ist vermutlich das größte Geschenk, das wir ihnen mit auf ihren Lebensweg geben können. Achtsamkeit erhöht die emotionale Intelligenz und macht Kinder und Heranwachsende glücklicher. Sie fördert ihre Neugier, ihre Begeisterung und ihr Engagement. Achtsamkeit reduziert Angst und Depressionen, hilft bei der Verarbeitung von Traumata und unterstützt Kinder – und Erwachsene – darin, gute Entscheidungen zu treffen und Technik und soziale Medien umsichtig zu nutzen.

Und als wäre das alles nicht schon genug, gibt es immer mehr Belege dafür, dass Achtsamkeit einen Prozess wesentlich verstärkt, den Psychologen als „Aufblühen" bezeichnen und der das Gegenteil von Depression und Vermeidungsverhalten ist.

Aufwachsen in Achtsamkeit hilft Eltern, Pädagogen und Therapeuten dabei, Achtsamkeit authentisch zu verkörpern und auf eine Weise weiterzugeben, die Kinder ihr gesamtes Leben lang begleiten wird. Über 70 leicht verständliche Übungen sowie ihre Anpassung an individuelle Bedürfnisse inspirieren und stellen uns in der Praxis erprobte Erkenntnisse und Werkzeuge zur Verfügung.

ISBN 978-3-86781-187-3

SUSAN KAISER GREENLAND

Achtsame Spiele

Achtsamkeit und Meditation mit Kindern, Jugendlichen und Familien – Mit 60 spielerischen Achtsamkeitsübungen

Achtsame Spiele verknüpft spannende und praktische Achtsamkeitsübungen für Kinder mit der zugrunde liegenden Psychologie und Pädagogik. Ausführliche Anleitungen zeigen, wie sowohl pädagogische Fachkräfte in Kindergärten und Schulen als auch Eltern Achtsamkeit spielerisch umsetzen können. Kindern und Jugendlichen bietet achtsames Spielen eine wunderbare Möglichkeit, Konzentration zu entwickeln, ihre Emotionen regulieren zu lernen und dadurch auf herausfordernde Situationen gelassener und mitfühlender zu reagieren.

Susan Kaiser Greenland stellt in ihrem neuen Buch 60 einfache und spannende Aktivitäten vor: Die Spiele, über viele Jahre in der Arbeit mit Kindern und Erwachsenen entwickelt und getestet, wurden für Kinder entworfen; allerdings können sie für Erwachsene ebenso vergnüglich und transformativ sein! Alle Spiele fördern Einsicht und Empathie – und sie machen Spaß.

Die Autorin schöpft aus einem tiefen Verständnis von Meditation und Achtsamkeitspraxis sowie aus ihrem umfassenden Wissen über die kindliche Entwicklung, fundiert durch die entsprechende wissenschaftliche Forschung. Susan Kaiser Greenland entwickelte den Kurs Inner Kids und leitet seit vielen Jahren weltweit Achtsamkeitstrainings für Kinder, Eltern und pädagogische Fachkräfte.

Von Susan Kaiser Greenland ist beim Arbor Verlag auch das dazugehörige Kartenset *Achtsame Spiele. 55 bewährte Möglichkeiten, spielerisch Achtsamkeit zu lernen* erhältlich.

ISBN 978-3-86781-177-4

Online

Umfangreiche Informationen zu unseren Themen, ausführliche Leseproben aller unserer Bücher, einen versandkostenfreien Bestellservice und unseren kostenlosen Newsletter. All das und mehr finden Sie auf unserer Website.

www.arbor-verlag.de

Mehr von James Baraz & Michele Lilyanna

www.arbor-verlag.de/james-baraz
www.arbor-verlag.de/michele-lilyanna

Seminare

Die gemeinnützige *Arbor-Seminare gGmbH* organisiert regelmäßig Seminare und Weiterbildungen mit führenden Vertretern achtsamkeitsbasierter Verfahren.
Nähere Informationen finden Sie unter:

www.arbor-seminare.de